绍兴大师爷

李永鑫 · 著

国际文化出版公司
·北京·

图书在版编目（CIP）数据

绍兴大师爷 / 李永鑫著． —— 北京 ：国际文化出版公司，2018.04

ISBN 978-7-5125-0995-5

Ⅰ．①绍… Ⅱ．①李… Ⅲ．①徐渭（1521-1593）-传记 Ⅳ．①K825.72

中国版本图书馆 CIP 数据核字(2017)第236675号

绍兴大师爷

作　　者	李永鑫
总策划	葛宏峰　李　莉
责任编辑	戴　婕
统等监制	兰　青　闫翠翠
策划编辑	郭目娟　孟卓晨
美术编辑	丁鍖煜
出版发行	国际文化出版公司
经　　销	国文润华文化传媒（北京）有限责任公司
印　　刷	北京虎彩文化传播有限公司
开　　本	710毫米×1000毫米　16开
	23.5印张　　　　401千字
版　　次	2018年4月第1版
	2018年4月第1次印刷
书　　号	ISBN 978-7-5125-0995-5
定　　价	49.00元

国际文化出版公司

北京朝阳区东土城路乙9号　　邮编：100013

总编室：（010）64271551　　传真：（010）64271578

销售热线：（010）64271187

传真：（010）64271187-800

E-mail：icpc@95777.sina.net

http://www.sinoread.com

自 序

　　徐渭（1521—1593），明山阴人。初字文清，后改文长，号天池山人、青藤道士，或署田水月。徐渭有着崎岖坎坷的人生，他生于明正德末年，一生经历了嘉靖、隆庆、万历三朝。徐渭6岁开始读书，自谓"书一授数百字，不再目，立诵师听"。15岁拜家乡一位叫彭应时的武举人为师，学习射箭与剑术。这为他日后七年抗倭的军事生涯打下了坚实的基础。最值得徐渭骄傲的是，他参加了著名的绍兴城西"柯亭之战"、城东的"皋埠之战"以及钱塘江入海口的"龛山之战"。这些战役和抗倭经历，徐渭都以诗文进行了记载。徐渭因多才多艺被当时总督七省军务的胡宗宪招入幕府，担任记室，代拟文稿。呈献给嘉靖皇帝的两篇《白鹿表》使其名声大振。但后因胡宗宪牵连奸相严嵩案入狱，徐渭惧牵连，精神受到刺激，竟然多次自杀未成，后因杀妻，被打入死牢。经朋友营救，改判长期监禁。新老皇帝交替时，大赦天下，系狱七年后，徐渭获释。后半生，徐渭漫游各地，多次为幕，并创作了大量的书画和诗文，但耿介不阿的性格，使晚年的徐渭贫病交加，最后在"几间东倒西歪屋，一个南腔北调人"的境遇中结束了坎坷一生。

　　就书法、诗文、绘画、戏曲四者而言，徐渭都有极高的艺术成就。徐渭精草书，明陶望龄《歇庵集》赞美徐渭的书法"（徐）渭行草书精伟奇杰"，"精"指其行草书笔法十分精到、精确，于传统功夫极深，非胡乱而来；"伟"则指其行草书气魄伟岸，讲究法度然又非拘泥于法度，以书法来表达自己的性情。

　　徐渭中年学画，其画能吸取前人精华而脱胎换骨，一改因袭模拟之旧习，重写意摹生，不求形似求神似，以其特有之风格，开创了一代画风。花鸟、竹石、山水、人物无所不工，以花卉最为出色，公认为青藤画派之鼻祖。徐渭是一个开大写意画派的杰出画家，他的大写意花卉奔放淋漓，追求个性的解放，所画"无法中有法"、"乱而不乱"。

　　徐渭文学上也有突出成就。他反对明代前后七子"文必秦汉，诗必盛唐"的复古运动扼杀个性的形式主义倾向，主张清新自然的创作风格，诗文多直抒胸臆，反映怀才不遇和愤世嫉俗的思想，表现出艺术的真情实感。其诗主张独创，反对拟古。其散文受苏轼影响，文笔潇洒自如。徐渭亦从事杂剧写作，有如泣如诉、充溢郁勃奇崛之气的《四声猿》，或借古喻今，鞭挞黑暗；或歌颂女子的聪明智慧。徐渭评阅了杂剧《西厢记》。他对南戏有深入的研究，写下了中国古代戏曲史上划时代的第一本南戏概论性著作《南词叙录》，对南戏的渊源、发展及表现形式、作家、作品均有所涉及，并提出自己的看法。徐渭是中国戏曲史上第一位系统整理宋明南戏的专家，同时建立起我国的曲学体系，开启了日后曲学的发展之路。

　　徐渭在方志学方面也颇有成就，万历《会稽县志》十六卷，由徐渭等撰写，开创了方志的新模式。徐渭还懂军事，善谋略，长于骑马击剑，可惜没有官位，就没有机会领兵打仗。徐渭对儒、释、道皆有研究，研究过佛教经典《金刚经》，点校过《首楞严经》，点校过道教经典《周易参同契》《葬书》等。

　　徐渭立志科举，可以说是科场狂生，然而命运捉弄，徐渭竟布衣一生，沦为幕僚。然而，徐渭不经意中以自己的经历造就了幕学体系，丰富了幕学理论，后人把徐渭敬为幕祖。在徐渭之前，绍兴地方已经有做幕僚的风气，绍兴读书人多，但中式者有限，天生我才必有用，聪明才智要发挥，做幕就是科场失意的士子的体面归宿。但徐渭之前，做幕不成气候，没有规矩。徐渭这一生做过胡幕、李幕、吴幕、张幕等多次幕僚，总括而言，胡宗宪幕最有成就，吴兑宣府幕最快乐，所有这些为幕的经验，形成了做幕僚的一套基本规范。徐渭后三百多年，幕僚事业大有发展，绍兴曾有上万的著名幕僚，即历史上的"绍兴师爷"。绍兴师爷是明清时期封建官僚体制与绍兴人文背景相结合的职业群体，是专业性、地域性极强的幕僚群体，肇始于明，盛行于清，没落于辛亥革命前后。在中国近代史上，绍兴师爷与各地方行政官吏、绅士、商人等共同操纵了封建社会的政治、经济、军事、司法等诸多领域，成为中国封建统治者不可或缺的工具之一。

　　徐渭是智慧的化身，徐渭靠智慧做过很多为民请命、仗义任侠的事，由于徐渭没有官名，正史，包括地方志都没有记载，这些故事只能流传在老百姓的记忆中。当今绍兴民间的"徐文长故事"已有一百九十多则，其实故事远不止这些，作者认为这些故事实有其事，只是时间、地点、情节略有变化。今择其精彩编入本书，也算是本书的一个特点。

目 录
Contents

下篇 艺林侠客晋作圣

上篇　科场狂生沦作幕

第一章　幼年失孤

官门庶子

徐渭出生在明朝正德末年，一生历经了嘉靖、隆庆、万历三朝，这个时期是明代由中叶向晚明转变的重要时期。明朝前后历经二百七十六年，徐渭出生时的正德十六年（1521）已到一百五十三年，明朝已经由中叶向晚明过渡了。这个时期有不少时间皇帝怠政，奸臣当道，忠良被逐，政治生活黑暗。这个社会大背景也是徐渭不幸命运的总根源。然而，明朝经济发展快，资本主义萌芽不断茁壮，文化艺术更加昌明，这也是像徐渭这样的艺术奇才能够产生的社会基础。

徐渭出生于明武宗正德十六年二月初四（1521年3月12日），字文清，更字文长，号天池。别号天池生、天池道人、青藤、青藤道人、山阴布衣等。他出生在绍兴府山阴县观桥大乘庵东，称观巷的地方。

明朝时绍兴府城分属山阴、会稽两县。现在绍兴老市区解放路以西的部分为山阴，以东的部分为会稽，府署设在山阴县境内。徐渭出生地旧居距现在的青藤书屋很近，但并不是现在的青藤书屋。徐渭幼年的读书处，也就是徐渭父亲徐鏓的榴花书屋才是现在的青藤书屋。

徐渭出生于官绅家庭，父亲是个五品官，名徐鏓，字克平，号竹庵主人。徐鏓两年前从四川夔州府同知任上因病提前退休，是年约五十八岁，携一家人返回绍兴老家定居。

明朝时，绍兴人依靠科举制度，通过考试在外当官的人很多，但退休后绝大多数回老家居住，哪怕在京城当官，退休后也回原籍养老。退休后回原籍，既是个人意愿，也是制度使然。那些在外当高官衣锦还乡的，都会在府城建造台门巨宅，这些台门巨宅有的以姓氏称呼，如王阳明的家叫王府，李本的家叫李府。有的以科举出身称呼，如进士台门、探花台门、状元台门等，以炫耀出身高贵，这些都叫官府台门。当时绍兴城区大的官府台门有数十个之多。

徐鏓做的官不算大，没有豪华的大台门，但徐府也有像样的宅第，也就是宽三开间、纵深有三进的经典家居，另外还有一些附属用房。徐府不大，但佣人也有七八个，这个官宦之家还是很殷实的。

徐家的家世不算显赫，可有点特殊，也就是他们还是军人之家，在贵州留有军籍。那么徐家的军籍是怎么来的呢？这得研究徐家的家世。

徐家的过去，我们只能从日后徐渭的诗里来探析，徐家的祖先最早可追溯到明朝初年，徐渭在《从子国用至自军中》诗中描述：

> 高皇得大物，创始日不暇。
> 草草约三章，未及详误诖。
> 吾宗本掾流，因书出休假。
> 千軐苦不多，负戈蒙绛帕。
> 远戍致夜郎，履鞁趋传舍。
> 终年苦肩臂，幸不死戎马。
> 迩来二百年，子孙袭罔赦。

明初时，徐渭的先祖是个文职官吏，在一次休假期间，闹出了一个小案子，因明代初期刑法处于草创时期，对于一些复杂情节的案子没有具体界定。先祖虽没什么明显罪错，但当政者不问青红皂白就把他抓去充军了。他穿上军装，发配到贵州，在驿站从事搬运工作，十分辛苦，幸好没有死在戍边疆场。二百多年来，子子孙孙继承军籍，未得赦免。

在明朝，军籍世袭，父死子继，二百多年以来，徐家子孙一直要有人因袭军籍。而实际上每代在贵州当兵的，是与徐渭同宗的另一支。尽管徐氏先祖被纳入军籍是个沉重的打击，给一个支脉的子孙后代造成很大的影响，但对于整个家族来说却带来了科举考试的好机会。利用贵州和绍兴的文化差别，给徐氏先祖以军籍的身份参加科举，提供了机会。

徐家从明开国时到徐渭一辈止，徐渭父亲这一代是最昌盛的。徐渭在《赠族兄序》中说：

> 吾宗居会稽，自吾祖而上，代多豪隽富贵老寿之人。至吾考，若新河五叔父、西河二叔父诸君子，或为州郡，或自部郎，俱阶大夫，横黄金。而子孙亦繁多，大其门户，美其衣食，高者以明经为生员，次亦以气概雄视一乡。

"俱阶大夫"是指徐渭的父亲、新河五叔父、西河二叔父，其实他们都是利用贵州军籍在云南中举的。

徐渭的父亲徐鏓，在绍兴考取秀才以后，感到浙江科场竞争太激烈了，考中举人没有把握，于是灵机一动，远赴贵州龙里卫。因同族在贵州龙里卫有军籍，徐鏓便先到龙里卫去教书，一边教书，一边准备迎考。徐鏓赴贵州的目的，贵州龙里卫的士子是十分清楚的，半路杀出程咬金，徐鏓是个举人名额的有力争夺者，他刚到龙里卫时，当地想参加举人考试的士子联合起来找他麻烦，设法驱赶他离开贵州。

面对严峻形势，徐鏓灵活应变，他一方面与当地士子搞好关系，另一方面装疯卖傻，他教儿童读《孝经》，故意教错字。当地人笑道："是不足逐也。"认为徐鏓是个草包，考举人是没有竞争力的，不值得他们大动干戈，从而使得徐鏓可以在贵州安顿下来，得到在贵州参加乡试的资格。徐鏓确非等闲之辈，他骗过士子的排挤，看起来呆若木鸡，三年后，一鸣惊人，于弘治二年（1489）中举。

徐鏓中举后，就被任命为云南巨津州知州。因巨津为纳西、独龙等少数民族居住区，属丽江土司管理，风俗不同，难以为政。徐鏓是外省人，虽是举人出身，文化不错，但没有少数民族地区从政经验，很难开展工作，当时徐鏓十分痛苦。但幸运的是徐鏓的表兄弟绍兴人王理是朝廷的兵备佥事，此时正好下派巡按云南。徐鏓通过王理的关系，得以转任嵩明、镇南、潞南、江川、禄丰、三泊诸州县。因任上征服暴动分子立有大功,升官至四川夔州独龙府同知。

徐鏓的弟弟徐鏓,即"新河五叔父",于成化十六年(1480)中举,官至福建邵武府同知。徐鏓的族弟徐冕,即"西河二叔父"也于弘治五年(1492)中举,官至刑部郎中。府同知和郎中都是五品的官,可称为"大夫"。

徐渭在《二兄配冯太孺人生日序》中又补充说:

> 论吾谱中者,盖溯自高曾上下,殆二三百年,童而诵文以百计,成儒成生矣而卒蹶于乡书者以十计,盖第于乡,仅四老耳,乃复蹶于甲。

徐渭这段话告诉我们,徐家家谱记载,从高祖、曾祖开始到徐渭这一代,二三百年间,有读书的传统,从儿童开始学习举子业的人数"以百计",考取举人的只有四人,但这四人均未中进士。这四个举人除了徐鏓、徐鏓、徐冕外,还有一位,但官阶未及大夫。从徐渭的叙述中,确实可以感到徐氏在山阴算是个官宦人家,到了徐渭的父亲这一代似乎有了更发达的迹象,这给徐渭这一代科举中式以更大的压力。

徐鏓去贵州之前有原配夫人童氏,是绍兴人。徐鏓与童夫人生有二子,长子徐淮,次子徐潞。童夫人随徐鏓赴任贵州,不幸染病死在滇阳驿道中。

徐鏓在贵州任职,岗位多变,几乎是一年一个地方。童氏去世六年后,徐鏓在云南澄江府江川县任职时,续娶了当地一个低级武官家里守寡的侄女苗宜人为妻,当时苗宜人应已是四十六岁的人了。婚后不久,徐鏓升任同知,苗宜人随同徐鏓到四川夔州独龙府任所。徐鏓在夔州独龙府任职时间不长,因病从夔州同知任上退休,举家迁回绍兴。

徐鏓与苗宜人结婚后,一直没有生育,而徐淮、徐潞又是前妻所生,所以,苗宜人一直在盘算,养子防老,希望养个儿子来保证她的贵夫人地位。

苗宜人与徐鏓商量的结果是纳苗宜人的陪嫁丫头苗氏为妾,只要生下儿子,苗宜人夺侍女之子为己有,应不是难题。徐鏓一家回绍兴后不久,苗氏就生下了徐渭,苗氏当时二十岁,徐渭后来称苗宜人为嫡母,而称生母为"苗君"。徐渭幼时只知苗宜人是母亲,而把苗氏当乳母。

徐渭的长兄徐淮比徐渭大二十九岁,次兄徐潞比徐渭大二十岁。徐渭出生时,两位兄长均已成年。父亲徐鏓从同知任上退休,是典型的士大夫人家,来往有高亲,还有一帮家丁佣人,生活富裕,地位很高。徐渭在七十二岁时写的《春兴》诗,便描写了自己诞生时的情景:

> 二月四日吾已降,摄提尚复指苍龙。
> 当时小褓慈闱绣,连岁寒衣邻母缝。

这个新生儿的降临,给徐鏓的家庭带来了欢乐,望子成龙,指望徐渭成为一个大人物,家里人及邻居均为这个新生儿忙碌着,嫡母绣织小褓褓,邻居母辈为徐渭准备越冬衣服。这里"摄提"指的是古星名,属二十八宿中的亢宿,共六星,位于大角星的两侧。这是徐渭家当时把小徐渭看作将相之才的说法。

徐鏓给他初生的小儿子取名为渭。渭字从水,徐渭三兄弟名字都从水旁,徐渭的父辈都是金字旁,从五行来说,金生水,自然而然,当然,这更是一种宗族的秩序,看到名字就可知道辈分。日后徐渭作画,多用笔名,有时署名"田水月",这三个字便是从"渭"字中分解出来的。当然,徐鏓把小儿子的名字取"渭",那是指关中故地的一条重要河流——渭河,更寄希望于徐渭,希望他以后在官场能充当一个重要的角色。

官宦人家新添贵子,礼仪排场很讲究,必须布置得热热闹闹、喜气洋洋。按照绍兴的习俗,亲朋好友还要拿着礼品上门祝贺。可是,悲伤事马上来临,那是在徐渭满月之期,远在京师的正德皇帝朱厚照亲征反叛君王朱宸濠,在回京路过镇江时落水受惊,回京后一病不起,不久死于豹房,国家处于大丧之中,举国悲哀。明朝时明确规定,国家大丧之时,士大夫之家,要严格遵守朝廷的礼仪规定,做臣子的要着丧衣,除定时磕头致祭以外,还要"寝苦枕块"——睡在茅草上枕着土块,表示内心不安,愿以身代。

徐鏓是个守规矩懂礼节的人。徐鏓此时虽已退休,但曾经是个五品官,拿着俸禄,君臣之礼、君臣之义都让徐鏓感到深深的忧愁和悲伤。

帝皇新丧,按明代习俗,皇族及各级官府应守丧至年终,百姓之家守丧则为七七四十九日。婚礼寿辰，生男育女，距丧期四十九日以后，仍可庆祝。嘉靖元年（1521）的五月，是徐渭诞生百日，按绍兴风俗，新生儿百日要办百日酒，亲朋好友要喜庆热闹一番，办酒其实也是为了感谢亲朋好友，是喜庆的酒也是谢贺礼的酒。

另外，正德皇帝死后，京师出现了一系列变化，因正德皇帝没有子嗣，后来按太后懿旨，遵祖宗成法，兄终弟及，已派人去湖广迎接兴王朱厚熜入京继位。徐渭出生百日的时候新皇帝已在京师正式继位了，那就是嘉靖皇帝朱厚熜。本来是国庆家庆集于一月，烟花爆竹要响彻半个山阴小城的。但是，就在喜庆之际的关口上，身为一家之主的徐鏓死了！

徐鏓的突然死亡，病因没有记载，可能是心脏出了问题，但估计徐渭也不知道是什么病，在他日后所写《题徐大夫迁墓》以及家中诸人墓志铭均未提及。"哭向清明细雨天"，徐府上下一片悲凄。徐鏓的去世，不仅对徐渭家庭产生了深远而复杂的影响，而且对徐渭的心理、生活上的影响也非常巨大，可以说徐渭一生的坎坷命运都与此有关。

孤儿早慧

徐鏓突然去世以后，徐府失去了顶梁柱，按传统的做法，徐府的总体运行由苗夫人主持。徐府是个大家庭，连家丁佣人十几口人，这是一副很重的担子。苗夫人没有办法，只好默默地挑起来。苗夫人还是有能力挑起管理大家庭这副重担的，以她的水平和徐家的家底，开始几年，家里人还是比较服气的。

徐渭后来在《嫡母苗宜人墓志铭》中给苗宜人治家以较高的评价，他说：

> 宜人性绝敏，略知书，其持身严毅尊重，内外莫不敬惮。其描写俎醢，为世女师。其才略酬应，畜酿种植，出入筹策，驳辨禁持，则宗戚、子妇、宾客、塾师、老牙姬、悍奴婢靡不失气。其保爱教训渭，则穷百变，致百物，散数百金，竭终身之心力，累百纸不能尽，渭粉百身莫报也。

苗宜人聪明能干，知书达理，坚毅持重，人人都敬畏她。她的语言能力、厨艺、蓄养、种植、应酬能力都极强。持家经营，民间礼俗都很有分寸。特别对徐渭的教育更是不惜血本，因此徐渭铭刻在心。

徐鏓的去世，使徐渭早早失去父爱。但主持家政的苗夫人却一直视徐渭如亲子，处处爱护有加。

徐渭早年尽管有生母，但养育他的却是嫡母苗宜人。所谓嫡母，即父亲正娶之妻。因为生母苗氏是苗宜人的丫环，属于女奴，没有抚养权，在小徐渭的眼里，生母苗氏只是一位奶妈。

苗宜人是云南人，是一个有教养的女子。徐鏓与苗宜人的结合是颇具戏剧性的。徐鏓当时是云南的地方官员，有权有势。两人都丧偶单身，两人结合也属门当户对。苗宜人是云南江川人，议婚时已是四十岁左右的寡妇，住在母家。苗宜人幼读史书，有相当的文化教养，有老母相守，生活也颇为安宁。在徐鏓的活动范围里，碰到像苗宜人这样有教养的合适女子，机会是不多的。徐鏓在云南任官多年，颇有阅历，此时原配童氏新丧，想把苗宜人媒聘为继室。徐鏓是个士大夫，续苗宜人为妻，也是经过深思熟虑的，徐鏓不娶年轻女子而续了一个四十六岁的寡妇，考虑的当然是徐淮、徐潞两个儿子，苗宜人的身世比较符合做继母的要求。起初，徐鏓托媒说亲的时候，苗宜人并不愿意。原因当然很清楚：一则徐鏓两个儿子已成年，不好相处；二则与徐鏓结婚，官员流动性大，远离老母，心中不忍。苗宜人这样不即不离，一拖便是六年。但徐鏓是个有心计的人，他运用地方官的权力帮苗宜人之母解决了一桩遗产纠纷案，苗宜人感恩，终于不得不嫁给了徐鏓。

真是世事难料，苗宜人的命运不济，意想不到的事接连发生。成婚不久徐鏓便调至四川，到了四川旋即退休，回到绍兴后，没有两年，徐鏓亡故，由她这个外地女子来管理一个破碎的大家庭。

最为困难的是人地生疏，语言隔阂，两个成年的儿子又非自己所生，而且没有工作，没有收入。徐淮炼丹学道，徐潞埋头举业。家里一大堆矛盾，焦点便是与长媳的冲突。徐渭日后回忆说，苗宜人"益厌其长子妇宗亲人及越之风物"（《嫡母苗宜人墓志铭》）。苗宜人讨厌徐淮的妻子及其娘家人，也讨厌绍兴的风俗、风物和气候。可以说管理这个家是十分煎熬的事情。

　　徐渭幼时，徐府的经济状况还过得去，生活、读书没什么问题，而且有嫡母、生母双重母爱，徐渭是幸福的。但徐渭的问题是他生活在一个破损的家，实质是缺乏父爱。徐渭在父亲去世后，长期在两位母亲影响下成长，他的嫡母在绍兴举目无亲，风俗习惯又不适应，要回到家乡又不可能，她心境的落寞、凄凉、悲观和抑郁是可想而知的，至于徐渭生母更有可能处于悲愤、惶恐、无助、抑郁的心理状态，徐渭在这样两位母亲的影响下，他的心理发展是不可能健全的。

　　苗宜人的最大希望和慰藉是培养徐渭，她的目标很明确，徐渭长大后子承父业，科场中式，光宗耀祖。所以她不惜代价为徐渭请最好的老师，并颇为频繁地更换。据徐渭回忆，童年受教于十五位先生，其中不少便是徐氏家塾的塾师。从教育结果来看，苗宜人的延师过多，挑师过苛，有时一年换几个，急于求成，对徐渭以后的发展并不好。

　　徐渭自幼聪慧，智力超常，天赋异禀，被一个塾师称为"神童"。徐渭在《畸谱》里说，四岁时，长兄徐淮的妻子杨氏去世，他能迎送上门来吊唁的客人。嘉靖五年（1526），徐渭六岁，入徐氏家塾读书。徐府的家塾，即办在徐鏓的榴花书屋。徐渭自视为神童不假，看起来是很有自信，其实是自视很高，这是他日后出现严重抑郁症的根源之一，也是他悲剧人生的根源。

　　徐渭的启蒙老师管士颜，给徐渭等学生上的第一堂课是士大夫家的标准课，内容是唐诗，是官场的大场面。徐渭直到晚年还记得其中的"鸡鸣紫陌曙光寒"。管先生以讲解此诗作为第一堂课，寓意是向学生交代一个愿景，即走科举之路，学而优则仕。

　　管士颜的私塾属于正规化教学，每天教授数百字，都要求学生背诵。后来，管士颜又教学生读《大学》章句。徐渭一天下来，要诵读千余言，学习是十分辛苦的。好在徐渭记忆力超常，古诗不用多读，看几遍就能在老师面前背诵出来。在这样的私塾里学习，徐渭背诵、记忆了大量诗文，这对徐渭后来写文章、用典故很有帮助。

　　徐渭记得最深刻的老师是陆如冈，徐渭八岁时拜陆如冈为老师，开始学习八股文，当时八股文又叫时文。八岁学时文，真是从小就开始为科举做准备。陆如冈先生的教学方法是多写，每月初一和十五都要考众学生。徐渭的应对办法是准备充分，在每次考试的早饭前就写成两三篇文章，一次徐渭把文章交上去，陆先生大为惊讶，在文章后面批道："昔人称十岁善属文，子方八岁，校之不尤难乎？噫，是先人之庆也，是徐门之光也！所谓谢家之宝树者非子也耶？"批语中称他为"谢家之宝树"，是指南朝诗人谢灵运早慧，移籍会稽，诗名倾倒东南，他是第一位山水诗人。这里陆先生把徐渭比作谢灵运，到处传说徐渭是个"神童"。陆先生是徐渭这个"神童"第一个发现者，这是激励教育法，对徐渭的学习有激励作用，但同时也害了徐渭。陆先生认为徐渭是写时文的神童，但徐渭以后的人生最失败的就是时文写不好，每次考试都落第，岂不是对陆先生的极大讽刺。

徐氏家塾除了徐渭入学外，还有一些官宦邻居的儿童来附馆。这些同学不仅是徐渭的学习伙伴，而且为徐渭多方面素质的培养打下了基础。徐渭在《张母八十序》中说："始吾与子锡、子文辈居相近也，子锡伯兄将军曰子仪者，暨两弟，并来就予家塾……并髫也，两家兄弟无一日不三四至，竹马裲裆，一趋而到门……而予与二张即髫，占对属文，稍稍惊座客，名一时误起郡中。"徐渭与张家的三兄弟张子仪、张子锡和张子文一起学习，下课后，骑竹竿赛跑，跑得街巷空地上尘土飞扬。因张家是武官，家中有战马和刀剑枪矛等武器，徐渭也常和张家兄弟练习武术。徐渭懂兵法，会骑马击剑，是与徐氏家塾里读书的张家同学有关的。

徐渭在徐氏家塾里读书是很有乐趣的，春天的时候，徐渭还与伙伴一起放风筝玩，等到大家都走尽了，他才想起回家。徐渭年长时还记得风筝诗：

> 风吹鸢线搅成团，挂在梨花带燕还。
> 此日儿郎浑已尽，记来嘉靖八年间。

徐渭十岁时，在书屋外水池之旁，种了一棵青藤，日后便把榴花书屋易名为青藤书屋。此藤六十年后"大若虬松，绿荫如盖"，徐渭因此自号寿藤翁，也曾自号青藤道士。青藤之畔为水池，水池"方十尺，通泉，深不可测，水旱不涸"，名曰"天池"。日后徐渭书画曾自号天池生、天池道人、天池渔隐。晚年有《青藤书屋八景图》，并有记。

十岁的徐渭，神童的名气达到顶峰。山阴知县刘昺的溢美之词给了徐渭无限的信心。徐渭在《畸谱》中说：

> 考未亡时，分予僮奴妇及其儿子共四人，夜并逃。知山阴者为凤阳刘公昺，十四兄潞引我往告奴。刘一见，谬赏其姿曰："童年几何？今学做些什么？"
>
> 潞曰："亦能举业文字两年矣。"
>
> 刘更奇之，命题曰"居其所而众星共之"，公理告书不二十纸，文不草而竟。公读至"天不言而星之共之，非天谆谆然以命之共也"云云，对股"星亦不言而众星共之，非众星谆谆然以约之共也"云云，大赏之，取佳札免管，令送童子归。
>
> 且问渭："童子何师？"曰："姓王，名政。""教女作文，教读何书？"曰："读程文。"
>
> 公取卷余纸批曰："小子能识文义，且能措词，可喜可喜！为其师者，当善教之，务在多读古书，期于大成，勿徒烂记程文而已。"

徐渭记住了刘昺的话，此后徐渭偏爱古文写作，藐视八股文，以至于没有将太多精力放在科举考试上，最后科举屡屡不中，而竟以布衣终身。其实，徐渭后来人生的许多失败，还与他有一个"神童"的虚名有关，这使徐渭从小自视很高，摆不正位置，在人生的关键几步都没有走好。天下哪有真神童，徐渭的悲剧从"神童"开始。

徐渭十岁这一年，对他来说是一个不幸年，这年苗宜人行使主母的权威，将苗氏在内的所有的奴仆统统卖给了外姓，这样，开始理解世事的徐渭便失去了生母。苗宜人将徐渭的生母卖掉，这一举动不能以生计困难来解释。徐渭生母是苗宜人娘家带来的丫环，对苗宜人忠心耿耿，苗宜人在举目无亲、无依无靠的困境下还将侍候自己多年的徐渭生母卖掉，这是这位两次守寡的女人的嫉妒心所致。苗宜人把徐渭生母卖掉的核心动机就是不让徐渭与生母建立太亲密的感情关系。懂事的徐渭并非没有认识，只是不敢明讲，不好讲穿而已。

苗宜人是个不折不扣的怨妇，她要操控徐渭的感情，要独享徐渭的爱。

她自私、狭隘、独断，她不顾幼年徐渭的感情，在这样的嫡母的教育下，徐渭的人格是不健全的。失去生母，并非与生母死别，而是生离，生母给人为奴，受人凌辱，小小男儿，况且早慧，自然感受到异乎寻常的屈辱。直到七十三岁老年时，徐渭在自谱中还耿耿于怀，在《畸谱》中写下了"夺生我者"的事实，记下了早年心灵蒙受创伤的这一页沉重的历史。苗氏日后去世，徐渭为其安葬，但始终未作铭记，这与当时的贱视奴隶的社会风气有关，述及苗氏生平，不易措词。

徐渭十岁以后学过许多技艺。先向陈良器学古琴。从十四岁起，又跟私塾教师王政学时文，由于王政擅长弹琴，徐渭便趁机向王政学琴，这给徐渭打下了较好的音乐艺术基础。

徐渭十四岁时，苗宜人五十九岁，年纪不大，身体已经不行了。不久，便"啮渭臂而诀"。嫡母咬住徐渭的手臂而过世，以示无奈的永别了。当年苗宜人跟徐鏓离开云南，苗宜人的母亲范太君痛苦不堪，以为母女不可能再相见，咬住苗宜人的手臂以示离别。这是一种悲壮的告别仪式，母子死别，场面悲凄。徐渭是很孝顺的孩子，苗宜人病重时，徐渭向神灵跪求三天三夜不吃不喝，以求嫡母康复，其孝可鉴。徐渭认为嫡母苗宜人是为养育、培养自己，日夜操劳、抑郁而死的，徐渭说，苗宜人"日夜课望渭，用是以郁愤死"。徐渭内心充满着歉意。当然，苗宜人的死，还有很多其他原因，徐府这个当家人是不容易的。

苗宜人死后，徐渭成了社会青年。科举学业开始荒废。十五六岁时，徐渭又向彭应时学剑，后来徐渭认为没有学成，那是指没成名，弹琴学剑虽然没有具体成果，但这两件事影响徐渭终身。徐渭后来在《方山阴公墓表》中说："渭自是好弹琴击剑，习骑射。"这一时期，徐渭读了许多书。他对自己的读书状态颇为自负。他说："渭少嗜读书，志颇宏博。自有书契以来，务在通其概焉。"（《上提学副使张公书》）可见，他阅读这些书的目的在于贯通古今。这一时期的读书生活，为他今后写作古文打下了扎实的基础。

徐渭十六岁时，开始关心社会公益，他以一个知名人士自居，喜欢出人头地，喜欢结交官场名流。这一年，汤绍恩莅任绍兴知府。徐渭作《水利考》一文，向汤绍恩提治河建议，文中所提浚深河、多建闸、固海塘三项对策未被汤绍恩采纳。汤绍恩根据自己的研究，开建著名的绍兴三江闸，这是中国沿海第一个大规模排涝工程，汤绍恩在绍兴治水历史上有重要地位。徐渭当时曾见过汤绍恩，但由于年少，徐渭并没有受到汤绍恩的特别重视。

徐渭在十六岁时古文已学有所成，曾仿杨雄《解嘲》作《释毁》一文。从题目来看，大约是一篇赋，赋是一种骈文，辞赋华丽的辞藻和丰赡的用典，是一个人才学的体现。这就是刘昺所说的学古文的好处，后来胡宗宪重用徐渭也是看重了徐渭写骈文的能力。

大师爷的传说

"神童"传奇

徐渭少年时确实聪明，而且他的性格比较外露，喜欢表现，还有侠义之心，路遇不平，见义勇为。传奇故事很多，大多是实有其事的，当然也有些是虚构的。但这些故事最能体现徐渭的人生，也是民间真正的徐渭形象。这里挑选了几个故事，举例如下：

难倒张会元

徐渭一日与同学们在老家观巷口玩石块叠桥游戏，迎面来了个张会元。

这个张会元是新科进士中的佼佼者，所以他自以为了不起。他见孩童们在当路口搬弄石块玩，就呵斥道："小家伙，在路上叠石妨碍行人，可恶，真可恶！"

说罢，上前猛一脚踢倒叠石小桥，石块就骨碌碌地滚到路旁去了。

童年的徐渭受了委屈岂肯罢休，上前一把抱住张会元的腿嚷道："你要给我搭好！"

两人一吵闹，四周行人都围拢来看热闹啦。张会元在大众面前被孩童缠住不便发作，就冷笑道："我是堂堂会元，难道向小家伙赔礼吗？"

徐渭反驳道："你既是会元，定然知书达理，今天就讲文吧！要你当场对个对。对对了就放你走。"

张会元不禁呵呵大笑道："黄毛小鬼，也来咬文嚼字。好！你出题吧！"

徐渭就以踢倒小石块桥为题道："脚踢磊桥三块石。"

张会元听了，以为不难对，就思考起来，可是搜索枯肠却无佳句，不由头上冒出汗来。一时下不了台，只得用央求的口气道："小兄弟，我今天有事思绪不好，明早一定答复你，好不好？"

徐渭听了，就豪爽地允许了。

当下，张会元回到家里就闷闷不乐地叹道："唉！想不到堂堂会元输在娃娃手里了！"

张会元的妹妹，也是熟读诗书的闺秀，见哥哥愁眉不展，就上前询问有何心事。开始哥哥不愿讲，后来在妹妹的追问下，把实情说了出来。

她正在用写过字的纸剪鞋样，妹妹才思敏捷，眼珠儿一转，脑筋一动就对了出来，附耳把答句一讲，哥哥恍然大悟，压在心里的石块放下了。

次日清早，徐渭找上门去。张会元只得迎了出来，口称小兄弟里面坐，接着伸出两个指头把答句说出来道："刀剪出字两座山。"

徐渭嗯了一声冷笑起来。张会元问道："你这是什么意思？"

徐渭答道："下联虽然对上了，但不是佳句，看来不是你答的，定然是别人代做的！"

张会元暗暗吃了一惊，却故作镇静道："你的见解，原因何在？"

徐渭一本正经道："这句下联气魄小，只有女人使用剪刀，完全是女人的口气呀！"

张会元听后，顿时脸色红一阵白一阵起来。

徐渭于是补充道："如果是男人的口气，应该用'刀劈'代替'刀剪'，这样气魄就大了。"

张会元听后哑口无言，心里感觉惭愧。从此不敢额角头生眼睛——目空一切了。

脚踢"万岁爷"

有一年，绍兴来了个知府。知府有个小公子，年纪十四五岁，非常顽劣。他常常依仗他老子的官势，欺负别的孩子。

一天，知府的小公子和十来个小朋友一起踢毽子。小公子平时很少练习，不懂踢毽子的法门，踢不上几脚，毽子就落到了地上。接着，另一位小朋友跟上去踢，却很熟练，眼快脚快，踢了五六十脚还没有落地。小公子很妒忌，就偷偷跟在后面，趁这小朋友不防，猛然把他拦腰一撞。那小朋友被撞，毽子也落了地。小公子哈哈大笑，一个箭步上前，把毽子踏在脚下。那孩子想想委屈，便哭了起来。别的小朋友都围上来和小公子评理。小公子讲不过大家，一个箭步上前把别的孩子的毽子也一个个全夺去了。小公子刚想大摇大摆地回去，忽然有人上前把他拦住："喂，小公子，这毽子是大家踢的，快把它还给小朋友们！"

原来，少年徐渭刚好路过这里，他在旁边已经看了一会，见知府的儿子这样蛮不讲理，很是气愤，特地出来说几句公道话。

跟随小公子的家丁袒护说："你这人真不识相。人家是官家公子，土地老爷也管不着。你别多管闲事，快走！快走！"

徐渭说："有理走遍天下，无理寸步难行。我不管他是不是公子，就是要管！"他当众夺下那公子手里的一大把毽子，分还给了小朋友们。小朋友们拿了毽子就走开了。这下，小公子撒野了，大哭大闹，跑进府门，喊道："父亲，有人打我，父亲，有人打我。快抓住他呀！"

这时，家丁已把徐渭抓了起来，押上堂去见知府。知府拍着台子大骂："你这个混账家伙，我儿子好好在玩，你为什么夺他的毽子？"

徐渭不慌不忙地说："这不是他的毽子。他的毽子是夺来的，是抢来的！"知府听了觉得越发刺耳，便恼羞成怒地说："胡说！老爷我难道买不起毽子，要他去夺去抢吗？只有你才欺侮了我的儿子。你可知罪吗？"徐渭听了，冷冷地说，"你问我知罪吗，真是笑话了！哼！据我看，大人你倒才是不知罪哩！"

"什么？我有什么不知罪？"知府诧异地问。

徐渭说："你的公子一早在踢毽子，大人想必知道。这毽子是上有羽毛，下有铜钱。铜钱上印着不是别的，而是'万岁'嘉靖的年号。他如今竟手提毫毛，脚踢万岁，而你却欺君罔上！常言道：'子不肖，父之过。'大人又该当何罪？……"

知府吓了一跳，想想这话有道理，"脚踢万岁"罪名可大了，弄不好乌纱帽也要保不住。便连忙把徐渭拉到一边，赔笑说："好吧，好吧！大家谁也不要为难谁。这事情我们私下了结吧！"就亲自送徐渭出了衙门。

智答"天高地厚"

一天，小文清正在鹅行街大乘弄口与几个小朋友玩"造房子"的游戏。就在这时，传来了官员出行鸣锣开道的"当当"声。锣声由远及近，越来越响，几个孩子听见了，纷纷进弄躲避，而玩得起兴的小文清却对锣声与小朋友的劝说声充耳不闻，继续造他的"房子"。

走在前面的衙役把不肯让道的小文清夹在右腋下，送到山阴县令轿前。山阴县令见是个眉清目秀的小孩，气消了一半，就问道："你可知道本官出行，百姓都得回避让道？"

"我不知道，我只知道我在路边玩，并没有挡道。我造我的房子，你坐你的轿子，为啥要避让？"小文清理直气壮地答。

"须知官民有别。"山阴县令傲气十足地说。

"你没有三头六臂，我也没有缺脚少腿，有啥不同？再说我长大以后，也会当官，而且要比你大！"小文清毫不示弱地回答。

"真是一派胡言，不知道天高地厚！"山阴县令气得翘胡子瞪眼。

"谁说我不知天高地厚？"小文清满有把握地反问。

"如果你能说出天多高地多厚，我非但不追究你非礼之行，还向你打躬作揖表示敬佩；若回答不出定然责罚不饶。"山阴县令不信，要与小文清赌一把。

再次得到山阴县令的肯定后，小文清便轻松地答道："天吗，两屁股高……"

没等文清说出地厚来，山阴县令就打断道："痴孩说梦话，一派胡言！"

小文清却说："我可是有根有据的！"

"快快说来听听。"山阴县令急忙催促。

"绍兴不是有句'屁股翘得半天高'的俗语吗！一屁股有半天高，两屁股不是整个天高吗？"小文清答道。

山阴县令心想绍兴是有这句俗语的，一时被噎得反驳不得，只好说："那么地有多厚呢？"

小文清不假思索地答道："地嘛，十八丈厚。"

"何以见得？"山阴县令不信。

"人人都知道有十八层地狱，大老爷你承认吗？一层地狱像一层楼屋，厚约一丈，地的最深处是十八层，这样算来，地厚定是十八丈左右啰！"小文清的这番妙论，弄得山阴县令哭笑不得，只好向他作揖认输。

在围观者"灵童""神童"的称赞和叫好声中，山阴县令闷声不响地坐着轿子离去，小文清仍和小伙伴们玩"造房子"。

第二章　少壮蹉跎

复试秀才

在明朝，参加科举考试是读书人走上仕途的主要途径。徐渭出身官宦之家，有通过科举走仕途的传统，加上徐渭自幼便有"神童"之誉，自视很高，徐渭可以说是一个科场狂生，曾以为考秀才、中举人以及进士及第都不是太难的事。他曾作过一首《池中歌》，在诗中可以看出徐渭对于自己出类拔萃地通过考试的期待：

> 池中有物长三尺，赤梢袅袅时能立。
> 直须雨后一声雷，伊阙虽高难磕额。
> 某生今年年二十，读书下笔万钧力。
> 明秋研水盛波涛，定知不作寒鳞蛰。

池中红鲤鱼，雨后惊雷震响，一旦时机来临，"伊阙虽高难磕额"，鲤鱼终将跳龙门，明年秋试一定一鸣惊人。诗里的狂气不可一世。

然而，现实却是十分残酷的，抑或是命运的捉弄。嘉靖十六年（1537），徐渭十七岁，第一次参加童试，但没有考取。他二十岁又应试，仍然没有考取，这使徐渭处境十分尴尬。徐渭不相信，不服气，感觉没法和亲朋好友有所交代。

徐渭没考中其实与父母双亡有关，自从嫡母苗宜人去世后，徐渭一直跟随经商学道的长兄徐淮生活，思想发生了变化。当时，徐渭已不满足于儒家经典的学习，开始贪婪地摄取各家学说，俨然要做个杂家。逐渐背离了"五经""六艺"的轨道，不学时文、讨厌八股，要求表现自我意志和独立人格，这就同明代的科考制度产生了矛盾。明代科举规定以八股文取士，题目取自"四书"，考生须按照经传，代圣人立言，不能自有新意。徐渭文思敏捷，新观点很多，答卷都是一些"奇谈怪论"，所以被斥为"不合规寸"，均未被录取。

苗宜人死后，长兄徐淮主持家政，徐淮因不善经营，家境日益衰落，他对徐渭执意于科举颇为不满。而徐渭却又是缺少自我认知的人，他讨厌八股文，但又不愿意放弃走科举之路。徐渭人生中共参加十次考试，每次都没考中。

二十岁那年的第二次童试失利对徐渭打击很大，他无脸去见兄长，甚至感到无法在耻辱和压迫中活下去。徐渭确实是一个自我意识很强的人，他竟然跑到杭州，给浙江提学副使张岳写了一封信，请求给予复试的机会。这封信就是《上提学副使张公书》。他在信中说：

> 渭运时不辰，幼本孤独，先人尝拜别驾，生渭一岁而卒。有二兄，伯贾于外，仲远取贵州，至今充庠生。渭少嗜读书，志颇闳博，自有书契以来，务在通其概焉。六岁受《大学》，日诵千余言，九岁成文章，便能发衍章句，君子缙绅至有宝树、灵珠之称，刘晏、杨修之比。此有识共闻，非敢指以为诳。十三岁老母终堂，变故寻□荂缕叠，有非说所能尽者。五尺之躯，百事攸萃。志虽英锐，而业因事牵。家本伶仃就衰，而渭号托艺苑，不复生产作业。再试有司，辄以不合规寸摈斥于时。业坠绪危，有若綦卵。学无效验，遂不信于父兄，而况骨肉煎逼，其豆相燃，日夜旋顾，惟身与影。

徐渭自述了基本情况，身世孤独，自幼丧父，长兄在外经商，二兄至今仍为秀才，且远在贵州。徐渭还说自己自幼喜爱读书，志趣宏大，广闻博记，聪颖过人，六岁学《大学》，日诵千余言，九岁成文章，便能发衍章句，君子缙绅至有宝树、灵珠之称，刘晏、杨修之比，那就是平时说的"神童"。但自从嫡母去世后，家庭发生了重大的变故。家庭困难，而徐渭又喜欢艺术，学了许多东西，科举之业有点荒废。文章写得好，但是，两次应试，均因"不合规寸"而失败，说明这不是没才，而是方法不到位。学业没有成果，也就难以取信于兄长，以致出现"骨肉煎逼，其豆相燃"的局面，兄弟之间的冲突已经十分激烈。这就告诉考官，如果这次不中秀才，长兄就不给机会了，"神童"就废掉了，应是十分可惜的。

面对困境，徐渭作过一些努力，但都没有什么结果，看来真是无能为力了，他接着说：

> 便欲往之贵州，从仲兄以希肆业发迹，而徒手裸体，身无锱铢，去路修阻，危若登天，未尝通晓一艺而欲致足万里之饔飧，不亦难哉！……是以犹务隐忍，寄旅北门，意在强为人师以糊方寸，何期营营数旬，竟无一人与接者……窃计返家，则倏去忽来若猿狙也，长江非遥，若隔秦楚；因兹不返，则馆帷壁立，仅存古书数十卷，旦无见援，夕当弃失。

如果像二兄徐潞那样去贵州应试，那也是要有条件的，首先要有路费，要有钱生活下去。现在他是身无分文，而且路途又十分遥远，难以做到，穷人啊，需要帮助！他离家北去，也想设馆教徒，自食其力，只是几个月下来，居然招收不到一个学童。他也想回到家中，却是有家难回。他正处于进退维谷的境地，其孤立无援的状态令人同情。然后，徐渭提出复试的要求。他说：

> 伏冀明公悯其始终历涉之艰难，谅其进退患难之危迫，怜其疏鄙之才，援其今日无资之困。请假晷刻，试其短长，指掌之间，万言可就……故敢述其始末，托书自陈。万一因其昏愚加以摈斥，则有负石投渊、入坑自焚耳，乌能俯首葡匐，偷活苟生，为学士之废弃，儒行之瑕摘乎？惟明公其生死之。

徐渭整封信的基调是尽展苦楚，以情动人，恳请提学副使张岳能同情他的处境，同时又表明自己富有才华，充满自信。徐渭的信确实写得很能打动人，文笔确实高超，不录取秀才确实可惜。

提学副使张岳肯定没有碰到过这样的考生，他接到徐渭的上书时，一定是不知如何是好。

我们不得不佩服徐渭，徐渭直奔杭州写信给提学副使张岳的同时，也请了自己的表姐夫、在外省任宪副的萧鸣凤一起赴杭。在张岳展信不置可否的时候，萧宪副突然来访，萧宪副是浙籍官员，古文大家，文名颇高，官阶又比张岳高，张岳便将来信交给萧宪副，萧宪副看过徐渭的信及所附的旧作若干篇，大力称赞徐渭有才华。张岳被书信所感动，又有萧官员权威判断，决定允许徐渭复试。复试当日，监考的王运使也在场，张岳指着徐渭向王运使介绍说："考此儒士，非有他也。昨来上书，萧先生见之，称其有才。"这话明说，复试是徐渭的要求和萧先生的认可，不是我张岳自作主张。监考的官员也在场，一切符合规定。经命题考试，徐渭交出了让大家满意的答卷。根据答卷，山阴知县方廷玺勇担重任，就破例将徐渭录取为诸生。

徐渭考中秀才，一时声名鹊起，成为绍兴知名人士。引起了当时的绍兴知府张明道（横渠）的重视。张明道派人与徐渭联系，要与徐渭讨论修府志事宜。对此徐渭作了《张石州论修府志书》，提出了修府志的主张。

阳江快婿

徐渭童试不中，靠写了封信，取得复试资格考中了秀才。这是绍兴有童试以来没有过的事情，大家觉得这里可能有猫腻，对其他考生来说是不公平、不可理解的，于是在绍兴的大街小巷议论纷纷。

说是官官相护，也有道理。徐渭确有一些当官的亲戚，譬如他的二叔徐钥，在京任郎中；表兄王畿，在京中任职方主事；指点过如何应试的表姐夫萧鸣凤，也当过提学副使，现在在外省任学政。

而压力最大的是山阴知县方廷玺，是他最后把徐渭录取的。方知县也很聪明，在大家的议论声中，方知县把徐渭的那封信公开了。见了那封信的原稿后，大家开始服气，觉得徐渭是有真才实学的，只是运气不够好，复试录取为秀才，不是作弊，而是情理之中的事。绍兴的乡风就是重文重才，而知县方廷玺更是伯乐式的官员。后来徐渭一直记恩，那是完全应该的。

由于徐渭本来有"神童"之誉，再加上这次考秀才的波澜曲折，徐渭的知名度比起绍兴府的一般秀才来，要高出很多了。徐渭也普遍被人看好，被人尊重，小伙子是只潜力股，谁投资谁就会有好收益。

徐渭年已二十，相貌堂堂，徐渭《自书小像二首》：

吾生而肥，弱冠而羸不胜衣，既立而复渐以肥，乃至于若斯图之痴痴也。盖年以历于知非，然则今日之痴痴，安知其不复羸羸，以庶几于山泽之癯耶？而人又安得执斯图以刻舟而守株？噫，龙耶猪耶？鹤耶凫耶？蝶栩栩耶？周蘧蘧耶？畴知其初耶？

又

以千工手，铸一佛貌，泥范出冶，竞夸己肖，付万目观，目有殊照，评亦随之，与工同调。貌予多矣，历知非年，工者目者，评淆如前。偶儿在侧，令师貌之，貌儿颇肖，父肖可知，今肥昔癯，人谓癯胜，冶氏增铜，器敢不听。

"神童"中秀才，已不是草莽百姓了，是进士、状元的种子选手了，确实前途无量。

绍兴城中有妙龄少女的官宦之家开始谋划招徐渭做女婿。有想法的不少，有行动的就有一个汪应轸，汪应轸正德十二年（1517）进士，选庶吉士，官户部给事中。嘉靖三年（1524）出任江西佥事，两年后因病回家乡绍兴。徐渭经萧静庵的特别介绍，曾跟随汪应轸学习过举子业。汪应轸欲许嫁女儿，自然也是看中徐渭的才华。只是这个汪应轸书生气重，嫁女有心，动作拘泥。

少年才子徐渭在绍兴知名度高，童试之事变成一个茶馆新闻，议论的人很多。在京师也有人关注和谈论。潘克敬和童若野这两个在北京的绍兴人，在一个小餐馆里喝酒叙旧，说到少年才子徐渭。

童若野："我的姑父徐鏓，有个小儿子，真是神童，他九岁能作举子文，十二三能赋雪词，十六拟杨雄《解嘲》作了《释毁》这一骈文。"

潘克敬："这小伙子有没有结婚？"

童若野："还没呢。"

童若野是徐渭父徐鏓发妻童宜人的侄子，是徐家的至亲，在酒席上面对潘克敬夸耀年轻内弟的才情，说者无心，听者有意。潘克敬记在心上，悄悄地开始了招女婿的活动。

潘克敬是个有心人，此时潘克敬刚被任命为广东阳江主簿，即将举家远赴阳江赴任，长女才十四岁，勉强到了婚嫁年龄。关键是潘克敬重才、爱才，十分心仪徐渭这样的奇才，有心择婿，舍得投入想捷足先登。潘克敬从北京回到绍兴，立即设法找到徐渭，开门见山议及婚姻。

明代绍兴的婚姻很讲门当户对，婚嫁风俗，以聘金多少定婚姻，嫁女者只看男方富不富，男方娶个媳妇往往要倾其所有，多至"五七百金"，中人之家，也得三四百两，否则将为时人所轻。徐、潘两家皆属官宦人家，虽然徐家是破落户，但徐家毕竟是大夫之家。虽徐渭没钱，但已是秀才士子，对潘家来说应是不失脸面的。

潘克敬确是豪爽，不为时俗所拘，并无种种苛刻条件，不仅不索聘，而且答应徐渭随同赴任，至阳江入赘。作为进舍女婿，打破常规，男入女家，不从女姓，不立契承担晚年赡养老人义务。

针对如此优厚条件，徐渭十分高兴。二十岁的徐渭既得美妻，又能得到温饱，不用任何花费，到阳江又能安心准备举业，确是一举多得。其实更高兴的还是徐府的长兄长嫂。二弟一家远走贵州，三弟又远走广东，观桥徐宅不必再"其豆相燃"，难得清静了。至于兄弟之情还是有的，为徐渭准备婚礼，一些祖传的金玉之器还是要带上一些的，也就是"钗珥之礼，略具而已"。

潘克敬先后有两位夫人，原配金氏，金氏殁后，继娶罗氏。金氏留有一子一女，子名潘涛，女即待嫁者，目前随父及继母前往阳江。

嘉靖二十年（1541），徐渭二十一岁。夏天，徐渭应约赴阳江与潘女结婚。潘女在徐渭的眼中"慧而朴廉"，属于徐渭一生永远忘记不了的女人。他们的婚礼是在阳江官舍里举行的，"记得阳江官舍里，熏风已过荔枝红"。荔枝已红，当是辛丑年夏秋之际。结婚时情形，十多年后徐渭有诗记载，《嘉靖辛丑之夏，妇翁潘公即阳江官舍，将令予合婚，其乡刘寺丞公代为之媒，先以三绝见遗。后六年而细子弃帷，又三年闻刘公亦谢世。癸丑冬，徙书室，检旧札见之，不胜悽惋，因赋七绝》：

> 华堂日晏绮罗开，伐鼓吹箫一两回。
> 帐底画眉犹未了，寺丞亲着绛纱来。
>
> 筵前半醉起逡巡，窄袖长袍妥着身。
> 若使吹箫人尚在，今宵应解说伊人。
>
> 掩映双鬟绣扇新，当时相见各青春。
> 傍人细语亲听得，道是神仙会里人。

第一首讲的是婚庆场面，第二首是讲新郎潇洒形象，另一首是旁人对一双新人惊叹。刘寺丞是潘克敬同僚，同时供职阳江官署。主簿亦称典簿，属知县重要助手，负责文事。主簿嫁女，邀请的媒人为县丞，婚礼有声有色，有婚筵、有喜乐，当然有盈门的宾客。成婚之日的喜宴，新郎在席而新娘端坐洞房，诗中半醉之人即是新郎徐渭。新郎衣着鲜亮，春风满面，席间逡巡，逐一拜亲谢媒并及种种嘉宾，当日兴奋情状，作为席间奏乐的吹箫人应当是看得最清楚不过的。潘女在人们的心目中，是长得很美丽的。

潘女无正式名字。潘女死后，徐渭怀念她，认为她的性格与徐渭自己相似，取名潘似，这种性格又以耿介为特征，所以字为介君。

婚姻五年，始终夫妻恩爱。据徐渭日后回忆，不仅因为生活得到照顾，不仅因为潘似美丽，更主要的还是由于潘似人品之佳。

徐渭赘居岳家，年轻夫妇二人便是大家庭中的小家庭。潘似是个很懂事的女孩，她自幼丧母，依靠继母罗氏抚养长大，对继母和家中老少以及童仆都小心谨慎，唯恐惹出是非。而徐渭也是在受人歧视的环境中长大，如今虽然已成家，但仍然寄人篱下，自尊心的敏感表现得尤为激烈。潘似平常对徐渭讲话都极为谨慎，生怕引起他的猜疑，或伤及他的自尊。

潘克敬从阳江主簿调任赵王府奉祀时，有一次私下里将十两银子给潘似，并叫他不要告诉继母。潘似担心收下银两会惹起是非，就把银两交给哥哥潘涛处理。妻子为人诚实，顾全大局，以营私为鄙，这就很使徐渭感动。潘女耿介的性格与徐渭相投，心心相印。潘女是一个非常克己而又善于与人相处的女人，不仅同胞兄妹情重，而且与继母所生弟妹亦十分友爱，是一个十分难得的女子。

婚姻生活的五年中，徐渭曾往返阳江与绍兴之间。徐渭成婚那年，在阳江度过了秋季。天有不测风云，就在徐渭成婚的前一年，即嘉靖十九年（1540），二兄徐潞在贵州突然过世，消息来得很迟，直到这年秋季，长兄徐淮作为男方的家长，到贵州料理徐潞的丧事，回绍途中转道阳江看望幼弟，同时带来了徐潞的凶讯。

徐潞幼年随父母在云南、四川一带生活，成年以后回到山阴成为秀才，进入绍兴府学读书。然而乡试是当年科举最难过的一道关，徐潞奋斗了十几年，始终没有通过。

徐潞开始动脑子，他研究父亲和两个叔叔的成功经验，还是只能利用不同省份录取水准的差距。到贵州去乡试，中举的可能性就大了。

如果在边境地区应乡试，那就是跨省应考，限制条件就是户籍，也就是说，必须是本地人。明代没有买户籍的先例，当然还有另外的变通办法。就是利用祖先的戎籍。戎籍与乡籍享受同等待遇，好在父亲徐鏓当年以龙里卫戎籍应考取得成功，便利用在官场的关系在龙里卫为自己的子嗣留有戎籍，以备万一。于是，徐潞携妻童氏，远走贵州。

徐潞正当壮年，到了龙里卫后便颇为自负，锋芒毕露，几场卫学考试，都是第一。卫学考试相似于府学考试，是一种资格测验，只是确定某某生员是否具备进入乡试的条件，不是乡试的本身。问题在于徐潞才华早露，才华早露便为龙里士子注意，许多人便攻击徐潞中途入籍，说他的戎籍属于假冒，这虽然属于诬告，但这种社会舆论还是具有杀伤力的。据说甲午年乡试徐潞文章已中选，考官只是迫于强大的舆论压力，有意在徐潞考卷上把徐潞的名字弄糊了，竟用这种办法回避矛盾，使徐潞落榜。后来徐潞回绍为苗宜人守丧，又错过一次乡试。再过了三年，龙里卫终于准许徐潞在庚子应试。

徐潞生性聪明纯厚，善谐俗，在龙里卫，学习进步更快。一次都御史讨伐反叛土官阿向，进攻许久不克。徐潞上书献上一策，都御史十分惊奇，战事胜利后，奖给徐潞大红花、挂上紫绶带，还奖了一大堆笔墨纸砚。徐潞学古诗文进步较快，而龙里卫懂古诗文的人很少，所以从巡抚、巡按以下，到百户军人长以上，大家都敬重徐潞，可以说徐潞在贵州已经艰难地立住了足，他们把徐潞当作自己人了。

庚子乡试，本来机会特好，天赐良机，现任贵州的考官，是原绍兴知府洪垣，洪垣在绍兴期间与徐家关系很好，是徐潞的好朋友，两人曾诗酒酬酢，称兄道弟，一旦开考，对徐潞是绝对会有所帮助的，何况徐潞鹤立鸡群，成功的把握很大了。但是，就在考试前夕，大祸降临，徐潞在省城饮食不慎，竟然得了恶痢。开考之日，关心徐潞的考官洪垣唱名徐潞，竟无人应答，这时徐潞已被抬回龙里，气息奄奄了。徐父走的这条路，飞黄腾达；徐潞也走这条路，却是辛苦多年，功亏一篑，最终命丧黄泉，真是"命也夫"！徐渭为二兄写的墓文中有"父入虎穴得虎子， 其子从之焚如死"句，归结为一个"命"字。

徐渭不久要回乡应癸卯科乡试，同时要回乡参加二兄的葬礼，便随徐淮返回绍兴。嘉靖二十二年（1543），徐渭二十三岁。这一年徐渭到杭州参加乡试，没有考中。这次是徐渭第二次参加乡试，第一次是三年前，即他考取秀才的那一年。

运交华盖

嘉靖二十三年（1544），潘克敬回绍兴后，就致仕了。他买下了东双桥姚百户屋，全家就在这里居住。一年后，徐渭的长子徐枚出生。徐枚的出生给全家带来了快乐，徐渭当然也十分高兴。但生子的欢乐马上被长兄徐淮的死讯打消。这年夏天，年过五十的长兄徐淮因学仙求道，一命呜呼了。徐渭十四岁开始就跟长兄生活，一直到阳江为婿，依靠兄长共有六年，俗话说长兄如父，六年的养育之恩徐渭是铭记在心的。现在兄弟三人，只有徐渭一人在世，这是沉重的精神打击，徐渭不免悲从中来。

长兄徐淮个性散漫，不以功名为念，平生所好：踢球、炼丹、交友、旅游。可能早年过惯了富裕生活，脾气颇似一个纨绔子弟。在徐渭的记忆中，徐淮很富有，很豪爽，仅仅是周济朋友，"散其赀数千金殆尽"，这可能有点夸张，但就是这种性格。其实徐渭自己也一样，有钱的时候，把钱当粪土，一挥而尽。徐淮经常在外经商，全国各个地方，除了"秦晋闽桂林"以外，差不多都给跑遍了。走遍天下见多识广，只是沾染上了一项当时最时髦的爱好，这桩爱好便是修道炼丹，当时的修道炼丹，那相当于现在的毒品，上了瘾后就不能自拔，经济上可能倾家荡产。

徐淮号鹤石山人，尽管不是士大夫，但颇有当时士大夫的闲散趣味，"尽舍其家室，益遍游名山岳，庶几一遇神仙"。徐淮希望遇到的当然是张三丰一类的仙人。只是，未遇张三丰，却遇蒋鏊。蒋鏊是湖南零陵人，幼通儒学，曾历任广东教谕、河南扶沟知县，习惯尊称蒋扶沟。蒋晚年弃官修道，云游天下，在绍兴与徐淮相识，徐淮在蒋鏊的指导下，在山中炼丹。

徐渭曾经聆听过蒋鏊讲解道经，并参与过炼丹活动，他有《蒋扶沟公诗六首》。第一首述蒋氏从福建到浙江，带来武夷山的仙风道气；第二首写蒋氏出生之地；第三首写蒋氏扶沟挂冠，"挂冠出邑门，冲风振轻翮"。第四首写徐淮遇蒋氏，从蒋氏修道炼丹，可惜天不假年：

> 伯氏颇好道，终岁事修服。
>
> 道上逢异人，髭须洒林竹。
>
> 修礼重致问，德音美如玉。
>
> 扣之转微茫，焦螟游广漠。
>
> 冀得长奉侍，双飞向王屋。
>
> 人命安可期，天犹互寒燠。
>
> 念别正徂署，墓草已更绿。
>
> 瀼瀼日中霜，亭亭风际木。
>
> 逢师苦不早，炼摄总成哭。

徐渭写长兄好道，碰上异人蒋鳌，从此天天在山林里炼丹。徐淮很崇拜蒋鳌，循礼致问，道教深广莫测，像细小的焦螟游广漠一样，摸不着头绪。本来炼丹是为了长寿，哪里知道徐淮越炼身体越差，人如日中霜、风中木，最后"炼摄总成哭"。徐渭认为徐淮死于丹丸铅汞中毒。

诗的第六首写徐渭自己在兄长的引导下，向蒋鳌学道的情形：

> 总余燕雀姿，而怀鸿鹄谋。
> 所志贵振刷，焉能守隅丘？
> 硕人说妙道，卷舌如河流，
> 众人一倾耳，掩额皆垂头。
> 忽然发大笑，口张不能收。
> 玄理本在斯，邈焉寡所酬。
> 戎装旋旧都，安能久淹留。
> 伏龙旧岩石，结构齐云浮。
> 当时炼药所，依然霞色绸。
> 神丹一脱鼎，服食靡春秋。
> 吞之不下咙，两腋如轻鸥。
> 志想所在之，一日达九州。
> 以知人身理，而与造化谋。
> 愿托尘眇身，努力期前修。

徐渭受长兄徐淮的影响，曾和长兄一起跟从蒋鳌在稽山深处炼丹，听蒋鳌讲道，炼丹服药，飘飘欲仙，胡思乱想，希望长生不老。徐渭没有吸取长兄死于非命的教训，认为徐淮的死是"逢师苦不早"，只要有老师指导就不会有事。徐渭自己碰到蒋鳌，拜师非常及时，那肯定会有意想不到的收获的。徐淮死后，蒋鳌还多次到徐渭家里，徐渭则甘心以师事之，在蒋鳌的指导下继续炼丹修道，服用丹药。家里布置禅室，以供禅修。后来，徐渭也与其他的道士、方士有一定的交往，他喜欢研究道学经典，研究炼丹术，道教的思想对徐渭有很深的影响，他也喜欢以山阴道士的面目出现在众人面前。

　　这年，对徐渭来说，打击最大的是妻子潘氏的离世。十月初八，十九岁的潘似不幸早逝。潘似身体较弱，怀孕前就患上了肺病，生育后病情加重。潘似的死，对于徐渭来说，无异于晴天霹雳。子幼家破，举业无成，徐渭温暖的家庭生活这么短短五年就结束了。徐渭又面临新的选择。

　　五年的婚姻生活是甜蜜的，现在留给徐渭的只是甜美的回忆。一次，徐渭在梦中见到妻子，醒来后写下了两首《述梦》：

一

伯劳打始开，燕子留不住。

今夕梦中来，何似当初不飞去？

怜羁雄，嗤恶侣。

两意茫茫坠晓烟，门外乌啼泪如雨。

二

跣而濯，宛如昨，罗鞋四钩闲不着。

棠梨花下踏黄泥，行踪不到栖鸳阁。

　　第一首写徐渭婚姻破碎，劳燕分飞，梦中相会。醒来时只感觉两意茫茫、乌啼泪飞。第二首写的是，那飞来的燕子，矫健而光润的身子就像昨日，徘徊在棠梨花下，可惜再不会有鸳鸯双栖的时候了。

　　岁月变迁，但徐渭始终忘怀不了亡妻的倩影。徐渭写了多首诗表达对妻亡的思念：

翠幌流尘着地垂，重论旧事不胜悲。

可怜惟有妆台镜，曾照朱颜与画眉。

篋里残花色尚明，分明世事隔前生。

坐来不觉西窗暗，飞尽寒梅雪未晴。

　　到了亡妻十年祭日，因见潘似的一件潞州红衫，徐渭睹物大恸，写诗《内子亡十年……》因感而作：

> 黄金小纽茜衫温，袖摺犹存举案痕。
>
> 开匣不知双泪下，满庭积雪一灯昏。

后来，在万历七年（1579）时，徐渭改葬父母、兄嫂及两妇人而作墓志铭时，也不忘潘似，并作《亡妻潘墓志铭》：

> 君姓潘氏，生无名字，死而渭追有之，以其介似渭也，名似，字介君。介君彗而朴廉，不嫉忌。从其父官于阳江时，时拾无所记诘之钱银，以还其继母。渭赘其家者六年，终不私取其家之付藏者一缕以与渭。父自阳江升赵王府奉祀，还过梅岭，开匣取十金与之，戒勿泄于母。介君怯焉，即以投于兄。与渭正言，必择而后发，恐渭猜，蹈所讳。生时处继母及继母之弟妹，若宗亲僮仆妇女婢，始终无不欢，死无不怜之者。生子一，名枚。娠时梦月，及产，顽然笑谓渭曰："无异也。"介君始病瘵，产而病益加，逾年而死。死之前数日，有妪入自后户，犬逼之，跃积稻中不见。死后月余，而家之苍头夜网鱼归汩门，忽堕水起，而憟然有神冯焉，声音言笑，悉介君也，道生时事，哭泣悲儿子，责无礼于其所亲某。介君生嘉靖某年月日，某年月日死其家，年才十九，以某年月日归其柩，葬舅姑侧，去可三丈许。铭曰：
>
> 生而赘其夫，死而不识其姑，女虽彗，魂怅然其踟蹰。生而缀其珊，死而归于其妹，女则廉，魂释然而勿憨。生则短而死则长，女其待我于松柏之阳。

结庐设馆

明代的绍兴，读书人科场失意，要么去教书，要么夫入幕，教书入幕有时是连在一起的。教书、游历实际是炼幕，为入幕做准备。早期徐渭的目标还不是为幕，而是一边谋生一边准备乡试。

徐渭在妻子死后，简单地在料理完妻子的丧事，感到人去楼空，一个大男人忧郁地独守空房总不是滋味。再加上，妻子死后，再在岳家坐吃已经没有理由了。徐渭要过自立生活，靠自己谋生。此时，徐渭已经是秀才，具备了教书谋生的基本条件。在绍兴人多地小，读书人多，找到教书的地方也不容易，多数年轻人都是往北发展，苏州为吴地，相对绍兴来说天地开阔，是绍兴读书人喜欢去的地方。徐渭经过朋友的介绍，便去了苏州府太仓教书。徐渭此行的目的，主要是谋求生计，当然，去苏州感受吴文化的辉煌也是很有吸引力的。可是，苏州之行并不顺利，徐渭在《畸谱》中只留下"失遇而返"四字，表明徐渭没有达到既定目的，梦想破灭了，只好悻悻地回到绍兴。

在明代，绍兴与苏州同属经济文化发达地区，但两地还是有较大区别，绍兴是越文化中心，绍兴的名士文化十分突出，科举考试风盛，年轻人沉溺于科场得胜，埋头苦学，气氛沉闷。而当时的苏州是江南著名的工商业发达城市，又是吴文化艺术的中心，苏州更有现代感。徐渭是一个艺术型的人才，对科举事业虽然热衷，但其实不是他内心所爱。我们在徐渭的诗文中，发现徐渭对吴地的文化很感兴趣并努力接触和融入吴地文化。这次苏州之行最大的收获是他看到了吴门画派代表沈周的作品，那画对他的视觉冲击，使他有三日不知肉味之感。

徐渭第一次闯荡江湖，在人文高度发达的苏州，有点农村青年逛大城市的感觉，你很热情，别人却不在乎。即便如此，徐渭依旧没有放弃，虽然他不被吴中文化所接受，但他依旧想在吴中立足。他曾试图在一个大户人家设馆授徒以维持生计，然后慢慢图发展。

徐渭在离开吴中之前，在苏州停留过一些时间，游玩了苏州的古迹名胜。徐渭有诗写《虎丘》：

> 杜甫《蓄剑》诗"虎气必腾上"。人言阖闾之葬，致白虎，乃是剑精，理或然也。又吴人至中秋之夕，竞曲于此。虎匠之茗，佳者斤率金二两许。四句谓西子也。

辘轳高倚壁嶙峋，剑水沉沉草树荟。

虎气必腾千尺上，蛾眉曾照两弯鬐。

不胜清拍中秋夜，尽委黄金数叶春。

谁记君王旧歌舞，馆娃宫殿已成尘。

徐渭诗里写的是苏州名胜虎丘，这是铸剑圣地，一到中秋，在这里歌舞升平，品名贵茶叶"碧螺春"，可惜西子已作古，吴王宫殿已成尘。这是越人徐渭的怀古之作。徐渭去参观过的另一个地方是元末地方割据势力张士诚宫殿。他写了一首五言古诗《张士诚》，其中说：

士诚虽草莽，雄据一何张。

览兹宫殿基，一望何苍苍。

种柳三万树，不能匝其疆。

牧马尽郡厩，仅如一尘扬。

嘉靖二十六年秋天，徐渭从太仓回来不久，便决定自立。徐渭打点行装，抱着幼子，拜别岳家，移居东城，准备开馆授徒。徐渭在太仓经受了历练，觉得开馆授徒，自己的生活问题是可以解决的。虽然他的岳父潘克敬极力挽留他，但徐渭仍然坚持要走。

徐渭离开潘家，是为了自立，是为了告诉别人，我徐渭是有所作为的人。潘家待徐渭很好，只是潘似死后，徐渭不忍心继续牵累岳父，不持一物，固辞别居。徐渭绝情的自尊，只有潘克敬才能理解，外界是无法认可的。

徐渭的自立，被邻居当作出走，引起了许多议论。有的说潘家的不是，有的说徐渭没良心。这些议论，徐渭是有所耳闻的，日后收集在他的《赠妇翁潘公序》里：

议论者问潘公："凡人择子婿，不为利则为名，不为名则亦多其寒温虚礼。今君之以女与人也，上之既无利与名，乃并其虚礼而亦不得耶？"

　　潘公回答："君所谓利，吾所不道也，所谓名，将谓其屡荐而辄弃也，诚其问学解弛，当以为忧，至于校计显晦，非可令达人闻也。今人有热而疏其亲，亦有凉而附之者。吾婿方凉，其偃伏寨与，固不当施与我，然壮士之志也，处困者所难，岂可诋訾之哉？"

　　徐渭性格耿介，又不会表达，对岳父缺少"寒温虚礼"，岳父尊重他、理解他、原谅他。岳父认为他只要努力读书即可，显晦不必计较，又认为对处于逆境的人，更要同情谅解。潘克敬认为徐渭是有大志的人，为人切不可为一时名利所牵，决不能因人困难而诋毁他。潘克敬胸襟开阔，道德高尚，见解超人，使得徐渭终身感怀，也使邻居议论者再无机会说长道短。

　　徐渭虽然口中不说好听话，但内心爱憎分明，岳父殁后，徐渭撰《潘公墓志铭》，收罗了岳父为官的种种嘉言懿行，及同情百姓困苦的情节，特别是颂扬潘克敬在阳江拔掉地头恶霸的功绩，做出这样的重大决定，连那些职位较高的官吏和军方人士都不敢，潘克敬却敢做，这事得到了老百姓的极力赞赏。徐渭认为他的岳父是超越世俗的"宏才"，机智出于世俗之上，他的岳父如在洪武之世，定有封侯之赏，言下之意，可惜的是现在官场黑暗，潘克敬才淹没无闻，实在是可悲可叹。

　　徐渭老屋被人所占，只能在东城郡学旁租屋暂住。徐渭租住学宫旁，目的很清楚，有利于招揽学子教育，获得生活来源。徐渭对新居很满意，取名为"一枝堂"，徐渭自撰诗《一枝堂》（先生自居，迫近郡学）："宫墙在望居三卜，天地为林鸟一枝。"徐渭还借昔日孟母三迁，最后选定的居处也就是学宫附近的典故，写了一首《王乡人舍傍学宫赠张师长》："王郎自喜里美仁，为侬说处口津津，眼看马上思鲈客，泥塑东家姓孔人。姓孔人陈难可依，思鲈客近皆光辉，藻芹风起鸣琴裒，邻舍墙头白雪飞。"徐渭写的是一位姓王的同乡，家傍学宫，十分自得，其实就是借喻自己。新居令人愉快，庭院视野开阔，尤其是下雪天，风光无限："大地呈三白，小堂开一枝。楼台住天上，鸾鹤下神祈。"

　　徐渭带着儿子徐枚、保姆、童仆，一起住在一枝堂。一枝堂有"数椽"，书屋之外有"禅室"，还有保姆、童仆的住处。屋子看来虽不大，还是可以勉强安生的。从设有禅室的情况看，可知徐渭此时还在修炼道教。

　　徐渭在生活上自立后，做的第一件事就是将生母苗氏迎接回家。苗氏自徐渭十岁时被苗宜人遣出家门后，具体生活情况不得而知。徐渭在十岁之前可能并不知道苗氏是自己的亲生母亲，只知道苗母是乳母。自从苗宜人去世后，徐渭非苗宜人所生的信息渐渐流露出来。当徐渭知道亲生母亲流落破庙，以要饭为生，内心的悲痛是无法忍受的。此时，离别十九年的母子团聚了，徐渭的自尊心才第一次得到了满足。

　　徐渭学宫在籍，共有二十六年时间，在一枝堂期间还是个庠生，学府名单在册，但没有工资补贴。徐渭这一阶段的收入，一靠教授学生，二靠卖文，三靠祖宗遗物。他卖过画，此时他尚无能力卖自己所画的作品，而是卖的家传遗物，徐渭有诗《画易粟不得》：

> 吾家两名画，宝玩长相随。
> 一朝苦无食，持以酬糠粃。
> 名笔匪不珍，苦饥亦难支。
> 一身犹可谋，八口将何为？
> 古昔称壮士，换马将蛾眉。
> 拯急等救焚，安得顾所私？
> 畴知猗氏富，今亦无赢资。
> 致书向予道，恧焉多怆凄。
> 今日非昔日，安得收珍奇。
> 顾予谅斯言，盛衰诚有时。
> 取酒聊自慰，兼以驱愁悲。
> 展画向素壁，玩之以忘饥。

　　徐渭的学馆开得不是很如意，收入不够一家人的开销，只能寻点值钱的东西变卖，维持艰难的生活。

　　一枝堂时期的徐渭，上有老，下有小，然而，妻子早亡，说媒的人未必没有，只是合适的续弦者一时尚难。此时的徐渭功名未就，有着诸多无奈。

这一阶段徐渭写过一篇《握锥郎》，锥为毛锥，笔也。主人公与徐渭的身份相似，是一位有趣的秀才：

> 城西南，握锥郎，醉卧人家楼上床。
> 楼上女儿发未长，汗脱胭脂浣午妆。
> 锥郎双管鼾正急，女儿一见走且僵。
> 走向厨中唤爷娘，认是西家老鸱鸧。
> 从来不乱雌雄匹，定是多为曲蘖伤。

这则故事写的可能就是徐渭自己。徐渭便是当时的阮籍，徐渭有一种本能的冲动，只是这种冲动又受着儒家之礼的束缚。一枝堂时代的徐渭是躁动不安且心情烦乱的。

徐渭此时没什么大事要做，收徒授课也很枯燥，听说有位赵姓朋友准备买妾，徐渭便来了劲头。为朋友出谋划策，徐渭便一口气写了六首七绝赠赵，诗中详细描写买妾情况，以及女子的相貌等等。其实写的正是徐渭自己的内心活动。徐渭单身日久，儿子年幼，老母年高，婚姻正需续弦。

嘉靖二十八年，徐渭从杭州买了一姓胡的女子为妾。徐渭为此写了一首《纳妾诗》：

> 角枕覆衾长，新香异旧香。
> 昔年曾射雉，此日复求凰。
> 杏靥开春镜，鸦云换晚妆。
> 夫君莫早起，初日未高梁。

徐渭唱了一首"凤求凰"的恋曲，逗得胡氏笑靥开。由诗看来胡妾是美丽的，面孔很漂亮，头发也很漂亮，劝徐渭莫早起，生活也很体贴。徐渭有"新香异旧香"的感觉。只是好景不长，矛盾出来了。症结是婆媳关系。虽然胡氏对徐渭很体贴，但对曾是奴隶的婆婆就不那么恭敬了。徐渭买回胡氏的重要原因，是想让她侍候母亲的，胡氏的行为恰恰违背了徐渭的初衷。徐渭错误就在于，杭州美女不是绍兴小市民，他们才没有廿年媳妇廿年婆的思想，没有服侍婆婆的义务，况且这个婆婆曾是个讨饭婆。徐渭不会想到这些，把所有的错都推给胡氏，简单地以一个"劣"字来判断胡氏。我们可以在《昨见》《偶也》《狐粉》等诗里看到徐渭感叹与妾胡氏婚姻的失败，《昨见》诗：

> 昨见食偶者，析偶以为薪，
> 零星椎股脾，寸尺移尻臀。
> 心胸本无有，斧亦集其垠，
> 辟彼偃师工，立剖瞬者身。
> 彼偃师者析，庸以免其嗔，
> 免嗔岂得已，为薪岂无榛？
> 何忘食女德？辛苦二十春。
> 食偶者答言，当其为偶辰，
> 我即薪视尔，尔自不我知，
> 我志如此矣。
> 我欲尔也歌，尔即轩厥舐，
> 我欲尔也舞，尔即蹈厥趾，
> 我怒尔唇阖，我笑尔唇启，
> 凡我所控提，尔即如我自，
> 尔自不觉知，昧我蓄薪志。

在诗里，徐渭觉得被别人牵着鼻子，当作山上种的薪柴，随时取用，失去了自主权。

《狐粉》诗：

> 狐妖幻黛粉，窈窕美佳人。
> 慕予且宜笑，情好缘相亲。
> 物与人异调，孰识伪与真。
> 答子以殷勤，靡曲匪好音。

> 魅也一朝败，情歇音则存。
>
> 我欲灰兹音，匪乏炀与薪。
>
> 譬以宝贻魅，宝既不我存。
>
> 何由夺而烬？
>
> 存此贻魅曲，以不磨魅怨。

狐狸修行成正果，能变成美女，但一不小心会露出狐狸尾巴。胡与狐谐音，开始狐媚人，人与狐交好，赠之以宝。但狐不久露出尾巴，现出原形，人非常懊悔，但宝已赠狐，无可挽回。你当然有办法玉石俱焚，但那样没有必要，还是写一首曲子以传播狐狸的罪过，让别人不再上当。

这里让徐渭为难的地方，不尽是胡氏不好，而是徐渭的经济状况并不宽裕，而胡氏又不肯同甘共苦，徐渭无力供养这样一个女子。徐渭既已纳胡氏，又感到十分不满，唯一办法是再次卖掉。这从《将牧羊，庚戌元旦筮之，得明夷之上六》诗中可以得到印证，其中说：

> 入地登天两不妨，从来作戏在逢场。
>
> 门前昼静堪罗雀，城上春深好牧羊。
>
> 披褐家门孙令尹，入山经纪卜中郎。
>
> 已知此意无人会，闲坐看云点太阳。

诗下原注："孙叔敖事见《史记》，余先子宦归，家甚贫，故引用其事。"徐父退休回家即使有些财产积蓄，也在后来家庭的大变故中花完了，生活艰难激化了婆媳关系。徐渭卖掉胡氏，胡氏提出诉讼，徐渭不得不为应诉而花费许多精力。这次婚姻的变故，是徐渭后来婚姻不幸的开始，根本原因是徐渭对婚姻的错误理解，这也是他不能幸免牢狱之灾的根源。

一枝堂时期的生活，徐渭注意力的焦点，还是在应考。徐渭已有四次乡试失败的经历。秀才不能中举，还有一条渠道可以入仕，便是花大笔的银子纳捐，被称为纳贡，在国子监取得资格，经考试便可为官。这样的例子是有的，操作起来也方便。徐渭曾在内兄潘伯海任驿丞的地方——顺昌，认识一位姓余的朋友，这位朋友出身富户，就是纳捐"例当为丞，入京待选"的。余先生与徐渭友谊不错，特地到绍兴来看望徐渭，二人同游会稽、禹穴。在士林中，一般对于买爵为官的人比较轻贱，徐渭一般不会走这条道路的。再说，即便有这种打算，徐渭也无能为力，吃饭都成问题，何况捐官。

嘉靖三十一年（1552），此时徐渭三十二岁，他兴冲冲地第五次去应考。乡试以前，例有科考。负责考试的官员在岁考以后，"继取一二等为科举生员，俾应乡试，谓之科考"（《明史·选举志》）。这种考试实际上相当于正式考试以前的资格考试。此年负责科考者为薛应旂，陶望龄在《徐文长传》中说："渭为诸生时，提学副使薛公应旂阅所试论，异之，置第一，判牍尾曰：'句句鬼语，李长吉之流也。'"薛非常欣赏徐渭的卷子，"阅余卷，偶第一，得廪科"（《畸谱》）。这是徐渭应试以来获得最大的一次成功，千里马终于遇见了伯乐。廪科，即廪生。明制，在学府、县生员，岁考、科考成绩在前列的少数人，可以每月领到六斗米，以补助生活。成为廪生，离中举在理论上说是只差一步了，然而，在壬子秋季乡试中，徐渭依然名落孙山。

徐渭渡过钱塘江归来，秋天的江水深而且急，寒气逼人，徐渭始作《涉江赋》。序文说：

> 晋潘岳作《秋兴赋》，序称三十有二岁，始见二毛。时岳为贾充掾，寓直散骑之省，见省中多富贵人，乃起归来之想。及作《闲居赋》，自述多落而少迁，以见拙宦，虽卒归退休，然合前赋而观之，诚见其嗜醇醲而姑言寂寞也。嘉靖壬子秋，余年亦三十有二，既落名乡试，涉江东归，友人顾予鬓曰："子发白矣。"余诚惧理道无闻而毛发就衰，至于进退之间，实所不论，虽才不逮潘岳，而志或异焉，乃作《涉江赋》以自见。

在序言中徐渭十分清楚地叙述了写赋的原因。《涉江赋》的正文是：

> 壬子季秋，予既被弃，涉江东归，水深则厉，仆痛主困，旅多太息。夕发西陵，日高造阃。渭既登一枝之堂，俯而拜母。母

曰："儿复如是归乎？儿则困穷，儿好颜色，儿腹应饥，为儿作

食。"既乃渭复往旧托之禅室，掩关户于晷刻，嗒然其坐忘焉。乃有

二三伯仲，来相问视，顾盼之间，指予鬓而谓曰："子发白矣，年其

几何，吾则宜然，如子则那？"……

在赋中，徐渭描述了自己落第归来的黯然心情。他写道，回家时，居一枝堂的老母对自己说："儿子，你又没有考上吗？儿子还需过穷困日子，没有关系，别放心上。你肚子饿了吧，我去替你准备饭菜。"母亲对于儿子的失败既关心又失望，她关切儿子的身体，为儿子准备饭食。徐渭不言，独坐房中，极度痛苦，朋友来探视，其中一位年长者发现徐渭已有了白发，便说："子白发矣，年其几何，吾则宜然，如子则那？"朋友为他拔去白发。另一朋友安慰说："岂以忧故？进退有时，失得有数。"人生中得失是由命运注定，不必强求。对此，徐渭感慨良多，他说："得之者成，失之者败，得亦无携，失亦不脱。"他还提出"控则马止，纵则马逸，控纵二义，助忘之对。"他努力想冲淡失败给他造成的心理上的阴影，为自己寻找解脱的心理依据。徐渭此赋之中还着重表述了艰难人生与白发之间的关系，忧心人生苦短，举业无成。赋中对"理道"的描述，反映了徐渭研究道家，习佛修禅的心得，"道理"是研究徐渭思想的重要线索。这一年，徐渭告别了一枝堂，移居目连巷。

嘉靖三十年（1551），徐渭从绍兴来到杭州，在玛瑙寺陪伴潘铔读书。徐渭到杭州伴读，不仅是为了赚点生活费，也是为了感受杭州，为以后在杭州立足做些准备。

邀请徐渭伴读的是湖州的富家子弟潘铔，潘铔在玛瑙寺读书也是为了应考，一个人寂寞就请有学问的人陪读。潘铔通过关系才请到了徐渭当陪读。两人一起谈诗论文，情趣相投，相见恨晚。潘铔对徐渭的率直性格和出众才华印象深刻。这段经历关涉徐渭此后的生活。玛瑙寺位于风景秀丽的西湖边，它的西面就是岳鄂王祠。徐渭在玛瑙寺伴读时，一次到岳鄂王祠游览。岳鄂王祠两边廊庑上的壁画引起了他的注意。后来徐渭买了《明堂图》。根据《明堂图》开始作《四书绘》，据考证这是徐渭早期绘画作品之一。

徐渭回绍兴不久，知府俞宪将调任南京刑部主事。俞宪，字汝成，无锡

人，嘉靖十七年进士。俞宪喜好文学，刚到绍兴时，听到新昌吕光升有文藻，就立刻召见；听到徐渭有文采，又马上召见。俞宪对徐渭的文章颇为推崇，并且设法培养徐渭，可谓对徐渭有知遇之恩。有一次俞宪讲了他小时候的故事。俞宪早年丧父，他父亲临终前写了"冰心雪操"四字交给母亲，母亲一直遵循这一遗嘱教育和培养俞宪。徐渭听后，很受感动，写了《俞母节诗》一诗：

> 无锡俞翁，与母诀，书冰心雪操四字，母遵之，教其子成进士。时同知绍兴俞大夫汝成，工诗，故永其母者，饶有雅构。

> 藁砧一别泪阑干，冰雪遗书墨未干。
> 每执寒灯看不尽，独居罗帐岁将残。
> 红妆久歇孤鸾镜，白发仍簪五凤冠。
> 地下相逢应有问，丈夫犹自立孤难。

同是幼年失父，徐渭与俞宪的状况很不相同。俞宪在慈母的抚育下，考中进士，官至同知，是很幸运的。而徐渭却家庭十分不幸，至今布衣一个，说来令人难过。

在俞宪临行之前，徐渭写了《送俞府公赴南刑部三首并序》送别，诗序说：

> 越自王羲之、谢玄相继为内史，儒雅风流，与山水交辉互显。迨唐元稹徙官浙东，以得蓬莱自喜。旧经载其事，云所辟幕职，皆当时文士，镜湖秦望之游，月三四焉，而风咏诗什，动盈卷帙。然于事功，则未多闻。迨我使君之守此也，一以文学饰吏治。有事则抽笔束带，向厅事而署记，无事则曳舟提策，览溪山，访古昔，抽笔而为文章。故民不知观游，而士亦不知文法，由斯以谈，稹或非所及也。使君始至，闻新昌吕生光升称文藻，则召见，继又问山阴有谁氏，则谬召渭又见。谢灵运不云："楚襄王时有宋玉、唐景，梁孝王时有邹、枚、严、马，游者美矣，而其主不文。"今使君在上，

其主文矣，而游者不美。顾惭引援，曷由自效！兹抱命将入南曹，怀知赠离，宁能已于咏耶？

一

会稽古名郡，复称佳山水。
况乃使君怀，登览未云已。
雉楼镜光中，群斋山岫里。
谢朓适闲居，汲黯烦卧治。
云兴弥起诤，日昃巳彻理。
横笔据几筵，流翰盈箧笥。
缅想古时人，稹也无乃似？

二

有威贵不猛，用智称不狡。
既秉琴瑟心，复有圭璋表。
俯案问疾苦，春风被野草。
岁月计有余，山谷惭无报。
请看车戒途，会有民遮道。

三

好艺惭艺流，抱经充经生。
胡为甫下车，召问临前庭？
自顾非徐干，敢言西园英？
公才比曹氏，固是弟与兄。
仁主惜人命，当秋急司刑。
乃思股肱守，在郡操持平。
命下事结束，僕夫前抗旌。
此时鸿雁飞，橘柚亦已荣。
猥蒙知识私，念此增忪营。

徐渭在诗序里盛赞俞宪"以文学饰吏治"的功绩，并感激俞宪的知遇之恩。第一首写绍兴是文化之邦，俞宪在绍兴堪比唐朝的大诗人元稹，是赞俞宪的文名。第二首写到了俞宪勤政的形象，是赞他的政绩。第三首徐渭把自己比作徐干，把俞宪比作曹氏，马上要离开了，留下的只是想念。

嘉靖三十一年（1552）五月，已回到湖州的潘钺给徐渭写信，说是替徐渭在双林乡找到了继室对象，未来的岳丈姓严。徐渭急忙赶到湖州，见到了严翁。严翁与徐渭交谈得很投机，愿意将长女许配给他。当时徐渭也没见到严女，又感觉严翁的讲话举止有点异样，徐渭生性多疑，仿佛感到许配给他的长女是个痴呆的，把他们的好意当作一个圈套，于是坚决地谢绝了。徐渭不知道，这次拒绝是他要后悔一辈子的事情。

十月十二日，徐渭在张天复家里拜见赵锦。赵锦字元朴，余姚人，嘉靖二十三年（1544）进士，官至兵部尚书。张天复的女儿嫁给赵锦的儿子赵淳卿，两人是儿女亲家。席间，徐渭对云南边疆的情况极有兴趣，听前来迎接赵锦的云南官员杨时学聊起少数民族首领那鉴与明朝政府的冲突事件。徐渭对事件的来龙去脉进行了详细的问询，事后写成了一篇传记《那鉴》。徐渭在《那鉴》的题注中说："辛亥十月十二日，云南遣吏迎余姚赵都御史锦者为余道此。其人名杨时学。"从中也可以看出，徐渭对边疆事件一直很关心。这篇传记《那鉴》也弥补了明史的不足。

◆ 大师爷的传说 ◆

仗义任侠

徐渭青年时好仗义任侠，对欺行霸市、欺压百姓的事特别看不惯，爱打抱不平，许多老百姓把徐渭当作侠士看待，有难事上门求他帮忙，徐渭也都乐意。下面挑选了一则：

惩治奸商

徐渭在一枝堂生活期间，一天，徐渭来到街上，见街旁地上坐着一个农家妇女在嘤嘤啼哭，便上前问她何事啼哭。那农妇抽抽噎噎告诉说，是对面那家蛋店的店主欺负了她，她早上从家里拿来五斤半鸡蛋，到这家蛋店出卖，店主一称，说是三斤半，数蛋乃是四十只，农妇说短缺了二斤，秤是不是不准。店主蛮不讲理，说他的秤天下第一准，农妇说那就不卖了，谁知店主不由分说，便把蛋放进了店中蛋筐，一脸凶相，喝道："你这乡下女人，开什么玩笑！"说着按三斤半给了钱，还挥手喝道，"去，去！我要做别的生意了，没工夫跟你磨牙！"农妇百般求他，店主竟命伙计将她撵走。农妇接着苦兮兮地对徐渭说："我丈夫病着，卖蛋是为给他抓药，可现在钱不够了。"说着又呜呜啼哭起来。

徐渭听了怒火顿升。他从袋里掏出二两银子，对农妇说："你莫悲伤，这事我会帮你解决。这二两银子，你先去抓药，蛋店店主短缺你二斤蛋，我要让他赔你一笔银子。你抓药后，仍到这里来等我。"农妇不肯收二两银子，徐渭正色道："事情办好或许时间要迟些，药店会关门，你先去抓药吧。"农妇这才道谢而去。

这边徐渭向对面那家蛋店望去，这一望他更火冒三丈，原来又是这家赫兴蛋店，他骂道："这赫兴蛋店，老干黑心事，今天我非要给他点颜色看看！"他正想过去与店主评理，再一想不可，自己没凭没据，店主岂肯认账？且这店主的姐夫，在绍兴府衙任事，也有点小来头，鲁莽行事，弄不好打狗不成反被狗咬。他思忖一会，心里便有了主意。转身回到家中，脱去长褂，换上短袄，便去了这家蛋店。

赫兴蛋店的店主迎上来，唱喏道："本号买卖，童叟无欺，新鲜蛋品，山阴第一。"徐渭说："我原是慕名而来。"便挑拣起来，他这挑那拣，很长时间还只挑上二三个蛋，这时忽然停住手，说，"你店的蛋并不好，我不买了。"说着捋捋袖管要走。店主见状满脸怒气，正要发作，忽见这买主在捋袖口时，袖内露出来一只蛋，这下他抓到了把柄，错动着眼珠子，断喝一声，猛地抓住徐渭的手腕，声色俱厉地说："大胆蟊贼，敢偷到我头上来了！"说着搜出他袖管中的一只蛋，一面命伙计搜他的身。徐渭大声呼喊："来人哪，有人抢我的银两！"很快招来了众多的路人。

　　店主盛气凌人地向大家说："这个蟊贼，假装买蛋，暗中偷蛋，现在人赃俱在，看他还有什么话可说？"说着把那只蛋让众人看了。路人问徐渭："这蛋是从你身上搜出来的？"徐渭点点头。这时店主更加凶恶蛮横了，大声说："他到底承认了。走！送衙门去！"说着命伙计将徐渭押往山阴县衙。人们望着他们的背影，议论说："惹上了这家店主，算是晦气！"

　　来到县衙，知县一看被告是徐渭，不觉一怔，脱口而出："是你？"乃至问明情由，仅仅是为了一只蛋，便说，"只不过是一只蛋，这状不告也罢。"店主见到刚才知县与偷蛋人的招呼，心想这不是有意袒护吗，又想到自己姐夫在府衙当差，与知府有交情，我还怕你这个七品县官？于是大声说："这状我是告定的了！这蟊贼光天化日之下，在我店中行窃，如不惩办，日后人人看样，我还怎么做生意？"知县觉得此话也不无道理，于是传令升堂审案。

　　衙役几声示威吼叫，审理开始，知县问了原告和被告，说法一致：蛋是原告从被告的袖管中搜出来的。知县正要断案判罚，被告忽然说："可这蛋是我自己的，我是从家中带来的，望大人明断。"

　　店主一声冷笑，嚷道："刁民还想抵赖，望大人加重惩罚！"

　　县官也觉得被告的话很难信，但既然提出来申辩，也得应付一下，便问："你说蛋是自己的，何以为证？"

　　徐渭回道："我近来胃虚肚亏，出门必带只蛋，饿了随时食之。"

　　店主抢过话头，大声说："生的蛋总不能吃，这样吧，要是这只蛋是熟的，我向你赔礼道歉，并出二十两银作补偿；要是这只蛋是生的，你得承认你是蟊贼，补偿我二十两银，如何？"他说着，眼珠子在转动，一副咄咄逼人的架势。

　　徐渭故意显得十分不安，没有回答。

　　知县重复了原告的话，再问徐渭："原告所提处置办法，你同意吗？"

　　徐渭作无可奈何状，说："既然店主这么说了，我还有什么话可说，同意也罢。"

　　知县命衙役当场敲蛋。果然是只熟蛋，这下店主傻了眼，呆若木鸡，想到罚二十两银是自己提出来的，只好打落门牙往肚吞，命一起来的伙计回去拿二十两银来，当堂交付了。

　　知县显得很高兴，他也知道这赫兴蛋店一贯欺诈顾客，今日徐渭帮了自己的忙，惩罚了奸商，这场审判倒是收到了以儆效尤的效果。

　　徐渭出来，在衙门口遇见了那个农妇。原来农妇闻得恩人吃官司进了衙门，十分焦急，忙赶来探望，已经等待多时了，这时见恩人出来，哭道："恩人为我吃了官司，是我连累了恩人！"

　　徐渭笑道："奸商岂可不惩罚，这不，我让他赔出二十两银来，这银子，是蛋店短缺你二斤蛋的赔偿，你拿去吧。"

　　店主这才知道，此人是大名鼎鼎的徐渭，他怕再被惩罚，从此后不敢再做黑心买卖了。

第三章 结识名流

越中十子

徐渭自从与潘似结婚，住在塔子桥潘家后，生活安定，心情畅达，他将大量精力花在与绍兴文人的交往上，并用结社的方式，形成了所谓的"越中十子"。没有朋友圈子就进不了上流社会，朋友是可以交的，交朋友最好的办法就是结社。

嘉靖十七年，时任礼部尚书严嵩，揣摩上意，反对自由讲学，借口书院耗财扰民又一次尽毁天下书院。稽山书院被捣毁后，王阳明的两位嫡传弟子：季本和王畿，建立了流动课堂——鉴湖画舫。"越中十子"就是王门二代主力。

据《绍兴府志》载："（徐）渭与萧柱山勉、陈海樵鹤、杨秘图珂、朱东武公节、沈青霞炼、钱八山楩、柳少明文及诸龙泉、吕对明称越中十子。"明人士人喜欢结社，徐渭等人也赶时髦，当然结社是穷秀才走上上流社会的一条路径。这越中十子，对徐渭来说其实是个科场俱乐部，最终目的是为科举服务的。越中十子，除徐渭本人外，还有下面几人：

太学生萧勉。萧勉字女行，号柱山，国子监生，山阴人。其父萧鸣凤是徐渭的姑表姐夫，从辈分上讲，萧勉是徐渭的表外甥，但年龄比徐渭大，萧勉四十三岁死于钱江沉船事故，徐渭有《哀四子诗·两萧太学》以纪。

艺术家陈鹤。陈鹤，字鸣野，号九皋，别号海樵山人，山阴人。他出身于世袭百户的低级武官家庭，十七岁袭军职。一日得病，百疗无验，于是自学为医，自为诊药，七载而愈。弃其官，着山人服。嘉靖四年（1525）中举，未出仕，家居三十年。嘉靖三十五年（1556）客居南京，四年后去世。陈鹤多才多艺，古诗文、骚赋词曲、书法绘画、戏曲小说无一不通，无一不精。徐渭在《书陈山人九皋氏三卉后》一文里说：

> 陶者间有变，则为奇品，更欲效之，则尽薪竭钧，而不可复。予见山人卉多矣，曩在日遗予者，不下十数纸，皆不及此三品之佳。瀹然而云，莹然而雨，泫泫然而露也，殆所谓陶之变耶？

徐渭发现陈山人的画已经有"陶变"的效果，即艺术已经升华。陈鹤对徐渭在艺术上的影响是巨大的，徐渭成为山阴画派之祖，走上戏曲创作之路，都与陈鹤的交谊有关。

书法家杨珂。杨珂，字汝鸣，余姚人，因隐居于秘图山，自号秘图山人。他以擅长书法闻名，时人称他为明代的"王羲之"。杨珂对徐渭的书法产生了一定的影响。徐渭借鉴了杨珂的书法，自成一家，最后徐渭的书法超过了杨珂。

心学家朱公节。朱公节，字允中，号东武，山阴人。嘉靖十年（1531）举人，是王阳明第一代弟子。他的儿子朱赓娶陈鹤的女儿为妻。朱赓，字少钦，号金庭，隆庆二年（1568）进士。授编修，后为礼部尚书，徐渭在狱时，朱赓施以援手。

楷模沈炼。沈炼，字纯甫，号青霞，会稽人，是徐渭的亲戚。嘉靖十七年（1538）进士，授溧阳知县。因事左迁为锦衣卫经历。沈炼为人刚直，嫉恶如仇，每饮酒辄箕踞笑傲。

嘉靖二十九年（1550），俺答大举攻扰，围困京师，大掠而返，明皇朝的体面扫地以尽，史称"庚戌之变"。当蒙古骑兵围困京师时，圣上慌张，权奸掣肘，廷臣议事，朝廷里不是没有能人，只是没有人敢于不看权奸的眼色行事。唯有沈炼挺身而出，论对敌之道。于是，吏部尚书夏邦谟曰："若何官？"炼曰："锦衣卫经历沈炼也。大臣不言，故小吏言之。"

这使严嵩十分不悦。沈炼接着又上疏，论如何布兵，如何退敌。他陈述的意见与严嵩的意见不同，严嵩更加恼怒。沈炼忠勇，不惧严嵩，报国无门，结郁于胸，一日与同僚痛饮，酒醉后情不自禁，痛骂严嵩父子祸国殃民，激动得涕泪交流。骂之不足，接着便上书陈首辅严嵩十大罪状。主要是：纳将帅之贿，受诸王馈赠，揽吏部之权，索抚按之岁例，阴制谏官，嫉贤妒能，纵子受财，运财还家，擅宠害政，不能协谋天讨，上贻君父忧等。

沈炼揭发的十条中有六条涉及贪污受贿，其余四条批严嵩身居高位，不能为皇帝分忧，还妒贤嫉能。显然，沈炼太憨直，方法不当。他的奏疏触及诸王、将帅及各地封疆大吏，打击面太大，引起许多官员的不满。更为要紧的是"擅宠害政"的"宠"字，牵涉皇帝。有皇帝之宠，才有严嵩之祸，根子便在皇帝身上，于是嘉靖大怒，给沈炼廷杖五十之罚，于是又"谪佃保安"，便是罢官为布衣，发配到边境保安州安置。严嵩不动怒，皇帝先动怒，沈炼真是糟透了。

在绍兴的徐渭知道姐夫沈炼被放逐的前前后后，于一枝堂写了一首七律《保安州（寄青霞沈君）》，托沈府前去探望的人捎去，以示慰问：

> 终军愤懑几时平，远放穷荒尚有生。
> 两疏伏阶真痛哭，万人开幕愿横行。
> 朝辞邸第风尘暗，夜度居庸塞火明。
> 纵使如斯犹是幸，汉廷师傅许谁评？

徐渭以汉武帝时因议论国事被害的终军为喻，一方面对沈炼的不幸遭遇表示慰问，一方面也多少流露劝说沈炼控制情绪、保全自己之意。至于帝王，自然不可触及，嘉靖皇帝不是唐太宗，岂可直谏！

关于权相，"汉廷师傅许谁评"，结论留给后人去做吧，青史自有公论。诗里看，徐渭比沈炼聪明。

沈炼性格刚烈，被贬后仍不忘忠君爱国。沈炼到了保安后，没有住处，一个商人知道沈炼的遭遇后，非常同情，就把自己的住宅让出一些来给沈炼。邻居也纷纷送来柴米，并且送子弟向他求学求教。沈炼的忠义感染了老百姓，他们也一起痛骂权奸严嵩，安慰沈炼。应当说，沈炼在保安的物质生活很充实，精神生活很愉快。但是，沈炼的愉快便是朝中权贵的不愉快，权奸的耳目众多，自然时有所闻。让严嵩最不愉快而不愿忍的是沈炼缚了草人，上书李林甫、秦桧、严嵩字样，醉后与一批弟子用箭穿刺，慷慨悲歌。

不仅如此，沈炼还直接修书到宣大总督府揭露边陲将领不务军事，养寇纵寇的丑事，以宣泄胸中愤懑。当时保安旱灾，饥民无数，沈炼筹款放赈，救济众百姓。面对边患，沈炼击剑习射，结交武士，守城御敌。这一切对于一个被放逐的罪臣来说，都做得太过头了，都是对手拿来陷害他的"罪证"。

嘉靖三十六年（1557），宣大一带有白莲教之乱，严嵩指使他的党羽，即先后任巡按御史的李凤毛与路楷，在捕获的两个反抗者的名单后加上沈炼的名字申报朝廷，于是沈炼以交接敌人、泄露边情罪被斩于宣府。沈炼终遭灭门之祸，两个儿子沈衮、沈褒在父亲被杀后，亦为杨顺、路楷所诬而杀害。

沈襄，字叔成，号小霞，沈炼的三子。沈炼被害时，沈襄在南方戍边，后杨顺、路楷移文去逮沈襄，沈襄到宣府时，杨顺、路楷因其他罪行也被逮捕了。沈襄就侥幸活了下来。徐渭作《锦衣篇·答赠钱君德夫》：

> 啸癙风雪悲下雨，丈夫自是人中虎。
> 骂座曾喧丞相筵，槌鼓终埋江夏土。
> 南州有士气不羁，应科赴召靡不为。
> 闹中幕下岂所志，有托而逃世莫知。
> 西河高士双眼碧，阅人多矣金在石。
> 独许文章可将兵，到处降旗出城壁。
> 渭也闻之笑开口，渭才敢望诸君后，
> 小技元羞执戟人，雄心自按调鹰手。
> 古来学道知者希，今也谁论是与非。
> 啸歌本是舒孤抱，文字翻为触祸机。
> 君不见，沈锦衣！

徐渭把沈炼比作击鼓骂曹的祢衡，既是对沈炼的评价，也是对被沈炼骂的人的痛恨。他是绝对崇拜沈炼的，他认定沈炼是一位大无畏的忠臣义士。徐渭是有雄心大志的，沈炼的事迹对他有很大的触动，但他自认缺乏沈炼那样的勇气。

　　沈炼的冤案直到隆庆初年才得以昭雪。昭雪以后，凡是建祠、立传、公祭，徐渭均有诗文，同时应沈家之请，代为编校沈炼遗文。徐渭一生，陆陆续续忆及沈炼。在沈炼已昭雪成名后，徐渭写诗《哀四子诗·沈参军（青霞）》：

> 参军青云士，直节凌邈古。
> 伏阙两上书，裸裳三弄鼓。
> 万乘急宵衣，当廷策强虏。
> 借剑师傅惊，骂座丞相怒。
> 遗帼辱帅臣，筹边著词赋，
> 截身东市头，名成死谁顾。

　　这里"遗帼"一句，当指羞辱宣大总督许论。当时许论畏敌如虎，但却以杀百姓冒充杀敌报功，后来当上兵部尚书。沈炼之死，多少也与许论有关。

　　徐渭还在《校沈青霞先生集，醉中作此》中这样写："曩昔曾蒙国士待，今朝幸校先生文。纵令潦倒扶红袖，不觉悲歌崩白云。"徐渭编校沈炼文集，醉中生悲，怀念沈炼。沈炼在徐渭的心目中地位极其高尚。

　　老师钱楩。钱楩，字八山，一字世材，又号云藏，山阴人。嘉靖四年（1525）解元，五年进士，曾官居刑部郎中。后来与季本一样弃官学道，在秦望山半岩的八角亭中修道。由道入佛，最后入王阳明的弟子季本门下。徐渭称钱，有时称钱刑部，有时称钱郎中，源于钱原来也是京官，后亦类季本，弃官学道。钱楩学道，但不炼丹；是道士，但不传播道经，只传王学。从徐渭与他来往书信看，称钱为"门下"，自称是"仆"，应当是朋友；钱楩曾从季本学，他们又应当是同学。但在《畸谱》中，徐渭列钱于"师类"，可以说是亦师亦友的人物，晚年徐渭称钱为钱翁。钱有一部《逃禅集》，徐渭曾为之作《〈逃禅集〉序》：

> 以某所观，释氏之道，如《首楞严》所云，大约谓色身之外皆己，色身之内皆物，亦无己与物，亦无无己与物，其道甚阔眇而

难名，所谓无欲而无无欲者也。若吾儒以喜怒哀乐为情，则有欲以中其节，为无过不及，则无欲者其旨自不相入。而今之诋佛者，动以吾儒律之，甚至于不究其宗祖之要眇，而责诸其髡缁之末流，则是据今之高冠务干禄之徒，而谓尧舜执中以治天下者教之也，其可乎？其或有好之者，则又阴取其精微之说以自用，而阳暴其阙漏，以附党于中正，谓佛遗人伦非常道，将以变天下为可忧。嗟夫，吾儒之所谓常道者，非以其有欲而中节者乎？今有欲者满天下，而求一人之几于中节，不可得也，是其于常道亦甚难矣，况欲求其为非常之道，如佛氏之无欲而无无欲者耶？奈之何忧其变天下也？凡此者皆稍论其微旨，至其神通应现，广大奇怪而不可究诘者，姑不论。夫已茹荤而强餐霞者以肉食，睹川泽之产而不知其海之藏，此犹可诿曰各据其所见也。彼所谓高冠务干禄之徒，其至涸而无比，块然略无所见者，亦顾呢呢于闳眇而难名之道，又何为者耶？此云藏公之所以逃焉，而不能已于言也。

徐渭分析了老师钱楩为什么要逃禅的原因，指出了理学的矛盾之处，那些学阀高官的偏见，钱楩弃官学道是有难言之处的，他"高山虎豹丛，结茅坐中央，饘粥不得饱，啖枣充饥肠"。曾经是一位贵人，自愿做出世人，自甘淡泊，精神动力就在于求学，求道。而这个"学"和"道"就是他所接受的"王学"，传播的也是"王学"。

"同病人"柳文。柳文，字彬仲，号少明，山阴人。自幼聪明，博闻强记，声名扬于郡中。但在科举考试中却很不如意，从嘉靖七年（1528）至嘉靖四十四年（1565）三十多年的时间里，每次参加乡试均以失败告终。徐渭与柳文为中年交，情义很深。

救命恩人诸大绶。诸大绶，字端甫，号龙泉，别号南明，山阴人。他是徐渭的同学，年龄比徐渭小，于嘉靖三十五年（1556）中状元，授翰林编撰，官至吏部右侍郎兼侍读学士。隆庆六年五月二十六日，帝崩，诸大绶也病卒。后赠礼部尚书，谥文懿。徐渭在狱时，曾两次写信向诸大绶求救。诸大绶则利用在京的关系，让徐渭死里逃生，得到一个"待瘐"的判决，保住了性命。

文学家吕光升，号莲峰，又号对明山人，新昌人。他的弟弟吕光午即吕正宾，英武好侠，勇猛不凡。

"越中十子"既是阳明心学的学习组织，也是一个诗、文、书、画、曲等综合的艺术沙龙。他们经常聚会，游山玩水，诗酒酬唱，十分活跃。

当时除十子之外，徐渭与玉芝禅师也经常交往，玉芝是明代著名的禅师，他曾经多次来到绍兴，徐渭对其非常尊敬。徐渭还请玉芝禅师讲解《首楞严经》。徐渭写过《和玉芝上人兰亭诗》等数首诗，描写与玉芝禅师的交往。

徐渭在与这些学人的交往中，不仅获得了许多关于朝廷的信息，增进了对社会的认识，而且在这种交游的过程中，徐渭也获得了很高的自信，获得了实现自我的路径。最终成为一个书画巨匠。

伏拜阳明

王守仁（1472—1529），幼名云，字伯安，别号阳明。浙江绍兴府余姚县人，因曾筑室于会稽山阳明洞，自号阳明子，学者称之为阳明先生，亦称王阳明。明代著名的思想家、文学家、哲学家和军事家，陆王心学之集大成者，精通儒家、道家、佛家。弘治十二年（1499年）进士，历任刑部主事、贵州龙场驿丞、庐陵知县、右佥都御史、南赣巡抚、两广总督等职，晚年官至南京兵部尚书、都察院左都御史。因平定宸濠之乱军功而被封为新建伯，隆庆年间追赠新建侯。谥文成，故后人又称王文成公。

王阳明长徐渭四十九岁，徐渭出生之年，王守仁率军平宁王朱宸濠之乱结束，升任南京兵部尚书兼都察院左都御史。王守仁出生于余姚，王父此时移居绍兴光相坊，年事已高。鉴于南都的职务当时并无多少实事可做，朝廷又忙于新旧交替，王守仁便抽空回绍兴省亲。在徐渭周岁时，王父病故，王阳明便在绍兴守制，一住便是六年。高官在乡守制，本来日子是应当过得平平淡淡的，可是对于王阳明来说，这六年却是使得华夏学界石破天惊、影响波及后代的六年。

守制期间，王阳明于嘉靖四年（1525）十月在绍兴稽山书院及余姚龙泉寺中天阁讲学，继续他当年谪居贵州龙场的事业，当时东南一带士子奔走相告，纷纷赶到绍兴来受教，据说，听讲者多时达三百余人。

王阳明所设稽山书院日后称阳明书院，源于他自号阳明子。绍兴城外会稽山即夏禹大会诸侯的地方，有一谷地被称为阳明洞天，属于道教三十六洞天之一，风景绝佳，明时"越中八景"之一。王阳明在绍兴讲学，使他的思想在绍兴得到了广泛的传播。

王阳明的心学体系，包括三个方面：一曰"良知"是"心之本体"，他把"良知"的内涵加以扩充，并赋予宇宙本体的地位，把"良知"与"心"看作是同一意义上的范畴，"良知者，心之本体"，并进而发挥为"心即理"的观点，把"良知""心""性""理"都看作一回事，认为这些不仅是人身的主宰，而且是天地万物的主宰，天地万物是"良知"的"发用流行"。于是精神实体的"心"或人的主体道德意识的"良知"即成了宇宙的最高本体，成为宇宙万物的创造主，从而得出"心外无物""夫万事万物之理不外于吾心""心明便是天理"，否认心外有理、有事、有物。二曰"知行合一"，王阳明从"心即理"的观点出发，认为知就是行，行便是知，知行不能分开，只能知行并进，旨在反对宋儒程颐等"知先行后"以及各种割裂知行关系的说法。因而在教育上，他主张革面革心，促其内心自觉；反对"鞭挞绳缚，若待拘囚"，主张"趋向鼓舞，中心喜悦"，达到"自然日长日化"。三曰"致良知"，"致良知"学说是王阳明晚年提出的，自认为这是他"心学"体系的核心部分。他把封建伦理道德说成是人生具有的良知，认为学者"惟求得其心""譬之植焉，心其根也。学也者，其培壅之者也，灌溉之者也，扶植而删锄之者也，无非有事于根焉而已"。要求用这种反求内心的方法去修养，以达到所谓"万物一体"的境界。

阳明心学是明代儒学革新的产物，它以反传统的姿态出现，在形式上打破了程朱理学的理论框架。王阳明集主观唯心主义之大成，以"心外无理"的哲学前提，逻辑地否定了"经书"的神圣地位，有利于缓和社会矛盾，启迪后世人们对统一哲学重要性的认识，活跃当时知识分子的思想，建立了以"心即理""知行合一""致良知"等为基本范畴的心学思想体系，在本体论和方法论上改造和革新了宋明理学，并在内容上高扬人的价值与地位，强调了道德实践主体的主观能动性，由此还形成了别具特色的教育思想。

徐渭没有机会接触王阳明，但越中十子之一的杨珂是王阳明的入室弟子。徐渭学习阳明心学属于第二代学生，徐渭后来抗倭出许多奇计，都是与阳明心学有关系的。

当时王学信徒很多，正如徐渭所说"吾党晚私淑公学而社于君者若干人"，这若干人公推徐渭，在朝廷为王阳明死后恢复封号时写了一篇《送王新建赴召序》，对王阳明在学术方面的成就进行概括，徐渭认为，"我阳明先生之以圣学倡东南也，周公孔子之道也。"徐渭对王阳明及心学的最大贡献是，在宣府为幕期间，他出面请求吴兑出资刻王阳明集。此事在徐渭《答王新建》一文中有所体现：

> 旅次朔漠，遂复迫冬，无一毫之益于主人，徒费其馆谷而已。承奖，不特生非其人，抑且未有此举也。刻尊翁老先生集，语未了而辄许，当是此公凤心，生亦何所预也？兹者处于外禅，稍得燕游，每陟高眺远，凄不胜情。南望关榆，益倍知己之想。行者倚辔，草草布字，应先生暨两公嗣，不及专书。芙蓉芳兰，舞歌益妙矣，安得如曩者再领于筵末耶？

王新建即王正亿，王阳明儿子，袭新建伯，故称王新建。

师从名贤

徐渭的老师季本（1485—1563），字明德，号彭山，会稽人。他自幼聪慧，博览群书。正德十二年（1517）进士，首任福建建宁推官。他最后的职务是长沙太守，俗称季长沙。季本从王阳明学习时间较早，"新建伯阳明先生以太朴卿守制还越，先生造门师事之，获闻致良知之说"（《师长沙公行状》），时在正德八年，即徐渭出生前八年。

季本退职还乡，在禹迹寺讲学，徐渭随学，季本比徐渭长三十六岁。徐渭日后所写《畸谱》《纪师》中有季本，《类师》中又有季本，这是独一无二的，而且说："二十七八岁，始师事季先生，稍觉有进，前此过空二十年，悔无及矣。"对于季先生，可谓五体投地，终生不忘。季本之所以给徐渭留下极深印象，首先是因为他的人格。季本与王阳明一样，以敢于直言著称。季本在嘉靖年间由于直言从监察御史贬到揭阳主簿。季本随王阳明平宁王之乱有功，但极为清廉。致仕返乡，在乡没有增加一亩田产，三个儿子均仍居旧屋，没有置一间新房，徐渭说："非古之所谓廉直者乎？"人品高尚，这就赢得了学生的尊重。季本一生最大的功绩在于讲学，弘扬和阐发致良知学说。他回到绍兴后，讲学长达二十三年。

季本著作丰盛，退居在乡二十三年，昼夜寒暑无间，著有《庙制考义》《春秋私考》《读礼疑图》《四书私存》《孔孟图谱》《乐律纂要》《律吕别书》《蓍法别传》《说理会编》《诗说解颐》《易学四同》十一种，约一百二十卷，数百万言。徐渭对于季本著作的评说是"发明新建旨，提关启钥，中人心髓，而言论气象，精深摆脱"。季本深得阳明精髓，而徐渭又深得季本精髓，"前此过空二十年"——前面二十年白过了，这就是徐渭从师的心得，感慨不已。

季本死后，徐渭做了很多事，我们看到为季本立祠、建祠上梁、祠中立碑，入祠祭文等处都有徐渭的文字，可谓是尽了弟子之道。

徐渭在季本七十岁时，作《奉赠师季先生序》说：

　　嘉靖甲寅，先生始周七十，适远游同门某等谓长侍者或有所见闻于师，则使渭叙言以祝于家。渭亦长侍耳，何见闻哉？先生论学本新建宗，讲良知者盈海内，人人得而闻也，后生者起，不以良知无不知，而以所知无不良，或有杂于见，起随便之心而概以为天则。先生则作《龙惕书》，大约论佛子以水镜喻心，圣人以龙德象乾，龙体警惕，天命健行，君子戒惧。是以惟圣学为精，察于欲与理。若水鉴，无主宰，任物形，使人习懒偷安，或放肆而不可收拾。移书江西之邹、聂，及吾乡钱、王诸老先生，再三反而不置，于是学者则见以为依据，而诸老先生亦取之以精其说，而其说遂明。

新建宗谓俗儒析经，言语支离，以为理障，人人得而闻也。后生者起，不知支离者之心足以障理，而谓经之理足以障心，或有特为弃蔑典训，自以独往来于一真，其拘陋者溺旧闻，视附会溃烂之谈，辄摇手不敢出一语。先生则取六经，独以其心之所得，以一路竟往其奥，而悉摧破之。又上自隆古，下迨今日，帝王、圣贤、诸儒，理气、经术、德政，工夫实践，以至异端、佛老、百家、技术之流，莫不穷极邪正，辨其指归，言数十万。于是诸老方且废食于言语之戒，而学者亦骇于破旧之新，独武晋唐先生游会稽时，取一经去。答书称先生决古人未决之疑，而开今人不敢开之口，以为世未之有。

此文述说季本学说源于阳明，并不断拓展深化，季本的《龙惕书》是对学界对阳明学说错误理解的纠偏。同时叙述了季本治学的严谨，学问的深厚，大胆地理论创新，解决了古人未决之疑，序文对季本有极高的评价。

徐渭承王学师事的第二位老师是王畿。王畿（1498—1583），字汝中，号龙溪，山阴人。嘉靖二年（1523）落第后，跟随王阳明探究学问。王畿比徐渭长二十三岁，是徐渭的表兄。王畿之父王里曾与徐父徐鏓在云南同时为官，王里帮助过徐鏓，两家过从甚密。徐渭从王学，自然是近水楼台。王畿是王阳明的重要学生，王畿把阳明心学与佛学结合起来，学问中有许多佛学的内容。因讲学始于福建龙溪，故自号龙溪，又因从者甚多，后世称龙溪学派。徐渭曾作《龙溪赋》，赞美王畿的品德与学问。赋云：

天有龙云，地有龙支，山有龙冈，水有龙溪。尔其发源高岫，衍流回隄，或九曲而百折，或一泻而千里。涵万族之瑰琦，汇五湖而未已，荡萦镜而莫凝，迅强弩之激矢。烟其笼渚，风以驱波，漪鱼鳞以涣漱，射蛟鼍之参差。涡螺旋之盘结，纷珠溅以璀瑳，唼鸥鹭于绿藻，障凫雁以青荷，斯则幽人之所容与，而亦达者之所婆娑。乃有圣作物睹，云龙相从，君喜臣起，鱼水相得，虽在中而常侍，实处淄而不黑。栖志诗书，研精典籍，知乐水之称智，乃临流而托迹，悟江海之处下，合弥谦而受益。斯则琳珰不足以易其守，而恬淡乃足以适其情，故为士林之所贵，而君之所称。兹托号者之真，而庶几于赋号之亦非无所因也。

《龙溪赋》重点在写王畿的学问和他的影响。写王畿的经历：在伴君方面，未尝有出轨的言行，至于与权臣相处，不肯同流合污，这是指为大学士夏言所排斥的往事。王畿为时所重，在士林影响广泛。明儒之学，往往得益于佛，也得益于道，也往往儒、释、道三者浑然一体，只是或偏于儒，或偏于佛，或偏于道。

徐渭受王畿思想影响，坚持王阳明心学观点，提倡知行合一，主张人生的实践体验，反对以儒家经典为评判是非的标准，毫不留情地批判程朱理学的代表朱熹。曾经在《评朱子论东坡文》中痛斥朱熹辈"世间事事不称他心，无过中必求有过，谷里拣米，米里拣虫"，讽刺"朱老议论乃是盲者摸索，拗者品评，酷者苛断"，无情抨击理学家的虚伪和专横。

萧鸣凤既是徐渭的表姐夫，也是徐渭的老师辈，还是徐渭的救命恩人之一。徐渭后来入狱，萧鸣凤多方设法营救。自从徐渭九岁那年第一次见到萧鸣凤就结下了不解之缘，之后就有了许多的往来。萧鸣凤，字子雝，号静庵，山阴人。正德九年（1514）进士，为人正直刚毅。曾任南畿提学副使、河南按察副使、湖广兵备副使，在广东学政任上，愤挞肇庆知府郑璋。由于政见不合，愤而辞官回乡。萧鸣凤对徐渭的聪颖十分欣赏，并对他的学业进行了指点。这使徐渭受益匪浅。萧鸣凤可能是《金瓶梅》的作者，徐渭与萧鸣凤探讨过《金瓶梅》的写作，并看过萧的初稿。在徐渭给萧鸣凤《与萧先生》的信中，可以推知，徐渭曾借阅过《金瓶梅》的初稿。徐渭书信《与萧先生》：

渭无状，造化太苛猛相迫，火颔未解，重以火病。自前月二十七日以至今，四旬中间，症候不可言说，绝不饮食者十九日，顷方粥食，强起移步，扶杖可至中堂，欲过门而门限也。自闻门下迁陟以来，载喜载恋，如石在心，耿耿不化。何者？教诲既笃，恩德攸积，所终身不得解也。又闻解行在即；托人候察去否之状，自量不能起望清尘。但每于清晨精神生复之时，便执笔构赠别诗文。文成于心而书怯于手，中止十数，战兢便发。渭非不自惜也，前闻应可郎君已去扬州，渭无言以赠，又重悲矣。恐今复蹈是事，则渭虽填沟壑，无以塞恨。渭素喜书小楷，颇学钟王，凡赠人必亲染墨，今试书奉别等五六字，便手战不能，骨瘠肱弱，又五内余热发为疮毒，指掌反强然也。因命人代书，其后草者则渭强笔，殊不似往日甚。渭贫而多难，门下所怜，空文以赠，必以为喜而不以为怪。所恨精力短惫，文字皆陋不堪，但情在心胸，虽庄周之给亦虚言，杨马之藻皆空阔耳。敬问道旌，当何日西指，或且徐徐，其偬奉得颜色拜别也。谨献二册，一以补应可郎君。旧于郎君处假小说九本，兼奉归之。久命作竹南、味菜二诗，竹南诗往时郎君出册已书矣，味菜之作还当努力补呈。病余之人，离别在念，临书不胜怅咽。

这是徐渭自杀、重病之后，听说萧鸣凤要搬新居，写了一些书法作品，作为乔迁新居的贺礼，同时也牵出了借"小说"的故事。

嘉靖十九年（1540）夏，徐渭由于未能进县学，赴杭，作《上提学副使张公书》，要求再试。因萧鸣凤"称其才"，学使才同意再试，方得入县学。第二天徐渭作《上萧宪副书》，表示感谢。萧当时有《葵》诗相赠，两人遂由一般的亲戚关系，变为相知，徐渭对萧鸣凤有了知遇之恩。

萧鸣凤的两个儿子在南京国子监读书，但每年六月三日母亲生日总赶回山阴贺寿。嘉靖三十六年（1557），母亲逢六十大寿，两子归途中，在浙江（钱塘江）翻船落水，两人同亡。三日徐渭作《寿星画》，又作《张太君六十诗》。徐渭后来在嘉靖四十年（1561），作《王山人道中六十》，以"莫道尊前无彩袖，伏生一女老传经"，借用伏生女传《尚书》的典故来宽萧鸣凤的心。当时萧鸣凤身边还有女儿萧堪。

徐渭晚年写作《畸谱》，列五人入"师类"，萧鸣凤是其中之一，可见他对徐渭产生极大的影响。

唐顺之是徐渭的朋友，也是他的古文宗师。唐顺之，武进人，嘉靖八年（1529）进士，长徐渭十四岁，曾在京任过翰林院编修，又在兵部任过职，声"终生不忘。

徐渭有幸参加这次聚会，全赖老师季本的推荐，徐渭能有机会在舟中与唐宋派的代表人物唐顺之切磋文学，给徐渭留下了深刻的印象，也是徐渭终生自豪的际遇。徐渭与唐顺之的文学见解相似，因而他多次愿意提起唐顺之，文章以唐顺之为榜样，他们两人都主张"文章本色"的观点，引领了晚明新的一代文风。

◆═══ 大师爷的传说 ═══◆

劝诫世风

明朝的绍兴市区及城郊的一些老百姓，文化水平低下，自私自利，有的还欺行霸市。对此徐渭很看不惯，他曾经与"越中十子"等几个朋友，以王阳明的"良知"学说引导人们改变世风，对此老百姓给以高度评价，并且一直流传称颂。

戒赌诗

山阴城里有个专赚歪钱的二流子，绰号叫"歪扒子"。这"歪扒子"仗着他舅舅在衙门里做事，办起了一家"欲望棋庐"。"欲望棋庐"一开张就生意兴隆，大家都知道这"欲望棋庐"其实就是专门供搓麻将的赌博场所，那些嗜赌之徒像苍蝇闻到臭味一样，纷纷聚拢来。老百姓则对这"欲望棋庐"深恶痛绝，因为这"歪扒子"有他舅舅这个背景，大家都不敢向官府告发。

因此，"歪扒子"更加变本加厉，不但要扩大"欲望棋庐"的规模，还想提高"欲望棋庐"的文化品位。于是，他几次三番请徐渭题写"欲望棋庐"牌匾，却一次次被徐渭拒之门外。

某日，这"歪扒子"突然心生一计，便吩咐一哥儿们如此这般，哥儿们

倭患之始，丁忧在乡。嘉靖三十一年（1552）壬子，为准备复出，到浙江观察
沿海形势，季本、王畿尽地主之谊，相与盘桓。徐渭有文名，属地方名士，唐
顺之约见他，他便赶赴会稽舟中，一边行舟，一边论文。徐渭一直送唐顺之到
柯亭相别。绍兴城距柯亭二十余里，晤谈的时间尽管不长，但非常投合。唐顺
之是当时的文坛领袖，对徐渭的影响很大。徐渭曾有《壬子武进唐先生过会稽
论文舟中，复偕诸公送至柯亭而别，赋此》古风一首，诗前有序：

> 时荆川公有用世意，故来观海于明，射于越圃，而万总兵鹿
> 园、谢御史狷斋、徐郎中龙川诸公与之偕西也，彭山、龙溪两老师
> 为之地主。荆公为两师言，自宗师薛公所见渭文，因招渭，渭过从
> 之始也。

全诗如下：

> 帆色乱蒹葭，舟行渺陂泽。
> 昼日聚星精，湖水难为白。
> 念此阳羡客，远从东海来。
> 素书授黄石，竭使群公猜。
> 引弓洞七札，矍圃风飉飉。
> 白猿既坐啼，杨叶亦生愁。
> 忽然发白羽，招此文士游。
> 转棹不可止，忽到津西头。
> 柯亭锁烟雾，异响杳不流。
> 独有赏音士，芳声垂千秋。

　　这是由绍兴城沿运河至柯亭的水乡风光。沿河有纤道，今日犹存，蔡中
郎与阮籍、阮咸的故事都发生在这一带，波光流动，堤木荫翳，风景绝佳。先
写唐顺之之文事，后写唐顺之之武功。再写唐顺之"招"徐渭共游，最后写唐
顺之成为徐渭的"赏音士"，便是文章知己，而他舟中对徐渭说的一番话，"芳

立即驾马来到徐渭的寒舍，说是当今画坛大腕唐寅的女儿与她丈夫光临山阴，想与徐渭切磋画艺。徐渭想，唐寅是大画家，是自己的师辈，他的女儿也有文化根底，到了山阴，自己不去一见，就显得太高傲自大了。便坐上马车，欣然前往。

不料，这马车七拐八弯，竟到了"欲望棋庐"门口，驾车人殷勤地将徐渭扶下马车，走进"欲望棋庐"，"歪扒子"出来热情相迎。徐渭没好气地说："客人会在你这儿？"

"在，就在里面。""歪扒子"喊道，"快叫唐盈盈出来招待徐先生。"话音刚落，只见一美貌女子手端香茶点心迎了出来，弄得徐渭哭笑不得。

"歪扒子"接着道："徐先生，实不相瞒，敝人几次三番到先生府上求字，无奈每次都被先生拒之门外，不得已只好请先生走一趟了。""歪扒子"话音刚落，他的一帮哥儿们已经将徐渭团团围住，连哄带逼，非要徐渭动笔不可。徐渭环顾四周，见大堂中央有一扇屏风十分气派，四周磨出花卉，中间磨出一个大大的古钱图案。徐渭说："这屏风虽然高雅，但中间的铜钱太俗，这不是在告诉大家，这里是个赌博场所吗？我来题上小诗一首，把这铜钱图案换下来。

"歪扒子"听了，觉得徐渭说的很有道理，便连连点头说好。徐渭展纸挥毫泼墨，一首小诗便跃然纸上：

> 贝者欲寻根，今贝乃祖宗。
> 待到分贝时，便做贝戎人。

"歪扒子"得了此小诗，如获至宝。他急忙命人重新打磨屏风，将古钱图案拿下，把徐渭的手迹换了上去。

此后，"欲望棋庐"确比以前热闹了许多，山阴县城里的老百姓听说徐渭为"欲望棋庐"题了诗，都有些不敢相信，纷纷赶来看个究竟。见那屏风龙飞凤舞的狂草，倒确实出自徐渭的手笔，于是，一时间"欲望棋庐"人气大旺。

这下"歪扒子"心里可得意了。于是他把远远近近的那些舞文弄墨的年轻人召集到"欲望棋庐"开研讨会。大家你一言我一语地指点起来，"'贝者'

赌也，'今贝'贪也，'分贝'贫也，'贝戎'贼也……"

被这么一点拨，"歪扒子"终于弄明白，徐渭的诗原来在劝人戒赌。自此以后，"欲望棋庐"的生意一天比一天差，最后终于关门大吉了。

开导棋迷

徐渭家居时期，他有一个亲戚住在新朗桥，两地相距不远。这天，徐渭去看望这位亲戚，来到他家台门前的场地上，见有人在弈棋，周围观看的人不少。徐渭对弈棋一向爱好，几十年来也练出了功夫，他便驻足观阵。摆擂台的是一位老叟，生得精瘦，他全神贯注，屡出奇招，对手的棋艺也不错，然而在老叟的凌厉攻势下，终于招架不住，以老叟获胜告终。旁观的人管老叟叫寿爷，说他是棋王，无人能敌。这位寿爷以自诩的口气对众人说："我是常胜将军，谁来较量，我让两只棋子。"但无人敢出来应战。这时徐渭的棋瘾上来了，两手一拱，说："寿爷，晚辈试试。"寿爷转过头来，将徐渭打量了，矜持地说："有请，我让两只棋吧。"徐渭说："不必，我们还是凭功夫吧。"老叟说声："痛快！"双方很快摆开棋局。

老叟正襟危坐，全神贯注。他的棋路确实精到，且变化多端，屡出高着儿。徐渭的出棋也厉害，声东击西。双方相互咬住，形成对峙局面。观众惊呼两位都是神棋手，今天是棋逢敌手了！最后，由于徐渭的攻势迅猛凌厉，老叟招架不及，终以失败告终。老叟脸色煞白，显然不服气，粗声说："再来！"然而，第二局，老叟又输了，他沮丧至极，脸上一点血色也没有，吼道："再上！"第三局，他还是落为一个输家。这时天色已晚，徐渭站起来，说："我要去看望亲戚呢，不能奉陪了。"他摆脱了老叟，走了。

次日一早，那位亲戚来到徐渭家，说棋王寿爷昨晚去了他家，要他来请徐渭再去拼杀。徐渭碍于亲戚的脸面，跟着他去了。这一天，他与寿爷一直摆阵到晌午，他赢了五局，打平二局，寿爷仅赢一局。寿爷板着脸孔，眼睛发红，提出不吃午饭继续上，徐渭不依，告别走了。谁知第二天上午，亲戚又来了，说寿爷因输了棋，昨天没吃饭，一晚上没睡着，非要徐渭再去和他较量不可。徐渭听了，皱了皱眉头，迟疑了一会儿，果断地说："我去。"

寿爷早在新朗桥头等候了，他重重地说："今天你把功夫全搬出来，我们拼个鱼死网破！"声音嘶哑，好像要把每个字咬碎嚼烂。徐渭微微一笑："我今天来，不是来和你拼棋。"寿爷迟疑地说："有什么事尽管说。"徐渭正色道："寿爷，我要劝告你，弈棋入了迷可不好，我们弈棋，为的是丰富生活，增加乐趣，输赢都不应放在心上，且输赢总难免。"接着说，"弈棋，能陶冶品性，增添情趣，促进友谊，本是一桩文雅之事。而你，为了扬名，赢不够，输不起。瞧你，为了赢棋，废寝忘食，把自己折磨得这般样子了，这不仅辱没了弈棋的美学价值，而且伤了身子，还影响了友谊，说得苛刻一点，是失品失志！"

一席话，说得寿爷发了愣，他怔怔地瞅着徐渭，一言不发，像木头似的。许久，他声音有点颤抖地说："你让我想想，你请回吧。"

后来，徐渭从亲戚那里了解到，从那天后，寿爷一改以前弈棋的坏脾气，他仍与人弈棋，但不再计较输赢，且适可而止，自己也不再称棋王。脸色渐渐红润，精神也愉快了。徐渭听了很高兴。后来，他每次去看望亲戚，必去看望寿爷，还和他弈上几局。日子久了，两人成了至交棋友。

第四章　书剑报国

南北烽烟

十六世纪早期，明帝国对军队的控制能力已经大大地削弱了。刘瑾专权时期，为了敛财，他提高各地的赋税，采取各种办法敲诈勒索，引起了包括地方军户在内的民众极大的不满。辽东的两支戍军先后发生暴乱，朝廷拨给暴乱军队两千五百两银子平息了事件。朝廷对军队暴乱一味采取姑息的策略，加剧了军队的骄横之气，军队的纪律松弛，士兵不服从命令。嘉靖皇帝统治时期，军队的暴乱继续延续。这些暴乱多数由于地方官对军队管理过于苛刻，士兵寻衅滋事，部队久不经战事，加之管理松懈造成的。朝廷对军队叛乱基本采取怀柔政策，虽然平息了暴乱，但是军队的战斗力和朝廷对军队的管理能力都受到了削弱。

正德时期，明朝主要的敌人是北方的蒙古人，他们每年春天和初秋都要集结军队，对明朝北方边境发动进攻，而边境戍军军纪涣散，根本无法集结有战斗力的军队来抵御入侵的蒙古人。嘉靖时期，北方蒙古首领俺答汗希望与明朝建立互市关系，以换取他们所需要的茶、金属器皿、精致织物、草药等物品。嘉靖二十年（1541）俺答两次派使臣提出互市的请求都遭到了拒绝，俺答便多次带兵进攻山西、陕西等地。

嘉靖二十九年（1550）蒙古军甚至入侵了北京，当时北京戍军只有五六万人，还不完全听从指挥。蒙古人在北京城外洗劫八日，而严嵩却不让兵部尚书丁汝夔出兵作战。这就是"庚戌之变"，之后，徐渭痛恨朝廷的腐败，写了《今日歌》二首。其中第二首写道：

> 套中大酋号俺答，夜猎时时索靴靸。
> 亲驱教马五万群，不寇榆林向东踏。
> 三卫京师之左肘，酋也过之一麾手。
> 却令直下古北口，累朝赏赐亦何有？
> 分兵各出数百骑，鸣鼓烧城似儿戏。
> 何意天子阅军场，眼看胡奴旋舞技。
> 密云顺义良亦苦，马上红颜抱双股。
> 掳生杀死不可数，将军刳垒空成堵。
> 来时不扑去不禽，何用养士多如林。
> 却令御史募敢死，一人匹马四十金。
> 传闻敕符即日下，斯言未可知真假。
> 假令真有募士者，吾亦领银乘匹马。
> 年年抱书不曾舍，夜夜看书烛成地。
> 治生作产建瓴泻，何以将之供母寡？
> 丈夫本是将军者，今亦从军聊亦且。
> 聊亦且，诚孟浪，请看信陵君，
> 下令于境上，当时归养免从军，今日从军翻是养。

诗的前半部写蒙古王俺答亲率军队五万，攻掠明朝城池，如入无人之境，直达明朝北京要塞古北口，写胡虏在京城郊区烧杀抢掠的惨状。后半部写朝廷发令募兵，便有从军之意。徐渭说"假令真有募士者，吾亦领银乘匹马"，一腔热血，准备北上抗敌。

徐渭还根据北方传来的情况，经整理写成《二马行》，诗中写道：

> 去年防秋古北口，劲风吹马马逆走。
> 对垒终宵不解鞍，食粟连朝不盈斗。
> 将军见虏饱掠归，据鞍作势呼贼走。

士卒久矣知此意，打马追奔仅得毂。

天寒马毛腹无矢，饥肠霍霍鸣数里。

不知此处踏香泥，一路春风坐罗绮。

此诗将矛头直接对准把持朝政的严嵩和贪生怕死的仇鸾，北边军队粮草不足，将军作势放贼，战士也假装追击。军民饥肠辘辘，高官罗绮春风。对比是十分明显的，这是愤怒的痛斥，也是一种抗敌的宣传。

当时，除了北方蒙古时时侵扰外，南方的浙江、江苏、广东等地也时常受到海盗的袭击。元末明初，岛国日本多年发生战乱，很多战败的将领、武士和破产农民无以谋生，纷纷逃亡海上；原本统治江浙一带的张士诚、方国珍部被朱元璋打败后，其残余势力也流窜到海上，还有中国与日本的不法商人也夹杂其中。这几股势力互相勾结形成庞大的海盗集团。他们经常对明朝沿海地区进行疯狂的侵扰和抢劫，这就是"倭患"。东南沿海的百姓备受其苦。嘉靖时期倭患愈演愈烈。嘉靖二年（1523），日本二批使臣前后来华朝贡贸易，因市舶司对待不公，双方互争贡使资格，引发大规模仇杀，史称"争贡之役"。此后不久明朝罢市舶司，并严申海禁。正常的贸易渠道被堵死，在暴利的诱惑下，更多的亡命之徒铤而走险，攻城略地，烧杀抢掠，无恶不作。嘉靖年间，东南沿海地区的倭患骤然加剧，以浙江和南直隶为甚，沿海百姓生活在水深火热之中。

倭寇之所以敢于铤而走险，当然与明廷国势日弱，内部摩擦加深有关。你要禁海，海岸线这么长，声东击西，让你禁不能禁；你不准贸易，我便公开抢掠，抢了便跑，海上风高浪急，你又能奈我何？边事失策，国势衰微，权奸掣肘，贿赂公行，终于在嘉靖中期酿成了倭寇乱江南的严重边患。

倭寇大肆掳掠是在嘉靖三十二年（1553），贼首王直率领船只数百、海盗万余登岸掳掠。相对于明廷东南沿海守军来说，万人并不是一个大数字，但倭寇在风涛险恶的大海中经过有组织的训练，以海螺、折扇为号，投入战斗能显示一种集体的力量，非常凶恶。有一股五六十人的倭寇，竟然上岸扰杭州北新关，然后经淳安，至徽州，绕过芜湖、南京，直奔武进，简直如同旅游团。只是志不在山河，而是烧杀抢掠，穿过若干重兵防守的大城，竟然如入无人之境。再说，倭寇以江浙人为内应，熟悉地形，还熟知何处有富户，有备而来，殊死作战，以致所向披靡，往往经过之处，洗劫一空。

海盗首领王直，字五峰，原为家住安徽绩溪的海商，海盗称他为老船主，明朝官员则称他为王忤疯。还有一个和尚出身的大头目名徐海，字碧溪，官府称他为徐必欺。在他们手下的若干大小头目很多是越狱囚徒、杀人凶犯，当然也有不堪官府欺压的落第秀才与破产冤民。他们以倭人为后盾，事实上沦为一批叛国的强徒，足迹所至，遍及杭州湾、长江口各郡县甚至深入至苏州、江阴一带，绍兴在杭州湾南岸，府城距海不过三四十里，自属抗倭前沿。当时倭寇破城不易，但广大农村乡镇被掳掠一空，所到之处，村镇成为废墟。据明人种种史籍，当日倭寇为虐，大致有这样一些暴行：

洗城洗村，攻破的小县城以及村镇，抢掠以后，放火焚烧；拘捕名人或贵家子，勒令在城家人以金赎身，否则腰斩锯解；发掘贵家墓，或令主家以金赎，或毁墓掠取财物；奸淫妇女，诸般侮辱、虐待；杀童男童女，饮血滋养身体；掳掠青壮男子，迫令入海为盗。

徐渭发现，进犯绍兴的倭寇其实并不很多，武器也不精良。朝廷在绍兴一带的军队不少，但是不能战。当时的战略是闭门守城，放弃乡村。

危难之时，一方面是爱国志士日夕守城、奋勇御敌，一方面是尸位素餐者耽于安乐、束手无策。他万分感慨地描写了倭寇袭来时，绍兴城里衣冠人物的惊慌失措，而有为的志士往往出于下层。

朝廷鉴于东南局势严重，任王忬为浙江巡抚，兼管军事，负责抗倭事宜。嘉靖三十二年（1553），闽浙巡抚王忬启用俞大猷为参将。三月，在侦知王直结寨舟山普陀山的秘密消息后，王忬指挥俞大猷统率福建水师向倭寇发起进攻。福建水师的大福船，比倭寇的船只大几倍，在海战中占优势。俞大猷将倭寇打败，焚烧了庐舍，斩首级五十余，生擒一百四十三人。王直在战乱中趁机逃脱。

王直虽然战败，但有生力量没有被消灭，他派遣各股倭寇向沿海各省大举进犯，成了蔓延之势。闰三月倭寇萧显侵入吴淞口，抢掠宝山，攻破南卫所，四月围困太仓，五月进入上海。另一股倭寇于四月攻掠海州。还有一股倭寇攻陷乍浦，围攻海盐。倭寇自闰三月登岸，到六月退回海岛，在短短三个月内，攻陷昌国、临山、乍浦、青村、吴淞、南卫诸卫所，围攻海盐、太仓、嘉定、长洲等县城，进入上海，抢掠华亭、崇明、青浦、海宁、余姚、山阴、会稽、临海、平湖、嘉兴、黄岩等十多个县。

四月间，山阴、会稽两县城乡首次遭到倭寇烧杀抢掠。绍兴知府刘锡征调民夫守城，徐渭参加了守城的徭役，并写下了《海上曲五首》。

诗歌描写的是明朝军队的无能和倭寇的凶悍。从这五首诗的内容看，徐渭对官军避战和官吏守城的措施非常不满。明军腐败，弊端百出，民间爱国志士自发组织反抗，徐渭的同学吕光升的弟弟吕光午更是投笔从戎，徐渭很振奋，为此写了《赠吕正宾长篇》一诗：

> 海气扑城城不守，倭奴夜进金山口。
> 铜签半傅鸬鹚膏，刀血斜凝紫花绣。
> 天生吕生眉采竖，别却家门守城去。
> 独携大胆出吴关，铁皮双裹青檀树。
> 楼中唱罢酒半曛，倒着儒冠高拂云。
> 从游泮水践绳墨，却嫌去采青春芹。
> 吕生固自有奇气，学敌万人非所志。
> 天姥中峰翠色微，石榻斜支读书处。

俞大猷于嘉靖三十一年（1552）任浙江温、台、宁、绍参将，负责抗倭，多次来到绍兴。原因是闽浙巡抚王忬的指挥部一度驻绍兴，当时抗倭名将俞大猷常来绍兴议事，向王忬报告战斗情况。俞大猷，福建晋江人，颇具韬略。在抗倭方面他的战略主张是"釜底抽薪"，主张斩草除根，以水师攻敌根据地，断其归路，使倭寇不战而溃，所以他力主"防江必先防海，水兵胜于陆兵"。此时受王忬命，直捣匪巢，与寇连战皆捷，在士民中极有威望。名将来城，绍兴老百姓出来欢迎慰问。在学的徐渭集合同学六人拜见俞大猷，向俞大猷献诗表达民意。诗中对于将军训练水师直捣匪巢的战略极表赞同，题为《赠俞参将公并序》，序云：

　　经涉春夏，贼所当无不应手碎者。东南万姓，赖以全活。渭以孤远，每思一致缁衣之情，而不有路。会公入府城，诣提督，府中学士大夫若诸父老子弟，知与不知，望见将军麾盖，感激有涕下者。渭于是仓卒集里闬同生稍知歌咏者六人，各著篇以颂。其他散处不在，不量寡昧，倘亦有壶浆之意乎？

诗云：

　　　孤城一带海东悬，寇盗经过几处全？
　　　幕府新营开越骑，汉家名将号楼船。
　　　经春苦战风云暗，深夜穷追岛屿连。
　　　见说论功应有待，寇恟真欲借明年。

　　俞大猷用兵不同于一般武将，史称"先计后战"，善于筹划，善于使用计谋，在抗倭战争中具大将风度。徐渭所谓"寇恟真欲借明年"，"恟"，即恐惧，希望翌年即能彻底解决倭寇之患。俞大猷的战略思想是正确的，但是扩大海军、统一指挥，这就需要地方集中财力，又需要在军事方面集中兵力，集中权力，谈何容易，而俞大猷此时只是一名参将，只能是说有英雄之见，但还缺用武之地。徐渭只是景仰英雄，抒写早日赢得抗倭战争的期盼。

绍兴战役

　　嘉靖三十三年（1554）春，倭寇萧显进攻松江和乍浦。绍兴镇抚彭应时率新兵到乍浦堵击。彭应时因寡不敌众，战死沙场。彭应时是徐渭的武术老师，绍兴人，中武科，原来有一份工作，但性情耿直，与人不合，闲居在家。抗倭事起，人尽其才，为巡抚王忬所用。彭应时受命，奋勇杀敌，终因寡不敌众，被刺堕马牺牲。受伤时马前卒曾劝其迅速逃生，被彭应时大骂。徐渭为老师作《彭应时小传》，表达敬仰之情。

彭应时，山阴人，始以文敏为生员。既以侠败，乃用武，中武科，为镇抚，又以亢被黜，家居困郁甚。久之，都御吏王公抒来镇浙，知其材，檄使练士。会参将卢镗自松江击走萧显，公令应时截诸海塘乍浦，为贼所掩，乃奋斗，被创堕马死。死之时，犹怪骂其马前卒促使己脱身走者。应时性聪敏，能诗文，材力武技，一时盖乡里中，而驰射尤妙，几于穿叶。少年时使气，人莫敢忤。至是，善抚士卒，士卒且乐为之用，而竟以败死，命也夫！

徐渭立志报国，不光停留在口头上，而且有实际行动。当时绍兴实际主持抗倭军务的是会稽典史吴成器。徐渭加入吴成器的抗倭行列，为吴成器出谋划策。

柯亭之战

嘉靖三十三年（1554）十一月，一股倭寇在林碧川、沈南山等人统领下，由仙居转入诸暨，从山路潜入山阴境内，发现绍兴城已有戒备，便转往柯亭，姚长子将倭寇引入四面环水的化人坛。被总兵俞大猷和会稽典史吴成器包围。徐渭跟吴成器来到柯亭，乘船绕化人坛侦察，并提出灭寇方略，俞大猷和吴成器采用徐渭的奇谋，等到天黑，故意放出几只经改装的船只佯攻，引诱倭寇来抢夺船只。等到倭寇大部分上船以后，又派人潜入水中，将船底活塞拔掉，船只进水沉没，官军合围猛攻，倭寇一百三十多人被杀或溺水而死，取得了柯亭战役的胜利。

皋埠之战

嘉靖三十四年（1555）四月，一股百余人的倭寇从上虞爵溪卫所登陆，窜到绍兴城东皋埠，被绍兴知府刘锡和典史吴成器悄悄包围。徐渭穿短衣混杂于战士舟中，开进倭寇潜伏地带，观察敌我双方形势。回来后写成《拟上府书》一文：

闻贼新来失路，期速走脱境，宜委狡猾者一二人，若逃徙状，使其虏为乡导，左其路，而预伏选兵于阻隘以待，此上算也，今既已无及矣。乃生昨至高埠，进舟贼所据之处，观览地形，及察知人事，至熟且悉。众以为贼自海边，经数百里来入死地，无积食，利于速战，不利于持久。不知我兵暴烈日，触炎气，食宿饭，饮浊河，衣不解带，经六昼夜使舟，数日不决，强者必病，弱者必死，且尽卒而萃于一处，使他贼至或相应，更何以支？由此言之，则吾兵亦利速战，不利持久也。众又以为贼据高楼，阻林木，既逸且险，民徙者大家仓卒，宜必遗数十石之积，使再持数日，则我兵自因而瓦解，利于持久，不利于速战。不知我兵入战，则阻林木，涉污田，可以往，难以返，又法令素弛，强者争退，弱者毙逐，由此言之，则我兵亦利持久，不利速战也。

夫共有其害者，则必共有其利，故不欲速战则已，苟欲制速战之利，生昨观东北二面，阻水甚阔，虽南面稍狭，而三面水陆之兵，分布既密，警戒亦严。独西南水甚狭，可徒涉，而夹岸之林，循水而隘，且以岸西之田，一望不尽，田外之水，又复阔甚，我兵恃此不备，而贼据高窥视，遂亦无心于西。试能乘夜遣壮士三十人，衔枚彻首，足裹绿衣，混草木色，匍匐出深苗，渡狭水，伏西林中。却遣壮士三十人，从南渡与战，佯走而伏发，东北二面，亦各三十人，鼓噪继进，彼如空楼而逐，北军入据其楼，东军横断其归，佯走者转戈北向，三夹而击，蔑不济矣。此之谓速战之利。

故不欲持久则已，苟欲制持久之利，生昨观坟原之木蔽野，斩其干以构架，取其叶以为盖，四分千人，每一分舟巡，则息三分，其中舟巡与息者，各制四面吹号，约某面而警，则某面棹击，不必驰白中军，徒增劳缓。而洁食清汲，除秽给饵，吾千人之名既章，即使他贼至，密撤半以往，亦无不可。至其西方阔远，不烦兵守，亦宜遮蔽数十空舟，若凉厂然，而使一二人乘单舸，循岸匿以上下，动旗鼓以疑其心，不越数日，贼必饥疲偷渡，让使中流邀而击之，亦蔑不济矣，此之谓持久之利。

　　然而，徐渭的建议在具体实施中出了问题，倭寇知道陷入明军的包围，没等明军进攻，连夜从东面缺口渡河逃走了。

龛山之战

　　十月，又有倭寇二百余人从乐清登岸，经黄岩、仙居，慈溪、余姚进犯绍兴。受到会稽典史吴成器打击，倭寇退到萧山龛山。如果不及时消灭这股倭寇，可能会渡过钱塘江攻击杭州，危害更大。浙江巡抚胡宗宪亲自指挥了这场战斗。当时，夜幕降临，吴成器率兵刚刚赶到萧山，士兵十分疲惫。胡宗宪果断下令吴成器统兵作战，兵员不够，胡宗宪派出警卫人员参战，经一夜血战，大获全胜。徐渭此时在吴成器麾下，亲见血战，为此写下了《龛山之捷》一文，详细记录了战斗经过。徐渭还在吴成器军营中写了《龛山凯歌》九首七绝诗，赠给吴成器：

一

岛夷岁岁理舟航，入寇三吴与浙江。
分向沙洲知几道？将军着处驻油幢。

二

县尉卑官禄米微，教辞黄缦着戎衣。
贼中何事先寒胆，海上连年数破围。

三

曹娥官渡带钩萦，仙尉乘潮上下行。
炮石朝飞方断岸，江天夜雪欲偷营。

四

短剑随枪暮合围，寒风吹血着人飞。
朝来道上看归骑，一片红冰冷铁衣。

五

红油画戟碧山坳，金镞无光入土消。
冷雨凄风秋几度，定谁拾得话今朝。

六

七尺龙蟠皂线绦，倭儿刀挂汉儿腰。

向谁手内亲捎得？百遍冲锋滚海蛟。

七

无首有身只自猜，左啼魂魄右啼骸。

凭将老译传番语，此地他生敢再来。

八

旗里金疮碎朔风，军中吮卒有吴公。

更教厮养眠营灶，自向霜槽喂铁骢。

九

夷女愁妖身画丹，夫行亲授不缝衫。

今朝死向中华地，犹上阿苏望海帆。

诗歌描写倭寇东来，吴成器位卑未敢忘忧国，组织将士，奋起抵抗，并取得了胜利。诗人面对身首异处的敌人发出豪迈的诘问。最后一首则从倭寇来侵之前的家人送行仪式写起，写弃尸他乡、海帆无归的绝望。将镜头推向战争的更深远的背景之中，揭示了倭寇之乱，既是对我国东南沿海民众的残害，又是侵略者本身的自戕。徐渭抗倭题材的诗歌，甚少平面的描写，一般多带有对战争深沉的思索。

在抗倭战争中还有一个小插曲。嘉靖三十四年（1555），朝廷的军队纷纷开赴绍兴一带，鱼龙混杂，一些军士无力抗倭，却有胆扰民。徐渭与同学吴兑曾合力制服过一次兵痞闹事，经此事件，在绍兴兵痞扰民的事就不再发生过。此事，徐渭在《赠吴宣府序》中记载：

当嘉靖乙卯间，海上始大用兵，兵隶诸大府者特骄甚，偶绛衣袭锦而靴幅、干魁岸多力者三四人，入越乡，把剑袖锥，目夔夔以睨，过市饔则醉饱，系马狭斜则拥红紫以嬉，如入其家之庖室，都不与一钱。日既昃，知无所怫，遂稍侵居人家，居人聚哗之，则走撞县门，撼丞簿，收笞居人，犹呶呶睨丞簿，丞簿畏得祸，不敢动气，与酒益奋，尚恣睢街市中不去。

余方与君罢讲稽山，下逢之，直前视，彼四人者嗔曰："酸何知，敢视我，直攫乃巾碎之耳！"余谓君曰："市人足恃也，盍挟诸？"君曰："不约易散，未可也。"君归呼族人于家，余归呼族人于寓。得七八辈，余曰："可矣。"君曰："不约莫任其害，未可也。"约族人曰："侪等击，击其下，莫击其上。"约市人曰："侪等莫击，第喊而声援。"遂击。四人者靡不仆几烂，击者逞褫其绛锦与靴，四人者裸而号，乞命，君曰："悉还之。"稽首悔谢若崩角。市者哗而合掌，君答而拊曰："劳矣！"稽首称快若崩角。

徐渭、吴兑有理有节，教训了兵痞一顿，还了他们的衣物，这四人表示再也不敢骚扰商民，于是人心大快。吴兑日后成为朝廷重臣，徐渭日后远赴宣府，二人回忆往事，都认为这是书生快事。

在绍兴战役间隙，嘉靖三十三年（1554）梅雨时节，萧鸣凤替季本做七十寿，刻印其《诗说解颐》，由徐渭代作《诗说序》。徐渭还应萧鸣凤连襟、刑部尚书山阴何鳌之请，代刑部作《刑部题名记》。

徐渭对抗倭英雄十分钦佩，用他的笔多次为英雄写赞歌。徐渭在《陶宅战归序》中歌颂过吴成器，但不详尽，日后又作《会稽吴侯生祠碑》，碑立于曹娥江畔，让老百姓思念活着的英雄。吴成器有一匹黑马，出征时常得此马神助。白米堰一役，吴成器在马上射贼中额，但另有一贼自东来刺吴，吴未察觉，但马却自动西驰，让主人躲过危险。徐渭作《吴使君马》，先写吴使君因马脱险："使君指以说堰口，抽矢中贼贼逼肘。长鬐将捉弓占手，尔不自驰谁尔咎。"接着写出吴君之马的颂歌：

东夷泛海连巨艘，泽国郊原跨鱼鼊。

使君骑马绕贼薮，白水间之不得走。

长蛟是母龙是舅，轻蹄蹴海如平阜。

舟不可陆君莫狙，请以长鞭着其后。

……

　　吴成器本是会稽典史，本职工作不是领兵，更不是领绍兴府之兵，但战争期间，能者为将，奉命抗倭"大小数十战，斩贼首数百，生获数十人，还虏者亦以百计"。此人善战，懂得战术；短兵相接，他能身先士卒。更难得的是此人轻财，战斗以前，他尽散余赀给部下，以鼓舞士气。徐渭赞他为国为民，把钱财置之度外，也把生命置之度外。因此，吴成器在抗倭战争中名垂青史，在曹娥江畔建有生祠，生祠碑上的碑记是徐渭写的。

　　徐渭对于在抗倭中不屈牺牲者无限景仰，死者中有一个差点成为徐渭妻子的严氏女。当年十一月，湖州归安双林乡严家遭到倭寇的洗劫，严父被杀，两个女儿被掳走。徐渭得此消息，十分震惊，写下了《宛转词》一诗：

　　　　宛转一臂断，流落二乔轻。
　　　　覆水已无及，通家如有情。
　　　　归来妆粉暗，啼罢泪痕清。
　　　　莫道红裙怯，官家盛甲兵。

　　在得知严氏长女在被捕后投河自杀，二女放还后也死去的消息后，徐渭十分悲痛和懊悔，又写下了《湖严氏有二女，其翁以长者许渭继室，渭自愆盟。顷闻为海寇断其翁臂，二女具被执，旋复放还，便已作宛转词怜之。后知其长女被执时，即自奋坠桥死，幼女放还亦死，因复赋此。宛转词中覆水句，正悔愆盟也》诗：

　　　　讶道自愆盟，天成烈女名。
　　　　生前既无分，死后空余情。
　　　　粉花应成碧，神寒俨若生。
　　　　试看桥上月，几夜下波明。

　　后悔当初，没有接受严翁的许婚。后来，徐渭又写了《严烈女传》，说出懊悔的原因："渭痛之如室焉，且悔。以为当其时，苟成之，或得免。"徐渭在《畸谱》里，对此事，两次称"悔"。

绍兴三战役后，徐渭去了一趟福建，借内弟潘涛在福建任职之便，到福建广采南词，并汇编研究。潘涛此时正担任顺昌驿丞，徐渭就住在他的官署中。徐渭在顺昌度过了嘉靖三十五年（1556）的春节。就地理位置而言，顺昌属于南国，徐渭离开绍兴时还是寒冬腊月，但到达顺昌后已感受到春的气息，他写下了《顺昌道中新晴》一诗：

> 解辔投山屋，束鞍闻曙鸡。
> 风云留宿雨，花草踏晴泥。
> 晓峡喧溪路，春沙泛马蹄。
> 遥知武夷曲，只在乱峰西。

这里花儿开放、草木发芽，一派蓬勃的景象。这时徐渭急着去游武夷山。临行时一些朋友都失约了，徐渭只得独自前往。在武夷山，徐渭见到了道教秘地、秘物——王子骞尸解实物、张垓尸解之洞和拜谒了紫阳精舍。他在《武夷道士示予魏王子骞蜕首见紫气》诗中就说：

> 兹物真仙灵，磊磊黄琅坚。
> 高顶泥丸宫，紫气犹一弦。

徐渭还顺便去延平拜谒李侗祠。李侗（1093—1163），字愿中，世称延平先生。李侗是朱熹的老师，儒家经典是李侗传授给朱熹的。徐渭写下了《谒延平先生祠》一诗：

> 祠下风来好，单衣行莫春，
> 杏花铿尔瑟，柏树洒然身。
> 默坐澄千虑，传灯与一人，
> 自惭何所似，驰马醉归频。

李侗与朱熹有鹅湖之会的故事，那次见面李侗将儒学经典之精粹传给朱熹一人。

徐渭大约于第二年三月初从福建回到绍兴。八月，徐渭陪同老师季本到
龛山去看抗倭战场，并在党山观赏钱江潮。徐渭写的两首观潮诗，描绘了钱塘
潮的壮观场景和恢宏气度。《丙辰八月十七日，与肖甫侍师季长沙公，阅龛山
战地，遂登冈背观潮》：

> 白日午未倾，野火烧青昊，
>
> 蝇母识残腥，寒唇聚秋草。
>
> 海门不可测，练气白于捣，
>
> 望之远若迟，少焉忽如扫。
>
> 阴风噫大块，冷艳拦长岛，
>
> 怪沫一何繁，水与水相澡。
>
> 玩弄狎鬼神，去来准昏晓，
>
> 何地无恢奇，焉能尽搜讨？

《十八日再观潮于党山》：

> 秋水自生幻，海若安措手，
>
> 惊雷研雪狮，万首敢先后。
>
> 山窥本避儒，俄惊足下吼，
>
> 老壁拍波尘，千仞落衣袖。
>
> 望穷不见外，激艳明灭久，
>
> 人天俨未消，劫火烧宇宙。
>
> 往昔每一凭，恐怖经旬昼，
>
> 那知迫视怪，其怖应不朽。
>
> 岂惟我恐怖，天地亦应有，
>
> 景往目既迁，恐怖亦却走。

约在嘉靖三十五年（1556），徐渭的老师钱楩为悼念抗倭之战中的死者，

于江畔设坛致祭，超度亡灵。徐渭有"侧闻公有远临江浒"之说，并未参加祭奠。徐渭作了一首《阴风吹火篇》长诗，送给钱楩，仿的是李贺体，内容则是类屈原《国殇》之意。全诗如下：

> 阴风吹火火欲燃，老枭夜啸白昼眠。
> 山头月出狐狸去，竹径归来天未曙。
> 黑松密处秋萤雨，烟里闻声辨乡语。
> 有身无首知是谁，寒风莫射刀伤处。
> 关门悬蠹稀行旅，半是生人半是鬼。
> 犹道能言似昨时，白日牵人说兵事。
> 高幡影卧西陵渡，召鬼不至毗卢怒。
> 大江流水枉隔侬，冯将咒力攀浓雾。
> 中流灯火密如萤，饥魂未食阴风鸣。
> 髑髅避月攫残黍，幡底飒然人发竖。
> 谁言堕地永为厉，宰官功德不可议。

似燃似灭的鬼火与惨惨的阴风，夜枭与山狐，都是阴界的恐怖气氛。钱楩作法事超度战争中死去之魂，经过超度，鬼魂终于离开这一片劫后的土地，不会为崇一方，并赞扬了他的老师钱楩的功德圆满。

徐渭回到绍兴时，新昌的吕正宾随阮鹗军去参加慈溪龙山战役，路过绍兴，两人有多次交集，这次见面甚是高兴，痛饮之后，吕正宾将缴获的日本刀赠给徐渭。徐渭很高兴，赋诗《正宾以日本刀见赠，歌以答之》：

> 解刀赠我何来者？断倭之首取腰下。
> 首积其如刀有余，为寿兄前人一把。

吕正宾是个传奇式的英雄人物，巡抚阮鹗被倭寇困于桐乡时，吕正宾单骑突围，猛砍倭寇数百人，突出重围，救出阮鹗。徐渭对英雄吕正宾十分钦佩，把他比作唐朝安史之乱时从雎阳围城中突围的南齐云。

奇谋制敌

徐渭在抗倭期间，多次出谋划策，使民间抗倭开始取得了许多传奇式的胜利。后来，徐渭进入胡宗宪戎幕，也多出奇策，多为胡宗宪采纳。

桐乡狼烟

徐渭刚从福建采南曲回绍兴，就见到了等在家门口的胡宗宪派来的使者。说是总督有请，徐渭马不停蹄地来到总督胡宗宪的行营，胡宗宪一见徐渭就说："眼下事态非常严重，那个新上任的浙江巡抚大人阮鹗，被倭首徐海、陈东围困于桐乡城内已三天了，本官曾传檄各地诸军赴援，但几拨援兵与徐海、陈东几次交锋都不是对手，竟损兵折将，大败而归。因畏惧倭寇凶残，援兵只围不攻，迟迟不敢出击进剿。巡抚大人在浙江有个闪失，圣上怪罪下来，下官是脱不了干系，轻则撤职坐牢，重则马上掉脑袋呀！"

胡宗宪的幕僚茅坤接着说："倭寇日益势大，不少歹徒为虎作伥，竟投靠倭寇作羽翼……"

徐渭深思片刻，说："大人莫急，知己知彼，百战百胜。请容小生与典史吴成器马上赴前线，先侦察了解敌情后再作谋略，当否？"

"好。"胡总督当即拍板，"你拿上我的令牌，让各路官军和府衙倾力配合于你。只是你刚来乍到，理该……"

"解桐乡之围，燃眉之急，刻不容缓！我和吴典史马上动身。"徐渭不作客套，起身便告辞了。

三天两夜的爬山涉水，甚至化装成百姓几次冒险进入敌营……在当地老百姓的帮助下，徐渭和吴成器终于将敌情、地形等了解得一清二楚，觉得心中有数了，便当即返回。顾不得一身泥泞，就向胡宗宪来汇报军情。

徐渭为了让每个指挥官员都能一目了然，明确各自职责，便用沙土堆积成战场模型，模型上标明敌我双方的布局，并预先演习，把各种可能发生的漏洞事先做好准备，减少不必要的伤亡，以集中优势打击倭寇。当然，也能让总督大人一目了然，看个明白。

胡宗宪看了，连连点头。

后来，这个沙土模型的战前演习，成了一个不成文的规矩。在每次抗倭作战前都要先进行一番演习。后来的戚继光，更是继承和发展了徐渭的"模型战前演习"创举。

徐渭指着沙土模型，解说道："各位大人，现今我们的巡抚大人正是被围困在这桐乡镇子上，镇内四周构筑了较坚固的城墙，城内有巡抚卫队五百人，皆是能征善战、训练有素的好手，加上当地镇上的民团一千五百余人，估计有二千多人。只要不轻举妄动，坚守十天半月不成问题。"

众官员看着听着，稍松了一口气。

"再看敌情。倭首徐海率二千余人在东面的屠甸镇盘踞，另一倭首陈东在南面的崇福镇灵安村，也是一千余人。西面则是最近投靠倭寇的土匪郑铁山，带着二千多人盘踞在洲泉镇和河山镇，一群乌合之众。而北面倭寇的力量最为薄弱，也是个投靠倭寇的汉奸叫刘锡的土匪，只有三五百人。所以，阮鄂大人要是实在支撑不住，可向北突围，到达乌镇，与乌镇守军会合，便可无险。"

胡宗宪连连点头，心中的一块石头放下了，他说道："话是这么说，可我们总得去解围，也可趁此机会，狠狠地打击倭寇的猖狂气焰。"

"是的，总督大人。"徐渭接过话题，继续侃侃而谈："眼下我们的主力军尚在宁波、舟山一带，一时间抽调不过来，那里的形势也正紧张。所以，摆在我们面前的只有两个办法：一是组织民众，二是利用敌寇内部矛盾分化瓦解，智取敌人。"

"有这个可能吗？"胡宗宪发问。

"事在人为，完全可能。"徐渭深思熟虑，早已胸有成竹："这几天，我探听到徐海、陈东之间的矛盾在加深，而汉奸土匪头子与倭寇则是同床异梦，各有所求。我们只要从中稍加离间，内斗很快就会起来。"

接着，徐渭附在胡宗宪耳旁说出自己早已想好的计策。

胡宗宪听了，觉得有点冒险，但也只能这样了。他又和茅坤商量了一会，说："徐先生，那就全仗你了，我等着你的好消息。还有，万一计划暴露你可要尽快返回，我让吕光午随时接应你。千万保重！"

郑铁山的父亲、祖父均是土匪，原是四明山的山大王。郑铁山子承父业，世代为匪，无法无天。倭寇刚来时抢占他的地盘，他也曾与倭寇干过几仗，但技不如人，几次落败，只好认贼为父，投靠倭寇，为倭寇通风报信，里应外合，坐地分赃。

接到倭首徐海的指令：在屠甸镇碰头，商议大事。郑铁山带个亲信一路奔波，途经一片黑松林坟堆，精疲力竭，人困马乏，便仰躺在石供桌子上，放马吃草。亲信喽罗掏出一只烧鸡，请郑铁山充饥。

坟堆子地，松风阵阵，阴阴森森。郑铁山却毫不顾忌，他从来不信这个邪。

突然，从一片野蒿丛中，有人伸着懒腰打着哈欠，吧唧着嘴说："烧鸡好香！"

郑铁山吓得从石供桌上滚落下地，拔出佩刀，尖叫道："谁？快出来！"

野蒿丛里窸窸窣窣，爬出了一个灰头土脸的道士。这个道士摇头晃脑地说："贫道万年知，云游天下，寻觅真主，昨夜仰视天象，得知青龙星宿，今日下降此地黑松林中——贫道为此已恭候多时了。"

郑铁山一抹额头冷汗，吁了一口气，笑着："原来是个走江湖的杂毛老道。哈，什么万年知？你既然自称万年知，想必一定会相面算卦！"

万年知哈哈大笑，道："上知天文，下通地理，相面算卦无非雕虫小技，何足挂齿。"

郑铁山撕下一条鸡大腿，一扬手扔了过去，说："那就请你算个卦，少不了你的卦礼。"

那道士的手脚倒也十分利落，一个饿狼扑食，把鸡腿捞在手里，大口咬了起来，便盘腿坐松树下，问道："主公，你是想问功业前程还是吉凶祸福？"

这一声主公，叫得郑铁山骨酥肉麻，带着几分羞答答的样子说道："道爷，我，我问功业前程吧。"

万年知道士把鸡腿骨头一扔，表情严肃起来，一本正经地说："主公请端坐，且听贫道的'坟中对'。"

"什么叫'坟中对'呢？"郑铁山不解。

"想当年刘皇叔三顾茅庐，诸葛武侯纵论天下大事，名曰'隆中对'。贫道乃当世的诸葛亮，主公身边的这位壮士就是当年的关云长，主公则是玄德公，现在此黑松林坟堆里畅谈当今天下大事，岂不是'坟中对'乎！"

"道爷高才！"郑铁山一声赞叹，言词也斯文起来："请道爷细讲，我洗耳恭听。"

万年知捻着乱如蓬麻的胡须，咬文嚼字："话说天下大势，分久必合，合久必分。这人主之份，自有天数。所谓天地玄黄，宇宙洪荒，日月盈昃，辰宿列张。前朝旧代暂先不讲，只论当今胜败兴亡之事。自从倭寇入侵以来，干戈不息，风云变幻。方今天下，乱世迹象，四方割据，能者称王。主公命贵青龙之相，顺天应时，乘机起兵，必能成大业。"

郑铁山听得全身飘飘然，抓耳挠腮，嘿嘿笑道："道爷，我有这么大造化吗？"

"主公不可妄自菲薄，明太祖朱元璋，原不过是放牛的小牧童、寺庙里花和尚，到头来还不是削平群雄，夺得天下，金銮宝殿上一坐，称孤道寡。"

郑铁山乐得哈哈大笑，急忙说："道爷，请你马上给我当军师吧。"

"慢！"道士端起架子，两眼望天："周文王渭水访贤，刘皇叔三请诸葛，可不是这么一条鸡腿就雇来的。"

待在一边的关云长，却是张飞的火爆脾性，竟一下子扑过来，揪住万年知的胸脯，吼道："臭道士，我们大王抬举你，你竟推三阻四摆架子，真是个坐轿子嚎丧——不识抬举！看我把你塞进这乱坟中去……"

"快住手！"郑铁山慌忙扯开那关云长。"道爷，别跟这畜生一般见识，我郑铁山今天就要学那周文王、刘皇叔。"

道士揉着胸脯，呻吟道："贫道愿效犬马之劳，辅佐主公，奉天承运，成就大业。"

郑铁山毕恭毕敬地问道："万军师，目前该从哪方面着手呢？"

"其一，广敛钱财粮草，招兵买马。其二，正名号，名正才能言顺。学岳飞流芳百世，不可学秦桧万世咒骂……"

郑铁山鸡啄米似的点头，问道："万军师，此话怎讲？"

万军师早已胸有成竹，便上前附着耳朵低声说道："假装与徐海、陈东称臣，待时机成熟，杀掉徐、陈，夺其财宝，岂不是名利双收！到时民心所向……"

郑铁山高兴得手舞足蹈，哈哈笑着道："万军师，事不宜迟，兵贵神速，请随我同去徐海的鬼子营中看个仔细。"

三人有说有笑地上路了。

倭首徐海是个凶残蛮横的好色之徒，他闻悉郑铁山有个妹子郑莲芝，长得十分美丽，而且又有一身功夫，他一直垂涎三尺。这次他把郑铁山叫来，主要的目的就是要把郑莲芝弄到手。他蛮横地提出要求：要郑铁山把妹子马上送过来，与她完婚。

郑铁山面露难色，道："这，这个，我得跟我妹子商量一下……"

徐海吼了一声，怒目而视，他从来是说一不二，不允许别人当面违抗。

郑铁山退下后，与万军师商量。万军师却乐得哈哈大笑："天助我也！"

接着，他向郑铁山面授机宜，如此这般的去说，大事可成。

于是，郑铁山回复徐海：按我们这里风俗，须新郎带着彩礼、媒人和花轿迎娶，这样才大吉大利。徐海大喜，爽快地答应，马上去张罗布置。

郑铁山带着万军师则匆匆忙忙返回洲泉镇。

洲泉镇傍山面水，地势险要。穿过镇东的一片桃树林，有一座高墙大院，铁皮大门，钉满狼牙钉，门楼上吊着一盏红灯笼。这里原是一位富商的豪宅，现今是郑铁山的迎宾馆，守卫森严。

郑铁山一下马，便高声大叫："弟兄们，快来见过万军师，文曲星下凡了！"

众喽罗忙出来，给万军师打躬作揖，讨好地谄笑："军师一路辛苦，请，请！"

郑铁山让喽罗安顿好军师，自己便急着去见妹子莲芝。

喽罗领着万军师来到东小院，开了房门，说道："军师请休息，这儿就是你的家了。"喽罗点头哈腰地退了出去。

这时，已是黄昏时分。因几天的劳顿，万军师有点累了，准备早点安睡。

忽然，一阵寒风吹来，房门大开，只见一个面带杀气的女子跳到他的面前。

万军师打了个寒颤。

这个女子颇有几分姿色，却是女扮男装，矫健而又袅娜，然而目光咄咄逼人。

"姑娘，你是谁？"万军师定了定神，试探地问道。

"我是来服侍军师的。"这个女子把万军师推进房去。

万军师虽不是什么正人君子，但这时重托在肩，不敢造次，横生枝节，他皱起眉头，冷冷地说："我不要服侍，请你离开。"

这个女子莞尔一笑，眉目传情，妖冶风骚地说："千里姻缘一线牵，我要与你结为鸳鸯。"说着，解开长衫的领扣，露出一抹葱绿围胸。

"请姑娘自重！"万军师后退。

"万军师不喜欢我？那就做一夜露水夫妻吧。"女子不依不饶，逼上前来。

"无耻！"万军师大怒，一拍桌子："你要是再不出去，我要喊人了。"

这个女人咯咯地笑了，扯开长衫，腰间红绫带上斜插着两把雪亮的匕首，说："万军师倒是个一团正气的上品人物！实不相瞒，你要是色迷心窍碰我的身子一下，我这两把匕首已插在你的胸膛了。"

万军师不禁吓出一身冷汗，问道："请问姑娘到底是什么人？为何要寻贫道开心？"

"我是郑铁山的妹子郑莲芝，前来杀你这个卖主求荣的小人！"

"难道姑娘不愿意这门亲事？"

"呸！只有你娘才愿意嫁这个狼心狗肺的东洋鬼子，你要是不答应把这门子亲事退了，我今天非杀了你不可！"郑莲芝又露出阵阵杀气。

万军师哭丧着脸，说："这门亲事可不是说退就能退掉的呀！"

"那今天就让你死在我的刀下，然后我远走高飞。"说着，郑莲芝拔出匕首，扑向万军师。

这时，门外又一阵风吹来，一道流星闪进屋内。"师妹，快住手！"

"是光午师兄？"郑莲芝大吃一惊。

来者正是吕光午，胡宗宪让他暗中跟随徐渭，眼见徐渭遇险，只得挺身而出。他自幼习武，与郑莲芝师出同门，所以见面以兄妹相称。吕光午知道，郑莲芝从小侠义心肠，艺高胆大，又是目前非常关键性的人物。由他这个师兄出面，说服这个师妹全力配合，促使大事成功——是他露面的时候了。

"师妹，这个道士是假的——他就是你所崇拜佩服的山阴才子徐渭呀！"吕光午开门见山说明了来意。

"啊！是徐先生。我真是有眼无珠，多有得罪了。"郑莲芝又惊又喜。"师兄，徐先生，那我现在该怎么做？"

吕光午说道："听徐先生的，联合抗倭，也为自己落一个光宗耀祖的好名声。"

"小妹我早有此意，只是一直找不到可靠的主心骨。眼下可好了，有徐先生和师兄在，一切听你们的安排，我郑莲芝赴汤蹈火在所不辞！"郑莲芝很痛快地答应了。

"妹子，我找你好半天了。原来躲到军师的屋里来了。"郑铁山大叫着闯了进来。

"哥，"郑莲芝迎了出来，说道："我同意明天梳妆打扮，头戴盖头去坐大花轿。"

"你答应了？"郑铁山又惊又喜，暗想道：这个军师真有办法，一袋烟工夫就把妹子说服了。

郑莲芝笑哈哈地说："我也为你做了主，从今以后弃邪归正，联合官军抗倭，挣一个光宗耀祖的好名声。"

郑铁山一怔，继而哈哈大笑："原来你们是一伙谋皇篡位的叛臣逆子，一块儿商量好了逼我上架，我要是不依可得有性命之忧了！"

洲泉镇东，桃树林中，搭起临时彩棚，盛宴前来迎亲的新郎徐海和媒人陈东。

三杯酒下肚，倭寇徐海按捺不住野性，起身直闯新娘闺房，只见房中新娘正在镜前梳妆打扮，见他闯进来，还扭头朝他抛了个媚眼。"好一个美貌的花姑娘！"徐海顾不得多想，扑上去搂住新娘。忽然，他觉得胸口有硬物，定心一看：一柄匕首齐柄儿插在他的心上！他惊呆了，摇摇摆摆地倒了下去……

桃林中，彩棚下，迎亲的队伍也一个接一个地倒下了——原来徐渭在酒水中做了手脚。郑铁山一拍桌子，一声令下："弟兄们，一齐动手！"

吕光午和众兄弟一齐把倭寇制服，剥下他们的衣衫，换上……

一支新的迎亲队伍组成了，浩浩荡荡地向徐海的窝点屠甸镇进发。

抬着花轿，一路吹吹打打的迎亲队伍进了屠甸镇。倭寇们嘻笑着一齐围上来观看，只是一直不见首领徐海和陈东，有些纳闷。

花轿停下来，几个大胆的倭寇不懂规矩，竟上前来掀轿帘。头戴红盖头的新娘下来了，身后却晃出一柄长剑，一声娇斥，刺死了两个无礼倭寇，当下倭寇们惊呆了！

骑在马上的郑铁山大叫一声"动手！"便拔出刀来，向鬼子们的头上砍去……

众倭寇一点没有防备，本是兴高采烈地来喝喜酒，却不料糊糊涂涂地做了刀下鬼。一时间叫爹喊娘、鬼哭狼嚎，一点没有平时里的武士风度了。

早已埋伏在四周的总兵俞大猷和典史吴成器闻风杀来，配合郑铁山里应外合，一举全歼徐海所部，取得了抗倭以来的首次大捷。

这一仗，迅速解除了浙江巡抚阮鄂的桐乡之围；这一仗，大长了中国人的志气，破了那"倭寇是不可战胜"的神话；这一仗，徐渭功勋卓著。胡宗宪对他赞赏有加，日后每逢重大军情总是先与徐渭商量。

正如袁宏道所言："文长自负才略，好奇计，谈兵多中。"

长生果

嘉靖三十二年（1553），倭寇扰乱绍兴边沿地区，杀人放火，掠夺财物，无恶不作。

在仕途中碰得头破血流的徐渭，积极投身于抗倭之中，还时不时应胡宗宪之召出谋划策订立灭寇方略。他多次亲临前线战地，冒险侦察地形、摸清敌情。

一次徐渭化装成一个道士，身穿八卦道袍，手拿拂尘，进入皋埠、富盛一带侦察敌情，故意被倭寇捉住，去见倭寇头目。

徐渭不慌不忙地自我介绍道："山人久居会稽山中，号通天仙，已修炼了一百多年。"倭寇头目大奇："一百多岁的人尚有如此身骨，不知服食何种仙丹？可否告之？"徐渭说："山人夜观天象，见一明星自海口而入会稽，光辉灿烂，知是将军光临，今特登帐庆贺，理应敬献'长生果'，传授青春不老之术。"倭寇头目大喜，连忙给他松绑，端上酒肉招待，视为上宾。

酒足饭饱之后，徐渭领着倭寇走到富盛葫芦山的半山岙，见半山有几株高大的白果树（银杏树），此时正值白果（银杏）成熟季节，徐渭要倭寇摘下所有白果，足足装了满满的四大筐。他吩咐把白果抬到营地，叫人去了皮，支起三口大锅，燃起干柴，亲自动手"毕毕剥剥"地炒了一阵。倭寇们只闻得一股股香气直往鼻里钻，直想动手品尝。徐渭说："这就是长生果，吃了能强壮体魄，打起仗来能生龙活虎！如经常服用，则可长生不老。"

倭寇头目多了个心眼，他想：越人多奸诈，这果子我们从未见过，不知底细，还是让道士先吃吧。徐渭知道他的心思，马上叩开一颗白果，津津有味地吃了起来。

倭寇头目见状，也尝了颗，果然松脆可口，其香无比，不禁大喜，命建有战功的先行品尝"长生果"，继而分食众倭寇。倭寇营中一片欢腾，都在抢食"长生果"，那果子吃了一颗，就止不住要吃第二颗，而且越吃越想吃，一下子四筐白果都被倭寇抢个精光。

不料，这"长生果"吃了不到一个时辰，倭寇只觉肚中剧痛难忍，不由"哇啦啦"地吐了起来，情况严重的，已经人事不省了。再寻那个野道士，却早已不知去向。

倭寇忙抓来几个当地人一问，才知这个果子根本不是什么"长生果"，而是"吃少馋死人，吃多毒死人"的白果，方知上了徐渭的大当，不少倭寇丧失了战斗力。

这时，徐渭趁机与绍兴知府刘锡带领兵勇奔袭皋埠、富盛，将倭寇打得狼狈逃窜。

绝倭涂之战

姚长子（1522—1554），明代嘉靖年间绍兴柯亭独山村人，因身高力大，故人称其为姚长子。姚长子家境贫寒，以做长工谋生，为人忠厚老实，行侠好义，又胆略过人，爱憎分明。

当时，倭寇勾结内地歹徒，正大举入侵、骚扰我国沿海地区。此时有数百倭寇正从诸暨方向窜到绍兴城下，因绍兴城守备严密，倭寇就向柯亭突击，准备劫掠以后回舟山老巢。

徐渭一直与明军侦察分队跟踪倭寇，分析敌情后，认为在柯亭水网地带打一场歼灭战有地利的优势，他的建议得到了典史吴成器等将领的赞同，于是布好埋伏，疏散村民，安排诱敌。

按照徐渭的设计，姚长子等几人正在田里割稻，一大群倭寇流窜到柯亭一带抢劫后，准备返回舟山，苦于找不到向导。正巧，倭寇见到姚长子，便命令他带路去"舟山"，准备逃遁出海。姚长子按照徐渭的布置，故作推辞，在倭寇的强迫下才同意带路，姚长子将敌人带到去舟山相反方向的化人坛。化人坛是一个四面环水的小岛，前后仅有两座石桥与陆地相通。

在去化人坛的路上，姚长子路遇乡人，用土话密约说，我带倭寇去化人坛，你们可将前桥拆去；等我入化人坛后，再将后桥拆去，如此"引贼入绝地，悉可就擒，我死不憾"。乡亲们决定按照姚长子的计策行事。

倭寇进入化人坛后，只见前桥已经拆去，便急速后退，但后桥又已经被毁。倭寇情知中计，就丧心病狂地"杀长子，坐其尸"。但倭寇已陷入了四周皆水的绝地，无法再跨出孤岛一步。

这时总兵俞大猷、会稽典史吴成器正率领士兵奋勇杀来，四方乡民也聚众赶来助战，于是一场军民围歼倭寇的战斗打响了。

当时官兵渡水击敌，曾一度受挫。徐渭查看了地形后，提出"以船诱敌"之计。绍兴军民依计行事，将数只大船凿通船底，再在破洞中塞上棉絮，插进活塞，乘天黑放至化人坛。敌人见有木船，以为捞到了救命稻草，争着上船逃命，等倭寇船到湖中心，徐渭叫潜在水中的人把活塞拔去，洞隙大开，河水涌入船舱，只几分钟就全部沉没了。倭寇落水后，有的被杀，有的被俘，全军覆没。

为了纪念这位爱国爱民的勇士姚长子，当地百姓将化人坛的前桥改称"得胜桥"，后桥改称"万安桥"，将化人坛改称"绝倭涂"，并在那里立祠纪念姚长子。

巧施"离间计"

明朝嘉靖三十五年(1556)四月，倭首徐海、陈东、麻叶、辛五郎等率领倭寇数万人分路入侵松江、嘉兴、绍兴、诸暨一带，并声言要攻占南京为都，情势十分危急。

更严重的情况从前线传来，新任浙江巡抚阮鹗及一支抗倭部队被徐海、陈东率领的两支倭寇部队围困在桐乡，而胡宗宪下令增援的部队却迟迟没有到达，一旦桐乡失守，大臣被擒，作为总督的胡宗宪决计难逃罪责。面对如此严峻的局势，胡宗宪召集手下共商对策，一位幕士向胡宗宪提出一个建议：借用会稽典史吴成器手下名士徐渭来幕。

胡宗宪答应了，于是，徐渭受命于危难之际，借到总督指挥部，负责"文攻"倭寇。

恰在这个时候，倭寇首领王直派使者给胡宗宪送来一封亲笔信，要胡宗宪停止抵抗，向倭寇投降，并疯狂地叫嚣，如不投降，被围困的明朝官兵就要被全部杀死！

徐渭看了这封猖狂至极的招降信，只稍稍作了几处改动，按笔迹复制一份，装入旱烟袋里，就打扮成一个堕民（元、明时，在绍兴的一部分被歧视的平民，多以街头卖艺为生），挑着副换糖担，叮当叮当地敲着铁板，来到倭寇扎营的帐前，一群倭寇蜂拥而上，把徐渭换糖担里的麦芽糖抓来就朝嘴巴里塞，徐渭假装害怕，扔下换糖担拔腿就跑，甚至把身上带着的旱烟袋也掉在地上。

一会儿工夫，倭寇们就把换糖担里的麦芽糖吃得精光。他们从路边捡起徐渭掉落的旱烟袋，竟从旱烟袋里翻出一张纸来，仔细一看，原来是封秘密的信件！怎么办？还是赶紧把这张纸去上交给他们的"司令"徐海。

徐海接过这张纸一看，大吃一惊，居然是王直写给胡宗宪的亲笔信，在信中，王直还对倭寇的过激行为向胡宗宪赔礼道歉。徐海想不通，便动摇了作战的决心。

另一方面，徐渭又派使者与徐海谈判，答应给徐海三千两黄金，叫徐海退兵。徐海得了黄金后立即撤退，因为倭寇的目的就是掠夺，徐海认为拿了黄金，撤退一回有什么关系，过些日子还可以卷土重来。殊不知徐海的部队一撤退，胡宗宪立即组织官兵集中向陈东率领的倭寇进攻，造成了徐海与陈东之间的矛盾。

就在这时，徐渭又了解到，徐海有个宠妾王翠翘，就派了徐海的同乡罗文龙持重金、许厚禄收买王翠翘，由王翠翘挑拨徐海与陈东、麻叶的关系。

徐海从数个方面得悉，王直、麻叶真有害他之心，心生一计，决定先下手为强，便派下人去请麻叶饮酒。酒过三巡，麻叶感到头重脚轻，昏昏沉沉，原来徐海早已在酒里放了迷魂药。但见麻叶连连打着哈欠，说话也含混不清了，徐海觉得时机已到，就将手一挥，几个手下人就用一条裤子套住麻叶的头颅，用麻绳将麻叶五花大绑，并将这活口交总督胡宗宪，胡宗宪高兴得不得了，就奖给徐海两百五十两黄金。

接着，徐渭又唆使关在牢中的麻叶写信给陈东，要陈东去打徐海。这正好中了麻叶的下怀，他马上就写了一封信托徐渭去送。徐渭却派人把这封信故意错送到徐海那里。徐海早已听王翠翘说陈东准备联合麻叶来攻他，如今又见到麻叶的亲笔信，徐海觉得这事已经不能再缓。于是，徐海立即组织了一个倭寇小分队，当日后半夜就偷袭了陈东的营地，并把陈东活捉了，献给胡宗宪，胡宗宪又奖了徐海两百五十两黄金。

徐渭又到牢间里去叫陈东给他自己的部下写一封信，叫他们联合麻叶的部下，一起去攻打徐海。几天以后，三股倭寇相互残杀的战斗在桐乡附近打响。在胡宗宪筹划下明朝官兵恰如从天而降，乘倭寇之乱将他们一举歼灭。至此，不仅解了桐乡之围，而且取得了抗倭斗争的阶段性胜利。

第五章　抗倭入幕

戎幕记室

东南抗倭形势吃紧，朝廷派胡宗宪到浙江主持抗倭事务。胡宗宪（1512—1565），字汝贞，号梅林，南直隶徽州府绩溪人。他于嘉靖十七年（1538）考中进士，先后被委任为山东益都和浙江余姚知县。嘉靖二十八年（1549）后胡宗宪陆续调任宣府、大同巡按监察御史、北直隶巡按监察御史、湖广巡按监察御史。嘉靖三十三年（1554）四月，胡宗宪被委以江浙巡按监察御史，来到了抗倭第一线。胡宗宪到任后，协助总督张经全力抗倭，先后取得王江泾、平望、横泾、陆泾坝、龛山诸战役的胜利，抗倭形势好转。

就在抗倭形势好转之时，朝廷派工部右侍郎赵文华来到抗倭前线。赵文华，字元质，浙江慈溪人。嘉靖八年（1529）进士，初授刑部主事，后因重贿内阁首辅严嵩，被认为义子。在严嵩的奏请下，赵文华被明世宗派往松江、苏州和常州等地祭祀海神兼区处御倭之事。赵文华后来与总督张经发生矛盾，与胡宗宪一起弹劾了张经，张经被杀。

嘉靖三十四年（1555）五月，在赵文华和严嵩的极力举荐下，胡宗宪擢升为都察院右佥都御史，代替李天宠出任浙江巡抚，并兼管福建福州、兴化、建宁、漳州和泉州海道事务，提督军务。第二年，胡宗宪升任兵部左侍郎兼都察院左佥都御史，总督南直隶、浙、福等处军务，成为东南沿海抗倭战争的总指挥。嘉靖三十六年（1557）正月，朝廷改任浙江巡抚右佥都御史阮鹗为福建特设巡抚，其浙江巡抚事宜由总督胡宗宪兼理。胡宗宪请徐渭起草了《谢新命督抚表》，谢表写好后，徐渭"作毕便辞归"。谢表属于礼仪文字，按当日习惯，应作骈文，即徐渭所谓"四六句"。这份谢表写得很用心，文字的修饰与用典都十分讲究。胡宗宪当时以兵部右侍郎衔总督江南、江北、浙江、山东、福建、湖广诸军，表文是：

　　任兼督抚，一方文武之司，镇重浙闽，万里华夷之会，抚躬知感，受托思危。臣伏念东南之患，夙夜再兴，始于赤子之弄兵，驯至苍生之受毒，引岛夷而深入，连省旬以无宁。慨自数年以来，无如今日之甚。辟犹破坏之车，既遇险于泥泞，必得良父之御，可责望以驱驰，若求善后于贱工，终知无补于覆辙。臣之自揣，何以异兹？人所私评，亦为过当。且昔叨监军纪功之任，偶成事于一时，比于今提督巡抚之难，亦奚啻夫百倍，昔犹不逮，今复何能？特以圣明用人，姑自郭隗而始，则凡豪杰响应，必有乐毅之流。臣敢不洒涕誓师，矢心图报。黄金横带，敢怀先乐之心，沧海扬波，岂望生还之日。仗天威而策励，尊庙算以周旋。取彼鲸鲵，爰助鼓鼙之衅，俾看溟渤，翻为雁鹜之池。力虽不前，志诚无已。

　　表文写得不卑不亢、不骄不馁，目标非常明确，态度非常坚决，上靠皇帝，下靠将士，不打胜仗不罢休。写出这种词意恳切而文采丰盛的谢表，胡宗宪大喜，当然胡宗宪要"折简以召"徐渭了。

　　当年三月，胡宗宪又召徐渭到总督府。徐渭代笔写下了《祭阵亡吏士文》。写完文章后，徐渭还是选择了离开。而胡宗宪也没有坚执地留徐渭，恐怕双方还都在试探阶段。徐渭的内心是希望在总督府参与军事工作，而不是写点文字。徐渭在吴成器手下都是直接参与军事的。但徐渭识大体，只要抗倭需要，他什么工作都会做。

　　胡宗宪抗倭是非常重视用谋略的，他还秘密派使臣出使日本，劝说倭人各方不可支持中国沿海海盗，晓以利害。同时在海盗诸集团中进行分化瓦解工作，且战且抚，这就加剧了海盗之间的内部矛盾，以利各个击破。胡宗宪召王直来降，时在嘉靖三十六年（1557）十一月，颇具戏剧性。先是胡宗宪释放王直在陆地的亲属，又以周瑜赚蒋干的手段，让王直遣来的义子受骗，终致王直来降，系敌酋于狱。

王直，又名五峰，号五峰船主。年轻时与同乡一起进行海上贸易，曾多次到日本，并在日本定居过一段时间。后来由于明朝海禁严厉，特别是朱纨任浙江巡抚后，王直纠合亡命之徒，以宁波双屿为大本营，进行武装走私。后定居日本，自称徽王，并勾结倭寇，对江浙沿海大肆攻掠。但王直与倭寇有所不同，王直的目的是逼朝廷开放海禁，对朝廷尚心存期待。胡宗宪利用王直的内心想法，用计诱降王直。

嘉靖三十六年（1557）九月，王直投奔胡宗宪，但王直并非完全信任胡宗宪，在自己投奔胡宗宪的同时，带了数千海盗和倭寇精锐，留守舟山岑港，以实力测试胡宗宪的诚意。胡宗宪这边为了表明诚意，天天宴请王直，为的是以真诚感化他，好让他的几千精锐部队及早归降。

但是，此时有人上书朝廷，说胡宗宪私通倭寇，联合王直，准备谋反。为此，朝廷要求胡宗宪立即逮捕王直，迫于朝廷的压力，胡宗宪于十一月二十七日将王直逮捕，派人押送杭州。

明世宗对胡宗宪逮捕王直的行为进行了奖励。胡宗宪请徐渭代写谢表《擒王直等降敕奖励谢表》。

徐渭《畸谱》中说这年"冬季，赴胡幕作四六启京贵人，作罢便辞归"。"四六"即四六文，是骈体文的文体。"京贵人"实指明世宗。在总督府徐渭遇见了出使日本回来的陈可愿，他们作了深入交谈，徐渭还作了《赠陈君》一诗：

　　陈奉敕命往日本羁致王直者，直非陀、横比，取海岛之雄，略相似耳。

　　　长席挂帆轻，鲸波万里程。

　　　片言降粤尉，尺组系田横。

　　　日出亲曾见，风便始约行。

　　　归来不邀赏，世上自知名。

由于王直来降这样一件大事与徐渭入幕的时间重合，日后的袁中郎在传记中这样认为：

> 公（胡宗宪）所以饵汪徐诸虏者，皆（与徐渭）密相议，然后行。

这就是说，收服王直，也包括歼灭徐海，徐渭均曾参与谋划。他认为胡宗宪所以极为看重徐渭，就是因为在重大历史事件上，徐渭建立了奇功。

徐渭在胡宗宪总督府写完《擒王直等降敕奖励谢表》以后，还是没有留下来，胡宗宪只是礼节性地请徐渭在总督府逗留，也没有具体的安排，他还在对徐渭进行试探。而徐渭此时也没有想透彻，于是他推辞了胡宗宪对他的邀请，说自己上有老下有小，回家过春节最要紧，于是离开了总督府，回到绍兴老家过大年。而徐渭走后，胡宗宪有点失落，感到没有徐渭的总督府就像缺了名师的学校，出不了尖子生，于是就下决心高薪聘请徐渭到总督府做幕僚。嘉靖三十七年（1558）春节刚过，胡宗宪的特使就到了徐渭的府上，真是三顾茅庐了。徐渭被感动，于正月初三入胡宗宪幕府。

胡宗宪所以坚邀徐渭入幕，还与会稽典史吴成器有一定关系，胡宗宪很器重吴成器，曾经为吴成器出谋划策的徐渭和王寅后来都成为胡宗宪的幕僚。主要原因自然与徐渭文名有关，还与徐渭的老师有关。季本与王畿都曾经是政府官员，他们的官场故旧亦甚多。徐渭善文，由季本、王畿为之张扬，自然影响广泛。

还有一条很重要的原因是徐渭的爱国热忱。徐渭以一介书生，主动请缨，不避矢石，探听虚实，出谋划策，这种行为就很难得。更难得的是有大量的抗敌诗文传抄，徐渭的抗敌宣传做得很好，不但是发动了群众，而且徐渭自身声名鹊起。胡宗宪历来"喜宾客"，抗倭责任日日加重，深知御敌绝非武功一途，尚须文事相佐，于是广罗贤才，以期建功。胡宗宪督兵东南，不论在杭或在绍，徐渭都与他有关联，召徐渭入幕属意料中事。

但是徐渭"数赴而数辞"，以至在家病休，这不是为了抬高身价，而是心里充满矛盾。这种矛盾便是涉及胡宗宪的官声人品。日后徐渭在《自为墓志铭》中回忆这一段时期的思想斗争过程，焦点在"安""危"二字。他说，他不想入幕，"人争愚而危之，而己深以为安"，后来入幕了，"人争荣而安之，而己深以为危"，他有着深层次的考虑。他判断跟着胡宗宪，也许会给自己带来危难。为什么会这样分析？他的疑虑是不言自明的，就是胡宗宪与赵文华、严嵩的关系。懂历史的人都知道，趋炎附势之人终将有杀身之祸。胡宗宪在嘉靖三十三年（1554）以御史巡按浙江，当时抗倭统帅部有总督张经、巡抚李天宠，还有督察军务的赵文华与胡宗宪。除李天宠为地方官外，其余三人均为朝廷派出的大员。"三个和尚没水吃"，现在四个和尚互不统属，自然矛盾重重。四人中，论统率军队权力最重的当属总督，但身为严嵩义子，能够在朝廷遮天瞒日的则是赵文华。在这种情势下，自然总督难当，五年前的总督朱纨被逼自杀，三年前的总督王忬又无功而退，前车之鉴，此类重任下当总督定是难有好下场。

　　嘉靖三十四年（1555），兵部员外郎杨继盛，抗倭总督张经和浙江巡抚李天宠被斩于京城西市。结果是胡宗宪任巡抚，再任总督，先后不足三年，便揽东南沿海抗倭重权于一身。三年的变化，可以看出胡宗宪是只求目的，不择手段。对胡宗宪的为人，徐渭是看得非常清楚的。还有一件事加深了徐渭思想上的矛盾，这就是这年九月，表姐夫沈炼及两个儿子被严嵩党羽杀于宣府，对于奸臣，有家仇国恨，这些都是入幕以前，徐渭犹疑不定的重要因素。

　　徐渭毅然入幕当起记室。后来，他在《自为墓志铭》中说："一旦为少保胡公罗致幕府，典文章，数赴而数辞，投笔出门。使执简以招，卧不起，人争愚而危之，而己深以为安。"对于入幕的动机，徐渭自己也认为是一个"义"字。倭寇大敌在前，第一位的事乃抗倭，抗倭乃大义所在。自从胡宗宪任总督以来，取分化瓦解战术，嘉靖三十五年（1556）使贼首徐海丧命，三十六年，又使王直来降，倭势大减，徐渭认识到消灭倭寇非胡宗宪莫属。再说，胡宗宪对徐渭采取非常礼让的态度，他不把才子当作自己的僚属，而是把才子当作自己的宾客，大有孟尝之风。徐渭清寒，清寒而多才的人极易敏感而自尊，但一旦发觉当权者是真心诚意地看重自己，又有"士为知己者死"的以身相报的一股傻劲。日后徐渭尊胡宗宪为平生四大恩人之一，即使胡宗宪沦为狱因也不改初衷，可见徐渭之重义。

　　随着抗倭形势的进展，胡宗宪的抗倭大幕也建立起来了。除徐渭外，还罗致了不少文人，确实是威势赫赫、声名远播。

胡幕中，茅坤是协助胡宗宪筹划军事行动的。茅坤，字顺甫，号鹿门，归安人。正德七年（1512）生，长徐渭十岁。嘉靖十七年（1538）进士。他在南方任过兵备佥事，徐渭称他为"茅大夫"。茅坤与唐顺之志同道合，同属当时散文大家。唐顺之尊崇唐宋散文，尊韩、柳、欧、三苏、王、曾八人为八家，其余无所取，茅坤则主持编选《唐宋八大家文钞》，流传数百年，成为文学史上大众所接受的公论。茅坤参与抗倭，著有《记剿徐海本末》。

徐渭刚入幕时，胡宗宪拿着徐渭代为起草的文稿给茅坤看，说："你能看出是谁的手笔吗？"茅坤斟酌以后说："肯定是唐顺之所写。"此事反映唐顺之、茅坤、徐渭三人的文学趣味与所追求的文风一脉相承。

后来茅坤要离开幕府时，赠诗徐渭，徐渭写了回诗：

> 汉将移军细柳营，每从高会听鸣筝。
> 惟应落帽当筵醉，那取从军载笔行。
> 彩鹢停风维晓岸，断鸿随雨入秋冥。
> 江堤芳草霜中尽，明日将谁寄别情。

首联表面上写汉文帝时期的周亚夫在细柳营驻军时，军纪严明，实际喻指胡宗宪移师严州，"鸣筝"是赞誉茅坤见解之精辟。

做文字工作的一个幕僚叫沈明臣。沈明臣，字嘉则，鄞（宁波）人，比徐渭略早进入胡幕。他是一位诗人，平生作诗七千余首，他的代表作便是后代传颂的"杀人如草不闻声"那一首。他写的杀人不是指恶人杀人而是写明军杀倭。当日军士报功，以敌人首级为准，所以见敌必杀，而且要割下头颅。这首诗名《凯歌》（《丰对楼诗选》）：

> 衔枚夜渡五千兵，密领军符号令明。
> 狭巷短兵相接处，杀人如草不闻声。

徐渭和沈明臣二人相交甚深。徐渭有《观猎篇》，军中打猎时，沈明臣也参与其列。他也写了古风《观猎篇》（《丰对楼诗选》），只是他重点写徐渭，而不是写他自己：

> 拜邀记室观猎场，古之徐干今文长。
> 夹镫提鞭上马去，白羽插房金鞬香。
> ……
> 徐生气豪心胆雄，直欲万里追长风。
> 崆峒扶桑挂眉睫，紫骝四足轻飞鸿。

这是一首关于对文武全才的徐渭的颂歌，体现了真诚朋友的期待和崇敬。他写的这一次猎事，是指王将军由杭州驰往海宁，顷刻百里。沈明臣钦佩徐渭善骑，怨自己不会骑马，有一次骑上去就摔伤了腿。

在胡幕后期，茅坤等离开幕府后，沈明臣与徐渭内心也起了波澜，他们俩探讨了各自的前途，沈明臣还是比较豁达，可是徐渭有点想不开，念念于科场仕途，出现了淡淡的愁绪。他写了一首《答嘉则》：

> 才子能文幕府收，将携箧剑副行舟。
> 碧幢近映江光暮，彤管遥分树色秋。
> 万里烟波双伴影，几群凫雁一沧洲。
> 回看天际冥冥处，搔首西风动客愁。

胡幕中，当时有王龙徐凤之说。幕客中的王寅与徐渭，被比喻为三国时代的卧龙与凤雏。王寅，字仲房，外号十岳山人，早于徐渭进入胡幕。徐渭入幕后，与王寅颇有交往，在他的《泛舟九曲怀王君仲房》诗里，王寅的形象是"黄山猿鹤姿，生来狎烟萝。睥睨武夷骖，眇之不足多"。王寅淡泊而内敛，不如徐渭那么张扬。王寅是安徽黄山一带人，胡宗宪的同乡。王寅有烟霞之趣，不是留恋功名的人。

徐渭除了与当时幕府中的几个名人有来往外，还与名士海瑞有来往，当然，与海瑞的交往也与胡宗宪有关。胡宗宪总督东南时，海瑞任淳安知县。海瑞到淳安来做官，是在嘉靖三十七年（1558），正是徐渭入幕之次年。淳安地当苏、浙、皖三省要冲，是一处交通要道，胡宗宪家住安徽绩溪，家中人来往绩溪与督府之间，必须途经淳安。一日，胡宗宪之子携带大批仆人及行李经淳安，对驿站的接待十分不满，出言不逊，侮辱驿丞。事情闹到海瑞那里，海瑞立即拘捕胡公子，没收了他的银钱珍宝，并且写了一份呈帖，将胡公子连同钱财押至胡宗宪驻地。呈帖里说，总督素来以清廉著称，此人竟冒充胡公子胡作非为，败坏总督大人名声。卑职以为此人携带大批银钱，绝非总督之子，故押来请总督发落。胡宗宪自然无可奈何。海瑞的清廉是著名的，胡宗宪也承认，有一天，他对徐渭等说："近日海瑞之母生日，海某人为其大操大办，尔等可知场面如何？"徐渭等摇头，胡宗宪则笑道，"买了二斤猪肉！"徐渭与胡公子确有交往。徐氏有《送绩溪胡氏两公子》诗，诗中称颂"翩翩公子凤毛长，幕里辞亲彩服扬"，又说"自古世臣元济美，看君此去有辉光"，看来，父贵子荣的情况是事实，而徐渭又是尽力敷衍着公子的。

海瑞给徐渭的印象颇深。日后，上虞县有赵姓者赴海南岛的琼山任县丞，那里正是海瑞的家乡。徐渭赠别诗题中有"海公名瑞者，正其治也"句，是印象颇深的例证。诗句中有"官廉合浦珠仍返，鹏在南溟县正临"句，海瑞清廉之名，他非常景仰，亦可见其在胡幕期间，他是相当赞赏海瑞的。

徐渭在"威权震东南"的胡宗宪总督府任记室，从嘉靖三十六年丁巳（1557）十二月至嘉靖四十一年壬戌（1562）十一月止，共五年。记室曾经是一种官名，属于军旅中的文职官员，相当于秘书、参谋一类。元以后吏制变化，不再有食朝廷俸禄的记室，但将军们聘用一批文人作为自己的助手，临时给个体面的名称，记室即其中的一种。明代官制总的说来，还是比较精简的，朝廷委派的高官临时承担某一项军事任务，人手不够，聘请一批文人入幕，处理种种事务，这批人是智囊团，也是临时工。任务结束，或者将帅易人，幕府也就自然地解散，官府不再承担任何义务。明清时期由于官员定额有限而任务繁多，不仅是战地帅府，即使是州县官府也要聘请人员协助处理事务，这批人习惯地被称为师爷。绍兴人文荟萃，绍兴师爷尤为出名。追本溯源，徐渭堪称绍兴师爷之先辈，徐渭的许多见解和做法，成为以后做师爷的范例。

文惊世宗

嘉靖三十七年（1558）正月，胡宗宪设法捕捉王澈，并释放被作为人质的指挥夏正，但消息走漏，王澈立即杀死人质夏正，并进行殊死抵抗。明军未能攻克岑港。

徐渭从正月初三入幕后，便随胡宗宪到达鄞县指挥部。到了三月，明世宗颁下圣旨，严辞责令胡宗宪，限定时间攻克岑港。另外，御史李瑚也上书弹劾胡宗宪。胡宗宪上书明世宗，将未能及时攻克岑港、纵倭的责任推卸给总兵俞大猷，暂时保住了自己。

张经被杀后，赵文华也因抗倭之事擢升为工部尚书，并加少保头衔，但由于他的奸佞和跋扈，已于上年九月被削职为民，不久自杀身亡。赵文华的垮台，完全是他自己造成的，原因在于他小人得志，不知天高地厚，对嘉靖及严嵩均有不敬。偶然事件是他在西长安街建私邸过于高大，嘉靖在宫中遥望，颇为触目；加以平日对嘉靖献丹药，嘉靖再索时，以药罄相告。嘉靖大怒，下诏逐赵文华，罢官出京，也是恶有恶报。赵文华的败亡使胡宗宪在浙江大为恐惧，恐惧的原因不是恐惧牵连，而是恐惧在朝廷失去了内援。胡宗宪平倭与朱纨、张经等人平倭不同，他认为平倭成败，三分靠武力，七分靠权谋，而权谋之中，取得朝廷的充分信任又是关键。于是，胡宗宪的目光集中在帝王身上，他觉得搞好与嘉靖皇帝的关系十分重要，搞好关系，投其所好，应该是有办法的。

明军进军舟山，捕获白鹿一只，时在嘉靖三十七年（1558）四月。白鹿少见，被道家传为祥瑞，胡宗宪是有心人，物为我用，他命人草表，在白鹿上大做文章，皇帝信道，向皇帝呈献祥瑞。《宋书》有《符瑞志》，云白鹿出现乃天子神明之象，笔记类典籍也说李耳投生，乘的便是白鹿。据陶望龄的记述，表成，胡宗宪请徐渭过目，徐渭默不作声。胡宗宪知徐渭心意，便命徐渭再草一表。徐渭书写表文完成，胡宗宪便将两表各自封好，命使者带至京中，请京中长于文辞的密友斟酌，取佳者上达皇帝。结果选中的是徐渭之表，呈上去后，嘉靖果然大悦，赐胡宗宪宝钞彩缎，备极荣耀，于是胡宗宪对徐渭刮目相看，而献表中的佳句旬日之间在京中、军中遍传，当然有人沉默，而发表见解的都说徐渭是个奇才。

徐渭之表，写了些什么，能让皇帝那样高兴呢？《初进白牝鹿表》：

> 臣谨按图牒，再纪道诠，乃知麋鹿之群，别有神仙之品，历一千岁始化而苍，又五百年乃更为白，自兹以往，其寿无疆。至于炼神伏气之征，应德协期之兆，莫能罄述，诚亦希逢。必有明圣之君，躬修玄默之道，保和性命，契合始初，然后斯祥可得而致。恭惟皇上，凝神沕穆，抱性清真，不言而时以行，无为而民自化，德迈羲黄之上，龄齐天地之长。乃致仙麛，遥呈海峤，奇毛洒雪，岛中银浪增辉，妙体搏冰，天上瑶星应瑞，是盖神灵之所召，夫岂虞罗之可羁。且地当宁波定海之间，况时值阳长阴消之候，允著晏清之效，兼昭晋盛之占。顾臣叨握兵符，式遵成算，蠢兹夷狄，尚尔跳梁，日与禓禪，相为掎角。偶幸捷音之会，嗣登和气之祥。为宜付之史官，以光简册，内诸文圃，俾乐沼台。觅草通灵，益感百神之集；衔芝候辇，长迎万岁之游。

明世宗对徐渭的文章爱不释手，他喜欢白鹿，而且"又留心文字，凡俪语奇丽处，皆以御笔点出，别令小臣录为一册"（沈德潜《万历野获编》）。徐渭在表文写白鹿乃神兽，嘉靖崇道，投其所好。接下去写有圣君才有白鹿，再写嘉靖如何圣明，恭维的用语，是有针对性的，直臣谏皇帝不可迷恋斋醮，表中却说皇帝本性清真；直臣劝皇帝勤政，多少年不上朝了，表中却称颂皇帝无为而治。不上朝，不理政，也能天下大治。还说，这是天意，这是仙意，白鹿主动跑出来献瑞便是活生生的例证。

胡宗宪接到明世宗的赏赐后，又叫徐渭写了《初进白鹿赐宝钞彩缎谢表》，并《江北事平赐金币谢表》。朝廷传来消息，明世宗对胡宗宪的上呈的表疏给予好评，胡宗宪内心十分高兴和振奋。由此，徐渭也得到了胡宗宪的真正器重。

明军围攻岑港数月无功。到了七月，明世宗颁下圣旨，诏夺总兵俞大猷、参将戚继光等职，但继续留在军营负责进攻，这就是戴罪立功。并限令胡宗宪一个月内攻下。

事有凑巧，在闰七月时，安徽泾县白齐山有人捕获一只雄性白鹿，献给胡宗宪，胡宗宪又让徐渭代拟《再进白鹿表》：

> 窃惟白鹿之出，端为圣寿之徵，已于前次进奏之词，概述上代祯祥之验。然皇帝起而御世，王母乘以献环，不过一至于廷，遂光千古之册。岂有间岁未周，后先迭至，应时而出，牝牡俱纯，或从海岛之崇林，或自神栖之福地，若斯之异，不约而同如今日者哉！兹盖恭遇皇上，德函三极，道摄万灵。斋戒以事神明，于穆而孚穹昊，眷言洞府，远在齐云，聿新玄帝之瑶宫，甫增壮观，遂现素麑于宝地，默示长生。雌知守而雄自来，海既输而山亦应，使因缘少有出于人力，则偶合安能如此天然。且两获嘉符，并臣分境，皤然攸伏，银联白马之辉，及此有捄，玉映珊瑚之苗。天所申眷，斯意甚明。臣亦再逢，其荣匪细。岂敢顾恤他论，隐匿不闻，是用荐登禁林，并昭上瑞。双行挟辇，峙仙人冰雪之姿，交息凝神，护圣主灵长之体。

徐渭在表中歌颂皇帝斋戒的诚心，修葺道教殿堂的功德，天人相应，以致白鹿再来。嘉靖见表，兴奋之至，亲赴太庙告慰祖宗，百官同时纷纷称贺。徐渭熟悉道教，揣摩宫中斋事，揣摩帝王心理，言无不中。《再进白鹿表》和白鹿一起送到明世宗手上，换来的东西却是胡宗宪身上的玉带绯袍。胡宗宪原为二品，献表后晋少保，升为一品，犀带改为玉带，绯袍还是绯袍，只是绣着锦鸡的绯袍换上了绣着仙鹤的绯袍。胡宗宪又叫徐渭起草《再进白鹿赐一品俸谢表》。

徐渭的初衷是投笔从戎为国效力，在军事方面贡献绵薄之力，他苦苦攻读兵书，设计战术，撰写种种军中攻守之策。他想不到的是经主帅授意，靠两只白鹿，写了一点应景的浮文，竟然主帅荣升，朝堂侧目，而他本人也在军中文名藉藉。当时军中有一位姓孙的相士，在某日午后于楼上见到徐渭，为徐渭看相。徐渭记诗云："短衣高帽拂青云，楼上逢君日未曛。一盼虎头横燕颔，再窥鹤侣混鸡群。"当时有位将军身材魁梧，相士认为这是兽中之虎，徐渭消瘦，相士认为是鸡群之鹤。当时在幕之文士甚多，誉徐渭为鸡群之鹤，这与白鹿双表以后，胡宗宪的青睐重视有关。

秋天，徐渭前往杭州，参加乡试，再次以失败告终。这已是第七次乡试落第了。

嘉靖三十八年（1559）冬季，兵部郎中唐顺之到浙江视察军情。胡宗宪在总督府接待了唐顺之。席间，胡宗宪为了测验徐渭文章的水平，拿出徐渭代笔之文给唐顺之看，并说这是自己写的。唐顺之看完后惊讶地说："此文像我辈写的。"这是最大的褒奖了，文章与当代文豪差不多，就是一篇顶级的文章。胡宗宪又拿出其他人写的文章，唐顺之这才说："刚才那篇，我就认为不是您写的。"他认为胡宗宪写不出那样的文章。唐顺之要求见见好文章的作者。于是胡宗宪派人叫来徐渭，两人已是老朋友了，诗酒甚欢。

嘉靖三十九年（1560）八月，浙江有个叫邵祥的人入山采药，发现数株大灵芝和一只白龟，认为是祥瑞，他马上将灵芝和白龟送到总督府。胡宗宪立刻让徐渭起草《进白龟灵芝表》，呈献给明世宗。明世宗为此举行盛大的献瑞告庙仪式，并赐给胡宗宪银子五十两、金鹤衣一袭。得赏后，又让徐渭代拟了《谢钦赏表》。

嘉靖三十八年（1559）十月，在胡宗宪大部队的猛烈攻击下，盘踞舟山岑港的王澈等三千余名倭寇，纵火烧毁巢穴，退入福建境内，并在福建的浯屿扎营。南京御史李瑚以私诱王直启衅为名，上疏弹劾胡宗宪"岑港养寇，温、台失事，掩败饰功之罪"（《明世宗实录》）。巡按浙江御史王固本、南京给事中刘尧诲也上疏弹劾胡宗宪纵寇，请求追夺功赏。胡宗宪写下了数千言的《自陈不职疏》，但明世宗肯定了胡宗宪诱擒王直的功绩，下诏让胡宗宪继续担任总督之职。为了表示对明世宗的感恩戴德，他让徐渭先后代拟了《被论蒙温旨谢表》《被论乞免得温旨谢表》《被论得温旨谢表》三道表文。这些表文，徐渭代胡宗宪向明世宗表达内心感谢之情，言真意切，颇具赤子之心。

嘉靖是个心胸狭隘不能容人的人，在位四十五年用过十八位首辅，平均不到三年便要改换一个，下台的首辅又多为他人所杀，没有好下场，唯有严嵩能够长久。严嵩于嘉靖二十一年（1542）入阁，到嘉靖四十年（1561）整八十岁，入阁并旋登首辅宝座近二十年。严嵩八十寿辰之际，胡宗宪便送重礼、写贺表，借机会表示忠心。

徐渭代写的寿表有两种，一为《贺严阁老生日启》，一为《贺严公生日启》，一短一长，当然，送到严嵩手里的只是其中之一。两文都是"谀而工"的代表作。一年后严嵩失势，这份贺启颇遭物议，对徐渭下半生影响甚大，短启如下：

> 伏审嘉诞，正值元辰。既跻八秩之遐龄，新添一岁，预卜他年之绵算，实始今春。施泽久而国脉延，积德深而天心悦。三朝耆旧，一代伟人，屹矣山凝，瘅然鹤立。且昔搜玄典，神形返上古之元真，近侍轩皇，眉宇溢清修之道气。一时介寿，四座腾欢，衣履仙翔，几筵星列。而况杯浮椒柏，余芳蔼黄阁之中，海出云霞，淑气转青蘋之末。以兹景物，倍切瞻依，职守所拘，驱趋遂阻。徒勤北望，莫驰东海之觞；拟预西池，载咏南山之雅。

短启中阿谀之句，主要是"一代伟人"之誉。其他如皇帝的信任、神形有道气及身居黄阁之类都是写实。严嵩八十岁而身体甚佳这是实情。这份贺启未能触及胡宗宪与严嵩的个人关系，可能是胡宗宪未能通过，于是便有第二份贺启，文字扩充一倍，比严嵩于皋陶、姜尚，关键性的几句是：

> 某凤侍讲筵，幸承余教。自叨节镇，几动浮言，曲荷保全，尚充任使。知我比于生我，益征古语之非虚；感恩图以报恩，其奈昊天之罔极。

后人攻击徐渭，关键在知我生我，昊天罔极两句，把严嵩比作再生父母。"昊天罔极"语出《小雅·蓼莪》，指父母之恩，深厚无尽。胡宗宪为何如此感恩？道理说得很清楚：朝中有人弹劾他，幸赖严嵩在皇帝面前讲话，才得以保全。清代人方濬颐在他的《蕉轩续录》中认为徐渭起草这篇文字乃文人无行以致谀词满纸的证明，这实在是一种苛评。这种攻击其实是文人相轻的表现，徐渭为了生活，代人写作，又不是为了发表，关键是徐渭文名卓著，有人想找碴。

徐渭入幕之初，以为能为国家效劳的是自己的军事才能，写了这份建议、那份建议，国家多难，关键是要把倭寇赶出去。到了岗位才知道，总督看中的是自己的文学才能，实际上是"典文之士"。这些文章，又并非涉及平倭战略的秘文，而是写给至尊与达官贵人的应酬文字，这些文章，据徐渭日后的回忆，一是要"谀"，一是要"工"，谀而且工，有助于胡宗宪在京中有靠山，能为朝堂所重，文章便起了作用。倭祸初起，自己在家乡参加抗倭，歌颂英雄，歌颂义士，都是出自灵府，吐的是心声。现在为人作文，歌颂的是权贵，甚至是自己昔日痛骂过的权贵，命运也真是捉弄人！

对于徐渭来说，当然也是教训。一个昨日那样慷慨激昂地痛骂曹操的人，一旦入了官衙，又秉承主人之意，写出这种对于当代奸相的谀词。这份贺词暴露了徐渭性格中软弱的一面，造成徐渭日后严重的心灵创伤，他为自己人格方面的缺陷感到痛苦。

胡宗宪一生平倭有功，但阿附严嵩有错，综观一生，功大于过，青史自有定评。徐渭迫于生计，曲从主意，更进一层，徐渭对胡宗宪忠心耿耿，不辞委屈，哪怕替死都去，何况写几句话。徐渭不为己隐，日后把自己为胡宗宪写的谀文汇为一集，公之于世，心地终究光明磊落。自己做事自己当，这也是后辈绍兴师爷的一种风骨。徐渭有一种自信，他认为他的一生也像韩愈一样，作过谀文，而写的更多的则是坦荡正直的文字；这是人生的两面，两面的东西都公开让别人知道，才便于别人了解自己。这点意思在《幕抄小序》和《抄小集自序》中反复说过。《抄小集自序》：

> 山鸡自爱其羽，每临水照影，甚至眩溺死弗顾。孔雀亦自爱其尾，每栖必先择置尾处，人取其尾者，挟刃匿丛箸，伺其过急断之，少迟忽一回视，则金翠光色尽殒，此岂其靳惜之意专致通于神，故人不能夺其所爱，而必还之于既去耶？此其于麝抉脐，蛇剖珠，又稍殊异矣。余凤学为古文词，晚被少保胡公檄作鹿表，已乃百辞而百靡，往来幕中者五年。卒以此无聊，变起闺阁，遂下狱，

诸所恋悉捐矣，而犹购录其余稿于散亡，并所尝代公若代人者，诗若文为篇者若干，盖所谓死且勿顾，夺其所爱而还之于既去，于孔雀山鸡何异耶？昌黎为时宰作《贺白龟表》，词近谄附，及《谏迎佛骨》则直，处地然耳，人其可以概视哉？故余不掩其所代于公于人者。虽然，自妄羽之而复自妄尾之，安能保人之必羽之而必尾之耶？诚如是，则吾之购之录之也，其不见笑于山鸡孔雀也几希矣。

徐渭在《幕抄小序》中说：

> 古幕府记室，典文之士可指而名者多矣，然其文不概见，即散见于载记，亦千百中之一二耳。予从少保胡公典文章，凡五载，记文可百篇，今存者半耳。其他非病于大诔，则必大不工者也，噫！存者亦诔且不工矣，然有说存焉，余不能病公，人亦或不能病余也，此在智者默而得之耳。然卒以是咄咄，智者固不如是也，以此见病，其庶乎？即论其细者，熊安生将谒徐子才、和士开，乃自称触触。而余为公表启，中数犯忌讳，初盖不觉也，意者天其有意于祸予乎？不然，何迷且略一至此？韩昌黎为宰相作《贺白龟表》，亦涉诔，其《谏迎佛骨》则直，人不能病余，其以此也夫！

两篇序言都以唐代韩愈的代作与自作为例子，说明代笔之作有不得已之处，替自己的行为辩解。这也从一个侧面反映出，作为一个幕客，徐渭在捉刀献文时自有苦衷，难以道明。但徐渭这些代人之诔作真的成为他的心病，心病不是来自内心，而是来自外界。后来严嵩倒台，胡宗宪被羁，这些文章一直是被别人攻击的靶子。

知遇情深

徐渭既入幕，思考要有所贡献，徐渭少年时好学兵法，并在绍兴三战役中得到了历练。徐渭很想发挥自己的所学，干一番大事业，他总结了松江战斗的教训，写了《陶宅战归序》：

> 往昔松江之寇，载连岁所掳掠，航海而归。其留者尚千人，据陶宅绕水十数折，阻狭桥悬岸伏深苇以为险。会浙、福与南畿两开府，合吏士二万人，约诸道并入。时会稽尉吴君言道险而远，须间道察虚实，指地形，令人各晓畅，乃始逐程逼以进。主者不然之，兵刻期入，果败，越十日再入，又败。然战时君独能令两健足，裸走视贼巢中，所望见拥诸兵仗坐屋角上二绛衣者，知其草人也，始纵击贼杀六十人，斩十二级，复以身殿他道之败兵，以出其所部七百人无一死者。若其再战之日，则以百余散走之卒，搏胜寇于险，以己所乘马脱兵备副使，悉驱其败卒使前，独嗔目断后，侧颈顾而走，引虚弓射却其所追贼，于是两府始赏君以百金，而恨不早用君之言。嗟夫，世独忧无善言耳，然或有言而不能用，或能用而不察言之是非，大抵能言者多在下，不能察而用者多在上，在上者冒虚位，在下者无实权，此事之所以日敝也。

徐渭沉痛地说："大抵能言者多在下，不能察而用者多在上，在上者冒虚位，在下者无实权，此事之所以日敝也。"可惜自己没有权力，人微言轻，无人愿意听他的意见。徐渭希望有明主看重，为之效力。

徐渭在胡幕，于军中观战，暇时又观海、观猎，十分受重用，潇洒之至。徐渭自幼习武，对军事的兴趣一生不减。在幕府中，他身为文职人员，却又喜欢与武将结交。他曾陪一位王将军在海宁沙滩观猎。他借王将军之眼，写自己在军中生活情状：

> 昨见儒生，衣长履大，入揖令公，挥金不谢，抽笔制词，弯弓辄射。住释挟屠，刲牛食鲊……（《观猎篇》）

衣食住行都写到了。大军至境，帅府驻寺庙，整日饮酒食肉，也包括地方水产，真是其乐也融融。

幕中同行，一个武士朱生，本临洮豪杰，此时不知哪件事情不顺，心中郁闷，思念回归故里。徐渭有《射鹰篇》相赠：

> 去年射雁黄浦口，三军进酒齐为寿。
> 今年射鹰复何处，海舶停沙大桅竖。
> 君本临洮豪杰士，汉时六郡良家子。
> 作客羞为堂下人，射生惯落云中羽。
> 腰间束矢插两房，连年驱贼如驱羊。
> 辕门待士近不薄，朝来归兴何洋洋？
> 丈夫有遇有不遇，去留之间向谁语。

诗中有"辕门待士近不薄"之说相劝，没有必要萌生归念。此时徐渭三十八岁，应当是一生中活得最为风光的时刻。

在那次岑港攻坚战中，由于久攻不下，军中引起争论，大家意见分歧很大。明世宗下诏问责，限时攻取岑港。胡宗宪及其诸将压力巨大。此时，徐渭经过详细调查、潜心考察，写了《拟上督抚书》：

> 生伏计岑港之役，诸将吏已竭其心力而不可为矣，明公不于此时，以一身独当其任，而巫收其成功，将何待耶？欲巫收其成功，则其他制作器械，易将益兵，清野坐困，占候祈禳，与凡一切纷纷之说，皆枝叶也，而其根本，莫先于治兵。世之言治兵者，莫不曰明赏罚。夫赏易为者也，生请言罚之难。割耳斩首，能施于结营列阵之先，而不能禁于锋交众溃之际，何者？势重而不可回也。势重而不可回，以纪乱而未尝辨也。故凡善用兵者，必务明其部伍，五人为伍，五伍为队，四队为百，莫不有长，而长皆得相罚斩，以此而至于伍。则是凡诸长之所督者，皆不过四人与五人也，故百人趋战，法当用二十五人横刀分督之，至于锋交乘胜，则此二十五人者，又皆为战士矣。以一人而制四人，则寡而易辨，以四人而听一

人之制，则知其易辨而不敢干。推而至于十万亿兆，莫不皆然……然后募选勇敢之士，可二千人，练习其法三日。乃召至精熟岑港地形及贼中情状者数人，令其聚沙成象，指示险夷远近，营栅门户，凡虚而可攻，间而可伏，弛而可袭，与贼之每先伏以待，据高以望，及败而必走之路，劳逸寝兴，饥饱警惰，昏晓可乘之期。至如人言当用诸将旧兵，委以饵贼而击其追奔，似亦一算。则又当并计其饵而出，或饵而不出，奔而追或奔而不追，追而远或追而不远之状，彼短我长，无不曲尽，乃始制为趋避、进止、分合、奇正之规。与是二千人复假三日之期，互为讲明教练，如出一人，大约仿习战昆明之意。然后下令诸将之在岑港者，刻期复举，而明公身督二千人，分行万金之赏，计诸将未举之先，可半日骤至其地，亲执桴鼓，坐于悬山之巅，而分布攻击，一如前所讲练之法，则一食之顷，必十获其三，再食之顷，必十获其七，所余者仅三耳。而明公遂已凯旋明、越之间，不逾两日而有司者已报班师矣。此非生愚之漫言也，盖闻此贼每于我兵临栅之时，辄用发槟鸟铳以走之，然后出而追奔，或敛而自拒。夫发槟鸟铳夙药者发速，而旋药者发迟，使能预定一军，分诸道急趋其迟，则彼且无所措手足矣……默与二千人约，杀贼不必斩首，他兵以首来献者，默夺于藉以与之，使得一意乘势，无以首妨功也。用诸将之兵以为饵，勿告以故，告则益谕而不成饵也……生生平颇阅兵法，粗识大意，而究心时事，则其愚性之使然，亦遂忘其才之不逮。如往岁柯亭、高埠诸凡之役，尝身匿兵中，环舟贼垒，度地形为方略，设以身处地，而默试其经营，笔之于书者亦且数篇，使其有心于时，纵无实用，即如赵括之空谈，亦谁为禁之者，而深自敛抑，未尝有一言以闻于人。今奉侍明公之车尘，亦既有日矣，而未尝敢以一言冒进诸将吏，或过客满座，议论云兴，生亦窃听之而已，其自处如此，亦可以知其为人矣。惟明公垂览，而少加择焉，东南幸甚。

徐渭在文中告诉胡宗宪，攻打岑港的成功之道，首先是治兵，治兵的关键是赏罚。要明赏罚就要有科学的指挥体系。徐渭所构想的战斗小组，相当于现在军队里的一个班，然后有队、伍等。五人一个战斗小组的思想后来被戚继光所运用。徐渭在文中还提出了沙盘推演的思想，即把地形地貌制成沙盘，在上面模拟演习。徐渭对明朝沿袭已久的以斩首级记功的制度提出了否定意见，这有利于提高部队的进攻效率。

文章最后，徐渭提出了要亲自到岑港侦察敌情的请求，以表明他的意见不是纸上谈兵，而是具有很强的可操作性。

所幸的是，这次岑港攻坚战，胡宗宪、俞大猷、戚继光确实是听取了徐渭的计谋，改变了进攻的策略，最后按时拿下了岑港，取得了胜利。

胡宗宪多次邀徐渭入幕，徐渭盛情难却，不能再拒绝，不得不入幕，但他提出了一些条件，"文长与胡公约，若欲客某者，当具宾礼，非时辄得出入，胡公皆许之"。随着徐渭的文章被明世宗和朝中大臣看重后，胡宗宪对徐渭更是另眼相看，从不食言。

徐渭在幕中的情状，陶望龄与袁中郎均有记述。陶望龄说："在宁波徐渭与诸少年在市中豪饮，幕中恰有急事，总督派人急召，四处寻觅不得，督府之门夜晚不闭，以待归来。到了深夜，奉命召唤的人回报总督说，徐秀才市中大醉，醉卧胡言，声闻远近，回不来了。战事迫在眉睫，在军中这自然是违纪行为，胡宗宪听了却笑道：'让他睡吧，如此甚好。'"其宽容如此。陶望龄在传记中又说，"督府威严，特别是处于战争状态，文武将吏进见，害怕受到责罚，无人敢仰视。唯有徐渭，系着破旧的黑头巾，穿着洗得十分陈旧的白衣，闯门直入，谈笑自若，晋见主帅的礼节并不周到，胡宗宪也不计较。"另一方面，徐渭为总督所重，对人不满，心中有不快事，疾言厉色，因此为周围的某些人所忌恨，其放浪如此。袁宏道在传记中说："徐渭某次在楼上饮酒，看到有几名士兵也在楼下饮酒，他们酒后不肯付钱。徐渭事后向总督述及，胡宗宪查明事实，为整肃军风，立斩违纪者于军前。"对徐渭的信任可见一斑。

还有一次，为了彻底歼灭江北特别是淮安与扬州的倭寇残余，胡宗宪前往嘉兴指挥作战，徐渭随行。当时有一位士兵到酒店买酒、肉、鲊鱼，喝酒，临走时不但不付钱，反而殴打店主。店主心中不平，提出申诉。胡宗宪叫人将士兵缚来审问，士兵极力辩解说没有这回事。胡宗宪一时不能决断。正好徐渭也在场，就提出剖腹检验的办法。胡宗宪采纳了，对店主说："腹中有鲊则已，不然，汝当抵偿。"店主表示同意，马上剖开士兵的腹部，鲊鱼还留在肚里。胡宗宪释放了店主，并加倍偿还了酒资。从此，军中士兵胆战心惊，不敢再到市肆为非作歹。

胡宗宪识才，而且敬才，不因徐渭属布衣而稍有怠慢。胡宗宪无论是奏草还是来书，都是与徐渭一起起草一起处理的，真是亲密无间。白鹿双表以后，徐渭成为总督专职的文字幕宾，心悦诚服地为胡宗宪效力了。

春天，徐渭回绍兴祭祀祖墓，写下了《春祭先墓文》：

> 古者士一失时祭，则不敢以宴，故三月无君，则皇皇如也。解者谓不仕则无田，无田则牲杀器皿衣服不备而不敢以祭。古之人于祀死，其重而难于举若此。迨后世则不然矣，虽牲服不备，亦无不祭者矣。
>
> 渭去年春，以书记从督府驻师于鄞，前年，授经陈平湖县中，再前年，往延平滞内兄官署，盖不亲祀者三年。论其迹，于古之所谓皇皇如者实相似，是虽非为祀死者而皇皇如，然亦为养生者而皇皇如也，渭罪亦可以少原焉。渭去年娶于杭之某姓，遽归之不得，卜三月十八日往赘之。谨以祀食之余附告。

这里讲到徐渭的第三次婚姻，《畸谱》记载："夏，入赘杭之王，劣甚。始被诒而误，秋，绝之，至今恨不已。"当然这次婚姻很不顺，可能是被骗了，给徐渭造成很大的消极影响。

到了八月底，盘踞淮安、扬州等地的倭寇残余已被歼灭。至此，江浙一带的倭寇已彻底平定。胡宗宪从嘉兴回到杭州。

九月二十八日，是胡宗宪四十八岁生日，胜仗与生日都值得庆贺一下了。胡宗宪在军中筹办寿筵，十分隆重。为总督祝寿，徐渭没其他贺礼，只是献上一首百言长诗《上督府公生日诗》，徐渭向胡宗宪一人致颂辞，一口气却说了一百句，真是心潮澎湃，洋洋万言。诗中颂胡宗宪，有些还是说得比较恰当，不管是君臣关系，还是胡宗宪的个性以及在抗倭中的作用，都写得比较动情，也符合实际。写得最动情的，还是徐渭自述那一部分，共二十二句：

> 鲰生本住山阴里，浪迹疑乘海畔航。
> 城下钓鱼怀漂母，堂前结客忆周郎。
> 未逢黄石书谁授，不坠青云志自强。
> 抱玉已怜非楚璞，吹竽那识动齐王。
> 幸因文字蒙征檄，时佩管毫侍琐廊。
> 綦履东西鱼共丽，戎衣左右雁俱翔。
> 县知陈阮时游魏，岂乏邹枚并寓梁。
> 博采燕昭期致骏，曲存宣父爱非羊。
> 众人国士阶元别，知己蒙恩心所量。
> 自分才难堪记室，人疑待已过中行。
> 构成燕雀犹知贺，报取琼瑶未可偿。

　　此时徐渭对胡宗宪的感激已不能控制，他写的自述简直像是一首歌谣，真是行云流水，他几乎把古代所有知遇之恩的典故都用上了，说明他对胡氏的感恩戴德。入幕之前他尚有犹豫，行为也颇为狂放，这些都是试探，一旦了解胡宗宪确实是看重自己，便以身相报，不留余地，士为知己者死，颇有侠士风范。

　　一年以后，即嘉靖三十九年（1560），胡宗宪加太子太保左都御史，徐渭又写了一首贺诗。徐渭还是提到了古人知遇之恩的故事，李白与韩荆州的知遇，诗中有"逢人交庆识荆州"之句。

　　胡宗宪知才爱才，他对徐渭的文才十分满意，两人成了亲密朋友，为了使徐渭安心于幕僚工作，他在杭州为徐渭聘定张氏为继室，这就是徐渭的第四次婚姻。张氏，杭州人，嘉靖四十年（1561）定聘，四十一年成婚，后定居于酬字堂。继娶张氏不像初婚与纳妾均有诗记事，但有文记事。徐渭在《谢督府胡公启》中这样说：

> 渭失欢怖幕，动逾十年。俯托丝萝，历辞三姓。过持己见，遂

骇众闻，诋之者谓矫激而近名，高之者疑隐忍以有待。明公宠以书
记，念及室家，为之遣币而通媒，遂使得妇而养母。

　　"失欢"之说，是指从二十九岁到三十九岁，起于卖妾之时，历辞三姓
则包括辞王家之赘。胡宗宪关心他的婚事不仅尽力，而且出银，这就难怪徐
渭要把胡宗宪列为前半生的两大恩人之一。另一个恩人是苗宜人，苗宜人抚养
他成人，胡宗宪则助他买宅成家，难怪他要说："夙蒙国士之待，既思何以酬
恩，今受王孙之怜，益愧不能自食。"感恩图报，感动得甚至连饭也吃不下，
形容不算过分。

　　镇海楼相传为五代时吴越王钱镠所建。吴越以杭州为都，景福二
年（892）扩建罗城，凡七十里，四周共有十门，其一在吴山下，上建斯楼。
明成化年间被焚一次，再建时改名镇海楼，但是嘉靖三十五年（1556）毁于
火。当时处于平倭关键时刻，杭州人认为此楼重修乃不急之务，而急于建功的
胡宗宪却不同意。他认为战争与建楼可以并行不悖，由他领衔集资动工，认为
建楼有助于平倭，表示他平倭的一种信心。此楼之重建，先后五年，从嘉靖
三十五年（1556）冬至三十九年（1560）成。徐渭受命以胡宗宪名义作记勒
石，这座楼实际上是胡宗宪的一座功德碑。同时镇海一语双关，既是历史，又
是现实，现实是海盗目前肃清在望。徐渭把一座巍峨的镇海楼与胡宗宪的事功
联系起来，站得高，看得远，又结合当前实际。

　　《镇海楼记》文字不多，但写得让胡宗宪十分满意。胡宗宪高兴，就奖
给徐渭二百二十两银子。其实，这是胡宗宪借稿酬之名，感谢徐渭这几年做
幕僚的付出。胡宗宪明白徐渭不会理财，专款专用，明言是给徐渭建造房屋用
的。徐渭开始觉得数目太多，不敢接受，推辞再三才收下。徐渭拿到银子，回
到绍兴，买地十亩，营造新房。为了表示对胡宗宪的感恩，他将新房取名"酬
字堂"，并写了一篇《酬字堂记》：

　　镇海楼成，少保公进渭曰："是当记，子为我草。"草成以进，
公赏之，曰："闻子久侨矣，趣召掌计廪银之两百有二十，为秀才
庐。"渭谢侈，不敢。公曰："我愧晋公，子于是文乃遂能愧湜，倘

用福先寺事，数字以责我酬，我其薄矣，何侈为？"渭感公语，乃
拜赐，持归，尽橐中卖文物如公数，买城南东地十亩，有屋二十有
二间，小池二，以鱼以荷。木之类，果花材三种，凡数十株。长篱
亘亩，护以枸杞，外有竹数十个，笋迸云。客至，网鱼烧笋，佐以
落果，醉而咏歌。始屋陈而无次，稍序新之，遂额其堂曰酬字。

实际上，酬字堂是徐渭幼年读书的地方，也就是现在的青藤书屋，有些
是老房子重修，有些是新建的，整理完以后，徐渭分别取了名字。

据《畸谱》所述，徐渭于嘉靖四十二年（1563）初从福建回到绍兴后，
才移居酬字堂。以此推算，当建成于1560—1563年之间。徐渭七十岁时曾
作《青藤书屋八景图》，详加说明，可助理解：

予卜居山阴县治南观巷西里，即幼年读书处也。手植青藤一，
本于天池之傍，颜其居曰"青藤书屋"，自号青藤道士，题曰"漱
藤阿"。藤下天池方十尺，通泉，深不可测，水旱不涸，若有神异，
额曰"天汉分源"。池北横一小平桥，下乘以方柱，予书"砥柱中
流"。桥上覆以亭，左右石柱联曰："一池金玉如如化，满眼青黄色
色真。"左右叠石若岩洞，题曰"自在岩"。筑一书楼，可望卧龙、
香炉诸峰，予题有"未必玄关别名教，须知书户孕江山"之句，遂
名其楼曰"孕山舫"。额"浑如舟"三字，盖取予画菊诗中"身世
浑如泊海舟"之意。舫之左有斗室，名"柿叶居"，其后即"樱桃
馆"。少保公属作《镇海楼赋》，赠我白金百有二十为秀才庐，予以
此款作筑室资，额曰"酬字堂"。今作《青藤书屋八景图》，因略
志数言，尚为之记。万历庚寅秋九月十有一日寿藤翁徐渭书，时年
七十岁。（《青藤书屋八景图记》）

从徐渭七十岁时的绘画及画记中，我们可以知道这样几点：四十岁所买
之宅，其中一部分属于早年旧居，青藤为十岁时所植，青藤书屋即徐父榴花书
屋之延续，书楼即"孕山舫"为新筑。

酬字堂时期，在徐渭一生中，可以算得上是辉煌的时期。堂成之日，好朋友沈明臣曾经在这里盘桓过旬日。沈氏有《徐记室新居记事》，述之甚详：

> 居成故人来，一宿逾十日。
> 堂寝足盘桓，高斋取容膝。
> 墙南花木深，邻西竹影密。
> 圃旷清池双，林深小楼一。

沈明臣这是写建筑之清幽，所述内容与徐渭的两次所记相合。酬字堂布置很有美学味道，园虽不大，但很有诗情画意。

科场梦断

徐渭与张氏于嘉靖四十年（1561）正月结婚，当时徐渭住在塔子桥师子街，酬字堂还在营建中。婚后不久，徐渭又赶往杭州，继续做他的幕僚。

春夏之交，倭寇卷土重来，大掠桃堵、圻头及宁波、温州等处，浙江告急。戚继光率领义乌兵转战宁海、台州，围追堵截，斩杀和溺毙烧死倭寇三千余人，与此同时，参将牛天赐在温州擒斩倭寇三百余人。总兵芦镗在宁波沉倭船三艘。史称此次胜利为"宁台温之捷"。这次胜利，打响了戚家军的牌子，此役以后，浙江就再没有大股倭寇的侵扰了。

戚家军大捷，徐渭非常高兴，写下了《凯歌一首赠参将戚公》：

> 破贼书来乌共飞，江东谢傅喜生眉。
> 即招记室横彤管，共泛楼船倒玉卮。

徐渭懂军事，非常崇拜英雄人物，尤其是武将，抗倭期间，不但诗颂俞大猷，而且和后来的抗倭名将戚继光也多有来往。

戚继光是名将，也是位军旅诗人。他于嘉靖三十四年（1555）从山东调至浙江，负责宁波、绍兴、台州三府防务。当年这一带是防倭中心地带，他曾有诗云："南北驱驰报主情，江花边月笑平生。一年三百六十日，多是横戈马上行。"（《止止堂集》）他所说的"南北驱驰"，不仅指山东至浙江，还包括在北部边塞效力的经历。他生于嘉靖八年（1528），是浙东抗倭的年轻将领。徐渭在绍兴三战役期间，和戚继光还没有什么来往，当日"戚家军"尚未组建，将军在浙还没有什么显赫的战功。徐渭与戚继光相熟是在入幕以后，那时戚继光改守台州、金华、严州三府，金华与义乌在他的治下，他专心致志地用针对倭寇的新型阵法和严格的纪律训练他的新军。徐渭在幕中为戚继光写过三首诗，均称戚继光为参将，约作于嘉靖三十八年（1559）与三十九年，即戚家军小试锋芒之际。嘉靖四十年（1561）后，戚继光将军因战功，如《明史》所云"进秩三等"，不再是参将了。

此时戚继光训练新军三千人，教习"鸳鸯阵"成功，初战告捷。诗中以胡宗宪比谢玄，大喜的原因不仅在于小胜，而在于新军制敌有道，彻底平倭有望，胡宗宪关照徐渭撂下手中笔，楼船上共饮一杯胜利之酒。徐渭以此诗寄戚继光，一来可见二人关系之密切，是朋友的祝贺，同时以诗的形式告诉戚继光，主帅胡宗宪的情绪，向戚继光传达主帅的信息。戚继光作为年轻将领，很想得到胡宗宪的赏识，戚继光通过徐渭的帮助在胡宗宪这儿得到信息，获得胡宗宪的好感，这也是戚继光的高明之处。

徐渭给戚继光写的另外两首诗，时间稍晚些。《凯歌二首赠参将戚公》云：

一

战罢亲看海日晞，大酋流血湿龙衣。

军中杀气横千丈，并作秋风一道归。

二

金印累累肘后垂，桃花宝玉称腰支。

丈夫意气本如此，自笑读书何所为。

戚继光和俞大猷都是平倭名将，但二人作风不同。俞大猷老成持重，处事冷静；戚继光则电击雷扫，以迅猛著称。王直被诱杀，戚家军连战皆捷，威震东南，使沿海一带倭寇猖獗的艰危局面得以扭转。徐渭的这两首颂诗对于戚家军的威力作了充分的描写，"军中杀气横千丈"，堪称名句，至于羡慕戚继光建功立业心情的表达，则反映二人之间也已建立某种友谊，不拘形迹了。

在徐渭的晚年，万历之初，戚继光总督边军镇守蓟门。徐渭的同学叶子肃在戚幕为幕友，往来南北，后死于道中，徐渭曾有悼诗。

每次打了胜仗，功劳最大的自然是胡宗宪，其次是领军的高级将领。至于职衔较低的官员，基本上排不上号。宁台温之捷，功劳都归于戚继光，而绍兴通判身份出征的吴成器虽有很大战绩，却无人提起。徐渭了解到这种情况后，心中愤愤不平。这不仅因为吴成器是他的老朋友、老战友，而且这又使他感到地位高低而产生的不公道。为此，徐渭写了《赠府吴公诗》。诗前小序说：

> 吴公自曩昔攘斥夷寇，其在吾绍兴、若浙东西、松江诸道者，人易闻且见，故多美颂之词。迨舟山之役，越在海外，其抚民搏寇之功最多而且艰，人掩之莫得而知也。独渭以书记辱在督府，随众人后，杂谈戎伍，稍悉其事。而今年台温之捷，公之伐又最高，公既让美不言，而世之公道将遂因以渐没，乃用鸣之以诗，使公知知其事者尚有如渭者在，而渭之所处，则固有难于知者也。

诗云：

> 幕中曾与众人群，幕外闲听说使君。
> 破剑壁间鸣怪事，孤城海上倚斜曛。
> 诙谐并谢长安米，懒散犹供记室文。
> 把笔欲投还自笑，故山回首隔江云。

序文和诗都有些意思没有表达出来，这从侧面反映出尽管徐渭受到赏识，在幕府中颇为得意，但仍有难言之隐，记室有文名，但没有任何权力，你有再多的想法、再多的计谋，主子不点头，都没用。徐渭觉得做幕僚不是最终选择，倭寇平了，幕僚也不想做了。

到了夏天徐渭请了病假，但幕府缺不得徐渭。徐渭回到绍兴的第三天，胡宗宪的信使便到了。徐渭还没力气回幕府，只好写了《奉答少保公书》之一，信的全文：

> 渭犬马贱生，素有心疾，近者内外交攻，势益转剧。心自揣量，理不久长，若欲疗之，又非药石所能遽去。每欲入山静养百日，以验其可活与否，辄未遂愿，以命延挨，言之痛心。前日禀辞明公，疾已发作，道远天暑，抵家益增。今者伏奉使书，其人亲见渭蓬跣不支，亲갔入视，送迎之礼全废。渭有此阻滞，自信不欺，辄伏枕定思，摩仿尊意之万一，谨以草就谢疏，投附使人赍上，少备采择。须静养稍验，天气入凉，渭即驰诣门下，仍备任使下列，渭不胜欢喜悚惧之至。

徐渭在信中写到的脑病，可能就是以后发狂的病根。这次是徐渭脑病第一次发作。

胡宗宪关心徐渭的病，又派人带了他的亲笔信、俸金、考卷、诗序去看望徐渭。徐渭又写了一封回信，这便是《奉答少保公书》之二。徐渭说希望到了天气凉爽之时，病情会好转。

进入秋天，徐渭的病情渐渐好转。他急忙赶往杭州胡幕。徐渭跟从胡宗宪五年，身份是记室，但只是临时工，说到底就是幕府中的师爷。当然，胡幕中并不是没有人由幕客而成为官员的，有一曹姓书生，能文亦能武，终因战功，着绯袍，围金带，成了由朝廷任命的正式官员，但那是武官。徐渭有《凯歌四首赠曹君》，申述向往之意：

> 曾从幕府事南征，羽檄传来急似星。
> 报道参戎深入处，当锋还有一书生。
> 同时操笔总纷纷，先着绯袍独数君。
> 今日江南浮彩鹢，他年塞北战黄云。

文士争雄武艺场，桃花马上拨金枪。

试看古来悬印客，那取霜毫一寸长？

贼骑如云鸟不通，突围搅阵属先锋。

横腰金带缘何得？为报将军第一功。

在胡宗宪幕下，这位曹姓书生最终获得官职，既赖本人战功，亦赖胡宗宪之力。徐渭的贡献，只是为胡宗宪效劳，代撰文稿，徐渭要当官只能是文官，而文官必须考试，这就和曹君不同，胡宗宪也没办法。

嘉靖四十年（1561）辛酉，又属乡试之期，胡宗宪关心徐渭，曾经向负责考试的官员打过招呼，关照应录取徐渭。问题出在微细处，其中有一位考官来迟了，此考官因是捐款得官的贡士出身，胡宗宪不以为意，谒见时忘了与他打招呼。胡宗宪关照的事，诸人自当留意，但考卷密封，可以神会，但不可违例。拆封之日，录取诸人中竟无徐渭其人，于是大家分头寻找，结果在贡生出身的考官所批阅的卷中找到了，原卷已被考官写满了批语，讥讽满纸，无法复议。这是巧合，但包括胡宗宪在内诸人也只好叹息。落第后徐渭的答诗中有"十谒九不荐，那能长作儒"句，十谒可理解为十次考试，即两次童试加八次乡试，共为十次；徐渭最后叹息，"风雷亦何限，终是恼凡鱼"（《省试周大夫赠篇罢归赋此》），风雷有什么用呢，凡鱼是不能化为龙的，命该如此！

徐渭意志坚强，天道不公他并不自弃，他对自己的才能并不怀疑，在《题自书杜拾遗诗后》中说：

　　余读书卧龙山之巅，每于风雨晦暝时，辄呼杜甫。嗟乎，唐以诗赋取士，如李、杜者不得举进士；元以曲取士，而迄今啧啧于人口如王实甫者，终不得进士之举。然青莲以《清平调》三绝宠遇明皇，实甫见知于花拖而荣耀当世；彼拾遗者一见而辄阻，仅博得早朝诗几首而已，余俱悲歌慷慨，苦不胜述。为录其诗三首，见吾两人之遇，异世同轨，谁谓古今人不相及哉！

他举出李白、杜甫以及王实甫等三人都没有中进士，命运最苦的还是杜甫，不为朝堂赏识。他写杜诗三首，目的是"见吾两人之遇，异世同轨，谁谓古今人不相及哉！"用杜甫来安慰自己，怀才不遇，他的心境是异常悲凉的！

这年夏天，因江西山民闹事，明世宗下诏"命浙直总督胡宗宪兼节制江西，发兵应援"。九月十七日，胡宗宪被晋加少保之衔。徐渭借为胡宗宪祝寿之际，写了《寿胡令公》诗表示祝贺：

> 幸从群彦集芳辰，申甫生周别有神。
>
> 以德既堪三寿颂，将身却奉万年人。
>
> 剑光激座催歌急，海色流杯送酒频。
>
> 更取一卮飞作雨，江南无地不阳春。

诗题原注："时督抚浙直江福。"这说明徐渭意识到明世宗对胡宗宪的重视，也说明此任的重要。

与此同时，戚继光升任都指挥使，胡松升任江西巡抚。胡松任浙江右布政使时，徐渭与胡松两人因季本的介绍，来往颇多，关系密切，胡松欣赏徐渭的文才，徐渭为胡松写过《胡公文集序》。在胡松将去江西上任之际，徐渭写了一首《奉送布政使胡公督抚江西》的诗送行：

> 南国甘棠付召公，新衔兼掌一方戎。
>
> 手握兵符分阃外，身披儒服坐军中。
>
> 楼船自映行边水，甲马偏嘶战后风。
>
> 寄语探丸谁氏子，请缨曾上汉廷封。

诗中，徐渭说到胡松手握重权，还兼兵权，江西仍是战乱很多，胡公到了定会太平无事，江西是道教圣地，弘扬道教会得到朝廷的封赏。

由于福建、广东地区的山寇流贼侵袭江西铅山、贵溪，胡宗宪果断命令戚继光率领戚家军火速奔赴江西，接着，胡宗宪亲自率领数千兵将从杭州出发，开往江西、福建征讨。徐渭因身体原因滞留杭州。

接近年关，徐渭收到总督府催促他赴幕文书，立即从杭州起程赴江西。

徐渭沿富春江而上，于嘉靖四十一年（1562）正月初二到达兰溪。后得知胡宗宪已回师入皖，于是改道，在风雪中山行八日，抵达歙州之西的休宁，因"身热首痛重以旧患脑风，不可复行"，不得不在齐云旅店养病。徐渭的脑风病，四十岁以前并不明显，在诗文中见不到什么痕迹，因病卧床始于此时，极可能与去年第八次乡试落第有关，乡试不中，心情一直压抑，以致酿成脑病。这是徐渭第二次脑病发作。

徐渭在休宁过了元宵节之后，传来胡宗宪取得西江大捷，在江西龙虎山祝圣寿，向皇帝报喜。听到这一消息，徐渭心情兴奋不已，冒雪从休宁赶往歙县。在路上又得到消息，胡宗宪已挥师奔赴福建建宁，取消了回安徽的计划。于是，徐渭从歙县起程回了绍兴。

徐渭回到家中，一家团圆，其乐融融。酬字堂也即将竣工，搬迁之事指日可待。这个时候，徐渭的同学张天复被降调云南副使。张天复在嘉靖二十六年（1547）考中进士，后任湖广提学副使，接着升任江西参政。这次考核，张天复被降级，徐渭感触颇深，为幕不易，官场确也不易。于是，写了一首《送张大夫之滇》诗为张天复送行：

> 锵锵剑珮鸣，万里赴王程。
> 楚泽鱼龙候，沅洲杜若生。
> 碧鸡来入赋，白马去提兵。
> 想见南夷定，相如拥汉旌。

诗中说，老同学张天复自从走上从政路，先在湖广，后到江西，都取得了好政绩，这次去云南也一样会有好收获，还是励志为主吧！

等到春夏之交，胡宗宪从福建返回杭州时，徐渭即刻从绍兴赶往杭州。五月二十二日是胡宗宪的继母张太夫人七十寿辰，徐渭写了一篇寿文《奉寿少保公母夫人序》。在寿文中，将胡宗宪平定倭寇之功等同于春秋时鲁僖公招抚江淮之民。

在京城，严嵩与徐阶等大臣斗争激烈，由于万寿宫失火，新建宫殿问题上，严嵩与明世宗意见不合。徐阶抓住了这次机会，指使御史邹应龙弹劾严

嵩、严世蕃。明世宗下诏，让八十三岁的严嵩退休，回老家江西养老，严世蕃
远戍雷州。徐阶升为首辅，主持朝政。徐阶，字子升，松江华亭人，萧鸣凤任
南畿提学御史时选拔徐阶为举人，两人有师生情谊。徐渭在狱期间，萧鸣凤曾
托徐阶帮忙，使徐渭免于死刑。

当此时，福建的倭寇又趋严重。福建巡抚游震得向胡宗宪请求派兵增
援。胡宗宪速令戚继光领率领七千精兵救援，紧接着亲自到福建前线视师。胡
幕主要人员跟随胡宗宪入闽视师。船行至严州，胡宗宪让船停下过夜，并宴请
随行人员。宴会上几位名幕各有诗赋，徐渭也写了一首《从少保公视师福建，
抵严，宴眺北高峰，同茅大夫、沈嘉则》诗：

> 晋公雅望复英姿，坐领楼船远视师。
> 夜半自平淮蔡日，秋深同上华山时。
> 军营列岸江全绕，骑火穿林席屡移。
> 却说陪游宾从美，不妨帐底有风吹。

诗中徐渭将胡宗宪比作裴度，而自比为韩愈。徐渭确实自视甚高，同时
也认为这次征战一定会取得胜利，并名留青史，勒石纪功。

接着，胡宗宪的指挥部抵达龙游。胡宗宪在翠光岩宴请随从，要求徐渭
与沈嘉则一起赋诗，徐渭先作了《奉侍少保公晏集龙游之翠光岩》：

> 楼船几日下钱塘，胜地临江绮席张，
> 虎帐山开萝作带，龙潭水积剑为光。
> 芳羞自出船窗底，妙响偏宜舞扇傍，
> 日映桅樯兼树密，风吹丝竹袅云长。
> 渔郎贾客停何事，桂楫兰桡渡不妨，
> 暂脱锦袍悬翠壁，忽抽彤管拂青缃。
> 闲中国计筹能悉，醉后兵符发更详，
> 宝马嘶群行杂锦，红旗悬的射穿杨。
> 霜前下叶沙俱积，雨后残碑藓更香，

野旷牙官分作队，林疏甲士补成行。

松杉借翠连幢碧，橘柚分金映甲黄，

羽扇周郎临赤壁，轻裘叔子在襄阳。

庾楼无月人犹往，郗幕开风客不藏，

远眺非关耽丽景，雄心先已到遐荒。

建溪露布风雷急，淝水兵威草木杨。

却与从行诸幕士，维舟九曲泛清觞。

　　诗中备赞胡宗宪是文武全才。在龙游期间，徐渭还去拜访过贞女徐莲姑祠墓。徐渭联想到归安严氏的事迹，写下《予过龙游，拜贞女徐莲姑祠墓，因感湖严氏女迹久湮，次壁韵》一诗。其中两句云："独立荒坟悲往昔，却惭良友负幽冥。"对严氏内心还是有愧疚。

　　当胡宗宪一行到达衢州时。福建传来捷报。特别是戚继光带领义乌兵，所向披靡，倭寇闻风丧胆。胡宗宪于烂柯山大宴庆功，徐渭与宴，有《宴游烂柯山》四首，以志其盛：

一

万山松柏绕旌旗，少保南征暂驻师。

接得羽书知贼破，烂柯山下正围棋。

二

偏裨结束佩刀弓，道上逢迎抹首红。

夜雪不劳元帅入，先禽贼将出洞中。

三

群凶万队一时平，沧海无波岭瘴清。

帐下共推擒虎将，江南只数义乌兵。

四

帷巾谈笑静风尘，只用先锋一两人。

万里封侯金印大，千场博戏采球新。

第一首及第四首写胡宗宪的大将风度。第二首写破敌，关于贼将，当指牛田之役，擒斩倭酋双剑潭。第三首则歌颂戚继光的戚家军。第四首转而称颂胡宗宪："帷巾谈笑静风尘，只用先锋一两人。万里封侯金印大，千场博戏采毬新。"尤其是最后两句，徐渭希望胡宗宪能凭战功获得封侯。

胡宗宪行营到了福建武夷山。徐渭第一次游武夷山时，除了纵情山水外，还对道教产生了浓厚的兴趣。第二次到武夷，徐渭依然对道教着迷，此次感兴趣的是道士的居住方式，他在诗中写道：

> 昔年曾此问迷津，十载重过岁月新。
> 碧树深宫还系马，青山断岸欲迎人。
> 岩梯挂壁真无路，涧水浮花别有春。
> 定拟他年分半室，不知若个是芳邻？

胡宗宪知道徐渭喜欢白鹇，为留住徐渭的心，胡宗宪弄了一只白鹇送给徐渭。徐渭写了一首《白鹇》，回赠胡宗宪：

> 片雪簇寒衣，玄丝绣一围。
> 都缘惜文采，长得侍光辉。
> 提赐朱笼窄，羁栖碧汉违。
> 短檐侧目处，天际看鸿飞。

徐渭以白鹇喻自己的处境，希望自己也能不受任何约束，自由自在地生活。胡宗宪还是留不住徐渭的心，这诗的寓意，让人感到徐渭要求离开幕府了。

徐渭喜欢白鹇，一生养过四只白鹇。胡宗宪送徐渭白鹇死后不久，徐渭用书法换来一只白鹇，不久也死了，故作《白鹇殇》：

> 少保公至闽，提供馈之鹇一，兼丹笼以付我，我尝作五言律诗
> 以谢之，后死于虱。

生平好此鸟，驯养已三度，
始来过广州，失去蚬江渡。
再受令公笼，死于虮虱蠹，
兹者以书得，有似鹅易素。
门人长驯者，自许物无忤，
曰为余往驯，两僮挟之去。
日日饲鱼虾，时时伴鸡鹜，
如是者五旬，就掌取所哺。
乃予忽剧疠，不食但坚仆，
四大且告捐，一鸟安得顾？
俄闻东邻子，就观启其笈，
盼睐未及施，一触死阶树。
往者犹可云，太息此何故？

　　戚继光带领的戚家军，在福建的抗倭战役中不断取得胜利，九月中旬，戚继光在福清全歼倭寇，取得了平海卫大捷。平倭战绩由胡宗宪上报朝廷，朝廷晋升胡宗宪为少保。正值胡宗宪晋爵之际，恰逢他五十岁寿辰，胡宗宪大办宴席，犒赏将士，庆祝生日。徐渭十分振奋，写了一篇《少保公五十寿篇》。徐渭写道：

　　以渭所见，我少保令公，提一旅起仓猝，取名酋数十辈于虎穴中，还三吴若浙闽数千里地于将去之际，使自东以南，诸番夷胁息不敢西望，其勋业颇有类于汾阳。而公始自御史按浙，至于今受命加秩，以成茂功，又与晋公以御史中丞视师淮、蔡，其后加侍郎平章招讨，遂用以平定蔡人者宛相似。而横戈破阵，为下论道，握寸豪以斫文士之锋于杯酒晏笑之间，磊磊然燕居集贤留守东都之风烈，抑不知汾阳于此为何如也。然则古今所称文武才者，非公其谁哉？

　　徐渭将胡宗宪比作唐代汾阳王郭子仪和唐代晋国公裴度，意在说明胡宗宪是文武兼备之才。

　　嘉靖四十一年（1562）十一月，胡宗宪冠盖还浙，告捷文书纷纷送来，暂驻萧山。各地大捷，需要申报朝廷，急召徐渭至幕。徐渭骑马由绍兴抵萧山，天色已晚，胡宗宪与幕客推敲申报朝廷的奏疏文稿。徐渭没有料到，就在本月，没过几天，胡宗宪真的走上"朝天路"，入京朝天，不是受封，而是奉旨逮问。总督府被解散，徐渭也回到了绍兴。正当总督府行将解散之时，继妻张氏于十一月四日替徐渭生下一子。徐渭给他取名为"枳"，小名"杜儿"。

――――――――――◆　大师爷的传说　◆――――――――――

智断疑案

　　徐渭是智慧的化身，人多奇思怪想，断案多有奇招，传奇很多，已作为绍兴师爷的学习标准，这里摘录几则，看后颇有启发。

明断"婆奸媳"

　　徐渭在胡幕期间，一次回绍兴休假，山阴昌安门外民间发生了一件案子，案情并不复杂，是"公奸媳"。

　　案情是这样的：一天深夜，一个男子闯进儿媳房里，捧住就亲吻，又动手抓扯，意欲奸污。媳妇不从，奋力反抗，并咬破了那个人的鼻梁，那个人这才狼狈地逃了出去，媳妇回忆，那人穿戴很像公公。这期间，儿子外出经商，公婆和儿媳同处，平时关系和洽，不意晚间出现此事。媳妇不堪羞辱，连夜逃回娘家，并如实告诉了父母亲大人。娘家人大怒，认为这是公公"乱伦"大事，岂可等闲视之，立即写了状纸，第二天清晨就将公公告到了山阴县衙。县官大人揽状后大怒，立差公役将这个"不要脸"的公公拘来了。到得大堂，先打了三十板煞威棒，然后要公公招认。公公矢口否认，见其鼻上，也确有破损之处，只是已结了痂。公公自承鼻非咬伤，是近几日上火生了小疮，也快痊愈了。还将头抬起叫县官老爷看，说："已结痂了，快好啦。"县官大人大吼一声："你这不知羞耻的败类，还欲狡辩！"而媳妇说，虽是月光下，但我看得清清爽爽，是他无疑。一口咬定是"公公"居心不良，夜闯媳房……

公公长叹，大冤百口难辩，县官老爷认为人证物证俱齐，一件案子已了，将那公公打入牢中。

这一天，刚好其儿回家，听说此事，忙去公堂击鼓，力辩其父"乃世代书香，礼义之家，岂能有此事，定是冤枉，切望县大人放父亲回家"。

县官老爷也犯愁了。这位县官是用银子捐的"买官"，他也自知不是当官的材料，一上任就厚礼聘请青藤居士徐渭帮忙。平时审案，有徐渭在身旁，凡事清清楚楚，断得也明明白白。今天徐渭正好出门办事去了，要几天才能回来，偏偏又遇此案。徐渭一离身旁，他就断不明案了。县官正着急犯愁时，傍晚时分，徐渭归来了。一听到徐渭到衙的消息，县官老爷忙深夜造访，向徐渭细说了案情，要他断案。徐渭听完，略一沉思，就问："奸可成？"

"这点，我没问清楚，好像没奸成，不然，也不会咬伤鼻子了！"县官老爷说。徐渭想想也对，思索了会儿，又说："那你差人去把这位公公带来，我要问问，也要看看他的鼻伤！"

"好！"县官老爷忙派差役去提人。

公公很快就被带到后堂，他虽上了年纪，但还是显得文质彬彬，一看就知是位正派人。徐渭问了几句，又在灯光下细细察看了鼻伤。公公解释说："我这是生疮，已结了痂，怎会是被媳妇咬伤哩！"

徐渭颔首，深知公公实话实说，并无虚假。但又思媳妇也不至于平白无故陷害公公，此事一定是别有蹊跷，或者另有其人，但此人又会是谁呢？

徐渭好一阵沉思，又问："家里除儿媳外，还有何人？"

"只有拙荆了。"公公答道。徐渭又问："你们夫妇，平时关系如何？"公公说："我们老夫老妻，倒还说得来，只是她，她……"徐渭说："她怎样？大胆讲！"

"她从年轻时，就好吃醋！"公公说。

"哦！"徐渭心有所思，就好言好语对公公说，委屈你再忍耐几天，案情很快就会弄明白的。

差役带走了公公。

徐渭对县官老爷说："此案我已心中有数，明天你差人把婆婆拘来！具体的，在公堂上再详细审吧！"但县官老爷还是茫无头绪。

第二天，婆婆上了公堂。她一上公堂，立即大呼冤枉。县官老爷也不懂徐渭所为，公公奸媳因何去拘婆婆。回头望望徐渭，却见徐渭也并不言语。徐渭盯了她一会儿，然后离座直走到婆婆身旁，细细看了她鼻凹处，蓦地对她大吼一声说："你这'婆奸媳'丑剧，已昭然若揭，鼻凹处伤疤宛然在目，还喊什么冤枉，难道你存心要冤死你夫君吗？"

婆婆闻言，这才不声不响了，过了会儿，她就招供了。原来，平时她见丈夫对媳妇和颜悦色，十分关心，儿子不在身边，就产生疑团，认为"公媳有了奸情"，为弄清真相，自作聪明，就在深夜扮成丈夫模样，前去调情，媳妇来自礼义之家，被人抱住要亲，就一口咬了她鼻子，一场冤案这才审清。退堂以后，县官老爷问徐渭："你怎知这事是婆婆干的？"徐渭笑道："她不是好吃醋吗？有这个可能，但还难判定，后见她鼻伤宛然，我就断定是她了！"

县官老爷又问："公公不是也有鼻伤吗？"

"这是很好分别的，他确是鼻疮，已基本好转，结上了疤！如是咬伤，半天时间能结疤吗？"徐渭头头是道地判析说。

县官老爷听后，深有感触，他说："这案说明白了，其实很好断，唉，我怎会断不明白哩！"

徐渭忙宽慰他说："这是老爷断案心急了些的缘故！"

"是嘛！是嘛！"县官老爷说，"我一听公奸媳，气上心来，这才弄错的！"

为老叟伸冤

明嘉靖三十七年（1558），徐渭在总督东南七省讨倭的最高首长胡宗宪麾下为幕僚，协助胡宗宪平倭和治理社会，深得胡总督的器重。一天徐渭随胡总督从外面办完公务回衙，在离衙门不远处被一老叟拦轿挡住，老叟头顶状纸，大喊："冤枉啊！求总督大人伸冤！"胡总督命营官取过状纸来看，状文称老叟被其弟霸占财产，致年老生活无靠。曾告状到温州府衙，又被驳回。无奈只得拦轿喊冤，求总督大人给予伸冤。胡总督看后十分气愤，边说："欺兄霸产，天理难容！"胡总督其时既着力抗倭，又关心百姓疾苦，他任过浙江巡抚，有办案经验，决定先作查访，然后断案。便命营官让老叟回去，告诉他总督府衙必定查办此案。

回到总督衙门，胡总督对徐渭说："今日老叟拦轿告状，必是走投无路，我想请你承办此案，如何？"徐渭答应了。次日，徐渭去找老叟，详细查问了情况。老叟名彭大，家住处州，长年在温州经商。他有一个比自己小十多岁的弟弟，叫彭小，是他赚钱抚养并给彭小读书，直到后来为他成婚。彭小不会做生意，也不会做手艺，靠着兄长的厚重资助，日子倒也过得优裕。彭大的生意做得兴隆，他把所赚的银子都带往家中，要弟弟在家乡广置田产，购建房屋，彭小都照办了。彭家田多房多，越来越富裕了。彭大在温州曾娶过一房妻室，不久亡故，而他忙于经商，也不续弦，一直孤身一个，日子过得冷清。后来彭大年纪渐老，身体渐衰，加上生意不顺，屡屡亏本，他想到独自在外，也不是久长之计，落叶总得归根，于是决定回乡安度晚年。

谁知彭大回到家后，弟弟彭小见他年老体弱，生意又亏了本，两手空空回来，心想他来对自己没有什么好处，反而成为负担。便说自己家里不能安顿他，因为老婆反对。彭大听了气愤难平，心想家里的田产、房子，都是自己带回来的银子购置的，这田产、房子，应该说都是他的，他才是这些财产的主人。一怒之下，一状告到州府。处州知府派人到他们家中，对田产房子的契约都作了查验，上面写的都是彭小的名字，于是彭大败诉了。彭大对徐渭说："我那弟弟早有预谋，以我的银子购置田地房子，而契约上都写他彭小的名字。铁证如山，我冤难伸。"

徐渭回衙将查验情况向胡总督禀告了，胡总督听后愤慨不平，他要徐渭以总督衙门名义下文处州府衙，惩办彭小，把田产房子悉数归还彭大所有。徐渭说："此举不可，处州府衙的断案，也是依法有据的，因契约上都是彭小的名字，如果我们下文要处州府改案，他们不会采纳。"胡总督问："那你说怎么办？"徐渭说："我想出一个办法，正想向总督大人禀告。"于是将他的计谋说了，胡总督听后说："此计甚妙，就照这么办！"

这年，胡宗宪的总督府破获了一伙江洋大盗，案犯收押在监，判了"斩立决"，即将申报刑部。所劫赃物追回了部分，其余尚无着落。徐渭就在这伙案犯中选择了一个认罪较好的，示意他招供所劫部分银子存放在处州彭小家中，写成供词，画上了押。总督府以此对他将功折罪，改判"斩立决"为"斩监候"。徐渭立即派营官带供词直奔处州，把供词呈交处州知府看了，声称"处州彭小乃盗伙之一，坐地分赃，理应捉拿去温州，归案发落"。处州知府不敢怠慢，忙派多名兵丁协助行动，一起将彭小抓了。

彭小被押解到温州，徐渭立即升堂提审，彭小大呼冤枉。徐渭问："你说没有坐地分赃，你家中的财产有多少？据实报来！"彭小开出了一张田地房产的清单，徐渭看后喝问："你这许多田地房产，是什么时间、花多少银子购置的？从实供来！"彭小又开具了一张购置时间和银两数目清单，共花银子有两万两之多。徐渭阅后把惊堂木一拍，厉声喝道："大胆盗贼，你一不做生意，二不会手艺，哪来这么多银子？不是坐地分赃，又是从何而来？"

彭小叩头如捣蒜，连连说："真是天大的冤枉，这银子都是小人的兄长在外经商所赚，带回来叫我购置田产和房子。"徐渭问："你兄长叫什么名字？现在何处？"彭小回答："他叫彭大，现在温州。大人不信，可传他来做证。"徐渭命他在供词上画上押，仍由衙役押去看管。

次日再次升堂，老叟彭大早就到庭，彭小由衙役带上来后，徐渭把惊堂木一拍，口气郑重地作了断案宣判："彭小，经过你兄长作证，那银子确实是你兄长彭大多年经商所赚，带回家叫你购置田产房子的，据此，参加盗伙坐地分赃，免予追究。但是，你彭小欺兄霸产，驱赶多年资助你的胞兄，丧尽天良，天理难容！现判决如下：所有以彭大带回的银子购置的田地房屋，悉归彭大所有，契约换名。彭小恶行太甚，重责四十大板，逐出公堂！今后如不改恶性，本衙将加重惩罚！"

审狗救一命

明嘉靖三十七年（1558），徐渭在胡宗宪的总督府衙为幕僚，由于才干不凡，深受胡总督的器重。这年入冬，胡总督要率兵去海上清剿倭寇，走前召来徐渭，对他说："我这次下海剿倭，得五天时间，在此期间，凡有民间诉讼，由你全权决办，我相信你能秉公执法，为民断案的。"

胡总督走后才两天，诉讼案就发生了，且不是一般百姓之案，原告乃权势极大的龙府。这天，龙府的管家气急败坏地闯到总督府衙，拼命击鼓，状告一个名叫王阿土的市民，说他家的狗咬死了龙府那只御赐白鹤。管家传告了龙大爷的旨意，说王阿土这个大胆刁民，犯上欺君之罪恶，必须为白鹤抵命，应处以斩立决。

徐渭很快知道了事情的本末：温州府城的龙大爷，他的叔爷在京官居刑部侍郎，曾得到嘉靖皇帝御赐一只丹顶鹤，后来他将白鹤转赠给了侄子，龙大爷视作珍宝。他终日无所事事，酒足饭饱之后，总喜欢带着那只御赐白鹤，游荡街坊。那白鹤颈上挂着一块黄金打成的牌子，上刻"御赐"两字，金光闪闪，煞是气派。行人见了，竞相避让，以免惹祸。这天，龙大爷因天冷贪睡不起，没有带白鹤荡街，而这只宠幸惯了的白鹤，未见主人来逗它，就一步三摇地从侧门闯出府去。路上行人见了，慌忙四散避让，偏有一条长毛狗，不买龙府的账，见了这只丰腴的白鹤，扑了过去，几下就咬断了它的脖子，白鹤一阵颠扑，一命呜呼。

龙大爷闻得宝贝白鹤死于非命，一个鲤鱼打挺从床上跳起，没穿衣就向外奔。死白鹤已由家仆带回院中。龙大爷如丧考妣，呜呜痛哭。哭罢，他疾言厉色问家人："仙鹤是皇上所赐，颈上挂着御赐金牌，是被哪家狂犬咬死的？"他命家人速将狗主人抓来，押去总督府衙，不用呈报刑部，斩立决为白鹤抵命。

徐渭来到温州抗倭总督府行营时间虽不长，但对龙家仗势恶行早有所闻，深恶痛绝。那龙大爷自恃是刑部侍郎的侄子，骄横得成了温州城里的太上皇，对地方官呼来喝去，颐指气使。他的管家狗仗人势，也根本不把胡宗宪放在眼里，更何况幕僚徐渭了。

徐渭听了龙府管家气势汹汹边骂边说后，倒是平心静气地说："你们既然告状到总督府衙来，我自会秉公断案，你写个状纸来，总督府衙就当堂开审。"管家听说还要写状纸，极不耐烦，瞪着眼嚎道："龙府告状还来这一套？"他瞄瞄徐渭，忽然想到，此人乃代替总督办案，胆小如鼠，罢了，写就写吧。于是草草写了一张诉状，扔往案头。

徐渭看了诉状后，从签筒中抽出一支令签，命衙役缉拿凶犯到庭。管家冷冷地伸手拦住，瓮声瓮气地说：“不劳你费心了，人犯已经抓来，现在堂下。”徐渭故作惊讶，说：“你诉状上明明写的凶犯是一条狗，本官今日要公堂审狗，你抓人来干什么？”他命衙役将那肇事的狗捉来归案，带上堂来。那管家听说审狗，又好气又好笑，这个狗官竟敢胡闹，他两手叉腰，狗仗人势厉声对徐渭说：“我已告诉你龙大爷的旨意，判处狗主人王阿土极刑，为白鹤抵命，你敢违抗吗？”徐渭慢条斯理地说：“治罪要于律有据，本官理当查明案情。这狗既无视白鹤乃御赐，胆敢行凶，怎么能不审它呢？”管家听了，气得冲徐渭喝道：“狗不通人言，审狗是胡闹！”徐渭微微一笑，说：“贵管家不必生气，本官自有主张。”过了一会儿，衙役将狗带来公堂，徐渭把惊堂木一拍，喝道：“大胆凶狗，竟敢咬死御赐白鹤，从实招来！”他命衙役将状纸摊在狗的面前，一面对众人说：“如果它看了低头认罪了，那就可以定罪了。”管家在一旁逼近徐渭，怒问：“狗怎么认得字？”徐渭反问：“贵管家怎么知道狗不识字？”管家怒不可遏，手指着徐渭大骂：“你这狗官，走遍天下，有哪一条狗识字的！”徐渭站起来，神色威严地说：“既然狗不识字，那白鹤所套金牌上‘御赐’两字岂能认识？欺君犯上之罪又从何而论？狗本是不通情理的畜类，咬死白鹤乃禽兽中事，为何要处治无辜的人？”管家被问得哑口无言，他紧握双拳吼道：“你这狗官，等着，让龙大爷来收拾你！”说着愤愤而去。

徐渭瞄着管家出去，他哼了一声，提起狼毫笔，在诉状上批上四行大字：“鹤虽挂牌，狗不识字，禽兽相争，何干人事。”写罢对王阿土说：“没你的事，你回去吧。你的狗也无罪，你把它带回去就是了。”

龙府那管家回到府上，向龙大爷一五一十禀告了徐渭审狗的事，龙大爷听了暴跳如雷，发狂似的吼道：“反了！明天你跟我去京城，上刑部将狗官告了！”过了一会儿，他渐渐冷静下来，觉得徐渭胆敢如此，必定为胡宗宪所指使，而这胡宗宪，不是简单人物，他是东南七省军务讨倭总督，拥有十万兵马，到叔爷那里告他，会让叔爷为难。如今白鹤已死，再闹也是白搭。他长叹数声，垂头丧气地对管家说：“算了，你以后别再提这件事了。拿酒来，陪我喝几盅，以解心中的恶气！”

两天后，胡总督回来了，徐渭将龙府告状的事向他禀告了，胡宗宪听了很满意，说："你这场官司审得妙，我完全赞同。龙家素来为非作歹，欺压百姓，理应给他们一点颜色看！"后来，胡总督还在衙中当众嘉勉了徐渭。

第六章　屈辱癫狂

屈辱尚书幕

徐渭从胡幕回绍兴后，于嘉靖四十二年（1563）初才正式移居酬字堂。直到这年深秋，有一段闲适的生活。徐渭最关心的当然是胡宗宪的事，所幸的是，胡宗宪被逮至京，皇帝并未深究。胡宗宪阿谀严嵩是事实，但并无其他非分之事，圣谕也只是削职，闲居在京。胡宗宪平定倭寇有功，阿附严嵩有过，是一个功过并存的人物，朝廷未予加罪，徐渭的内心也平静了一点。在这大半年的时间里，徐渭做了几件重要的事情。

奉先人木主于新室。徐渭有《告先主》祭文，说明"自观巷之宅失"以后，父母兄嫂的木主搬迁了八次，而且两度寄存在邻里之家，作为不肖子弟，"悲感自责，每欲无生"。现在有了新屋，"今复新居，自寄所迎"，希望亡人能够从此永宁。

严嵩罢相以后，受严嵩迫害之仇家纷纷奔走要求沉冤昭雪。沈炼之子沈襄在其父被害时，更改名姓避居穷山僻野中，此时复出，沈炼旧友及门生故吏纷纷表示关切。沈襄为父伸冤，一是赴京告状，二是改葬亡父骸骨，三是出版亡父诗文集。最有力的支持者为茅坤，数次资助，并积极支持其入京鸣冤。徐渭属近亲且声气相投，更属义不容辞，受沈襄之托，校读文稿。校读时间当在初春，暮春时沈襄已携稿请俞咨益刊刻了。

送沈明臣入闽幕。胡宗宪总督府解散后，赵炳然任浙江巡抚，福建的巡抚则是谭纶，他们分担浙闽两地的防倭要务。嘉靖四十二年（1563）春，福建沿海倭寇又蠢蠢欲动，兵备副使汪道昆与总兵戚继光赴杭州请求支援，并请沈明臣加入戚幕，处理军中日常文务。戚继光三月誓师入闽，沈明臣于五月赴军幕，当时有王寅、徐渭等送行，徐渭作《万里比邻篇赠嘉则》相赠，以壮行色。诗中充满着男儿应有的报国之志：

> 白藤织笈春花密，青袍剪水波纹湿。
> 出门寸步即天涯，帏底牵衣弦正急。
> 关山断路不断云，吴刀割水那得分。
> 章华杨柳弄旧色，何地却少春申君。
> 人生远游须及春，青天能容七尺身。
> 芳草长途去万里，望望吾家随处是。

从诗中情绪看，倭寇未灭，胡宗宪尽管罢官了，但徐渭还是希望能遇见春申君，希望能为春申君式的主帅服务，让男儿七尺之躯报效国家，即使路途遥远也无妨。在接下来的半年时间里，徐渭过着闲适的日子。徐渭有《理葡萄》诗：

> 去冬雪作殃，无物不冻死。
> 橘柚断衢州，松柏亦多瘁。
> 园有月支藤，盘屈四五咫。
> 结实苦不多，一斛有余委。
> 迨其堪落时，丸丸挂玛水。
> 一日十挈竿，与鸟争啖舐。
> 将以馈邻翁，窃恐哂微细。
> 欲以付果坊，不足一飡费。
> 幽之瓶盎间，浆渍败其脆。
> 渴夜艰茶汤，暂可灌消肺。
> 比者理旧须，应手落枯瘁。
> 及至更提携，僵梗忽断碎。

如人两手足，而痿其一臂。

支干既以孤，收获焉可倍。

夏景苦桑榆，聊以障西坠。

诗后有《理葡萄诗跋》：

予柿叶堂西，少嘉木。夏苦日炙，缭以修篁，而两岁笋孙不百个。或教予种葡萄，易蔓而多荫，再秋梗如蛇虺，叶大过掌，结实累累，不独可移绳床，且消肺渴。凉晨掩露得句，遂长倚竹书之，兼谢客厚意。柿叶翁渭。

还有《刈圃》诗：

草藁始一寸，及壮丈有余。

岂直薪即带，兼以馆蚊蟕。

夜热不可寐，宁止不露居。

窃恐值此辈，股骽遭其咀。

就中拟厥罪，蚊也尤其渠。

其他不出境，惟此远追趋。

穿帏眇纤尘，打扑不胜劬。

更番以迭进，安得尽屠诛。

聚响苦不震，万毂啾婴雏。

工者搅梦寐，一夕百起呼。

蚊薮固莫逭，草实主其谊。

呼童问腰镰，不用安所须。

剃此忽如扫，一翅不得储。

譬彼塞垣莽，往往伏戎胡。

打冰烧其荒，窟穴空妖狐。

莫谓野人贱，刈圃非雄图。

诗里表达的是庭院花圃，悠闲自在。不过，四月二十九日，徐渭的老师季本去世。徐渭听到消息后，十分悲恸，当即便写下了《季长沙公哀词二首》：

一

槐树宛低回，犹疑讲习开，

死因双宿去，生为六经来。

遗瑟飞春水，传灯暗夜台，

三年更筑室，未了独居怀。

二

绝学千年启，斯文一线传，

汉廷蒲璧日，汲冢竹书年。

见猎能无喜，为渔却忘荃，

经生休错认，郑氏老虫笺。

充分肯定了季本在学术上的地位。季本下葬时，徐渭又写了长文《师长沙公行状》，详记季本的生平和学术成就。

嘉靖四十二年（1563）秋日，徐渭受礼部尚书李春芳之聘，入京为门客。李春芳，扬州兴化人，嘉靖二十六年（1547）状元，是一个谨慎小心地服侍皇帝的人。当时他与首辅徐阶的关系密切，又以撰写青词，供嘉靖斋醮之需见长，人称"青词宰臣"。礼部管典章法度以及学校、祭祀之类，皇帝的斋醮自然也是他的工作范围。明代的许多皇帝修道，礼部尚书便有许多机会与皇帝直接接触，由此渠道进位首辅的概不乏人，嘉靖之朝，夏言与严嵩都是由礼部尚书入值内阁，最终成为首辅的。李春芳知道徐渭，自然与徐渭起草白鹿双表有关，徐渭熟悉道教，文辞又甚佳，李春芳认为可以为其所用，于是命门客杭州人查某持银六十两往聘。

查氏找到徐渭，付了银子，催促徐渭尽快赴京，徐渭由于对京中情形不甚了解，心中无底，有点犹豫不决，且以准备"入粟"语搪塞。入粟便是捐官。后来又患重感冒："余被风，半面骨痛，鼻黄涕注七日，"一位叫傅举岩的人为他针灸，又灼艾，方得病愈。傅君将去京，二人同道，"亲经灼艾收双涕，并道之京在九秋"，起程时在深秋。当年胡宗宪召徐渭入幕，是数召始赴，有点三顾茅庐的味道，现在李春芳召徐渭入京，徐渭并不急切就道，病不是主因，"入粟"也是推托，主要是想看看主人的态度，也是符合徐渭性格的，这后来成了入幕的基本程序，即了解对方，试探诚意。徐渭因为手头紧，既拿了人家的银子，不想走也得走，于是在严冬到来前就成行了。

徐渭赴京，到江苏后，看望了在武进的老师薛应旂。十一年前，薛应旂为浙江提学副使，录取徐渭为县学廪生。离开武进，到镇江时，徐渭写诗《将游金山寺，立马江浒，奉酬宗师薛公》，表达了对老师的感激和想念：

当年国士知，昨夕鸡黍会。
十载并一朝，倏已成梦寐。

徐渭到京，京城也已落雪。落雪之日，正值李春芳生日，宾客如云，热热闹闹。徐渭也随从献诗，正像他当日为胡宗宪献寿、为胡母献寿一样，尽为颂扬之辞。徐渭诗《尚书李公生日赋呈时方雪》：

桂浆流彩照槐庭，宾从如云庆上龄。
自喜远人能献颂，偶因食客得通名。
崆峒道与轩皇访，嵩岳神将申甫生。
正值瑞花飘数点，分明身世在瑶京。

李春芳崇道，来贺寿的人也都与道教有关。献诗中还可以看出，他与李春芳的关系非常一般。徐渭到京，李春芳并没有立刻接见他，他的事务也不是李春芳亲自安排的，更别说李春芳宴请他，与他在烛下相对晤谈。就地位看，徐渭不过是尚书府的三等门客，这就和当日在胡幕的情形迥然不同。从李春芳方面说，他自己状元出身，自认为文章盖世，落第老秀才自然不在他眼中，聘用此人无非是招募一名文佣而已，只是徐渭懂道教，会写青词，要不然，找一个文佣何必到绍兴去找这种狂傲的老秀才。这种主仆关系在日后徐渭写给李春芳的一封信中可以知道得很清楚。当日尚书府交代徐渭的事是"诸撰繁多"，要他起草的文字，其中包括表文与对联；是"收散文目"，要收发管理一些文字方面的事；还要学写某些文字，所谓"习效"之事。显然，这是李春芳关照徐渭撰写的文字，譬如代皇帝上达天帝的"青词"，李春芳颇多挑剔，一而再、再而三地退回来重写。徐渭撰写文词，又规定必须"寝处内城，临日挥毫"，目的很清楚，代李春芳写的文稿，必须在李府的深宅大院起草，以防泄密；甚至规定文客的饮食也要"聚食一所"，吃大锅饭，要求文客们行动上加以检点，以免礼部尚书府的种种内部事务为外人侦知。这与徐渭的名士习惯差距太大了。

有一次，诸大绶设宴招待徐渭，徐渭晚到。说是在一位士人家避雨，看到墙壁上挂着归有光的文章，便反复诵读，不愿离去，因而就迟到了。诸大绶听后，也想看看那篇让徐渭留恋不走的文章，马上派人取来文章，张灯快读，果然是妙文。就与归有光成了朋友，两年后经诸大绶推荐而考中进士。诸大绶是"越中十子"，嘉靖三十五年（1556）状元，与徐渭有一种纯洁的友情。徐渭为此写下了《南明篇》：

> 天姥迢迢入太清，更分一壁作南明，
> 为龙学凤看具似，削障裁屏忘即成。
> 别有双峡中天起，青云不度高无比，
> 岁岁开花似画中，年年度月如窗里。
> 含奇吐秀无穷极，出云入雨随能得，
> 叠岫许可作莲花，远峰翻借蛾眉色。
> 里中词客本神仙，去住山中年复年，
> 舣游李白时飞梦，乘兴王猷每泛船。
> 有时引翠来窗牖，无日将青去几筵，
> 文章本许江山助，藻翰元抽草木妍。
> 一自山南走燕北，雾雨文深玄豹隔，
> 对策时成一万言，传胪竟压三千客。
> 昨日新从杏苑行，今朝已得侍承明。
> 词臣旧自推枚乘，史笔今来让长卿。

贱子游燕何草草，相逢下马长安道。

未出家园两字书，却问山灵比前好。

我欲归，君尚寓，

君如有字寄山灵，为君寄向山灵去。

诸大绶的号，取自新昌县的南明山，此山与天姥山相连。徐渭把诸比作来自南明的神仙，才气无比，文采如枚乘、司马相如。

过了嘉靖四十三年（1564）春节，浙江湖州天池山的和尚祖玉通过兵部侍郎蔡汝楠，找到徐渭，说是蔡侍郎推荐徐渭为玉芝大师写传。玉芝大师名法聚，俗姓富，浙江嘉兴人，曾结庐鉴湖之滨，与徐渭有交往，徐渭很快就写了《聚禅师传》，说玉芝大师言论"多出入圣经，混儒释为一。"评价很高。

尚书幕令人失望，李春芳只是视徐渭为一般的门客。徐渭在《寄彬仲》一诗中流露了这种实情：

学剑无功书不成，难将人寿俟河清。

风云似海蛟龙困，岁月如流髀肉生。

万户千门瞻壮丽，三秋一日见心情。

平原食客多云雾，未必于中识姓名？

彬仲即柳文，这是徐渭在诗中向柳文吐露了真情。在京一事无成，感到十分郁闷。

李春芳聘用徐渭，目的是想让徐渭代作青词，而徐渭却不答应。徐渭不愿替李春芳撰写青词，主要在于徐渭认为李春芳把胡宗宪看成严嵩的党羽，要彻底摧毁，而徐渭视胡宗宪为大恩人，所以不答应李春芳的要求。

这年春天，沈襄鸣父冤在京。事情在进展，尚未有最后结果，直接杀害沈炼的杨顺与路楷案件审理尚未结束，回到南昌的严嵩罢相后仍然不断给皇帝献表。但是，圣命也已同意其拾沈炼骸骨回里安葬。塞外苦寒，沈襄没有长袍，还是穿着短袄，徐渭有《短褐篇·送沈子叔成出塞》，在都门外为沈襄送行。

在京无事，开始作画。有位积斋先生请徐渭作书，徐以卷纸一半作书一半作笋竹，"余书其半而竹其半，缘日来初习乏纸，借人笺素打稿故也。一笑。"并题诗《笋竹》云：

> 客里盐斋无一寸，家乡笋把束成柴。
> 尽取破塘聊遣兴，翻引长涎湿到鞋。

徐渭初次至京，帝都风物尽入诗囊。此时徐渭尚未与京中名流往来，以诗记事仅仅是状写帝京风物，在他眼里，一切都是新鲜的、豪华的、稀奇的。京中宫阙，在他看来要比南京的壮丽。徐渭诗《初入京瞻宫阙》中写道：

> 域中夷夏极，天上帝王家。
> 西内宸居逼，南都鼎地赊。

京中天坛为永乐所建，初名天地坛，嘉靖初年始改称天坛，为祭天祈谷之所。徐渭的《天坛》借建朝之初道教奇人张三丰与朱元璋会见故事，说是：

> 张公当时骑白雀，下与高皇共斟酌。
> 一从九鼎向幽燕，碧坛空锁琉璃斲。

京师与绍兴相比，由于天气干旱，五月份便热不可耐。因为无水，沟中臭气熏人，《燕京五月歌》之四：

> 燕京百事且休忧，但苦炎天道上沟。
> 近日已闻将扫括，不须遮鼻过风头。

徐渭感到在李春芳的门下无法生存下去，就提出辞去聘用。在《奉尚书李公书》中，徐渭详细地解释了不能继续侍奉李春芳的五条理由，即：

但其中有不可者五，不敢不预白于明公。而其最可疑者，则入粟之说也。入粟之事，在贤者亦多就之，以卒售其两可之志。但在某之身，非时力有所决不能，抑亦心有所甚不欲。其自知之真，而自守之笃，有不可遽为明公言者。当时徒以查氏见促，用此言以缓其期，而他人往往来讯北上之由，某漫假此以支吾之耳，不知何以得闻于明公之前也？且某当临行，告有程假，暮春不复，例得扣停。设某杂有他念，其于处此，岂得如此专决？明公试于此处察之，亦可以信其决无矣。则一至暮春，便须辞去，而某近在道途，屡遭诘问，犹假入粟之说，以答乡人，明公不知，将谓其蓄志如此反覆，某将何以自明？此其不可者一也。至于习效斯事，恐难猝成，即使得成，恐不堪用。今某既已愿学，自不敢不竭其心力，而才有所困，事涉避难，如闻当时亦有缘此而得罪他所者。明公纵不见疑，某将何以自解？此其不可者二也。诸撰繁多不能概及，稍有余力，尚欲寻绎旧闻，正使竭其力之所及，不过表文一两篇，大对一两对而已。明公纵不求备，其将何以自安？此其不可者三也。收散文目，类有掌管，呼约轮转入侍，则又寝处内城，临日挥毫，甚至聚食一所。某欲求免三者，而众人皆尔，明公纵欲优容，某将何以免自异之嫌？此其不可者四也。旬日以来，袖手坐食，退颁夐米，实增汗颜。假令自今以往，许其尝试漫为，其实未见成效，若于夐米以外，复同众人，月给积至一季，为费愈多。明公纵不校量，某将何以赎虚糜之罪？此其不可者五也。

徐渭的理由讲得十分充分，语气十分委婉，但徐渭的辞呈李春芳不予理会。可徐渭是有性格的人，态度已明，去意坚决。离开京师之前，徐渭写了《入燕三首》。在诗中徐渭表达了在京有一种孤独感，而且表达了对京师之行的懊悔。第一首写徐渭入京以后"垂首默无言"的情态，时已至春，感事怀人，觉得在京漂泊，人生不容再浪费了：

董生抱利器，郁郁走燕赵。

贱子亦何能，飘然来远道。
行止本无常，譬彼云中鸟。
朝饮西园池，暮宿北林杪。
感事复怀人，生年苦不早。
欲吊望诸君，迹陈知者少。
垂首默无言，春风秀芳草。

第二首写荆轲、高渐离、舞阳故人，都与燕地有关，写到他自己则是：

我生千载后，缅兹如有投。
时违动自妄，忽作燕京游。
短褐入沽肆，酒至思若抽。
念彼屠与贩，零落归山丘。
皇皇盛明世，六辔控九州。
匕首蚀野土，广道鸣华辀。
寸规不可越，安用轲之俦？
……

关键是"寸规不可越"，整天关在尚书府里做文佣，一切言语行动不离规矩。第三首咏京师之鸟，时在来京两月之后：

大鹏奋南徙，岂为北海笼？
越鸟不逾南，见与胡马同。
自愧无垂云，抟彼沧溟风。
犹能胜鹖鸱，与济相始终。
上林多乔枝，万羽亦足容。
匜树绕不栖，翻附南飞鸿。
春冬递迁谢，倏忽两月中。
卧席不得暖，来往何憧憧。

徐渭有南归之意。不是不习惯京师的生活，关键是南来之鸟"匝树绕不栖"，在万羽足容的帝京之林里合不了群，只好"翻附南飞鸿"，回到故土去。当时胡宗宪闲居在京，谋求复用。徐渭到京，理应前去探望，只是，我们在徐渭的诗文里找不到这类文字，也许，李春芳对于门客的行为有所约束吧。李春芳有位下僚名李腾骧者，是位武将，闲谈时关于战争的精辟见解很多，只是不能上达。徐渭有《寄李腾骧君》，状写他们私下的谈话，不足为外人道也，以见当日京师政治空气之沉闷：

> 参军旧有名，倾盖在燕京。
> 抵掌论时事，四座耳尽倾。
> 胡马自南去，纷然炽谈兵。
> 之子条数事，草具未敢陈。
> 问之何为尔？俯首若有营。
> 自言沉下僚，言高法所禁。
> 时我闻斯言，亦作俯首听。
> 别来今几月，寄此表予心。

意思非常好，但是不敢写出来，写出来又不敢作为奏本上达，关键是"言高法所禁"，下级文武官员不可妄议国事，方针大计大臣们早有定见了。参将如此，何况一个三等文客的徐渭，于是大家便只有"俯首"——低下头来表示沉默了。

徐渭回绍兴时已是五月，途中，徐渭遇到恩师方廷玺的儿子方阜民，方阜民请求徐渭为刚过世的父亲方庭玺撰写墓表。方廷玺在任山阴知县时，赏识徐渭的才华，使徐渭成为诸生。徐渭记恩在心，立即写了《方山阴公墓表》，徐渭叙述了墓主的生平事迹，最后说，"山阴士人谓自知山阴官，长有文学者两人，刘其一也。"徐渭说的有文学的两位知县，一个是方廷玺，一个是刘昺。这个评价是很高的。

回到绍兴时，徐渭病倒了。徐渭病体好转后，就去拜访柳文。此时，柳文以捐资的方式成为岁贡，即将去就任高邮训导。徐渭写了《送柳彬仲序》。

徐渭认为，以柳文的才华和品行将会取得成就："其遇事为节，作吏为循，师为贤，难为忠，儒为宗，使为不辱君命。"可是柳文命运不济，任上做出了成绩，提拔过两次，最后做了知县，但上任三天就一命呜呼，年仅六十一岁。

　　徐渭离开京师，可能是因为本年要参加浙江乡试。又是三年，又届老老少少的秀才们向仕途奋击之期。但是拿过人家的银子，就应为人所用，李春芳放出风声，威胁徐渭马上回去。据《畸谱》自述，李春芳说的话很可怕，于是徐渭持六十两聘金归还介绍者查氏，查氏不收，要徐渭直接与李春芳面谈。路途遥遥，考期又在即，显然这是一种刁难。一名秀才岂敢与朝廷重臣抗衡，不得已，徐渭只好弃考，便立刻带着银两北上。临行前，谢谠写了《送徐天池入京》一诗赠别。诗中写道：

> 莫负才名海内知，五云深处去何迟。
> 丈夫须建非常业，万里风尘不可辞。

　　谢谠当时隐居在上虞农村，不了解情况，徐渭写了《答谢太兴海门》，作为回应，但：

> 江上芙蓉千万枝，交花接叶弄秋姿。
> 片帆此日江湖去，怕接郎官送别诗。

　　此诗下原注："值秋试罢入京。"这句话里透露出徐渭的无奈，徐渭到李春芳那儿就职，一是为了生活，二是为了准备科考，在京城或许有高人指点，徐渭就可以咸鱼翻身。但由于李春芳的逼迫，徐渭失去了最后的机会，因为后来徐渭人生的变故，永远与科考无缘了。

　　徐渭再次赶到北京，就将六十两聘银交给李春芳，但被拒绝了。徐渭无法解除聘约，无奈之下，只好通过老朋友翰林院修撰诸大绶，出面向李春芳说情，才解除聘约。教训十分深刻，官场的政治斗争是一个旋涡，徐渭自知像自己这样只是以卖文为生的幕客与贵人交往应慎之又慎。日后有一位朋友至京入幕，徐渭十分感慨，赠诗《仲虚将入燕临春漫赠》，诗中全是经验之谈，他先谈京城情形，再对朋友提出忠告：

> 去年西向吴，今年北走燕，
> 燕王黄金台，白日空苍烟。
> 君夙怀古道，慨叹悲前贤。
> 都城盛豪贵，门客复几千，
> 试求四君者，可复如其然？
> 归来食无鱼，长铗蒯缑穿。
> 古来士贫贱，岂得与君偏？
> 俯首往昔事，更欲倾肺肝。
> 道路殊室家，君子防未然，
> 覆辙近可戒，慎毋处疑嫌。

　　这首古风可以看作是两度入京教训的总结。诗中所云"覆辙"当是指的自己，既蒙羞，又破财，关键在于处于"疑嫌"之中。卷入政治斗争的旋涡，自拔而不能。

　　徐渭在北京期间。分别为诸大绶和陶大临写过草书，并有一首题诗《再至燕，诸陶两翰君索草书，述怀卷端》：

> 越南燕北客中身，北去南来只一春。
> 樽酒又酣今夜月，布衣如怯去年尘。
> 既将细论酬词客，别取高歌混市人。
> 却怪舍傍杨柳树，故飘黄叶似含嚬。

　　在北京，徐渭碰到李子遂。李子遂，名有秋，福建建阳人，早年与徐渭一起师从季本。李子遂到北京是求人替父母撰写墓碣的。徐渭和他一起游西郊的碧云寺，并在枯柳下流觞饮酒，尽兴而回。徐渭在北京生活了一段时间，年底前回到绍兴。

病狂自裁

从京城返回绍兴，徐渭的心情相对地较为平静，因为他已离开了是非之地。事实上这种平静只是暴风雨来临之前的一种平静。徐渭劝去京的人"慎毋处疑嫌"，他所说的"疑嫌"便是在京师党争中陷于何帮何派。徐渭自庆的是，由京返越，布衣自由之身，不再为处于斗争旋涡中烦恼了。乙丑元日，即嘉靖四十四年（1565）元旦，漫天大雪，徐渭约邻居王山人共诣朋友到尚志者家中饮酒，兴致很好，《乙丑元日大雪，自饮至醉，遂呼王山人过尚志家痛饮，夜归复浮白于园中》：

> 元旦独酌不成酡，穿邻唤客雪中过。
> 三百六旬又过矣，四十五春如老何。
> 愤软渐知簪发少，兴豪那计酒筹多。
> 小园风景偏宜雪，缀柳妆梅有许窠。

值得注意的是，雪在徐渭眼中是一种美，雪是可爱的，这和他数月后的情绪截然不同。"窠"同"棵"，雪在梅上，雪在柳上，起点缀作用，摆脱了嫌疑之苦的诗人有一种闲情逸致。

按传统，立春的前一天，县衙要进行迎春仪式，绍兴的迎春仪式也叫鞭春牛。此俗始于秦汉，而盛于唐宋。据《东京梦华录》等记载，早在宋代，立春日那天，人们一早就聚集在官府门前，看县官鞭打"春牛"——执鞭在泥牛上连打三下，也有打用苇或纸扎成的春牛的，也有打真牛的。鞭春之后，表示一年一度的春忙农耕将要开始了。其中当然还有鞭策耕牛努力耕作，使农作物收成更好的意思。随着时代的变迁，以后便演变为东郊迎春和祝春福仪式。即在立春前一日，绍兴的官吏要全体出动，身着官服或青衣（以符合春为青阳之意），去东郊迎春。立春那天，则有巫祝主持祷祭春神勾芒，感谢他给人间带来万木复苏、草木萌发的春天，并祈求他不吝赐福于人间，称为"祝春福"。这年，山阴知县亲自率领士绅僚佐，在东郊举行迎春仪式，场面盛大。徐渭当时患病初愈，也去观看了这次迎接春牛、芒神的活动，并创作了《乙丑看迎春》一诗：

> 清帝銮旂绕大堤，东郊仗引协群黎。
>
> 枝轻已作开花意，履重偏多夺彩泥。
>
> 一道风光随晓骑，两行箫鼓杂春啼。
>
> 微疴岂只都除被，兼得阳和满袖携。

春意浓了，徐渭的病也开始好转。

陈鹤晚年移居南京，于嘉庆三十九年（1560）病死。陈鹤的儿子打算将父亲陈鹤与其原配胡安人合葬在绍兴，希望徐渭能为陈鹤写墓表。徐渭与陈鹤交情很深，后来深情地写下了《陈山人墓表》一文：

> ……居数年，始得会山人于甥萧家，酒酣言洽，山人为起舞也，而复坐，歌啸谐谑，一座尽倾。自是数过山人家，见山人对客论说，其言一气万类，儒行玄释，凌跨恢弘，既足以撼当世学士。而其所作为古诗文，若骚赋词曲草书图画，能尽效诸名家，既已间出己意，工赡绝伦。其所自娱戏，虽琐至吴歈越曲，绿章释梵，巫史祝咒，棹歌菱唱，伐木挽石，薤辞傩逐，侏儒伶倡，万舞偶剧，投壶博戏，酒政阄筹，稗官小说，与一切四方之语言，乐师瞍瞍，口诵而手奏者，一遇兴至，身亲为之，靡不穷态极调。于是四方之人，日造其庭，尽一时豪贤贵介，若诸家异流，无不向慕，愿得山人片墨，或望见颜色，一谈一饮以为幸。虽远在滇蜀，亦时有至者。即不至，幸以书托交，每旬月，积纸盈匦。
>
> 山人又喜拔穷士，士或往四方，又必借山人片墨以动豪贵人。每值山人饮，旅者行者，举爵持俎，载笔素以进。山人则振髯握管，须臾为一掷，累幅或数十丈，各惬其所乞而后止。而往复笺札，援酬去留，目营心记，口对手书，又杂以论说娱戏，如前所云者，一时杂陈，灿然毕举……故予尝谓山人气雄迈，跨诸贵游，似东方朔；才敏似刘穆之；其为琐细艺剧，忽整衣帻谈理道，辨世

务，又大类曹植见许淳事……

文章写毕，意犹未尽，徐渭又写了一首诗悼念陈鹤："三岁违故壤，殡根千里丘。念兹怆欲结，涕下不能收。"此时，陈鹤的侄儿将陈鹤创作的清曲结集成书，命名为《息柯余韵》。徐渭又为此书写了一篇序，即《曲序》：

> 海樵君诗篇，子都侯已刻于粤南，至是从子某又取君所为曲若干首，刻而播于里巷，藏其副于息柯亭中，目曰《息柯余韵》，从众好也。业已要予发其意于篇端，予虽尚未见全篇也，而故尝与海樵君游，则固谂其声矣。辟若好琴瑟然，其音无所不具，其抒之于思也，极其所到，怨诽则可以称《小雅》，好色则可以配《国风》。而其按之于指也，遇《小雅》则闻之者足以怨，遇《国风》则闻之者足以宣。而君今已弦解而柱崩矣，琴瑟之音，杳然云散风驶，而独留者谱，固闻之者之所欲倾耳，而起君于松楸之表者也。而乌知其不传哉？语曰，睹貌相悦，人之情也。悦则慕，慕则郁，郁而有所宣，则情散而事已，无所宣或结而疹，否则或潜而必行其幽，是故声之者宣之也。故观兹谱者人将以为登徒子莫如君，余独以为反登徒子莫如君，独其声艳耳。空同子称董子崔张剧，当直继《离骚》，然则艳者固不妨于《骚》也。噫，此岂能人人尽道之哉？

徐渭在这里对陈鹤之曲发了一通议论，徐渭关于音乐的论述不多，《曲序》算是其中之一，提出了他关于音乐的一些看法。

到了春末夏初，这时徐渭的抑郁狂躁症发作，心情极其抑郁，他打算以自杀的方式来了结生命。在自杀之前，徐渭撰写了《自为墓志铭》，对自己的生平作了概述，并对后事进行了安排。

病后次年，徐渭有一首《喜马君世培至》诗，追忆当时病况及友人情谊：

> 仲夏天气热，戒装远行游。
> 访我未及门，遇子桥东头。

> 时我病始作，狂走无时休。
>
> 吾子一见之，握手相绸缪。
>
> 却云始作病，未可药饵投。
>
> 欲以好言语，令我奇病瘳。

　　显然，自杀是在"狂走无时休"之后，是在精神失常状态中。分析徐渭自杀的原因，"惧"与"愤"之外，还有一个便是"病"，时而清醒，时而变态。

　　其实，徐渭求死是一种病态，也未必完全是一种病态。他有一首《读庄子》，就思想情绪看，列为本年所作为宜，无妨看作是徐氏多次自戕的思想基础：

> 庄周轻死生，旷达古无比。
>
> 何为数论量，生死反大事？
>
> 乃知无言者，莫得窥其际。
>
> 身没名不传，此中有高士。

　　徐渭于极度烦恼中，读《庄子》求解脱。庄子所说的"至人无己，神人无功，圣人无名"的思想深深影响着他，他感悟到内心的安宁只有"形有所忘"，要把生死置之度外，只有结束自己的生命才能使灵魂得到彻底的解脱。

　　徐渭自杀，是由诸多因素促成的。他在《自为墓志铭》中说：

> 人谓渭文士，且操洁，可无死。不知古文士以入幕操洁而死者众矣，乃渭则自死，孰与人死之。渭为人度于义无所关时，辄疏纵不为儒缚，一涉义所否，干耻诟，介秽廉，虽断头不可夺。

　　徐渭与胡宗宪关系密切，自胡宗宪被捕后，徐渭既怕牵连，又感到无能为力，但他激于义愤，表示"一涉义所否"，"虽断头不可夺"。

　　徐渭的自裁死况和家人施救情况在《海上生华氏序》里写得十分清楚：

予有激于时事，病瘶甚，若有鬼神凭之者，走拔壁柱钉可三寸许，贯左耳窍中，颠于地，撞钉没耳窍，而不知痛，逾数旬，疮血迸射，日数合，无三日不至者，越再月以斗计，人作虬虫形，气断不属，遍国中医不效。

有人言华氏工者，客游多传海上方，试令治之，幸而愈。至则问其饵，两物耳，以入窍中，血立止，乃用圣母散三十服而起。因与往来，日问方无穷尽，自言其愈江湖中奇疾甚多，而国人易其工，无知之者，即知无召之者。

余贫，欲为文以彰之而未暇也，则忆囊时与张山人二书，其一曰："予耳血，每至，耳中划划若惊雷，即迸射成瀑流，不可措手，以试于诸医，亦罔措手也。妄思昔人以强弩射潮，尚障东海，今若此，仆之死自分，而越之疗亦可知矣。晚得一华氏，止用二味药，其止效如神。"其一曰："陈胜囚赵王，羽执太公，其间用计设间，百不可脱，而卒赖以济者，至琐之厮养，埋名之侯生也，事不可忽类如此。仆欲用此言表华工以文，兄作一诗，其人日绾栳具，旋旋而来，吾置具于左，坐上坐，交筯与食饮，心甘焉，毋一毫勉强也。"噫，余之赠华氏，计无出于此二书矣。俾越人知之，未可以其工而易之也，因称之曰海上生。

此文写于徐渭自杀被医治救活之后，此时对自杀原因的归纳恐怕是冷静的。这段话有两层含意，即"激于时事"与"病瘶甚"。徐渭由于"激于时事"，思想非常郁闷，最终导致发狂并自杀。徐渭晚年在《畸谱》中提到自杀的原因时，只有"病易"两个字。所谓"病易"，是指精神失常。

徐渭自称"夙有心疾"，他在《奉答少保公书》中对病状有过描述：

夜中惊悸自语，心系隐痛之外，加以四肢掌热，气常太息。每因解闷，少少饮酒，即口吻发渴，一饮汤水，辄五六碗吐痰，头作痛，尽一两日乃已。志虑荒塞，兼以健忘，至于发毛日益凋瘁，形壳如故，精神日离。今者使人入门，突然见渭仍旧蓬跣，并非饰诈……

这就是徐渭常说的脑病，或者是一种狂躁症。

徐渭自杀的场面是惨烈的。据他事后叙述，他当时拔下壁柱上三寸左右的钉子，塞入左耳，用头撞地，把钉子撞入耳孔。以椎击肾囊、自持斧击破其头等动作。被家人及时救起后，创口的脓血过几日就迸射出来，多的时候，一天流出一斗血水，"人作虮虱形，气断不属"。

徐渭的《感九诗》作于朔雪之际，当时忆及病况，自述家中人在他病重时已陷入绝望，已经为他准备了棺木：

> 负疴知几时，朔雪接炎伏。
> 亲交悲诀词，匠氏已斤木。
> 九死辄九生，丝断复丝续。
> 岂伊眇德躯，而为神所笃？
> 就榻理旧编，扶衰强梁肉。
> 纳策试翱翔，渐可征以逐。
> 天命苟未倾，鬼伯谅徒促。

在整个医治过程中，徐渭又多次自杀，但后果均没有第一次那么严重。徐渭在两年后写《读馀生子传》时，也提到"前年逆有阴变起而九自裁……幸而九不死"。

胡宗宪被逮后，出现了戏剧性的情节。嘉靖四十一年（1562）十二月押解到北京后，明世宗再次阅审陆凤仪的奏章时，说了句："宗宪非嵩党。朕拔用八九年，人无言者。自累献祥瑞，为群邪所疾。且初议，获（王）直予五等封。今若加罪，后谁为我仕事者。其释，令闲住。"（《明史·胡宗宪传》）第二年六月，巡按御史李邦珍奏请录叙胡宗宪檄戚继光入闽御倭之功，兵部议覆："诸臣赏宜从重。宗宪虽去任，仍当优录。"明世宗赏给胡宗宪银二十两、彩币二袭。可是到了嘉靖四十四年（1565）三月，直隶巡按御史王汝奉命对罗龙文进行抄家时，发现了胡宗宪被弹劾时写给罗龙文以贿求严世蕃为内援的信件，信中有自拟圣旨一道。王汝正立即向明世宗疏奏此事。明世宗降旨锦衣卫立即将胡宗宪捉拿至京诘问，并革去胡宗宪次子胡松奇世袭锦衣卫千户之职。

　　胡宗宪被投入监狱，写了数千言的《辨诬疏》，半年以后，意识到再也没有东山再起之日，十一月初三在狱中自杀身亡。

　　徐渭得知胡宗宪自杀身亡的消息时，是在年底病情基本治愈之后，胡宗宪死讯传来的这一天，徐渭居凤凰山他的学生马策之之家。这天晚上他在烛下写了《十白赋》，序云："公死于华亭氏，余寄居马家，饮中烛蚀一寸而成十章，讽固无由，且悲之矣。"他判断胡死于徐阶的株连而非死于罪。所谓"十白"，即指十种白色的动物，就是白鹿、白兔、白鹦鹉、白猴、白鹡鸰、白鼠、白鹊、白龟、白麂、白黄头，过去均以为祥瑞者，其实当时徐渭在内心深处便不太同意的。现在借物作赋，抒写对于胡宗宪遭难的隐痛与不平。徐渭还写了《戒舞智》诗，总结了自己和胡宗宪的教训：

> 富非圣所却，贫乃士之常。
> 华屋非不美，环堵庸何伤？
> 多才戒舞智，善闭靡不彰。
> 舞智向愚者，弄偶于偶场。
> 偶自不知弄，尔弄何所偿？
> 舞智向智者，譬以光照光。
> 彼光不受照，尔照何由扬？
> 舞智两不售，不舞两不妨。
> 请君听予言，作善降百祥。

　　徐渭认为胡宗宪之死是徐阶一手导演的。徐阶与严嵩是政敌，而胡宗宪是严嵩的亲信。在严嵩失势之后，胡宗宪受到株连是必然的事，徐阶只是起到顺水推舟的作用。但徐渭毕竟是文人，他认定胡宗宪之死是政治倾轧的结果，将矛头直指徐阶，他写了《雪竹》诗三首，影射徐阶是秦桧。

　　后来，张汝霖在《刻徐文长佚书序》中说：

> 时上方崇祷事，急青词，柄政者来聘，而文长知少保与有郤，
> 不应。其后少保以缇骑收，文长恐连，遂佯狂。寻乃即真。居常痛少

保功而谗死，冤愤不已，而力不能报，往往形之诗篇。狂中画雪压梅竹，而题云："云间老桧与天齐，滕六寒威一手提，折竹折梅成底事？不留一叶与山溪！"其感慨激烈之意，悲于击筑，痛于吞炭……

徐渭觉得徐阶其人，清除严嵩的办法是与皇帝宠信之道士蓝道行结合，用乩语使皇帝对严嵩生疑；清除严世蕃的办法是以道听途说使皇帝大怒。其人清除严党于国有功，但处事不择手段，其心机可怕。此时徐渭对于朝堂种种秘闻未必很清楚，但他预感到一张迫害之网将会慢慢展开。

杀妻入狱

随着嘉靖四十五年（1566）新年的来临，徐渭的病好起来了，徐渭写了《丙寅元日》一诗："小园梅柳色津津，海国迎阳易得新。令节已更今岁日，微疴莫恋去年身。凤鸣梧引真平世，（时有海主事公之疏）女嫁男婚渐老人。尚有旧心消不得，偏题彩笔对青春。（病后欲绝笔于举业，并诸散文，而不能也。）""时有海主事公之疏"是指户部主事海瑞上疏力谏明世宗崇道一事，购置棺材等待处罪。"病后欲绝笔于举业，并诸散文，而不能也"这个小注点明了徐渭他想放齐科举考试和散文创作，但他又不能放弃。

春后，沈襄从保安把沈炼的遗骸运回家乡，绍兴的官绅和沈炼的生前好友举行公祭。徐渭参与其事，并撰写了《与诸士友祭沈君文》：

嗟乎哉！公之奇瑰超卓，芳鲜而磊落也，将古之人，畴可以拟之耶？英年茂学，高蹈贾生；请缨系虏，齐轨终军；借剑斩倭，抗踪朱云。惟斯数子，吾方以拟公于生。而公之死也，诋权奸而不已，致假手于他人，岂非激裸骂于三弄，大有类于挝鼓之祢衡耶？彼数子之驳矣，敢望公之醇精。矧遭时之方泰，依日月之盛明，乃遽罹于惨辟，胡天道之足凭？岂苍苍者将以短公之世，而欲以永公之名？嗟哉，奸魄永沦，忠魂不死，绝塞草青，掩公何垒。令子壮

士，伏阙陈情，返公之骼，以妥先茔。以忠见僇，何代不有？所赖
盖棺，事定于久。忌谗奢质，员走尚囚，今也圣明，释挐于收。桧
构飞罪，待珂始原，今也圣明，亟洗其冤。主仁臣直，父忠子孝，
所系纲常，岂直光曜。聚哭倾里，朗诵哀章，将以激懦，匪以悼亡。

徐渭再次把沈炼上疏弹劾严嵩比作祢衡挝鼓裸骂曹操。

徐渭杀妻在嘉靖四十五年（1566）夏日，用的工具是"锸"，即铁锹。书
生杀人的原因以及杀人的经过没有留下明白的叙述，只是在生命临终的七十三
岁留下"易复，杀张下狱"六个字，这六个字分别表示原因、过程与后果。

杀妻入狱，案犯必有自供；友人探监，徐渭又必有过程叙述。只是这类
材料日后未曾发现，能够查找到的只是徐氏的诗文。徐渭在狱时诸大绶在京城
病逝，徐渭的哀辞中叙述自己杀妻入狱是由于疯病，《哀诸尚书辞》：

> 事有不常，鸟尽兔死，羊昙悲来，郦炎难起。

徐渭与诸大绶交，是在庚子年："庚子识公，垂三十祀"，作《哀辞》的
时间为庚子年后的三十年，约在隆庆四年（1570），即入狱之第五年。斯时案
情的性质也已经确定了。徐渭以羊昙自比，指为胡宗宪而哀，以郦炎自比，指
的是患疯病。郦东汉人，母死哀痛发狂，其妻骇死。妻家告官，因此郦炎死于
狱。这种说法与《畸谱》说法一致，事情很明白，杀妻系因病误杀。

杀妻的原因在徐渭的《上郁心斋》的书启中说得最为明白。郁心斋与徐
渭居宅同巷，属于紧邻，但人在仕途，与徐渭关系不密。徐渭写书给他是因
为杀妻以后，官府断案需要邻里的证言。当时的议论对徐渭极为不利，徐渭称
为"纷受浮言"，最使徐渭担心的是这些"浮言"为郁心斋所承认（"如闻月
旦，亦步雷同"），郁心斋肯定"浮言"是事实，官府必然要作为判案的依
据（"里闾之论，又人取以为依据"）。这封书启实际上是徐渭的自辩状。

有哪些"浮言"呢？经徐渭概括，认为是"出于忍则入于狂，出于疑则
入于矫"，忍是残忍，狂是疯狂，疑是多疑，矫是行为过分，邻人认为，这四
个字是造成徐渭杀妻的动因，如果这四个字被认定，徐渭之罪便是有预谋地无

故杀人，便是死罪。这四个字，徐渭一一辩解，他说：

> 顷雁内变，纷受浮言，出于忍则入于狂，出于疑则入于矫。
> 但如以为狂，何不概施于行道之人？如以为忍，何不漫加于先弃之
> 妇？如以为多疑而妄动，则杀人伏法，岂是轻犯之科？如以为过矫
> 而好奇，则蹀血同衾，又岂流芳之事？

徐渭认为，事情是很明白的，郁心斋所以受惑，乃惑于邻里妇人之
见。"妇护妇，世之常情"，邻里妇人之间有《茉苢》之好。徐渭杀妻，关键
在哪里呢？他说："河间奇节，卒成掩鼻之羞，贾宅重严，乃有窃香之狡"，
认为"事难概料，大概如斯"。河间的故事是指河间王刘德好儒学，自称研究
古籍若干，结果子虚乌有，为后人所讥；贾宅的故事是指贾似道对姬妾与男子
交往防范甚严，结果仍有美男子乘虚而入，偷香窃玉。徐渭要求郁心斋"力扶
公道，勿泥前说"，要了解张氏的过错，一是涉及徐渭的文事，一是涉及男女
私情。

而陶望龄在《徐文长传》云：

> 渭为人猜而妒，妻死后有所娶，辄以嫌弃，至是又击杀其后
> 妇，遂坐法系狱中，愤懑欲自决。

陶说就徐渭继娶的三个女人看，一是妾胡氏，二是入赘之杭州王氏，三
是继室张氏，均未结善果，三个女人或被卖，或离去，或被杀，显然，问题不
在女方，而在于徐渭的"疑而妒"，即在男女关系方面，徐渭的疑心病太重。
陶望龄评徐渭，认为就才情言，越之古人，只有陆游可以与徐渭相比，极为推
崇。但论及徐渭个性，又说"负才，性不能谨饰节目"，事情的关键之处在于
徐渭不能谨慎从事，以致厄运连连。他认为徐渭杀妻出于多疑，出于性格褊
狭，出于无谓的忌妒，自然是源于里人的传说，而不附和徐渭自述的"易复"。

仙鬼迷魂

徐渭因脑病、醉酒，经常会遇到一些神秘现象，脑病发作时鬼使神差，喝醉酒时，常会编一些"刘阮遇仙"的故事，现摘几则如下：

"七十二峰深处"

暮春时节，绿肥红瘦。一个人骑着一头黑色的毛驴，悠闲地行走在九曲十八弯的五泄山道上。他时而驻足观赏，时而摇头低吟，时而又策骑向前。他，就是大名鼎鼎的文坛奇才徐渭。

五泄寺院僧侣，得知山阴徐渭来游，自然高兴，香茗热汤，素斋静室，待为上宾。

晚上，寺院方丈遣一小僧送上"文房四宝"，欲请他题辞作画。徐渭接过纸笔，当即很自负地口占一首：

　　　　绝地通天笔一支，山神应怪我来迟。

　　　　小僧也识先生趣，不索金钱只索诗。

吟毕，对小僧说："请你禀告长老，题辞作画，待晚生游过宝地再说罢。"

第二天一早，徐渭来到东龙潭，沿着响天岭拾级而上。却见青山绿水，层层梯田，绿禾新插。一条溪水弯弯曲曲，从远处流过来，像一条柔和的碧带，绕过村前屋后，沿着山脚，流向看不见的山那边……

"紫阆村中一线微……"

"嘻嘻——哈哈——"徐渭刚吟出一句诗，就被一阵笑声打断了思路，扭头一看，右边山脚下平缓的坡地上，一群穿红着绿身材窈窕的山姑村女正在采茶。她们正嘻嘻地笑着、谈论着、看着他，他有些恼火。

"穿厨入灶浣裙衣。"随着一阵清风，他听见一个姑娘吟出下句来。

这不是要我续的意思吗？既明白如话，又饱含情趣，他那被打断的思绪续上了，于是朗声吟道："无端流出高岩上。"

"化作人间瑞雪飞。"对面坡上又接上一句。

妙！徐渭不禁拊掌叫绝。我只道山姑村女不懂诗书礼乐，岂料此地竟有如此才女，待我再试一试她们的文才。

正好一条小蛇从脚下游过，他顿时生出一联，吟道："赤蛇过路量量一尺不足。"对面山上静了一会儿，一位红衫少女回过话来："翠鸟投林数数百只有余。"

恰好此时一群山鸟叽叽喳喳朝竹林飞去。

徐渭更为惊讶，但见少女们双手采茶恰似双凤点头，又快又美，翠绿色的茶园里点缀着穿红色、紫色、黄色、粉色衣衫的少女，好像初放的杜鹃花，煞是好看。于是他灵机一动，高声念道："山腰杜鹃随风摆，笑迎情哥。"

茶园里的笑声戛然而止，隐隐听见有人在说："杜鹃，酸气秀才在讨你便宜，快快回话。"

徐渭暗暗高兴，看你们如何对答。不料脚下被什么绊了一下，险些跌倒，慌忙用双手支住。

"岭上青藤满山爬，喜拜观音。"红衣姑娘对过一联。

"哈哈哈哈……"随着一阵愉快笑声，采茶姑娘背着茶篓回家去了，把徐渭一个人留在了寂静的山道上。

徐渭此时既懊恼，又惊奇，又佩服，从来没有失过面子的才子，今日竟被一群黄毛丫头取笑。

"我要看看你是什么人！"这时狂妄的脾气又上来了，他迈开大步，远远跟着那红衣少女而去。

红衣少女闪进一幢房子，他连忙快步向前，只见三间瓦房，缘溪而筑。溪中一座青石筑成的拱桥，过了桥，就是乱石砌成的围墙，墙头探出几枝初抽嫩芽的葡萄藤。用竹条编成的门关着，门边柱上挂着一副刻在竹片上的楹联：

月明沽酒过溪南，雾晓采茶渡岭北。

徐渭沉吟片刻，上前叩响了门扉。

门开了，走出一位六十余岁的老者。他见是一位陌生书生，打量一会儿，拱手道："请问客人来自何方？"

徐渭吟道："山里无名士，阴阳两不知；青松岩际立，藤葛逐风驰。"

"喔，原来是山阴才子青藤先生远道而来，失迎失迎。"老者听这题头诗，高兴万分。

正值中午时分，老者命家人端上酒菜，一时便与徐渭浅酌低吟，谈文说诗，非常投机。

徐渭将上午岭上邂逅之事，告诉老者，说道："老伯，那位红衣少女，不知是谁，有这等才华，在下想要当面请教请教。"

老者笑而不语，将他领入隔壁书斋。书斋内书籍井然，墙上挂了不少画轴，有山水，有花鸟，也有人物。徐渭一一观赏，仔细揣摩。突然，他在一幅画前停住了。

清清的溪水，淡淡的月色，婆娑的竹影，一位红衣少女伫立在溪边，窈窕的身材，肩上背着一筐新茶，更显露出优美、柔和的曲线。明亮的目光注视着他，小嘴在顽皮地翕动，似在唱山歌俚曲，又似在问："你是何人？"

"上午所遇之人是她？"老者微笑地问。

"正是，莫非她是画中仙女？"

"非也，她是老夫的外甥女，姓杜名鹃，每年要来帮我采摘新茶。今日得罪先生，请先生多多包涵了。"

"老伯言重了。杜鹃姑娘如此文才，徐渭实在钦佩，只想当面请教。"

"可惜她已离开了。"

"她家住何处？"

"外甥女生性好动，不一定回家，且五泄山道崎岖，三十六坪奇景，七十二峰深处，你一介书生哪里寻觅得着？不过……明天，后天可能还要来为老夫采茶。"

第二天，第三天，第四天，徐渭在响天岭上一连等了三天，最终没有再见着那位红衣少女杜鹃姑娘，最后只好带着几分眷恋，几分惆怅，几分遗憾，离开五泄。

在离开五泄前夜，徐渭为寺院题写了"七十二峰深处"六个大字。那刚劲雄健又妩媚多姿的笔势，既表现了徐渭对五泄山水的赞美，又隐含着对杜鹃姑娘的无限怀念之情。它好似在喃喃地说：七十二峰深处的杜鹃，哪里去寻觅哟……

写戏破命案

徐渭在中年时，写过不少戏剧本，与戏班子老板换些银两，以此谋生度日。

这一年，山阴县城出了一桩人命案子。素以美貌著称的豆腐西施春花，在城区水澄桥旁望江楼内遭人强暴后被杀死于客房中。衙门正在紧张地展开破案调查，却迟迟没有结果。

一个喜欢赶时尚的戏班子老板，心血来潮，要求徐渭以"豆腐西施遭奸杀"为素材，赶写一个脚本。徐渭看在双倍稿酬的面上，把这个写作生意接了下来。

徐渭为人不拘小节，但在写作上却十分认真。这个真人真事的剧本，他不敢胡编乱造，为了接近案情真相，他一连几天外出，四处探听美少妇春花的生前情况。

一天晚上，徐渭来到在望江楼边居住的友人家里，来给他开门的却是一个年轻女子，微弱的烛光下，徐渭发现这是一个从未见过面的美少妇。

美少妇告诉他：他的友人前几天已经搬走了，现在是她居住，她便是这儿的主人。并邀请徐渭到屋里喝杯清茶。说着，朝徐渭笑了一笑。

这一笑却让徐渭愣住了。这女主人异常美丽。而这些天来，根据各方面的素材，徐渭已在心中将女主角形象勾勒了八九分，此刻看来，竟与这美少妇十分相似。

徐渭暗笑自己被剧本的情节构思迷了心窍。他从不腼腆和客套，就大大方方地随美少妇走进屋里，来到客厅坐下。

这是一间普通人家的客厅，摆设和原友人居住时一模一样，只是在边上多了一架古琴和一个古筝。

徐渭能说会道，马上与美少妇攀谈起来，才知道这女子名叫秋月，会稽人氏，从小读过私塾，酷爱音乐戏曲。

　　有了共同的话题，两人自然聊得不亦乐乎。这时，徐渭忍不住地告诉她：你知不知道，你很像我剧本中的女主角，一见面你就把我给愣住了！只可惜现在剧本写不下去，有很多细节不能串连起来，故事还不能自圆其说。徐渭向秋月讲述了戏班老板急着要剧本的事情。秋月对这事倒也很感兴趣，不住地问这问那。

　　两人说着说着聊得越来越投缘，夜深了仍意犹未尽地聊着，大有相见恨晚之感。分手时秋月突然对徐渭说："既然你说我像那女主角，你可把未成稿的剧本让我看看，让我来帮你补充故事情节，我们女人家心细，定能让故事自圆其说而且天衣无缝的，你不要小看我秋月哦。"

　　"哪能呢！我是求之不得。"徐渭笑了，他正想着有个下次再来的借口，便答应明日送稿件过来，让秋月费心过目。

　　第二天，徐渭送稿件过去。过了两天，徐渭再去秋月处取回稿件。

　　徐渭回到家中，打开稿件一看，字里行间，秋月做了密密麻麻的修改，有的句子在徐渭看来如同金子般珍贵，这是他想破了头也想不到的情节呀，许多一直弄不明白的事情现在一切都迎刃而解，明明白白清清楚楚了！

　　徐渭顾不得多想，交稿的期限快到了，他急匆匆地按照秋月提供的主线情节，飞快地动手写起来。徐渭伏案写作了三天三夜，这三天中他感觉有如神助，所写的作品与从前相比似乎有不一样的东西，他的剧中故事变得严谨而巧妙，有破案推理大师的水准，情节丝丝入扣，经得起反复推敲，真是天衣无缝！

　　徐渭如期交了稿子。戏班子的老板看了也大为赞赏，如约给了银两，还说，如上演火爆另有酬谢。

　　徐渭当然没敢忘记秋月的帮助，他特意买了一大堆女人用的礼品，再次去会见秋月。

　　秋月这天显得非常热情，她亲自下厨掌勺，盛情款待徐渭，还不时为徐渭倒满酒。这晚，徐渭大醉，醉倒在秋月的床上。

　　好事成双，那个《豆腐西施春花奸杀案》的剧目与观众见面了，演出相当火爆！戏班子的老板非常满意，又送来酬金，约徐渭再写一个更好的……

　　徐渭有钱了，就懒得动笔，婉言谢绝了戏老板的请求。这天傍晚，徐渭正准备去会秋月，不料有客人找上门来。来人的身份让徐渭十分吃惊，竟然是衙门的捕头和刑办书记。听来者说明来意后，徐渭才知道，他在剧本中所构思的案情是真有其事。

当时，衙门对这个"春花遇害案"，由于查不到任何线索，束手无策。那个捕头说："恰好看到你写的剧本在演出中，我一连看了几场，戏中的描述与案发情况几乎完全一样。"

徐渭大笑，说："巧合，巧合而已。"

捕头却很严肃地说："开始我也以为巧合，但由于找不到其他线索，我只好凭剧中情况去查、去探，居然找到当时那个凶手留下的凶器和其他证据。而三天前，我们已抓获了潜逃的凶手归案。当时这个凶手拒不认罪，我们找来了你所写的剧本给他看，一开始凶手还不以为然，随便翻翻，可看着看着脸色变了，不敢再往下看了。凶手当时大喊一声：'徐渭真乃神人也！'便昏了过去……"

刑办书记接着说："凶手醒来后便承认了一切罪证，他所说的经过和动机与你剧本的描写简直一模一样。就连凶手都吃惊了，我们也想知道你是怎么了解这个案件的？"

徐渭也十分吃惊，惊得无言以对。

刑办书记取出一份"春花遇害案"的全部记录，放在徐渭的书案上，说："徐先生你是一位才子，我们很敬重你，请你好好看看这件案件的真实情况，明天请你带上这份记录到衙门来，我们再向你请教。"刑办书记说得客气，软中有硬，很明显是怀疑徐渭有牵连的意思。

送走捕头们之后，徐渭拿起案件记录翻看，当看到被杀害的春花画像时，他几乎吓坏了，她长得跟秋月一模一样！

徐渭放下案卷，飞快直奔水澄桥脚下，来敲秋月家的门。可这次与以往不同，没有人来开门，敲了半天也没个回音。徐渭不甘心，他翻墙而入，摸进秋月的闺房。房中却空无一人，他点燃蜡烛四处寻找，找遍了每一个角落都不见人影。当他再次来到客厅时，发现长条画桌上放着一张白纸，白纸上写着：

春花秋月何时了？不了也得了。往事知多少，管他有多少！

徐渭大叫一声"秋月"便昏了过去……

据说，这一次极度惊吓，使徐渭留下了神经错乱的病根，以后每逢中秋月圆之际便发作，晚年病势加重——以至于发展到拔剑杀妻。

"枭姬祠"雾散

很久以前，在安徽省安庆境内紧靠长江边，有一座"枭姬祠"，祠内有尊"枭姬娘娘"塑像。据传，当时祠前的江面上，整日灰茫茫、雾腾腾，船行到此，难以通航，只能靠岸停航。后由明代的山阴秀才徐渭在"枭姬祠"接了下联，才解除江雾。

章武二年（222），东吴君主孙权，为并吞蜀国，又不伤同胞亲妹，派大臣周善偷偷到蜀国孙夫人处诈报："国太病危，欲见亲女，请孙夫人火速回东吴。"孙夫人信以为真，等不了在外远征的刘备，就带着刘禅及数名随从悄悄坐船回东吴。

不久，孙权命陆逊为大都督。陆先发制人，进兵伐蜀。猇亭一战，大败蜀兵，刘备在大将赵云的拼死保驾下，退居白帝城。

话说孙夫人到东吴后，真相大白，知道中了兄长孙权的圈套，后悔莫及。身虽在吴国，心却在蜀国，想起昔日与刘备夫妻恩爱之情，今日却各奔东西，泪似泉涌，终日寡言少语，夜难入眠，时刻牵挂着刘备。一天，她闻猇亭兵败，讹传先主死于军中，悲痛欲绝，遂驱车至江边，望西奠祭，仰首遥望，然后长叹一声，挥笔题下半联，便投入长江激流。

顿时，白浪滔滔，灰雾霭霭。从此，这段江面上终年不见天日，船只难以通行。后人为纪念她，寄希望早日雾散航通，建祠于江滨，并将她亲笔所题半联刻在祠右边柱上，号曰："枭姬祠"。有词云："先主兵归白帝城，夫人闻难独捐生。至今江畔遗碑在，犹著千秋烈女名。"

是年，徐渭游历大江南北，当船行到"枭姬祠"前时，船夫大声道："因雾锁江面，船只难以通行，只能就此靠岸了，请诸位上岸绕道而行。"话音刚落，乘客们都纷纷推开船篷探头张望。果真，江面上重雾弥漫，连数步以外的景物也看不清。无奈，只好上岸照船夫指点的方向而行。

走了片刻，忽然见不远处有一座祠，众人就顺便进去观看，徐渭也随同前往。他刚跨上几级石阶，忽然看到祠前右边柱子上题有"思亲泪落吴江冷"一句上联，忙撩起长衫，三脚并作二步跨上前去细看，原是孙夫人所题。侧头再看左边柱子上，却空空如也。暗忖："这对联好生奇怪，怎么只有上联却无下联，待我补上。"想到此，徐渭立即从肩上拿下包袱，取出笔墨，顺手在左边柱子上挥毫接一下联："望帝魂归蜀道难。"题毕，徐渭慢慢收拾起笔墨。

"奇才！奇才！"围观在徐渭身边的乘客都惊呼起来，徐渭被弄得莫名其妙。他抬头一看，只见有的乘客用手指着墨迹未干的下联，又指向江面惊奇地比画着。呵！原来江面上雾动云移，不一会儿，江雾全消，红日高照，江面上碧波荡漾。

从此以后，上下游通航了。徐渭在"枭姬祠"接下联的故事，也就流传开了。至今，当地还流传着"秀才接联才学高，千年云雾一时消"两句赞颂徐渭的民谣呢！

鬼迷杀张氏

嘉靖四十二年（1563年），徐渭从杭州督署返回绍兴，回到家里已经是戌初时分了。张氏夫人见丈夫突然归来，十分惊喜。连忙备好酒菜，待端上来时，只见丈夫凝视着中间挂着的那幅堂屏，似乎要看出什么奥秘似的。张夫人知道这幅堂屏是现任江浙闽总督胡宗宪的手笔，上面写着："运筹于帷幄之中。"

字写得雄浑有力，十分气派。平时丈夫回家，虽然有时亦看上几眼，但从来没有这样盯着瞧个半晌的。当她抬眼看到丈夫的满面愁容，而且腮边还有几点泪痕时，更觉一怔：这是为何？然而考虑到丈夫刚刚回来，也不敢过多动问，只说道："既然回来已晚，谅必腹中饥饿，还是快用酒饭吧！"徐渭经这一提，才感到卯正动身后，一直没有进过食物，确实感到肚里在唱"空城计"了，于是连声说："好！好！"就坐下饮食起来。

他一面吃喝着，一面却在回忆昨天晚上胡宗宪在内书房召见时的情景：

昨晚酉正时刻，他正在签押房里处理一批各地来的文札，突然总督的亲信中军陈信急匆匆地走了进来，说胡大人有要事相商，请他到内书房相见。徐渭忙放下手头的文札，整一整衣冠，跟随而去。

　　刚到内书房门口，只见台阶下总督的八名贴身近侍，一手叉腰，一手按住雁翎刀柄，两两成对地恭立着。徐渭心中十分纳闷：这样警戒森严地干什么？正在低头思忖，中军陈信已掀开珠帘，进内禀报。

　　只听得胡宗宪高声地喊了一声"请！"

　　徐渭一脚跨进内房，只见屋内多燃立地巨烛，而公案桌前，又有两架灯檠点得透亮。胡宗宪一身便装，坐在公案桌正中的太师椅上，手中捏着一封插着鹅毛的八百里飞马快传函件。见到徐渭，要他免礼、看座。徐渭就坐于公案左侧，忙启齿道："大人召见，有何军政大事商议，请作明示！"胡宗宪二话没说，递过"快传"，并加了一句："先生请看！"徐渭一看"快传"，大惊失色，原来上面清清楚楚地写着：

　　书奉胡公勋鉴：

　　　　监察御史邹应龙早朝一本，参劾严相父子专权误国，勾结外官，狼狈为奸。连案江南，圣心震怒，严旨严相父子据实回话。吾侪与公，均在案内。东西两台、科道司员，蠢蠢而动，不日自有分晓。特飞骑传驰，以免仓猝诸希准备，不尽欲言。

　　　　　　　　　　　　　　　　　　　　　　愚弟懋卿顿首

　　徐渭识得，这是左都御史鄢懋卿的手书。早知鄢是严嵩义子，与严世蕃结为姻眷，与赵文华称兄道弟，乃严相亲信爪牙。但平日只知胡宗宪系保障东南的抗倭统帅，与当朝权相严嵩集团多有龃龉。每和自己谈起朝廷纪纲，常作忿然之色，怎么会"互相勾结"？而且鄢懋卿怎甘冒参案之不韪而飞骑报信？真是百思莫解。正持书沉吟之际，胡宗宪却开言道："先生是我亲信幕宾，情同兄弟，万事从无隐晦。勾结之说，怎能避先生耳目？奈邹御史参到我名，实属意外，望先生有以教我！"徐渭听此，更为匪解，不知怎么说才好。略一思索，来不及仔细考虑答道：

　　"大人与严相既无纠葛，怕它怎甚！即使朝廷不察，责旨下来，也可拜本抗争，是非定有公论，何足挂齿！"

　　胡宗宪却显得十分凄楚地道：

"夫子多读史书，通晓古今，难道不闻'莫须有'可置人于死地之说乎！况且今圣上接位后，曾累下旨意：严禁外臣交通京官。仆居东南方镇，难免对外巡京察有所敷衍，欲加之罪，何患无名，抗争谈何容易！看来难免落入锦衣卫之手，奈何，奈何！"

徐渭是个绝顶聪明的人，说话听声，锣鼓听音，觉得胡宗宪说这番话，绝非事出无因，甚至可能是"查有实据"，不然，谏官老爷们岂敢用鸡蛋来砸石头，自讨苦吃。自己虽忝为总督衙门文案师爷，处理着内外文牍，但事关机密，未必让我全数插手。胡本系翰林出身，文墨原属所长，因爱我书画，才聘为幕宾。如果真如"快传"所述，那胡必为严案中人，确非逮解进京不可！何况今圣上少年气盛，自登基以来，对先朝制度，多有变革，严相势焰，早已今非昔比，而天下百姓，受其荼毒，含恨已久，一旦失宠，必群起而攻，独夫民贼，岂能幸免！胡之虑，并非杞人忧天。想到这里，突然记起《永乐法典》明文规定有"株连"之罪，万一胡被牵连，自己乃胡总督文案主笔。这岂同小可！自觉对严党向来恨之入骨，焉能料到胡竟然是严党鹰犬，自己倒成了株连所及的"爬虫"。这便如何是好？想到厉害处，不禁惊出一身冷汗，脸色也由红转白，由白转灰。早被胡宗宪瞧在眼里。不待徐渭开口，胡宗宪已婉转言道："夫子不必担忧，仆虽无知，断不至于卖友求恕！一切干系，自有仆一身承当。目前责旨未下，或许尚可挽回。为夫子计，不如趁此回山阴探亲一走，如后日无妨，夫子可返署理事；万一仆遭参革，夫子就不用分担忧患，另谋良图。未识尊意如何？"此时的徐渭，如盲人骑瞎马而临深池，知危而不知危在何处，又无法了解实情，未便出谋献策，只得说："敬遵台命！"

昨晚这一幕幕经历，越想越感到烦躁，绍兴佳酿，沾唇如尝苦水，八珍佳肴，入口味同嚼蜡。回头看看堂屏，胡宗宪亲书颜体大字"运筹于帷幄之中"似乎逐渐模糊起来，甚至后来竟成为一串铁锁链条，逐渐地向自己靠近，几乎随时会套在自己的脖子上。此时，不禁浑身起了一层鸡皮疙瘩，寒刺刺地，于是猛地端起酒杯，一饮而尽，顿时一股暖气，直透丹田。再转眼看时，只见堂屏上的七个正书，却变成"陷身入缧绁之中"，不禁大惊失色。忙用手把眼睛揉了一下，才慢慢地回复原状。

此情此景，悠悠忽忽，使他已无心饮食，干脆推盏而起。张氏夫人见状大吃一惊，忙道："相公因何避席而起，难道不中吃吗？"徐渭一时无言以对，只是用手指心，踉踉跄跄地走向寝室，张氏夫人忙上前搀住丈夫，扶他慢慢地走入内房。徐渭已来不及脱靴卸袜，一头倒在床上，张氏夫人只得为其脱下靴袜任他和衣而卧，把棉被扯上一角，盖在他的胸前，才轻手轻脚地离开内房，到中堂来收拾碗筷。

徐渭这时，何尝能朦胧入睡，只是紧闭双目，想养一会神，可是，在总督衙门里的件件往事，又连续不断地涌上心头，越想越感到事有蹊跷：通政司使赵文华，曾经二度奉旨来浙江挑选宫女，为嘉靖物色嫔妃，这事曾搅得民怨沸腾，胡宗宪身为总督，从无据理抗争，为民请命，反而指派得力部隶，为赵文华百方觅美，甚至要自己回山阴协同办理。遭到拒绝后，才转而传檄绍兴知府徐煜承办此事。鄢懋卿奉旨南巡，稽查吏治，到处敲诈勒索，回京之日，满载而归，搜刮去江南无数金银财宝，弄得两浙官绅吏民，沸反盈天，而胡宗宪不但从不加以阻止，反而让出都辕作为鄢的行辕。回京之时，又派督署中军副将徐信，亲率督署亲兵加以护送。严嵩八十寿诞，胡送了什么厚礼，自己虽未知内情，但胡曾要我代撰"祝词"，自己不肯动笔，胡却几次三番地说："应酬文字，不得不敷衍耳，何必注小节而罹无妄之祸。"后来自己禁不住他以宾东之情感化，只得书文致礼。再说一般的地方官吏，甚至方面大员，与严党一经抵触，不是惨遭陷害，丧生破家，就是革职拿问，或谪戍远恶州县，吃尽苦头，只有胡宗宪，不管平时如何慷慨激昂，有时还明与对抗，却始终保持总督高位，安如磐石，其中难道会没有缘故？当时的种种迹象，都被他抗倭有功所迷惑，并未引起自己的注意，倒是同情他居官方镇，不得不勉强应付京中权贵。现在想起来，确实是"局外人偏遇局内事"了。

徐渭回家已经十数天了，走了几家至亲好友，虽然听了不少传闻，但都是些道听途说，有的说严嵩父子已下三法司鞫讯，有的说鄢懋卿已被锦衣卫拿问，也有的说邹应龙参奏失实已下东厂羁押。孙府的如涟、如淞两兄弟虽有伯叔在朝，消息灵通，但也没有得到京报。为了打探消息，已派得力家人，星夜兼程上京。徐渭亦附了一封信笺，托代陈幼年知交，现任经筵讲官、侍读学士、状元诸大绶，打听确切消息。徐渭心里不免分外焦急，思想上矛盾重重：一面希望严党被扳倒，为民吐气扬眉；一面又希望胡宗宪并无瓜葛，自己免受牵连。

这天，正喝酒解愁，张氏夫人在一旁百般劝解。夫妻正在叙话，突见门帘启处，孙氏兄弟连袂而入，徐渭趁势邀孙家兄弟同饮一杯。如涟、如淞也不推辞。三人饮了几杯，如涟从袖中抽出一封已启蜡封的密札，说："仁兄请看这刚到的十万火急快递家书。"徐渭不及细问，忙看密札，只见上面写着："字谕涟、淞二侄知之：西台御史邹应龙参劾严嵩父子勾结外官，贪赃枉法，买官鬻爵，陷害忠良，专权误国，罪无可绾。六科给事中也纷章弹劾，圣心十分怒恼，已将严党逮交三法司详鞫具闻。案连浙督胡宗宪等方镇大员，已责旨锦衣卫飞骑逮解进京，凡被严党诬陷文武官员，将由吏部甄别开复。朝命徐阶晋升首辅。二侄均在吏部甄复之列，希即整束行装，候命进京。山阴秀才徐渭，名逮参案，不日将有严命。据闻彼系二侄至交，务嘱及时准备，以匡不逮。两都冢宰府图记，隆庆戊辰五月望日。"

徐渭阅后，不禁大惊失色，一时不知如何是好。孙氏兄弟只得不断宽慰，并表示鼎力相助，要徐渭尽可放怀。徐渭拱拱手说道："全仗贤昆仲救助一臂之力。"言罢，心中一酸，几乎掉下泪来。孙氏兄弟见他心境不快，也不便久留，就说声"保重！"拱手告辞。

消息逐渐转入到正道，邸报亦发到了山阴，三法司公布了严嵩父子的十大罪状。抄家的结果，金银珠宝比皇家的御库还多，还抄出了禁品，圣上龙心大怒，已将严世蕃押赴西曹，处以斩刑。责令严嵩退休还江西原籍；鄢懋卿等严党亲信，已银铛入狱；江南总督胡宗宪，贿赂朝贵，案连严党，已由锦衣卫飞骑逮解进京，下在刑部大牢。绍兴知府徐煜，山阴知县许桓，已被浙江布政司使奉旨逮捕，新任知府汤贻恩，知县田彬，不日莅任。这些京报，轰动了山阴士民，人人额手称庆，到处是噼噼啪啪的鞭炮声，户户放歌纵酒，遍地是嘻嘻哈哈的欢笑声。受过严党残酷逼害者，深感上苍有眼，报应不爽；未遭贼伙罗织幸存者，喜庆善恶到头有报，从此可以高枕无忧。只有徐渭终日闷闷不乐，躲在家中步门不出，担心"株连"而遭不白之冤。

这天，正在厅前凝视院中的红石榴花，似乎感到红得如火，会突然燃烧起来，不可收拾。正在此时，孙府老院公送来了京中诸状元的手书，徐渭拆封拜读起来：

文长仁兄大鉴：手书敬悉。胡督案中涉及仁兄牵连各款，计开：

一、赵文华二选宫女，胡宗宪指派幕宾山阴秀才徐渭，协同骚扰一款；二、鄢懋卿巡查江南，山阴秀才徐渭，受胡宗宪指示，贿赂巨金，沆瀣一气一款；三、严嵩六十寿辰，胡宗宪命徐渭撰寿铭酒献媚邀宠一款；四、胡宗宪克扣军饷，幕宾徐渭串通作弊，侵吞巨款一款。

按上述四款，事出有因，为弟所洞悉。仁兄不必多虑，弟已代向都中谏台诸公申诉，不致有多大干系。只是地方官吏新近更调，到任后是否会节外生枝，不可逆料。太守汤公，新从工部员外简放外任，此公干练贤明，必能洞察秋毫，除浙江布政司使外，弟已去函。总之，仁兄但请释怀！

徐渭读罢诸大绶手书，才放下了心中一块石头，准备痛饮三杯。一面动手把胡宗宪撰写的堂屏取了下来，藏入书画箱内。心想：只要不受株连，以后总能找到幕宾之席，平平安安地度过晚年，也就心无牵挂了。正在思索之际，忽听得门外有人在喊："徐相公可在府上？"徐渭忙开门去看，门口立着的是他素来相识的绍兴知府衙门的书吏王平。说是奉二府周老爷之命，请徐渭去府衙一叙，似乎有要事相商。徐渭知道，周二府就是绍兴府理刑推官周岳，现因原知府徐煜被逮，新任知府汤公尚未到任，由他代署府事。送走王平，倒使徐渭有些紧张起来，听王平所言，周二府有要事要与我商量？自己与周平时少有来往，不会私事相邀，那么公事会是什么？莫非与胡案有关，难道浙江布政使、按察使点了我的名不成？刚才的那股欢喜劲儿已减少了大半。但既蒙相邀，就不得不往，只好见机行事吧。于是与张氏夫人交代了几句，整一整衣冠，径往府衙走去。

绍兴府衙坐落在龙山山麓，古越王台畔。徐渭来到衙署前，抬头看时，只见东辕门口，站着四个皂隶，腰悬佩刀，两两成对地站着。西辕门口，登闻鼓高高地架着，辕门紧闭，只开着一扇东角门。徐渭正待上前问询，角门内走出一个人来，正是王平。王平一见徐渭到来，忙挽住徐渭的手道："相公快随我进去，大人已在内书房等候多时了！"两人并肩而入，穿过甬道，绕过大堂，转入花厅，穿厅而过，进入月洞门，折向西首，缘小径转入上房，左首第一间就是内书房，门口站着一个打帘子的听差。见王书吏领着一位秀才打扮的客人前来，忙开帘等候他们进去。当二人进入屋内时，只见外间空无一人，公案桌上堆着一些书卷，引人注目的是一轴"中堂"卷起搁在那里，徐渭觉得很是眼熟。王平垂首立在二门门帘下禀报道："山阴县秀才徐渭相公奉命晋见大人！"只听得咳嗽一声，周岳身穿常服，缓缓地踱了出来。徐渭应府学岁考时，周曾为监考官，按照惯例，有师生之谊，就迎上前去，欲行大礼。周岳一把将徐渭扶住，并道："书房之内，贤契只行常礼吧！"徐渭只得屈了半膝，行礼后落座，早有听差献上茶来。王平另有他事，退了出去，屋内只剩下周二府和徐渭二人。徐渭躬身言道："大人召唤门生前来，未识有何钧谕？"周岳道："无事不敢有劳贤契，有一桩公事，须烦贤契剖析，故特相邀。"说罢，将放在公案桌上的那轴"中堂"递给徐渭，并继续言道："这是浙江按察使署移文随附的一轴堂屏，系犯官徐煜家抄出之物，上有贤契图记，究属如何，请贤契观后告知老夫，以便据实上详按察使署。"徐渭迫不及待地打开一看，原来就是那年乘凉时徐煜要他书写的"虎字中堂"，确有题款，上款是：知府大人嘱笔；下款是：愚晚徐渭拜书。周二府见徐渭沉吟不语，就道："徐煜出任绍兴知府，系严嵩同党安插下来的鹰犬，与贤契如何有瓜葛？"徐渭禀告道："大人明鉴，门生素来对严党中人不睦，徐煜来越州后，曾要与门生联宗，门生坚不应允。那次要门生写幅中堂，门生和孙氏兄弟巧使手段，给他写了这个'虎'字，直着看，仅仅是个草书的虎字，横着看，宛如一头摇头摆尾凶相毕露的老虎，讥讽他为虎作伥，吞噬我古越人民脂膏的丑行，大人不妨横着一观！"周岳闻言忙侧身仔细横观一番，果然不差，心中大喜，就道："贤契好险！此乃'按宪'专门移文追查的要案，这下可好了，老夫当据此详文上达，以免网受株连之祸。但此事既然孙氏兄弟共同参与，不妨叫他俩出具一份证结来，以保万全！"徐渭忙答称："门生遵命！"于是重新落座，周岳谈起胡宗宪逮解进京事道："胡宗宪牵连入严案一事，颇令老夫匪解，贤契在总署协理文案有年，谅必知其一二，倒要请教！"徐渭恭恭敬敬地回答道："门生蒙胡督猷青睐，在署数载，掌管文案，胡宗宪平倭之功，不容抹煞，抗倭名将戚继光、俞大猷，均系胡宗宪从行伍中简拔起来，由小校位至总兵官，立下了不朽功绩。只是与严党中人交往一节，门生亦颇为不解，平时在署，谈及朝廷纲纪，胡宗宪未尝不为扼腕！然而阿谀逢迎，确亦有之。门生总以为外官应酬朝贵，事出无奈，已属惯例。现在谏台参劾勾结一款，事连机密，许多事均是宗宪自己主办，门生也不得而知。可惜十大功劳不仅一笔勾销，而且株连入狱，生死未卜，门生也不无惆怅。万一牵连到门生头上，还求大人做主。"周岳道："贤契于心无愧，谅无大碍，如有干系，老夫当代为申辩。目前严世蕃已授首西市，严党中人正在严刑鞫讯，有什么消息，老夫定与贤契通气。"谈了一会，徐渭告辞，周岳道："孙氏兄弟的证结，贤契速去给一办，以便老夫迅即上详。"徐渭说声"敬遵台命"，就告辞出来。周二府直送至阶下，又再三嘱咐道："胡宗宪为朝廷所恶，贤契切勿因私交至笃而藏匿胡氏手迹，还是早日销毁的好，以免蹈祸！"徐渭连忙唯唯称是，并道："其实胡总督并无翰墨为门生所有，只是那年为门生撰过一幅堂屏，倒是他的手笔。"周岳道："总以小心为妙！"徐渭深谢关注，就施礼道别。

　　徐渭一出府衙，转过府直街，来到脂沟汇头两都冢宰府，顺道去拜访孙氏兄弟。孙氏兄弟置酒相待，三人边谈边饮。徐渭因周岳维持自己，心情舒展，也就开怀畅饮起来。三人谈及胡宗宪一代元戎，平倭功大，朝野所重，谁知竟因与严党瓜葛，以至身败名裂时，深感不平。徐渭想起了在胡督幕中，立马卫所，驰骋海疆，自己参与平倭军机，屡有建树，原想一洗科场失利之辱而能伸展胸中所学，以报国家，现在竟落得个谨防株连，不胜感慨。谈饮之间，时已戌初，孙氏兄弟令家院撤去残席，徐渭辞归，一宿无话。

　　次日清晨，徐渭正待用膳，突然听得街上一片开锣喝道之声，由远及近，开门看时，只见"肃静""回避"牌后，一对抬锣过去，执事皂隶肩背衔牌，左面是"赐进士出身"，右面是"山阴县正堂"，后面一抬四人青呢大轿，轿中一员官员，七品补服，圆翅乌纱，原来是新任山阴县田彬莅职上任。徐渭知道这位田知县，系两榜出身，本在浙江布政使司衙门为首席文案，因原山阴知县许桓受严党牵连被逮，他才得放任山阴，当年自己随胡宗宪巡视浙江，于布政使司衙门会见过他。新官上任，少不得要拜会乡绅，很可能凭一面之缘，会来拜访。正在遐想，只见孙府家院急急而来，邀他过府，说有要事面商。徐渭整顿衣冠，就往孙府走去。及至到了孙府，孙氏兄弟已在台阶上迎候。

落座后，如涟道："京报刚到，愚兄弟已经吏部开复，指分在南京，分任南京都察院左佥事御史和吏科给事中，限在月内进京陛见，已商定明日启程，特邀仁兄一叙。"徐渭听罢，连忙向孙氏兄弟道喜。说话间，家人已摆上酒来。徐渭道："理应小弟设宴为两位仁兄饯行，怎好叨扰？"如淞道："你我至交，何分彼此，快请入席。"徐渭也不推辞，就和孙氏兄弟边饮边谈。席间徐渭道："两位仁兄还朝，台中又增力量，如有机会，还请为胡宗宪申剖冤情，弟感同身受。"如涟忙道："南京留都，岁备位台，只是虚职而已，但陛见进京，当趁机游说王公大臣，为胡督申述，仁兄尽可放心！"徐渭称谢，并约定明日在常禧门外长亭上为孙氏兄弟饯行。因孙氏兄弟即需收拾行李，就起身告辞而归。回到家中，正在和张氏夫人备说孙氏兄弟开复上京，明日要为他俩饯别，商量置办酒果时，忽听门外有人高喊："徐渭相公在家吗？"徐渭不禁一愣，忙开出门去，只见两位皂隶，立在门首，徐渭认得他俩是山阴县六房班头郑彪、朱虎，忙拱手道："两位光临寒舍，快请里面坐！"郑彪道："相公不必客气，我俩奉知县大人面谕，请相公去县衙一走！"徐渭不胜纳闷，心想，田知县刚上任履新，还未拜会乡绅，怎么邀我去会面？但公差等着，又不肯入内，就说："请两位先移尊步，徐渭马上就到。"朱虎道："知县大人吩咐我俩陪徐相公同去，请相公即行。"徐渭无奈，只得唤出张氏夫人，告之究竟，就随同他们往县衙而来。至县衙前，只见辕门大开，抬眼见田彬端坐于大堂之上，两旁三班六房，排列整齐，心知有异。郑彪、朱虎领路，直上堂来，上前禀道："山阴秀才徐渭带到！"徐渭际此，不得不上前作揖参见道："生员参见县尊大人！"田知县把徐渭上上下下打量了一番，突然厉声喝道："徐渭你可知罪？"徐渭见田知县不但不还礼，而且如此喝问，也就直言顶道："徐渭一介秀士，自问并无罪戾，县尊甫莅新任，传生员上堂，请予明示所犯，以开茅塞。"只见田彬将惊堂木一拍，喝道："好一个一介秀士，为虎作伥，助纣为虐，本县奉署绍兴府事周大人移文，审理你台参各款。还狡辩无罪？来！把徐渭秀才革去，剥下青衫，听候审案！"早有两班衙役，一声堂威"嘎！"郑彪、朱虎走上前来，剥去徐渭青衫，脱下秀才头巾，并喝一声"跪下听审！"把徐渭按跪在堂下。

原来明制，秀才见知县只行作揖礼，不必跪地，而知县有权革秀才名号，革名号后就是平民百姓了，不但要下跪，而且可以刑讯。徐渭不禁忿然，虽被按跪于地，但仍高声抗争道：徐渭秀才已隽二十春秋，县尊大人凭什么褫革？既只称奉署移文，为何不当堂宣读？侮辱斯文，是何道理？"田知县一听此言，冷笑几声，高声喝道："好一张利嘴，竟敢咆哮公堂，藐视本县！此地不是总督衙门，你也不是当年的亲信幕僚了。府署移文，怎能让你过目！本县奉命审理台参犯人徐渭，不褫革你这件青衫，如何动刑？你速将在胡宗宪幕府时勾结严党的种种不轨从实招来，以免皮肉受苦！不然，休怪本县无情了！"这番话只气得徐渭七孔生烟，不禁怒火中烧，索性立起身来吼道："既称徐渭在总督衙门时犯下罪孽，请拿出证据来！徐渭懂得刑律一二，拿不出证据，休想逼供！"田彬哪里容得这副模样，怒喝道："本县早闻得你依仗胡宗宪之势，横行乡里，鱼肉乡民。胡宗宪逮解进京，你胆敢到处呼喊，为他鸣冤叫屈，对抗朝廷，窝藏他的堂屏，拒不交代。还在严党势盛之时，就勾结严贼死党原绍兴知府徐煜，联宗认亲，为他写书作画。署府周大人早把你的劣迹查得清清楚楚，周大人也曾万般开导于你，竟忠言逆耳！至于台参各款，更是铁证如山。你这斯文败类，名教罪人，居然无视法纪，唐突本县，不给你点厉害，谅你也不会乖乖伏罪。来呀！给我拿下去重责他二十大板！"说罢，在公案桌上擎出一支刑签掷下，两旁皂隶顿时将徐渭拖住，强按在地，剥下罩衫，行起刑来。只打得徐渭两股皮开肉绽，血流不止。徐渭到此才知落入周岳的圈套，周岳为了谋求升迁，不惜在详文上作了手脚，并指使田彬行凶。这正是无心汉中了有心计。徐渭越想越气，两股又疼痛难忍，终于大吼一声"奸贼！"顿时昏了过去。田彬见状，即令皂役用冷水喷面。徐渭苏醒后，突然踉踉跄跄地站了起来，仰天哈哈大笑，直向公案前跌撞过来，显系神经失常了。只吓得田彬忙着喝令"收监！"夹着尾巴"退堂"，逃回内房。

徐渭被逮入狱的消息当天下午就传进了孙府，如涟如淞闻讯大吃一惊，忙令家院去县衙打听端的。及至听到徐渭受刑逼疯一节，如淞勃然大怒，对兄长道："田彬不传证人，不摆物证，又未知会县学教谕，不问青红皂白，革了徐兄秀才，又滥施淫威，严刑逼供，显系受周岳指使，沆瀣一气，借此谋取爵禄。如何容得他俩胡作非为！一定要为文长兄洗雪报仇。只是人在狱中，我俩又长行在即，此事如何处置才好？"如涟道："事情恐怕没有这般简单，文长兄秉性耿介，嫉恶如仇，无论口头、笔头，又是尖锐绝伦，刺痛过一些人。在胡宗宪幕府时锋芒太露，现在落井下石者不乏人在。周岳背后，是否有人很难预料。幸好你我刚奉朝命开复，只能以疯癫为理由，保外医治，或许田彬能看在你我份上，碍于逼疯干系，允准所请。只有先把文长兄弄回家中，你我立即上京，商讨妥善之策，才能于事有补！"如涟忙道："既然如此，事不宜迟，快修成保状，持你我名刺，派得力家院去办吧！"

果然，田彬因徐渭入狱后哭笑无常，疯癫甚烈，借此准予保外就医，徐渭才能回到家中。当晚，张氏夫人见丈夫上午好端端地去县衙，回家竟成疯呆，不禁悲号起来。孙氏兄弟都赶来省视，见状只得百般劝慰。再视徐渭，不肯梳洗，不顾冷暖，不思饮食，见到至交弟兄也不理不睬，更因受刑伤痛，竟伏在床上，迷迷糊糊地似睡非睡。孙氏兄弟嘱咐张氏夫人好生照料，请医诊治，并言明日上京后，不日必有佳音，请她放心。张氏夫人只是和泪应承。

徐渭保释在家，在张氏夫人的精心照料和请医治疗下，虽有所起色，但一忽儿痛骂奸党佞臣，一忽儿又惊呼悲动，时好时坏，日逐消瘦。张氏夫人忧心如焚，求神拜佛，祈祷丈夫早日恢复健康。

这天合当有事。张氏的叔伯兄弟，远在济宁府衙门充任书办的张文正回家探亲，只听得堂妹夫被官府逼疯，在家养病，因而前来探望。正值徐渭睡熟昼寝，张氏就把他让到厅堂上侍茶谈心。徐渭醒来，似乎稍为清爽了点，不见张氏夫人，就摸索着下床，却听得厅上有男人声音，心存疑窦，从房内向外望，只见一个公人打扮的正和妻子在亲密地说话，依稀中不辨真相，竟怀疑夫人不贞，顿时气得一口痰涌了上来，又迷住了心窍，一头栽倒在地。及至张氏夫人听见响动，忙和兄弟赶进房内，见状大惊失色，只得把他抬到床上。张文正道："妹夫被逼害成疯，非一时药石所能奏效。必须以情移病，有道'解铃还须系铃人'。听说妹夫的得意门生王骥德，现在山东德州作幕，待我赶往他处，邀他返里劝解，好在乎弟假期已满，就要返回济宁，此事顺道易办，妹子意下如何？"张氏夫人闻言答道："你妹夫往日多称王生才干，请王生回乡劝解，或许于事有补，就烦你回济宁时转道走一遭吧！"文正又嘱托了一番，见徐渭仍昏昏沉沉，只得告辞而去。

谁知徐渭清醒一点后，竟把张氏夫人当作眼中钉，给他饮食，他摔盆甩碗，给他药汁，他掀翻于地，侍候他换衣衫，他却撕得条条挂挂。问他，怒目相向，拉他，老拳相待。急得张氏夫人六神无主，不知事出何因。鉴于自堂兄来探望后所发生的异举，原以为平素堂兄逢年过节返乡，郎舅之间尚称融合，所以丝毫未提及堂兄来探望之情，不料却因此铸成大错。

由于饮食少服，药石拒用，徐渭终于一天天消瘦下去。而且老是白日见鬼。徐渭看见上次嘉兴战役时因白吃了鲏鱼而被剖腹的士兵，晚上在徐渭窗前索命。徐渭还看到上次因徐渭告发而被胡宗宪错杀的几个和尚，天天在徐渭门口静坐。张氏夫人这几天见徐渭病情日剧，忧心如焚，每日里以泪洗脸，可是又无人可以商量。孙氏兄弟上京以后，短期内尚无消息。娘家也没有其他亲人，虽有邻里和孙府老家院不时前来慰问，并不寂寥，但心中的"巨石"压得喘不过气来。这天，刚好孙府老院公来探视，道及原越中名医，现入太医院的傅心澄太医返里省亲，如能请来为徐相公诊治，或许能妙手回春。张氏夫人大喜过望，见徐渭又在昏睡，就请老院公引路去找傅太医。及至请好太医回来，只见丈夫在内房里，盘膝坐地，一双发黑的、有些僵硬的手，正在一页一页，一幅一幅地撕碎他毕生精力所凝成的书和画。胡宗宪亲笔题写的"中堂"，现在已成为片片碎纸，散落在地上，像被掐死的一只只墨蝶。他一面撕书扯画，一面吟咏着不知在什么时候"创作"的诗句："……倾尽残甏任纵酒，提起往事堪结眉，我今欲去万事了，你却何来千肠回……"

张氏夫人一见此状，大惊失色，急忙抢步上前，去夺徐渭正在撕毁的《青藤画稿》，没夺住稿子，只抓了缚稿的绳子。徐渭这时正疯病大发，徐渭"看见"那个与张氏勾搭的公务人员，腰里挂着刀，要逮捕徐渭，而张氏拿着一根粗绳，像是帮凶。徐渭顿时瞪着双眼，一甩手推开了张氏，又不知哪儿来的力气，霍地站了起来，一个箭步，抽出挂在壁上的那口辟邪宝剑，向他们两人逼来。张氏夫人见此真是大惑不解，欲待去夺，却见他眼光直射，咄咄逼人，分明疯病发作，只得呆呆地看着。徐渭见张氏夫人呆呆地对望着，脑际里一忽儿见张氏的平日恩爱之状，一忽儿见一个公人打扮的与张氏在亲密交谈，真是一忽儿喜一忽儿恨。而终于爱胜于恨，正欲抽回手中的宝剑，谁知竟一个前扑，绊了一下，似乎将要摔倒。张氏连忙去扶时，说时迟，那时快，徐渭的剑头，已回抽不及，直冲张氏而来。可悲的惨剧终于发生了，张氏闪避不及，不偏不倚，正中咽喉，顿时扑倒在地，血流如注。徐渭如梦初醒，握着的剑"哐当"一声掉在地上，他自己也一个趔趄跌坐在张氏左侧，只见他在抓呀抓地，抓起刚才撕毁在地上的纸片，一簇簇地抓住甩开，使纸片飞舞在他和张氏的周围，有几片已飘落在她的身上，而她这时微微地睁开眼睛，泪如雨下，然而只低低地说了声"相公保重"。说罢，竟合上了眼睛，再也不声不响了。似乎安详地躺着，在仰面看丈夫的杰作，又似乎她这些日子太辛苦了，睡熟了，永远地睡熟了！徐渭此时已惊醒过来，不觉放声大哭！

当孙府老院公陪着傅太医推门进来时，徐渭惭愧莫名，只说了一句："我误杀了她！"突然一个后仰，直挺挺地倒在地上。老院公和傅太医急忙抢步上前，扶起身子，揉胸捶背地忙乱起来，而在忙乱中傅太医闻到了一阵血腥味，转回头一瞧，发觉张氏咽喉冒血，颈下已一片血迹斑斑，急忙间，顾不得抢救徐渭，赶着来看张氏夫人，一按脉搏，已香销玉殒了！待转过身按徐渭脉理，见尚有救，就急急地抽出金针，按穴位给他扎了几针。徐渭徐徐地苏醒了过来，眼见张氏夫人直挺挺地躺着，又放声大哭……

第七章　炼狱涅槃

多方救慰

徐渭入狱，狱中生活十分凄惨。到了冬日，天下大雪，狱中愁眠，触景生情，徐渭便咏《雪》：

> 屋腐隙西椽，密雪夜如织。
>
> 朝窥床簟头，白糁高一尺。
>
> 侧身不敢摇，寒笼戢僵翼。
>
> 伴侣同苦辛，何从乞浆食？

囚房是"寒笼"，同时也是渴笼、饿笼，囚人们渴来无饮，饥来无食。其实，徐渭入狱，亲戚与朋友也送来过许多食物，例如新昌人吕对明，是徐渭的挚友，年岁已大，"时翁在郡，余在狱"，吕派人送来猪肉（豲肩），但"为人所攫"，即为狱卒所没收。徐渭有《几上篇》，说是没有吃到肉，但意思已经到了：

> 鼎肉闻台使，生鱼属校人。
>
> 吐珍宜染指，意到即沾唇。
>
> 黄霸知乌攫，张汤掘鼠询。
>
> 自怜如几上，念此益酸辛。

饥不得食，真正使徐渭感到酸辛的还不是有肉吃不到，而是仅有的一点囚食，也要与鼠共食。狱中的老鼠多，也极吓人。

其实对徐渭来说，最大的折磨是他对死刑的担忧，对死亡的恐惧。"越中十子"之一的杨珂到狱中看望徐渭，对如何想办法出狱作了指点。徐渭很感激，但也表露必死的忧虑。

少颠和尚也到狱中探视徐渭，交谈后徐渭有所感悟，写了两首诗送给少颠。其中一首写道：

> 鲰生莫讶垂怜少，李白犹言欲杀多。
> 顾尔难将佛力救，已拚身向鬼门过。
> 他年夜雨还思不，此日风波奈若何？
> 悟后思仇成一笑，借君如意鼓盆歌。

诗中徐渭自认为必死无疑，他说少颠即使佛法如天也无法挽救他，他必然要走进鬼门关，已不抱有任何幻想。

在安徽歙县的方阜民听到徐渭被逮入狱的消息，急忙赶往绍兴。方阜民还带来了王寅的一封问候信。徐渭写了一首《寄王仲房》诗托方阜民带给王寅。诗中道：

> 十岳乘云人，寄我一尺书。
> 能遣鲤鱼至，不能活枯鱼。

徐渭将自己比喻为枯鱼，死刑的威胁还没有解除。

晚些时候，在成都的杨道人也到监狱访问徐渭，对徐渭进行了开导，徐渭不以为然，他写了《杨道人访我于系索诗》：

> 道人半在成都行，今过稽山上禹陵，
> 身载瞿塘雪后水，手拖蒟酱国中藤。
> 稍谈鹿乘延卑品，欲拔鸡群亦上升，

近日嵇康知不免，懒将消息问孙登。

徐渭自喻为嵇康，以杨道人喻孙登。徐渭认为杨道人的劝诫已若多余，死是免不了的。

徐渭入狱之时，嘉靖皇帝病逝，时年六十。十二月二十六日，嘉靖第三子朱载垕即位，即明穆宗，时年三十，年号隆庆。新皇帝革故鼎新，推行新政，经历半个世纪严酷统治的天下百姓"感动号哭"，政局发生了很大变化。隆庆元年、二年，徐渭之案定于死刑没有多少变化，主杀的呼声甚高，只是尚未定案。

徐渭对后事已有所考虑。他把以前所写的诗文稿委托给上虞人葛韬仲和葛景文叔侄两人，请他们编辑并作序。葛韬仲名焜，曾任鄂州推官，与徐渭为世交。葛韬仲此时乡居，接到书稿后即着手整理，并将自己的《览越篇》送给徐渭，请徐渭写序。

徐渭在狱中度过了隆庆元年（1567）的新年。明穆宗利用明世宗的遗诏，宣布"召用建言得罪诸臣，死者恤录"。南京御史赵锦在嘉靖三十二年（1553）疏劾严嵩专权，被斥为民，家居十多年，此时官复原职。沈炼属恤录之列，被"赐祭一坛"。沈襄因父亲沈炼被赠光禄寺少卿，已在北京任职。他于正月回到绍兴，参加祭奠仪式，并到狱中探视徐渭。徐渭写了《赠光禄少卿沈公传》：

青霞君者，姓沈，名炼，字纯甫，别号青霞君。生而以奇骛一世。始补府学生，以文奇。汪公文盛以提学副使校浙士，得君文惊绝，谓为异人，拔居第一。嘉靖辛卯，遂举于乡，戊戌，成进士。始知溧阳，以政奇。御史惮之，卒得诋，徙茌平，再徙清丰。已乃擢经历锦衣卫，以谏奇。

庚戌冬，虏入古北口，抄骑至都城，大杀掠。时先帝仓卒集群臣议于廷，大官以百十计，率婾婉不敢出一语。君独与司业赵公贞吉，历阶抵掌相倡和，慷慨论时事。严氏党执格之，君遂抗声诋严氏父子。又上疏请兵万人，欲出良涿以西护陵寝，遮虏骑使不得前，因得开都门，通有无便。不报。无何，又上疏直诋严氏十罪。有诏廷杖君五十，削官，徙保安为布衣，以戆奇……

外史徐渭曰：余读《离骚》，及阅青霞君塞下所著《鸣剑小言集》《筹边赋》，扼腕流涕而叹曰："甚矣，君之似屈原也！"然屈原以怨而君以愤，等死耳，而酷不酷异焉。虽然，死不酷，无以表烈忠。今夫干将缺且折，其所击必巨坚也。君结发庐越山，至入仕，至放居塞垣，其特奇行多甚，言之人无不骇心堕胆者。然其要卒归于孝忠。君少时，君父翁睽其室，走京师，誓终焉。其后君举于乡，入京，悉要其乡人为供具，长跽请归其父翁，哀痛恸号，路人无不洒泣者。父翁遂感动，亟命驾归，翁妪相欢如初。迹君所为孝如此，其忠固有自哉！然余尝至京师，过君故舍。舍旁人为余道，沈大夫盛时，车骑集门如流水，及祸起，门可张雀罗，所不去者永嘉张尚宝逊业乡人胡通政朝臣耳。然两公者卒以此得祸，悲夫！宋玉为屈原弟子，原死，玉作些招原魂。余于君非弟子，然晚交耳。君徙居塞垣时，余直寄所怆诗一篇，愧宋玉矣！

徐渭崇拜沈炼，把沈炼当作自己的楷模，他在文中用"以文奇""以政奇""以谏奇""以戆奇"来概括沈炼的一生，并且把沈炼比喻成屈原，而认为自己有愧于宋玉。

徐渭不能参加祭奠仪式，却以此文表达了对沈炼的崇敬。沈襄回北京之前，又去狱中探视徐渭。徐渭写了《送沈叔成》（沈上疏请复父仇，故以孙策事比之）一诗为沈襄送行。诗云：

> 稽山镜水秀堪餐，孝子忠臣古所难。
> 冰雪十年身尚在，风尘一剑事俱完。
> 青骡春蹀梅花暖，红雨朝挥柏树寒。
> 欲借伯符三尺手，高翻银汉洗人间。

同时，徐渭还写了一篇《送沈君叔成序》，对沈襄的复仇行为进行了具体叙述。文中写到沈襄探狱的仗义行为：

> 叔成父仗剑出塞垣，拾其先公蜕以归，乃复抱书号阙下，取所衔两虎数狐以甘心，始拂衣归乡间，驻马野棠，洒涕报事于先公墓道，于是乡间称叔成奇男子，无忝先公。既罢，复短剑跨一驴，将渡江、淮而北，复有事京师也。来别余于理，见余抱桔就挛，与鼠争残炙，虮虱瑟瑟然，宫吾颠，馆吾破絮，成父忽双涕大叫曰："叔愈至此乎！袖吾搏虎手何为？"余壮之，体貌虽屏囚矣，而气少振也，于是作歌以为别。

沈襄去北京，决心为徐渭申诉。

徐渭在狱中胆战心惊地挨过了一年多，迎来了隆庆二年（1568）的新年。丁肖甫带着徐渭的幼子徐枳来探狱。徐渭十分高兴，写了《戊辰元旦喜杜儿至走笔》一诗：

> 苍松古柏出墙枝，今岁今春异昔时。
> 试罄酒樽浑忘醉，却牵儿女笑成痴。
> 琴凄尚带南音泛，剑出先从紫气知。
> 自比当年梁苑客，邹阳彩笔正堪题。

众人的营救已经起作用，徐渭已经知道死刑或可免了。

接着，张元忭去看望徐渭。张元忭，字子荩，是张天复的长子。他即将去北京参加会试。徐渭对张元忭此行寄予了很大的期望，先后写了《送张子荩春北上》和《赋得紫骝马送子荩春北上次前韵》两首诗送给张元忭。其中《送张子荩春北上》说：

> 离筵驿路正芳梅，骑马听莺是此回。
> 旧日繻生关吏识，新年罗袖内家裁。
> 泽兰把赠携春色，苑杏留花待异才。

却说涸鳞悬尾在，欲从天上借风雷。

徐渭希望张元忭此行能考中进士，以便徐渭能有所依靠，将他救出监狱。

新年正月，吕尚宾与时中到狱中探望徐渭。吕尚宾是兵部尚书吕光洵的族弟，新昌人。他们两人与徐渭在狱中共度夜晚，徐渭深为感动。写诗《戊辰廿有四日，尚宾、时中宿于圄，夜大风雨，冰厚尺，诘朝得子甘北报，走笔遍诸友》：

梦里分明梦塞鸿，朝来便有鲤鱼通，
话深白榻三人雨，冰断黄河一夜风。
马惫岂堪重蹀躞，鸟飞何苦辨雌雄，
云天万里尝嫌窄，恰作庖鸡镇日笼。

此后不久，徐渭的生母苗氏病故。经过丁肖甫的作保，徐渭被允许出狱料理丧事。徐渭入狱后，丁肖甫照顾徐渭的老母和幼子的生活。徐母过世后，丁肖甫帮徐渭料理丧事。徐渭后来在《告丁母》一文中，深切地表达了这种挚友之情：

某结发同母叔子三为学，至于四十有二年。中间母与某母同舍者三年，而情益亲，亲如娣姒，若然，宜无事不相周旋也，况病死丧葬乎？当某囚时，某母死，叔子能出我于狱，而周旋我母之丧。今母死，叔子客，我不能诣叔子于客，亦庸众人矣，而又不能周旋母之丧，其为庸众人何如哉！噫！不敢道也。或亦母之所谅也。悲哉！敢告。

隆庆皇帝即位不久，开始整肃吏治。有人检举张天复在云南按察司副使任上有贪污之事，张天复、张元忭父子一起赶到云南，向当政者作出申辩，从而使真相大白。秋天，张天复父子从云南回来后，一起到狱中探视徐渭，并送给徐渭从云南带来的水果马槟榔。

隆庆四年（1570）二月初四，吴景长带领他的众子弟到狱中，为徐渭五十岁生日祝寿。徐渭与他们开怀畅饮，事后写成《五十生辰，吴景长携诸子弟饷予圜中》一诗：

> 回头四十九年差，兀兀将身伴肺嘉。
> 齿数真惭虚犬马，枝干犹记浑龙蛇。
> 纵令百岁能余几，况复孤舟未有涯。
> 多谢诸君留醉久，棘墙新月上梅花。

原诗"肺嘉"下面有注释："石名，太古以石为狱。"徐渭这首诗感叹牢狱"未有涯"，但在诗的结尾表达了徐渭对生活依然充满热情，新月映照下的梅枝，仍然唤起他内心的欣喜。

不久，绍兴知府岑小谷，字用宾，广德人，出于怜才之意，对徐渭甚为关心。当然也有京中高官拜托其善待此囚。岑用宾先是派衙中人莫叔明来探望，继而又派人送来酒菜。

莫叔明，字公远，长洲人，徙居在杭州，喜欢写诗。莫叔明来看望，徐渭自然十分欣喜，写了一首诗《寄莫叔明》时予尚系，而莫乃府公岑令其入访：

> 十年不得见，一日云就泥。
> 我与鼠争食，尽日长苦饥。
> 因君割囚粟，握把换菽藜，
> 饮水湿枯吻，坐以谈嵁崎。
> 遶栅响绳铁，听者知为谁，
> 似言好儒绅，亦解相睍窥。
> 有时端不动，兀哉木所为，
> 都萌求福心，欲作居士题。
> 览此相踟蹰，颓焉日以西，
> 安得秦时人，化作大鸟飞？

别君锁昏黑，不寐闻天鸡。

徐渭在诗中诉说了狱中生活，期望莫叔明设法把自己救出去。"安得秦时人，化作大鸟飞？"希望自己能像大鸟一样，到自由的空间去翱翔。

对徐渭的营救，在绍兴方面以张天复为中心。张天复为营救徐渭联络了许多人，动用了多种关系。特别是山阴知县徐贞明、会稽知县杨节、浙江按察使朱篑等人。徐渭的案子是这样解套的：首先是山阴知县徐贞明审定徐渭患有脑病，是病中杀人。徐渭在《送徐山阴赴召序》中说："始渭之触罟而再从讯也，非公疑于始而得之真，则必不能信于终而为之力也，必使之活而后已。"这说明徐贞明在案件的审问过程中起到了关键作用。其次是会稽知县杨节利用与知府盛时选的关系帮助减刑，徐渭在《送杨会稽》一诗中写道："余生偷一日，感泪积千行。勺水喟干鲋，残羹活翳桑。买丝将作绣，刻木且焚香。"最后，浙江按察使朱篑根据绍兴知府的报告批准假释出狱。徐渭在朱篑去世后，写诗怀念他："及予在圜中，亲人相慰藉。佐觞备海物，烹鸡荐鲋鲜。得予脱梏归，县官向予话：尔非朱按公，不得相僭假。"（《哀词三首·朱按察公篑》》）朱篑当时任浙江按察使，是徐渭假释出狱的最后审批者。

在北京是以诸大绶为中心。徐渭在入狱之后，前后写了两封信给诸大绶。诸大绶当时为吏部右侍郎，他接到徐渭的求援信后，立刻向浙江地方官打了招呼，从而使徐渭在狱中的情形大为改变，最终由死罪改为监禁之刑也是打了招呼的缘故。徐渭的第二封信透露了打招呼这一事实。信中写道：

猥以死灰，加之嘘息，得诸秘寄，感而涕零。非曰尺笺之上，敢书谢悰，特以方寸之倾，不能缄默。譬如蛊瘵在床，虽至亲视为恶疾，而有共弃之谋，迨和缓入户，则病者一闻药香而兴必起之念。道义所在，天地共临，恩德罔酬，结衔犹负。自今已往，庶几终于玉成，从此余生，并是付之再造。（《又启诸南明侍郎》）

徐渭靠诸大绶的"秘寄"疏通了浙江地方官，使徐渭摆脱了死刑的威胁。同时，翰林院编修朱赓也伸出援助之手，向浙江地方官打招呼。徐渭为此写了《谢朱金庭内翰》一信。

破械重生

徐渭的官司，京中有侍郎修书，绍兴有知府同情，还有许多朋友帮忙，于隆庆三年（1569）入冬之际，案情定为因病即非故意杀人，死罪可免，这样，在狱中便免于桎械。徐渭写过两篇《破械赋》，第一次解开械具是徐渭有丁肖甫保释，去处理母亲的丧事，那是短暂的破械。第一篇云：

> 嗟乎哉，西河残守，东海孝妇，差之毫厘，千里歧路。寸胫尺支，二木一金，昨日何重？今日何轻？其在今日也，栩栩然庄生之为蝴蝶，其在昨日也，蘧蘧然蝴蝶之为庄生。

第二次解下械具是徐渭被免于死刑的时候。徐渭死里逃生，喜悦之情，溢于言表。他的《后破械赋》在描写枷械外形后，便与枷械进行对话：

> 爰有一物，制亦自斑，鹳喙不啄，琴体乏絃。乃偕二友，木窦金纽，与，胫及足手。一人迹之，不棺而朽。多其高义，随我四年，我分殉之，何心弃捐。二三神明，驾鹅其首，司其去留，为我撞剖。嗟乎哉，尔完我死，尔破我生，破完倏忽，生死径庭，可不慎乎，敢告司刑。

狱因徐渭燃起的是生命之火，他的思想是积极的，也是悲怆的。破械之后，徐渭在狱中喝得大醉，叫狱卒拿来笔墨纸砚，进行书法创作。由于没有现成的书籍可参考，他就对古人的书法进行了评价，这就是《评字》。

入狱惊魂甫定，狱中闲得无聊，徐渭便开始为《参同契》作注。校正注释《参同契》，目的很清楚，他说，便是他走上刑场以前的"广陵一曲"。等到破械时，徐渭《参同契》注释已基本完成。

《参同契》一作《周易参同契》，东汉魏伯阳撰。魏伯阳精于炼丹术。在炼丹过程中，魏伯阳将实验中观察到的炼丹变化过程都一一作了记录，最后写成了炼丹理论著作《周易参同契》。此书以《周易》为立论之本，所说皆以《周易》为根据。"参"通三，即《周易》、黄老、炉火三事；"同"即通；"契"即合。也就是说此书据《周易》原理贯通《易》、老、丹三学。其要旨在于运用《周易》所揭示的阴阳之道，参合黄老学说的自然之理，讲述炉火炼丹之事，是一部关于炼丹学说的经书。《周易参同契》分上、中、下三篇，每篇都是以《周易》卦爻为据来说明炼丹和养性的道理，但其侧重点各有不同。书中用卦爻的词语表述炼丹的鼎器方位、药物、火候、时辰、变化等等。还大量地叙述炼丹的过程，包括外丹和内丹。外丹即以铅汞等物质为药物，置入鼎炉加火烧炼所产生的新物质。外丹讲究药物用量、冶炼火候、还丹过程、服食效应等，书中都作了具体的规定和详细说明。内丹则是以人体内之精、气、神为药物，以人之自身为鼎炉，按一定的路径，经过一段时间的锻炼之后，在体内凝成卵状硬块，称之为丹。内丹即以内养配合服食丹药，把炼内功看作是服食丹药的辅助手段。谓丹成可为仙。该书为道教炼丹者的经典，炼丹者皆以此为宗祖。以《周易参同契》为主要经典的金丹道，东汉后成为道教中著名的丹鼎派。

徐渭曾从钱楩、蒋鳌游，自然对于道家修炼诸事有所涉猎；长兄服外丹不幸亡故，也促使他穷究本源，注经立说。徐渭作注，他"一经一注"的方式，分别主次，理顺各章节之间的内在联系。

《参同契注》完成，徐渭有一梦，梦见小溪中蟹大如斗，有小儿从蟹壳中出入，于是有《养生书成记事与梦》诗，诗中以蔡邕与嵇康自比："中郎赎命悭修史，叔夜滨刑且养生"，说明于隆庆三年（1569）尚未脱离死刑危险，书成后寄陕西右布政使冯少洲，相与切磋，彼此有书信。冯是青州人，徐渭《奉答冯宗师书》对注本解释甚详。

徐渭注完《周易参同契》，前绍兴府同知俞宪编成了《盛明百家集》。《盛明百家集》分前后编，收录明初至明中叶诗人凡一百三十八家，详于同代而略于明初。俞宪将徐渭的诗作编为《徐文学集》，列于后编。俞宪在《盛明百家诗徐文学集序》中说"不意竟以《白鹿》一表，心悸病狂，因之罹变系狱，惜哉！生尝累牍望援，予阻于力。既乃以文数卷远遗。盖同志之士爱其文，而义助成集者。予不及助，爰就集中刻其诗赋之尤者数十篇，列于明诗后编，余文尚有待云。"俞宪希望徐渭能活下去，写出更多的作品。

隆庆四年（1570）八月，岑用宾主持修建的郡学竣工，徐渭受托写了《修郡学记》，文章歌颂了岑知府的功绩，被刻成石碑，岑用宾看了很高兴，于是把徐渭从牢里请出来，宴请了徐渭，徐渭在《谢岑府公赐席》中有"自罹网罟，甘伏烹庖，何意任使之余，遽有几筵之彻？第缘桎梏，久困渴饥，荣赐食而先尝，何暇从容于正席"语。可见岑知府关切之深。

次年，岑用宾离任，由盛时选继任绍兴府知府。盛时选来到绍兴后，与会稽知县杨节等商量，把自己按巡北地的文章编成一集，准备刊印。听说徐渭擅长写文章，就托人叫徐渭替他写一篇序。徐渭很快写出了序文，这便是《北台疏草序》。徐渭借写序与新任知府接上了关系，这也给他走出监狱创造了一个机会。

到了隆庆五年（1571）正月，徐渭此时在狱中比较自在了，身上的械具已经卸掉，挂在囚室的壁上，可能是以示警戒。张元忭带着儿子张汝霖一起去探望徐渭，这对徐渭来说当然是件高兴的事。更令人高兴的是童子张汝霖十分聪明，而且幽默，他看到挂在墙壁上的械具，竟然戏谑地说："岂先生无琴弦耶？"这话引得阴沉的囚室爆发出朗朗的笑声。这次张元忭看望徐渭其实是去辞行的，张元忭就要离开绍兴赴京参加会试，与徐渭来告别，徐渭写了一首诗《送张子荩会试》表示对张元忭考试的美好祝愿。

两个月后，徐渭的祝愿没有落空，张元忭在京先是考中进士，继而在殿试中拔得头筹，高中状元，接着直接被任命为翰林，喜讯接连传到绍兴，绍兴全城为之振奋。在狱中的徐渭听到消息，高兴万分，喝酒写诗，表示祝贺。一共写了《调鹧鸪天，闻张子荩捷报呈学使公》《继闻廷对之捷，复制贺新郎一阕》《闻张子荩廷捷之作，奉内山尊公》等三首诗。徐渭在《闻张子荩廷捷之作，奉内山尊公》诗题下注云："自王公佐状元及第至于君，只三人。"诗中也写道：

山阴岂少攀花客，最上高枝更绝伦。

南宋到今知几度，东风分付只三人。

传书乡国惊先辈，有子明廷慰老臣。

想见当年清梦里，是谁亲送石麒麟。

　　到了秋天，徐渭被请出监狱，到张天复家里作画。徐渭为这些画作都写了题画诗，分别是《独钓寒江》《水仙杂竹》《芭蕉墨牡丹》《题画蟹一首》《右军修禊图，二鹅浴于溪》。这些题画诗表明徐渭当时所作画的内容。

　　就诗句看，破械以后，徐渭在狱中开始作画，几年的绘画练习，为他出狱后大量作画做了充分的准备。徐渭在狱，郡人来狱中求书求文者颇不乏人，这也是一件奇事。由此可见古人淳朴，对因人并不歧视，能扬其所长。

　　徐渭在狱中有了较多的自由空间，书画创作很多，请他写文章的也很多，徐渭曾应郡中名人之请，代作《烈妇姚氏记》：

　　　　隆庆六年七月九日，郡城三校诸生上书于浙代巡谢公，言山阴县十六都民姚忠女姚氏，当嘉靖三十六年，甫十有六，嫁本县迎恩坊民朱缙。缙父故榷吏，死而家益贫。缙嗜酒失业，阅四年，并其妻自鬻于某宦家，将挈以之京。妻觉之，恚曰："是将及我。且吾夫总屏，吾夫族若吾族，儒家也，奈何令儒家女蒙嫌至此哉！"欲拒，知不可，乃夜纫其裙袂以自闭，怀石沉河死……

　　姚女不愿为夫卖与富家，沉河自溺。府县诸生上书巡抚，于隆庆六年（1572）夏日请求旌表，徐渭应请作记。作记之时，狱友述及有位亲戚女子十八岁丧夫，在亡夫墓前插杖，竟然冒出新笋，求徐亦为作赋。徐渭作《杖复竹——为吴孀妇赋》，记述此事。守贞既属封建伦理，活竹又属神话，为人作赋无非是结交难友的应景之作。

　　隆庆六年（1572）闰二月二十八日，徐渭尊敬的长辈高升去世。高升是徐渭的老乡，有侠士风度。徐渭入狱，高升多次送去酒食，常常在狱中陪徐渭一整天，到监狱关门时才离开。高升去世，徐渭感到十分痛惜，写了《高君墓志铭》一文。

在张天复六十大寿生日时，徐渭写了一篇充满感情的《寿学使张公六十生朝序》：

> 学使公少负奇，有名诸生间蚤甚。时余亦抱经晚起，得望公于藻芹，稍与之角艺场中。而公所收门弟子，多至十百，皆足以弟子我者也。乃公则不以弟子而视我。其后公以廷对称上旨，赐乙科，名益闻朝中。自礼部出为湖湘督学使者，其所录学官弟子，多至千万。渭尝及见湘中之文，亦皆足以弟子我者也。而公之归，顾停盖而语我以文，若有所属者，亦未尝以弟子而视我。余盖疑之曰："岂以余之劣，顾谬收于公耶？"既而曰："公长者也，盖自嫌于高，而顾俯之耳。"不数年，公提数万师于滇，与元戎会间道，驱巨象四十有二，杂毡衫铁铠，出入洞箐猩狖间，俘名酋以十数，斥地二千余里，遂以功而得谗。而渭则偆然守旧乡，抱寸管，徒飞觞落帽于剑槊之傍，为人倚马草檄，顾亦以疑而得疾。当时公为马援，而渭为郿炎。夫马援者，望盛而功高，中朝谅而能讼其冤。郿炎眇小儒耳，其所以幸免于瘐者，谁之力也？乃知公之生我为父母，其事虽在于今日，而公之误知我而为鲍子也，乃在于曩时不视我于弟子之时。不然，管氏仅得其一于鲍子者，而渭顾能得其二于公耶？

徐渭所说的"公之生我为父母"并非虚饰之词，而是实有其事。因此，徐渭认为他比管仲还要幸运，管仲只是一次得到鲍叔牙的照顾，而自己却两次得到张天复的照顾。

在北京和绍兴两方面的共同努力下，到了隆庆六年（1572）除夕这天，徐渭被保释出狱。从嘉靖四十五年（1566）入狱，首尾七年。徐渭在狱中经历了可能被处死刑到免除死刑以及保释出狱三个时期。徐渭的处刑所以能一步步减轻直到保释出狱，主要得力于众人的合力营救。这种营救自徐渭入狱起，就在起作用。就时代因素说，与短命的皇帝隆庆有关系；就亲友关系说，和同学张天复及诸大绶、张元忭两个状元有关系。

保释后，吴景长携众子弟将徐渭接到家中，欢庆新年的到来。徐渭与吴景长及众人通宵饮酒。他写了《除夕通宵饮吴景长宅，时久系初出》一诗：

> 吴家兄弟解留客，镇江窝笋樱桃干。
>
> 饮我金杯三百斛，五更漏转犹未残。
>
> 我系六年今始出，宝剑一跃丰城寒。
>
> 登楼忽见梅花发，时有春意来珊珊。
>
> 醉余皓首冲泥滑，欲跨白马呼银鞍。

徐渭走向自由，兴奋无比，梅花初发，春意姗姗，对未来充满了期望。

书斋啸晚

徐渭走出监狱，是在隆庆六年（1572）的岁末。新皇帝上台大赦天下，徐渭得以保释出狱。跨出了狱门，也可以说，便是跨过了一个时代。

徐渭入狱，是在嘉靖四十五年（1566），到隆庆六年（1572）都是在狱中度过的。出狱之日尽管仍是隆庆年的岁末，但皇帝朱载垕也已于五月二十六日病逝，现在的皇帝是十岁的朱翊钧，一旦除夕的钟声响过，便要改元万历。徐渭出狱是假释，不等于业已免罪，可以说是徐渭一狱，经历三朝。万历一朝共四十八年，几乎占整个明代的五分之一，徐渭跨过狱门，也可以说是跨进了万历时代。

万历初年，也曾出现过兴旺气象，这是明代许多皇帝的共同特点。新官上任三把火，新皇帝上任也是三把火。论明史者习惯称万历朝为晚明时期的开始，所以，也可以说，徐渭跨出狱门，是从明代中期跨进了晚明时代。

就徐渭个人来说，跨出狱门也是一个转折点。如果把徐渭一生分为前期与后期，那么出狱就是一个转折点。前期满怀功名之望，胡幕沉浮，在事业与爱情两方面都是显得躁动不安的时期。到了后期，"五十而知天命"，生员的资格已被剥夺，入仕永远无门了，完完全全一个山阴布衣；人入老境，已到为幼子议婚的年龄，此生男女之私，也没有什么奢望了。唯一的希望便是在安定的生活中从文从艺，在文艺方面冲出一条新路。也可以说，徐渭跨出狱门，便是从生命的前期跨进了后期。徐渭此时身份，最贴切的应是"山阴布衣"。

徐渭虽然只是布衣，什么都没有了，但作为文人的风骨还在，面对未来，依然抱着幻想，写诗作文依然十分励志。徐渭出狱时有一首《送葛韬仲（时予初解系）》可见当时的心理：

> 杏花杨柳夹扶疏，送客澄江煮白鱼。
> 紫艳葡萄千日酒，白藤花匣万言书。
> 丰城剑出应双跃，霭观缘多且独居。
> 待尔他年拂衣日，看予渡海跨青驴。

徐渭出狱，已无母无妻，家中唯大儿徐枚及长媳叶氏，次子徐枳十一岁，尚在少年。由于徐渭在狱，同学丁肖甫等帮助料理家庭，处理丧事，还要在府县衙门打点，需要大笔银两，按常情，酬字堂的那一处房屋早已卖去了。徐渭居住的确址，在万历三年（1575）有诗，题为《乙亥元日雪，酌梅花馆三首》，就诗意看，这梅花馆是租赁之屋，而非酬字堂旧屋。诗中有如下四句：

> 挂碧来鸣鸟，堆红补破庐。
> 待予新买屋，自种两三株。

租屋虽称梅花馆，诗意很浓，间数不多，破落而稀少。徐渭在狱生死未卜，家破人亡，旧屋不存，新赁梅花馆，开始了新的生活。

徐渭在吴景长家里度过除夕夜后，即于万历元年（1573）正月初一到张天复家拜谒。徐渭视张天复为大恩人。万历元年（1573），徐渭五十三岁，此后二十年，徐渭与张府结下不解之缘，直至生命终结。徐渭记恩，早年为嫡母苗宜人，中年为胡宗宪，晚年则为张氏父子。感恩图报，徐渭能做些什么呢？唯一能做的，便是以文字效犬马之劳。

张府馆阁有十二景点，徐渭曾作诗记，名《张氏别业十二首》，就十二处景点有馆、堂、阁、亭、矶、岛、水、坞、门、径、桥、轩情形看，张宅是一处园林住宅，水面很大，花木亦很多。张天复有一处南华山馆，徐渭为之作对联："喜无车马惊驯鹤，好剪荆榛长素兰。"张宅还有一楼，名寿芝楼。日后还为张宅的融真堂写了一首七言古诗《万玉山房歌》，对张家父子好学多思进行了颂扬："学部使者内山老，公子之翁才思好。两人读书各万卷，字总无形腹应饱。"

徐渭另一位恩人就是诸大绶，可惜诸大绶于正月十三病逝于北京。诸大绶是为明穆宗去世的丧仪奔波染病而死的，死时年仅五十一岁。徐渭悲痛万分，为此写下了《哀诸尚书辞》一文。徐渭说："破罟倘遂，握手悲歌。先我而往，伤如之何。"恩人早逝，痛不欲生，泪如雨下。

徐渭记在心上的再一位大恩人是胡宗宪，他想着去祭拜胡宗宪墓，本来有一个便利条件，有一位朋友就在绩溪，这位朋友是诸暨人郦琥。郦琥是钱楩的弟子，以监生任绩溪县丞。上年上任前曾去探视过徐渭，但此时徐渭还是保释之人，不便远行。徐渭只好写了一首《寄郦绩溪仲玉，乃钱氏门人》诗，寄给郦琥，信中写道：

> 司马功高旧主人，君真父母匪邦邻。
>
> 坟头松槚今何似？匣里弓刀暗却尘。
>
> 由来壮士悲罗雀，我亦因之感死麑。
>
> 今来已是十余春，金钱银钱不一缗。
>
> 我复何辞公不嗔，会须上冢拊愁云。
>
> 一哭裂却石麒麟，下来与君谈苦辛。

徐渭出狱，救援人士中，还有一位名叫朱篁，号拙斋者，曾任按察使，也是积极救援的重要人物。县官在徐渭出狱时告诉他，不是朱公说话，徐氏出狱甚为困难。徐渭登门道谢，朱公却绝口不提如何出力诸事，使徐渭大受感动。不久朱公弃世，徐渭忆及朱公身为高官，平日不乘舆马，后生拜谒，从来都请上坐种种情节。又想想自己在狱中，朱公赠酒、赠海物、赠鸡赠鱼诸事，悲不自胜，作《哀词》，唏嘘不已。

出狱之后还有一件大事，便是平生诗文稿本从葛氏叔侄处索回自编。

然而，三年保释生涯也有愉快的时候。万历初陪徐渭时间最长的是学生马国图。马留长髯，一名马髯。马生与徐渭同泛镜湖，述及唐诗某句，二人述出处不一，于是师生打赌。返里后发现徐渭错记，于是罚写花蕊夫人宫词长卷赠马，并作《书花蕊夫人宫词卷后》：

> 余一日同马髯子泛镜湖中，评书间偶及"银烛秋光冷画屏"句。余曰："王建百首宫词，此居第一。"髯子曰："先生误矣，是花蕊夫人费氏作也。"余争之。髯子曰："先生勿争，余当与先生博之。余若北，当出先生所常醉柴窑杯为先生寿；倘南不在先生，当以百首书卷归我。"余诺之。明日，髯子携一童，持小攒来余梅花馆，袖中出柴窑杯，曰："当与先生定南北。"余于是觅《彤管遗编》览之，果出花蕊夫人。髯子曰："先生当何如？"余曰："余不寝言。姑舍是，且从吾今日醉也。"临别，髯子出素绡归我。余迟一日，复以浊醪觞髯子于舍，令髯子朗吟，捉笔倚之以塞。

可以看出，文人之交，其乐也融融。

清明前，徐渭与学生马国图一起寓居在宛委山龙瑞宫东面若耶溪上的樵舍，专心注释郭璞的《葬书》。郭璞是东晋人，他所著的《葬书》是阐述择地下葬之书，是风水方面的著作。徐渭在清明节这天注释完毕，写下了《著郭子序》：

> 邃古之初，天施其气，地受而化形，人与万物皆穴土以生，亦若今世父种而母胎之也，种生地上而诸穴之在地中，凡既尝生物，如妇之可复胎，与未尝生物，如女之可新胎者，皆生气之所在也。生气所在，其在昔也，即人物尚能创生，诚使葬者取骨骸以乘此生气，即不能创生，能止其不灵耶？苟灵焉，不福其子孙而又谁福耶？故骨乘生气而福及子孙，未可谓尽无是理矣。
>
> 客曰："邃初生物，地则穴之，今胡不尔？"曰："土静而厚，

民则生也，迨于后世，振之泄之，偷之薄之，生之具耗矣。土溏则生物能出也，迨于后世，坚之实之，即偶有生焉，不能出矣，是故有掘地而得物者也。"客曰："邃古初生，胡乳胡餔？及其既也，胡衣以裯而不速仆？"余曰："人穴土中，有窍无泄，一阴一阳，不呼不吸，绵绵息息，不问岁月，必坚且灵，而后破穴以出，如老聃之垂白而始拆于母腋，若此者水火不侵，何用衣食？迨有胎生，渐薄渐绵，土处始病，木居而颠，惟万物莫不然，盖始庞而终纤，彼谓空桑孕尹者，何异酿酒于露瓮，称海上生人者，亦何所附丽以舆权？由斯以谈，穴生之理灼矣燎焉。此非吾之臆说也，百昌皆生于土而反于土，广成子先我而有言。然则葬骨者而获乘夫生气，盖适得其天孕之故也，又安止其灵之不巫而荫之不延？"

这几天徐渭一行边喝酒边游会稽山，游了阳明洞天、广孝寺等名胜，徐渭写下了《寓香炉峰下，注郭子竟，清明夕二客携笋茗来，拟登》《次日游云门，买醉溪桥店梨花树下，云门有大树，相传树自盘古》两首诗。前一首写道：

> 闲来注罢景纯经，客舍樵居烟雾生。
> 流水细分床畔响，群峰尖与笔端迎。
> 春城笋茗来双客，夜火清明坐二更。
> 却喜香炉峰霭尽，明朝不用雨中登。

"景纯经"指郭璞所著的《葬书》。徐渭完成《葬书》注释之后，于次日登山观景。后一首诗即描写了游览的经过：

> 一上高楼便下来，梨花白雪酒家开。
> 只缘看竹忍饥过，翻自掷钱买醉回。
> 近来青山销白鸟，开天碧树泗苍苔。
> 昨宵诗句今成谶，霁色香炉顶上台。

徐渭出狱后大量作画。学生柳濒，一作柳元谷，用万历元年（1573）所掘得的晋太康年间古墓中的两件文物，一为酒杯，一为瓦券，来换取徐渭的画。徐渭十分慨叹，他好酒，便作五古，说"存亡仅一秋，华寂迥千仞，活鼠胜死王，斯言岂不审"，非常珍惜生命，对于早年的自杀和侥幸出狱，都有深刻的反思，使自己恢复至常人心态。

保释的日子，徐渭还是戴罪。徐渭不仅以文名，而且又以书画知名，诸方面使唤这样一个戴罪的书生，自然比较方便。徐渭前半生，以代胡宗宪作文名动京师，现在居乡里，乡里有些文事，张三李四都来找徐渭代笔。譬如沈炼昭雪后在各地建祠，沈曾短期任过知县的河南清丰也要建祠，祠应建碑，便请在河南督学的御史商某撰文。商某是绍兴人，为营救徐渭出过力，便要徐渭代笔，徐渭便作《知清丰沈公祠碑》，署名是商某。

四月五日，徐枚的丈人叶云渠设宴招待徐渭。叶云渠烧煮了鸭子，用犀角杯盛酒。席间，叶云渠还拿出一幅绫，请徐渭仿写四家体，称为"犀鸭帖"。徐渭为此于四月初五写下了《书犀鸭帖》一文：

> 云渠亲丈曩会予京师，觞之至醉。不见者十年，一日，出是绫，煮鸭，举犀觥而引满，余为仿书四家。祝枝山有云："麻姑掷碎砂为戏耳。"万历元年四月五日。

冬天，张天复患病，儿子张元忭只好请假回家，徐渭去探望，张元忭在张家寿芝楼宴请徐渭。徐渭沉醉而归。他在《子荩太史之归也，侍庆有余间，值雪初下，乃邀我六逸觞于寿芝楼中，余醉而抽赋》诗中写道：

> 江城小馆共飞梅，笑值高楼向夕开。
> 百鸟投林天未暗，万山戴雪月将来。
> 盘堆藕蔗供我饮，字绾龙蛇待律猜。
> 明日两舟乘兴至，宜兴令尹煮茶陪。

万历二年（1574）二月初，陈鹄、胡朝臣倡议越中士绅为季本建立祠堂，祠堂建成后，被命名为景贤祠。同时把纪念文章结集，名为《景贤祠集》。徐渭替张元忭写成《季先生祠堂碑》文，再分别代张天复和张元忭撰写了《景贤祠集序》，都充分肯定季本的学术和人品。

万历元年（1571）冬天，张元忭请假回家。当时新任知县杨维新刚到任，提出续修原知县杨节没有完成的《会稽县志》，恳请张元忭做主编。张元忭是状元翰林，更是绍兴的名士，主编《会稽县志》当能提升该志的影响力。可惜张元忭是忙人，自己没有时间，就请徐渭代劳。而徐渭此时也没什么事，有机会编县志，既有名又有利，稿酬还可以解决生计问题。因此徐渭做事十分尽心，既做编辑，又亲自写了许多章节，其中绪论和各志的总论都是徐渭亲自动手的，从这些文字中，我们可以了解到徐渭对治国理政的见解。

徐渭在《形胜论》中具体地分析了会稽所处的地理位置，强调以军事形势上的险要为形胜。在《风俗论》中，徐渭阐述了当时绍兴的城市工商业已相当发达，富户的消费日趋华靡的现实，同时指出社会还存在少数"堕民"的现状。关于风俗，徐渭专门写了一篇《风俗论》进行详细表述：

老子曰："至治之极，邻国相望，鸡犬之声相闻，民各甘其食，美其服，安其俗，乐其业，至老死不相往来。"夫以予观于古所摘而列者诸志语，则会稽者，重犯法，勤俭，重祭祀，文雅而风流，其俗也顾不安之。而今之所安者，婚论财，嫁率破家，乃至生女则溺之，父母死不以戚，乃反高会召客，如庆其所欢事，惑于堪舆家则有数十年暴露其父母而不顾者。

民有四，耕耨而诵其业，丝布其服，鱼盐与稻果蓏而赢蛤其食也，顾不乐之美之甘。而今之所乐者，其业在博塞以为生，群少年日鹜于市井，點佃逋主者之租，又从而驾祸以胁之。所甘所美，其在食且服者，穷江之南北，山之东西，竞其绮丽，罄其方之所输，其多不可以指数。夫若老子言邻国可相望，而不相往来，此盖上古时事，余亦安敢以望于今之会稽也哉！至如司马某所称，特数十年以前之会稽耳，今不望于上古，而望于数十年之前，又革其甚者，于俗若婚之论财，若厚嫁，若溺，若丧父母而盛宴，与暴露其

父母。于业若博，若群少，若黠佃。于服于食若穷江南北、山东西
之华靡。噫，俗其殆庶几哉！

　　夫人之身有瘤也，俗亦有瘤。俗之瘤则有丐，□丐以户称，不
知其所始，相传为宋罪俘之遗，故摈之，名堕民。其内外率习污贱
无赖，四民中居业不得占，彼所业，民亦绝不冒之。四民中所籍，
彼不得籍，彼所籍，民亦绝不入。四民中即所常服，彼亦不得服。
盖四民向号曰，是出于官，特用以别且辱之者也。而籍与业，至于
今不乱，服则稍僭而乱矣。丐以民摈己若是甚也，亦竞盟其党，以
相讼傂，必胜于民。官兹土者知之，则右民，偶不及知，则亦时左
民，民耻之，务以所沿之俗闻，必右而后已。于是丐之盟其党，以
求右民者滋益甚，故曰丐者俗之瘤也。虽然，瘤卒自外于常肤，则
瘤之也宜，苟瘤者肯自咎曰，我今且受药，且图自化为常肤，乌必
瘤而决之哉？经不云乎："人而不仁，疾之已甚，乱也。"

徐渭在《徭赋论》中肯定了张居正推行的"一条鞭法"："余闻诸长老
云，徭赋之法，盖莫善于今之一条鞭矣，第虑其不终耳。""一条鞭"即指一
条鞭法。在《户口论》中，徐渭指出当时人口登记仅占实有人数的三分之一，
他强调应该重视养民政策。

另外，徐渭要求处理好酿酒与食用的关系。《物产论》说，会稽之俗好
以粮食酿黄酒取利，到了酒价上涨的年份，会稽四十万亩土地大约有十分之四
种糯米（秫），种粳米（杭）供食用的才占十分之六。于是，"酿日行而炊日
阻"，造成社会矛盾。所以劝农耕的治邑者应适时加以调节。

徐渭提出治越者应特别重视水利建设。《水利论》云：会稽的地势是"上
承诸流而下迫海"，说上流是咽喉，出海是尾闾，而会稽的田亩则是胃。治越
者咽喉、胃、尾闾三者要调节好，才足以丰产。明代中叶绍兴重水利，对后嗣
数百年的农业生产作用巨大。

徐渭强调教育的重要。《礼书总书》强调"民有养则可教"，治邑先求百
姓温饱，在此基础上百姓便易接受教育。"教益振，故宦迹选举人物出焉"，
指出教育是地方振兴的关键，这是很有见解的说法。

徐渭要求重视文物保护。《古迹论》认为文物"能使过者兴感，而闻者思齐"，作用很大。一个地方要使文脉不断，历史延续，最好的办法是重视文物古迹的保护。

徐渭花了半年时间编完《会稽县志》，再有半年多印刷出版，可以说编纂速度是很快的。徐渭编志，起点高，特别是总论部分，处处体现了徐渭治国理政的思想，气势恢弘。这样编志，竟也开了编志的先河，后来的史志专家对《会稽县志》评价极高，被列为学习的范本。

是年秋八月三十日，张天复病重去世。张天复的亲家赵锦已从贵州巡抚调任南京右佥都御史。赵锦请徐渭代写了《张太仆墓志铭》。为了表达自己的内心，徐渭于张家举行祭奠活动时，又写下了《祭张太仆文》。在文中，徐渭写道：

> 公之活我也，其务合群喙而为之鸣，若齐桓将存江、黄、温、弦之小国，而屡盟鲁、宋、陈、蔡于春秋也。其同心戮力而不贰，其长公尧夫，既遗人以麦矣，而文正乐之，不问其倾舟也。其拳拳于斯事之未了，而竟先以往，意其心若放翁志宋土之复，已不得见而冀闻于家祭之告，一念与一息而俱留也。夫以公德于某者若此，即使公在，某且不知所以自处，而公今殁矣，将何以为酬也！嗟乎！此某虽不言，而寸心之恒，终千古以悠悠也。

这段文字充满真情实意，表达了徐渭对张家救命之恩的念念不忘，对张天复一家的义举有极高的评价。

壮游江浙

万历二年（1574）十一月，张天复已亡故，张元忭守制在家，徐渭的案件已有眉目，学生王图、吴系、马国图陪同徐渭作五泄之游。

离开绍兴城当然是要经过官府恩准的，徐渭尚属在囚之身。只是五泄在诸暨，诸暨是绍兴府属县，游五泄不是游杭州，尚不出绍兴的管辖范围，于情于法均无碍。徐渭的情绪是十分亢奋的，事后他写了一篇《游五泄记》：

> 万历二年十一月廿有二日，偕王图、吴系、马策往五泄。初宿谢家桥，明日雨，山行，驴不可负，暮至枫桥骆君意舍止焉。明日，其兄怀远公验来。又明日，饮怀远罢，入化城寺。又明日，陈君心学来。又明日，饮于陈君止焉。又明日，午始霁，遂行。两宿而至五泄寺，是为至日，遂登。已而大雾，穷宇内不见寸形，浑若未辟，忽复霁，遂穷五泄下，题名镌寺之石鼓。是夕雪。明日午复霁，往观七十二峰，攀扪裸厉，陟自西潭，以涨甚返。又明日，陟四泄之对岫，观四泄，下饭于寺，遂装以归。逾响铁、紫阁、长青三岭，日仄，至洞岩寺，饭罢已灯。僧祖福缚炬，请观洞岩。入至第三洞之鳖口洞，故有外屏，近为占洞者所坏，泥入瓮鳖口。返，又明日，黎饭，复行。入湖船，一夕而至金家巉。甫明，逾两小岭，午泛离渚，日仄抵家。
>
> 是观也，洞岩奇于阴，五泄奇于阳，而七十二峰两壁夹一罅，时明时幽，时旷时逼，奇于阴阳之间。以余评之，殆莫胜于五泄，借物以形容之终不足。苏长公游白水佛迹山云："山上瀑布三十仞，雷辊电散，未易名状，大略似项羽破章邯时。"庶几近之矣。
>
> 是行也，去来凡十有三日，陆行三百里，水行百三十里。宿于骆四夕，于途如之，于陈一夕，于寺再倍于陈。余堕驴者二，越溪而溺者一，濡者四五，驴蹶于岭者三。诸子淖而跌者弗论也。得诗二十首，每作，诸子必和之。

记事之详，异乎寻常。十三天的行程，住宿及游历地点、作诗的数量以至堕驴溺水的次数，都记得十分详细。徐渭与世隔绝差不多九年了，现在又能寄情山水之间，一切便都觉得十分新鲜。

出发的日子是十一月廿二日，同行的有马策、吴系等学生，还有王图。马策、马策之、马骘、马国图，作为学生的形象，在徐渭诗文中反复出现，实际上是一人，或称名，或称号，或简称，或昵称。吴系的祖父是孝子，徐渭曾为之作《吴孝子墓志铭》，其祖父是个读书人，其人甚迂阔。吴系的父亲以侠士称，因为打抱不平坐了五年牢，由于暗中记录狱吏劣行被发现，在狱被害死，徐渭为之作《吴侠士墓志铭》。徐渭与吴父身世相近，所以吴系与出狱的徐渭特别亲近，学诗，也学书画。他们出游的交通工具是驴子，到一处地方，便系驴借宿在朋友家。绍兴至五泄的直线距离不过七十公里左右，步行应当约两天可到，但山重水复，驴子走得慢，一路又诗酒流连，走了两天才到枫桥。枫桥是诸暨名镇，属于去五泄的中途站。徐渭一行人在枫桥住骆府的小天竺，一住便是两天。离开小天竺，又有一位陈心学老先生来迎，在他的山庄盘桓，然后登五泄寺。所以名"五泄"意为一座大瀑布有五级，山以瀑布名，为五泄山，瀑布的每一级均有名景。寺在山腰，亦以瀑布名，属唐代名刹。寺前有怪石，如狮如象。徐渭在寺，曾书"七十二峰深处"大字，至今刻于石壁。七十二峰系五泄瀑汇于东龙潭，名为五泄溪，溪畔奇峰竞秀，有七十二峰、三十六洞、二十五岩，故名。徐渭有书壁诗《七十二峰归来书寺壁》云：

> 五条挂练玉龙奔，七十二峰鬼斧痕。
> 堕水堕驴都不恨，古来一死博河豚。

堕水堕驴指"余堕驴者二，越溪而溺者一，濡者四五，驴蹶于岭者三"（《游五泄记》）。徐渭游寺以外，重点自然是上下于瀑布左右，有记游诗若干首。《五泄五首》：

> 一
>
> 紫阆村中一线微，穿厨入灶浣裙衣。
> 无端流出高岩上，解与游人作雪飞。
>
> 二
>
> 银毯缟带簇花琼，百片冰帘织不成。
> 莫倚长风乱飘洒，旱时一滴一珠倾。

三

斗厓紧接大槽平，长练难倾怒愈生。

绝似海门潮正急，白头翻贴黑沙行。

四

欲看直捣隔遥岚，此是蛟龙第四潭。

急过对山尖顶望，始知项羽破章邯。

五

轰雷千尺破银河，铁障阴寒夏转多。

我已看来无此景，大龙湫比此如何？

第五首写瀑布之声："轰雷千尺破银河，铁障阴寒夏转多"；第三首写瀑布之色："绝似海门潮正急，白头翻贴黑沙行"；第四首写瀑布之势："欲看直捣隔遥岚，此是蛟龙第四潭。急过对山尖顶望，始知项羽破章邯"。真是有声有色，气象万千。徐渭多年囚居狱中，现在见山川如此壮丽，真是心旷神怡。

万历三年（1575）正月初八这天，柳文的第四子柳濬从江西都昌扶棺回绍兴。柳文先为江苏高邮训导，后升为江西婺源教谕，去年从江西婺源教谕升为都昌知县。但到任三天后就病死在任所。徐渭接受柳濬的请求，写下了《都昌柳公墓志》。在这篇墓志铭中，徐渭写道：

余闻都昌公始生时，其尊人友芝翁，梦祠山白鹤神君者与之子。神君张姓，翁因呼公曰张寿郎。六岁而就傅，书一览即记，至十一益知经义，善文。越四年，发始总，入校为弟子。卯衫骑导，独映街市，声名一时起郡中。每出，人眄睐羡奖，若睹瑞异。使者行学，有司岁课，非甲其名，则甲其等。人皆谓公风云在履舄间，惟恐其不加趾而载也。如是者自嘉靖戊子至乙丑，而竟以贡入训高邮。三年迁谕婺源，又三年而知都昌，三日止矣。

嗟乎，公生平貌若不胜衣，然所至以文学屈服人，如长平细柳，大将旗鼓。即相君镇帅，下至专城，靡不降气愿得公一字者。

世以此遂谓公取才弘，故招忌盛，卒龃龉于一第，似矣。抑独不念公笃致伦谊，如糜股以疗父，婉容色以悦母，同囊以食兄弟者。此犹曰："人或能也。"至公数遭困窭，乃昏聘不使子先其侄，乙卯癸亥间，后先学使者两贡士，两越次将推挽公，公再三逊同舍生曰："某某老矣，生何忍夺？"此岂人所易能者哉！是德也，非直才也。犹不能赎忌而准弘，又何耶？于是始有缘此为公屈者。而公临诀顾自引无术以报主上，至形之诗，公真盛德矣。

公著书数十卷，其所造有刘向、王通风。故尤宜于教，有名邮、婺间，以此得殊荐，知都昌，然精亦瘁于邮、婺矣。先卒之五日，梦与故人约往匡庐访青莲居士，曰："当于是腊之九日。"窃以语家人，遂却药，及期索管书诗，呼衣笏，笏误以象，顾命易之，始执且被。噫，亦奇而正矣。

徐渭与柳文有相同的经历，但产生了不同的结局，睹物思人，徐渭十分悲伤。

接着，县衙传来喜信，知县徐贞明升迁工科给事中。徐贞明有机会升迁，徐渭很兴奋，写了一首《送徐山阴公》赠给他："捧檄将行夏正中，壶浆西出路重重。三千里外知明主，二百年来有此公。"称颂徐贞明是山阴两百年来最能理解皇帝旨意的、最有政绩的知县。徐贞明曾在徐渭免于死罪问题上起到关键性的作用，徐渭一直铭记在心。万历元年（1573），徐渭被保释出狱不久，即写了一首《寿徐山阴》赠给徐贞明。徐渭在诗中写道："豫让知能感，侯生老却虔。自惭徒白首，何以报青天？"徐渭牢记徐贞明的知遇之恩，只是没有机会报答。

《会稽县志》刻成之后，徐渭也算是出了大力，在张元忭的疏通下，徐渭终于无罪释放。徐渭真正自由了，他想做的第一件事就是去看看大好河山。

徐渭准备出去旅游，走前，徐渭去向张元忭告别。张元忭留徐渭一起喝酒畅谈，徐渭写下了《十四日饮张子荩太史宅，留别》：

斗酒那能话不延，此行无事不堪怜。

弓藏夜夜思弯日，剑出时时忆掘年。

老泪高梧双欲堕，孤心缺月两难圆。

明朝总使清光满，其奈扁舟隔海天。

诗题下自注："久系初出，明日游天目诸山。"

时值中秋，徐渭和朋友韩达夫、学生吴系等结伙出游，船发绍兴迎恩门，夜航直达杭州。外面船工高哼行船调，里面酒菜已摆开，大伙情绪高涨，尤其是重获自由的徐渭。徐渭把着酒盏，先高声吟一句"出郭月正上，迷波云稍黄。"见是对诗，最灵光的是吴系，他不假思索接着对上一句："井梧初剪叶，天桂忽飘香。"徐渭诗兴正高，酒也不喝，又添上一句："远落诸英渺，遥峰寸碧长。"吴系接着："寒枝惊鸟雀，征棹载琴箱。"马策接上："树底秋光满，船头夜气凉。"韩达夫："曲塘翻刺芰，夹岸浸疎杨。"吴系："瀺乱白鱼跃，山移彩鹬翔。"马策："半宵联镜曲，一水接钱塘。"继道："渐渐天如洗，年年雨阻舻。"徐渭："那能如此夕，彻曙醉清光。"于是，你一句我一句，吟成了一首联句《中秋发越溪，将游天目，同韩达夫门人吴系、马策联句》。

船到杭州，徐渭一行住在长春祠里。半夜里，朱君叫醒徐渭，一起去赏月。两人一起登上山顶，徐渭为此写了一诗：

长春明月夜阑干，起视当眉尺五间。

千里林光俱浸水，一杯江气亦浮山。

似闻隔岫吹长笛，欲唤真官语大还。

忽忆广寒清冷甚，有人孤佩响珊珊。

（《宿长春祠，夜半诸君扣榻，呼起视月，山缺处露钱塘仅一勺，而夜气瀚之》）

徐渭纵然有志报国，无奈年华老去，生员资格已被剥夺，仕途终身无望。此心之憾，如月之不圆。明日中秋月圆，却又是"此行无处不堪怜"，乘舟西去，作富春江之暮年钓客了。

徐渭一行沿富春江而上，到桐庐折入天目溪，此处江畔有富春山，山边有严子陵钓台，钓台下有严先生祠。徐渭一行弃舟登岸，凭吊先贤，有《严先生祠》云：

> 大泽高踪不可寻，古碑祠木自阴阴。
> 长江万里元无尽，白日千年此一临。
> 我已醉中巾屡岸，谁能梦里足长禁。
> 一加帝腹浑闲事，何用傍人说到今。

严光是个隐士，有官不仕，徐渭则是无官可仕，身份却相近，所以凭吊之句写得颇有感情。严光（子陵）与汉光武帝刘秀相善，卧中以足加帝腹故事，在徐渭看来正是高士本色，不值得大惊小怪。日后他对富贵中人极注意人格方面的自尊，甚至表现得颇为傲慢，此时已见端倪。

在富阳，是陆邵武出面接待的，他把徐渭请到家中，陆邵武取出家谱，请徐渭写一篇序文。徐渭翻阅之中，发现陆邵武是汉代陆贾和宋代陆秀夫的后裔，便欣然写下了《陆氏谱序》一文。

东西天目在临安县境西北，属杭州府辖。两处山峰上各有天池一座，故称天目。游罢东天目，再上西天目。西天目以古木参天著称，而且珍奇树种较多。徐渭写了《天目山三首》，其中有两首描写了古杉：

> 之二
> 赭铁青铜凌紫烟，能为人语向人间。
> 二千年事说不尽，夜夜青溪劳往还。
> 之三
> 断壁孤杉四十围，不关雨雪阴霏霏。
> 柯南一国痴蝼蚁，长怪曾无白日飞。

浙游结束以后，徐渭开始游江苏。徐渭先到南京。拜谒了明孝陵后，徐渭写了《恭谒孝陵正韵》诗：

> 二百年来一老生，白头落魄到西京。
> 疲驴狭路愁官长，破帽青衫拜孝陵。
> 亭长一杯终马上，桥山万岁始龙迎。
> 当时事业难身遇，凭仗中官说与听。

徐渭对此次拜谒，感触极深。除了写成这首诗外，还创作了画作《谒陵图轴》。接着，徐渭还去灵谷寺看壁画。灵谷寺的石阶很有特色，脚踩在上面会发出声响，徐渭称之为"琵琶阶"。灵谷寺的流水清澈见底，徐渭称之为"功德水"。他在诗中写道："庑壁苍绘纷，阶响坊乐奏。"（《灵谷寺》）后来，徐渭又与几位朋友去燕子矶观音阁。燕子矶观音阁坐落在长江边。徐渭在《燕子矶观音阁》诗中写道：

> 朱碧得水鲜，凫雁拂波光。
> 烟雾不见海，神去万里长。

与徐渭一同去燕子矶观音阁的一共五人，其中有两个是朋友的仆人。朋友似乎也没有多少钱，步行前往，走不动了，中途乘了驴子，"五口兼十足"，但是饭吃得不饱，"蹶然馁且僵"。五个人出游，一共才花了百文，"百钱成一游，安得甘旨尝"，算是苦旅。但是欣赏到的江流气概使他流连忘返，梦中也难忘。

徐渭还在栖霞寺夜宿，见僧众饮食所仰之大锅能供应千人。有志入空门者在此结痂，取得和尚资格。徐渭有栖霞之梦，梦见李白枕着《法华经》放浪形骸，"一觉长松风雨急，错疑涧水响铛茶"（《宿栖霞》），十分浪漫。他在此寺最留意的是南朝石刻。在灵谷寺看吴伟壁画，在雨花台揣摩当日僧人说法以至天花乱坠的遗迹。在清凉寺当然无法寻觅当年台城遗踪，站在清凉山之巅，于是"千古兴亡真一梦，隔江闲数暮鸦归"（《清凉寺云是梁武台城》），凭吊一番。

徐渭去过桃叶渡与长干里。到桃叶渡自然想见见属于王献之的美人，理想中的美人袅娜粉面，顾影自怜，但是"今过桃叶渡，只见一条水"；长干里红板青楼，楼下粼粼的水面上停着木兰小舟，郎君与美人在夜深人静之际从楼上悄悄下来，悄悄乘舟漂游水面，看天上水中的半轮月色。走过长干里，往日读诗的印象又在脑际浮现。徐渭写了《长干行》四首、《桃叶渡》三首，为金陵竹枝词又添加了新的篇章。

除夕时节，徐渭孤身一人留在南京，十分落寞，他在《除夜之作，兼答盛交甫、璩仲玉赠篇》中写道：

> 野田黄雀羁，脱网任翻飞。
> 安得当今夕，言栖必故枝。
> 夜深貛自换，厨静鼠随嘻。
> 特取佳篇诵，青丝了一提。

徐渭为生计滞留他乡，冷冷清清地过年，全诗充满着一股悲凉之气。

然而，艰难的日子还长哩，正月初七夜里下起了大雪，到初八已积雪一尺多深。徐渭在初八早晨起床后，看到大雪满地，不免若有所思，写下了《谷日大雪口号二首》。民间以初八为谷日。在第一首中写道：

> 横街十丈滑如油，短驴难踏转生愁。
> 江边总有梅花发，诗客应无一个游。

他想象此时正是江边梅花开放之时，只因路滑，无法前往观赏。接着，徐渭又想到道观中的朋友杨道士，于是在第二首中写道：

> 此时观中杨道人，三四黄冠拥火盆。
> 东边殿阁高无数，笑指瑶池白玉京。

正月十六日，徐渭与璩仲玉、王新甫上街赏灯，在大中桥的西楼饮酒畅谈。然而，这一切反映在徐渭的诗中，却显示出一种凄冷：

> 树枝画月千条弦，十五不圆十六圆。
> 挂向酒楼檐外边，南市好灯值底钱？
> 大中桥上游人坐，不饮空教今夜过。
> 红脂在口香在楼，那能一个到垆头？
> 青衫白马无聊甚，望断黄金小钿鞦。

真是谷烂却逢连日雨，徐渭的霉运接二连三。徐渭因无钱住客房，只好租客厅，令人不可思议的是，晚上租来的棉被竟然不翼而飞。第二天，有朋友邀约，徐渭准备赴酒会，期待能酒足饭饱，正欣欣然的时候，外面刮起了大北风，白茫茫的雪地顿时冰成一片，没有马车就很难行走。只好放弃赴约。最后，徐渭只能找到璩仲玉，解决安身的问题。在璩仲玉那儿，看看"后七子"的作品，有感而发，写下了《廿八日雪》一诗：

> 生平见雪颠不歇，今来见雪愁欲绝。
> 昨朝被失一池绵，连夜足拳三尺铁。
> 杨柳未叶花已飞，造化弄水成冰丝。
> 此物何人不快意，其奈无貂作客儿。
> 太学一生索我句，飞书置酒鸡鸣处。
> 天寒地滑鞭者愁，宁知得去不得去。
> 不如着屐向西头，过桥转柱一高楼。
> 华亭有人住其上，我却十日九见投。
> 昨见帙中大可诧，古人绝交宁不罢。
> 谢榛既与为友朋，何事诗中显相骂？
> 乃知朱毂华裾子，鱼肉布衣无顾忌。
> 即令此辈忤谢榛，谢榛敢骂此辈未？
> 回思世事发指冠，令我不酒亦不寒。
> 须臾念歇无些事，日出冰消雪亦残。

在诗里徐渭指斥后七子代表人物李攀龙、王世贞，他们两人排挤比他们年长的布衣诗人谢榛。徐渭对李王二人的行径非常痛恨，徐渭为谢榛打抱不平，在诗里愤怒地指斥他们是"朱毂华裾子"，他们的行为是"鱼肉布衣无顾忌"，徐渭所指的"朱毂华裾子"自然包括李攀龙和王世贞。

徐渭在南京谋生十分不易，卖字卖画还没市场，只能投靠朋友，解决吃饭住宿问题，写的字画的画，最多只能作为赴酒席的礼物。不管怎样，徐渭在南京半年多时间还是有所得的，那就是在书画市场上得到历练，为以后以书画谋生打下了基础。

徐渭在南京半年后就离开了，一方面是生存艰难；另一方面是接到了同学吴兑的邀请信。吴兑此时在北部边疆任宣大巡抚，做了封疆大吏的吴兑正缺高水平的文人辅佐，一下子想到了在绍兴的老同学徐渭，于是写了封信急催徐渭北行。

大师爷的传说

敲打刁钻

徐渭对社会上一些刁钻陋习非常痛恨，喜欢用"以其人之道，还治其人之身"的办法，许多受害的老百姓也总是找到徐渭请他帮忙，因此，徐渭就成了一个经常捉弄刁钻陋习的侠士。

竹苞

绍兴城里有个财主，要求徐渭给写一块匾额，准备在新造的一间书斋门口挂挂，借以抬高身份，便托在他家里教书的先生去说情。财主一再言明：不论草隶篆楷，只要徐渭肯写，愿出重金酬谢。

徐渭知道这个财主是个不学无术的"草包"，平时对人势利刻薄，一毛不拔，却要装腔作势，附庸风雅，早想嘲弄他一番；何况，那位教书先生又是自己的好友，既然多次央求，也不便推辞。于是就随手写了"竹苞"两个字，交给了他。

那财主得了徐渭的手迹后，非常得意，马上请能工巧匠，连日连夜制成匾额，挂在书斋门口，并且发帖邀请诸亲好友前来一起欣赏。那班自称"饱学之士"的贺客个个都称赞不绝。这个说："妙哉！'竹苞'得'竹苞松茂'之意也。斋名'竹苞'典雅得体，可喜可贺！"那个道："天池狂草，最难求得，吾翁谅必与徐先生是深交啰！不然，岂能得之耶？"那财主听众人如此称赞，也装出一副行家的样子，瞎吹一通，连声说："岂敢！岂敢！徐君与我乃是多年世交，日前偶过舍间，见了小斋甚为欣喜，随即题额相赠……"

这事很快被传扬去了。许多人觉得很奇怪，因为大家都知道徐渭平素耿直倔强，决不肯随声附和这班势利财主的，为他题写匾额其中定有蹊跷。后来，有个聪明的读书人特意到财主家来细细观看这块匾额。他经过反复琢磨，左看右看，才看清了"竹苞"两个字的笔势字态，终于恍然大悟：原来这两个字故意写得非草非篆，歪歪斜斜，拆开来横读过去，明明是"个个草包"四个字。……他发现徐渭是在讽刺这个财主，不禁暗暗叫绝。

后来，那位教书先生实在看不惯这个财主的作为，也决意辞馆而去。财主也不挽留。临走以前，教书先生倒也风趣，他直指着"竹苞"这块匾额对财主说："你看，这不是写着'个个草包'四个字吗？我再不能替'草包'效力了。"原来，他早已悟出这两个字的真正含意了，只是一时没有说穿。财主听了，这才弄明白了：原来千方百计想办法搞来的，却是"个个草包"四字。真是又气又悔，哭笑不得，只好连忙叫人把它换下来了。

都来看

会稽街头有个盲人，以算命为职业，造谣惑众、敲诈勒索，尽做坏事，周围邻居和附近百姓恨在心里，可也无奈，毕竟他是个残疾人。众人之中有一人出主意说：请徐渭先生来教训一下他，先生为人正直，爱打不平。又有人在旁插话道：这个瞎子也的确太过分了，警告无效，是要想个办法治治他，要他吸取教训。于是便请来了徐渭先生。徐渭找到瞎子，对他说："天气那么热，你想不想到河里去洗浴。"瞎子说："浴是蛮想去洗，可我是个瞎子，连走路都靠棒头，怎敢到河里去洗呢。"徐渭说："你帮我算命，我陪你洗澡，你把棒头一头拉牢，一头给我，一起到一条又浅又小的河里去洗，保你安全。"就这样瞎子跟着徐渭来到了河边。瞎子脱下衣服放在岸边，便与徐渭一起下了水。瞎子在河里洗得好舒服。徐渭看他洗得兴趣极浓时，便将他的衣服移放到另一处，并对瞎子说："我想游一下泳，如果你不放心就叫我几声，我的名字叫'都来看'。"瞎子说："知道了。"徐渭又补充说："记住啊，我叫'都来看'。"说罢，徐渭便悄悄地上了岸。不久，瞎子洗好了浴却听不到先生的声音，一时上不了岸，心里着急了起来，便大声地呼叫道，"都来看！都来看！……"路过的人听到他的呼叫声围拢过去，只见一个赤裸的瞎子在摸衣服。众人站在一旁大笑。人们把衣服递给瞎子穿上，并严厉地警告瞎子道："你以后做人可得规矩些，不要欺人太甚，看在你是个残疾人的份上，这次就放过你吧。"经过这次深刻的教训，瞎子改邪归正，做起了一个正派的人。

棉被改名

有一天，徐渭乘去萧山的夜航船时，在船埠头看到一个地主的儿子仗势欺辱卖菜小贩，不但把菜担踢翻，还把好端端的白菜践踏掉。徐渭实在看不下去，上前阻止："有理说理，不能这样糟蹋蔬菜。"

"不要你多管闲事。"地主儿子不但不听劝告，还满不在乎。

"这不是闲事！俗话说遇见不平，旁人训诫。"徐渭并奚落了他一番，"你欺负'豆腐船'，当心碰上'石头船'。"

事情真凑巧，徐渭乘的夜航船与地主儿子同舱，还与他紧靠身旁。夜深天渐冷，徐渭又没带被子，为暖和一点挨近他被窝，就被他严厉拒之。徐渭感到很生气：只因岸上劝说你几句，船里就恶意待我，我也要设法教训教训你。

徐渭仔细一看，他的被角上有个"林"字，就心生一计，从袋里拿出"水笔"，在"林"字上头写上"木"字，就成了"森"字。等地主儿子熟睡了，轻轻翻转被角，还写上"王"字。

次日清晨，当地主儿子打理好被铺，上岸离去时，徐渭上前一把抓住他的棉被，高声地说："这棉被是我的。"

地主儿子急促回应："我的棉被怎么说成是你的了，昨夜你还扯我的被角呢。"

"你这人真没良心，和你拼个铺，就想把我的棉被夺走。"

地主儿子气得要动手打徐渭，徐渭说："你凭力大拳头硬，也不能强要我的棉被。"

围观者眼见他俩在争执中打起来了，都劝说他俩到衙门里去解决棉被的归属。

地主儿子心想，棉被的确是我的，到衙门里去证实一下，也好。

他俩来到衙门大堂里，都争着说棉被是自己的。县太爷把惊堂木一拍："安静！一个一个讲。谁先讲？"

地主儿子抢先发言："这棉被确实是我的。自己的被子自己最清楚，我的棉被被面是蓝底白印花，被里是蓝柳花纹。"

徐渭接着把地主儿子说过的照样重述了一遍，并补充一句："昨夜我和他拼铺，他早把我的棉被里里外外看得清清楚楚。"

县太爷又拍惊堂木："谁能更进一步地说清，这棉被就是谁的！"

"我，我说。我姓林，被角上写有林字。"地主儿子急忙说。

徐渭不慌不忙地说："我姓王，单名叫森，棉被上写着呢。"

县太爷打开被子，一翻二看，确有"王森"姓氏，当然就把被子判给了徐渭。县太爷三拍惊堂木："大胆刁民，强要别人被子，重打五十大板，给以警示。"徐渭忙着摆手："县太爷，我替他讨饶，免了这次。"县太爷一看受害者讨保，就同意免刑。

他俩走出衙门来到不远处，徐渭忙把被子掷还给地主儿子，并对他说，"做人要厚道，不要随便欺侮人。"地主儿子不但听不进徐渭的话，还拎起被子甩打徐渭，逼得徐渭高喊救命。路人见了，跑到衙门告之。衙役跑来把地主儿子押送到衙门。县太爷见状很是生气："光天化日，在闹市处众人面前，胆敢强抢财物，难怪你还瞒骗我把别人的被子说成是你自己的。看来不打不足以教训，给我重重捆打五十大板。"徐渭拎起被子走出衙门，身后传来"哎哟，哎哟"的喊痛声。徐渭把被子交给了夜航船的船头脑，托他把被子物归原主。

第八章　游幕北国

宣府巡抚幕

朝廷改变边策使北方结束了三十年的长期战争，出现了边民交流频繁，边境和睦的局面。边策的改变要追溯到隆庆年间，隆庆四年（1570）王崇古任总督，这一年，隆庆皇帝慢慢改变了对边的政策，王崇古是最早实践这一改变的大臣。而在蒙古内部，也突然出现了变故。蒙古大汗俺答与孙子把汉那吉争夺三娘子，三娘子才貌双全，她是把汉那吉的表妹、俺答的外孙女。俺答夺了把汉那吉的未婚妻三娘子，促使把汉那吉归降明朝。王崇古按照皇帝和边的思想，抓住蒙古内部的变故，与俺答谈判，同意并开放边市，在三娘子的斡旋下，俺答承诺休兵，永不犯边。朝廷封俺答为顺义王，边市大开，西北部边疆出现了和平繁荣的局面。

边策的改变使徐渭有机会作北国之旅。万历四年（1576），徐渭同学吴兑任宣大巡抚。宣府在张家口一带，今日张家口，在明代是属于宣府的一座城堡。宣府在行政上属于府，在军事上属于镇，宣府在明朝是西北边关重镇，宣大巡抚就是兼管宣府和大同两地的行政长官。吴兑邀请徐渭到宣府作幕，对老同学的邀请徐渭欣然同意了。

万历四年（1576）的夏末，徐渭到达宣府。徐渭在宣府没有行政职务，当然还是幕宾。不过，徐渭在宣府，吴兑的接待规格很高，比在胡宗宪幕时还要高，吴兑待徐渭以宾礼，朝廷大臣、各地总兵与吴兑相聚，徐渭也与座。由于边疆地区已有六年的和平局面，不像在胡宗宪幕时戎马倥偬，此时官员、将士来往宴请很多，徐渭常常参加他们的宴会。在宴会上徐渭的任务就是喝酒赋诗。徐渭的酒量让人看重，他的诗更让人喜欢。

徐渭不但在巡抚府参加宴请，而且还应邀出席府外的活动。在快到中秋的时候，徐渭参加了宣化镇文武官员在朝天观举办的宴会。在宴席上，徐渭很高兴，写了几首诗，留存下来的一首是《上谷仲秋十三夕，袁户部、雷麻两总戎、许北口诸公邀集朝天观》："桂影渐能盈，松坛赏不胜。朔尘终夕敛，边月倍秋明。"（《上谷仲秋十三夕，袁户部、雷麻两总戎、许北口诸公邀集朝天观》）

徐渭还接受了另外一些重要人物的邀请，如大同副总兵麻贵接着邀请徐渭校猎，表示热诚的接待。徐渭《登北山，小憩龙王堂。遂上镇虏台，风至飒然，因感麻总兵校猎之约》一诗描绘了这次活动：

> 北山高寺等浮屠，龙王高台望入胡。
>
> 正苦衣鹑悽大漠，翻思毛雪洒平芜。
>
> 长河急水琉璃浊，片石安禅菡萏孤。
>
> 欲问射雕何处是，沙场不见有樵夫。

徐渭文武双全，有军人的爱好，他喜欢打猎，写过许多打猎诗。一次有位将军请徐渭远赴保安观猎，徐渭欣然前往，并写下《观猎篇》一诗，记录将士们围猎的壮观场面：

> 保安城外桑乾渡，百蹄出猎南山路。
>
> 鹰饱铃垂不肯飞，一鹘五狡公然过。
>
> 将军下令饬健儿，此回不得人得答。
>
> 马腾士奋原风急，侧目愁胡似有知。
>
> 须臾紫褐马前逆，黄鹰爪落拳分蹬。
>
> 沥血何曾了一腔，将军走马传将敬。
>
> 锦雉惊投紫荠中，绿窗有女绣难工。

当时，边境虽然和局已定，但舆论不一，许多人或出于"尊王攘夷"的大汉族主义，或出于借边功以求荣华的欲望，言战者亦不乏其人，在边境挑衅的也不少，和平的局面十分脆弱。徐渭的观点则是支持和平政策。

徐渭还根据宣大总督方逢时的要求，作了《赠方公序》提出了关于北方防务的意见。方逢时在抗倭时守卫潮州惠州一带，当属胡宗宪麾下，深知徐渭的文名。徐渭在文章中肯定了方逢时关于民族和睦的政见，同时提出保卫边陲，需要实力，要不懈地训练军队与修筑边墙的建议。

徐渭在《赠雷总兵序》中论述了反战的思想，雷总兵是一个善战的将军，但他以大局为重，主张修养生息，推行抚的政策，对澄清好战者对武职军官的煽动，在军官中坚持和平政策有十分重要的意义：

> 近日边陲之事，大约识时务者利抚和，而恃能战者好言杀。是以事虽定，而论尚未归于一。不知近日抚虏以来，其奉约束几于编氓，犊满野，匹妇跃一羸，从一鬟而取谷菽于庄居，朝发暮还，若履中土之郡邑。而罢调主客之兵，输饷输茭，岁以亿计。驼马介胄之乡，真亦几于晏如矣。彼弯双弧，佩一鞬，挟数尺刃，蹒蹒然以与虏从事于呼吸之间，或夜袭其帐，多不过数级，甚至数十百而止耳。回视我疆垒，已尸遍野而血成池。彼号称善战者，将以彼而易此，近则身横金玉，远以为子孙千万户之计，乃不知冥冥之中古所谓阴德也者，其于此为何如耶？意者，苍苍者未必尽许之也。镇宣者为总兵雷公……独身以善战名，顾不欲以战为己身家，而独取抚，为国家全活生灵培元气计，此则士大夫中之所少也。

徐渭在其他文章中，对有关边防的多种问题也发表了不少议论。他在《送袁户部守巩昌序》一文中指出：

> 上谷一边，军不下十万，马半之。粮刍之用，岁卒数百万。四方飞挽不可至，则用盐以奔走，贾人赍金钱以买其地之所产，若刍粮之须以输于此，而取盐于彼。如此，则不劳走挽，而兵马自足需

给，事亦甚便。

自明初设立卫所起，即在边塞设商屯，以盐引为代价，招商承运粮刍。徐渭肯定了这种做法的便利之处。

在幕中徐渭的主要工作是替吴兑起草文书和往来信函。这一年是首辅张居正的母亲赵太夫人七十一岁寿辰，徐渭代写了《边帅寿张相公母夫人序》。方逢时接任宣大总督不久，宣大诸大吏宴请方逢时，徐渭又代笔写了《宣大诸大吏邀宴开府方公启二首》一文，认为方逢时安抚蒙族的政策对国家人民都极为有利。

徐渭在吴兑幕中另一项工作就是写字作画会朋友。徐渭结交并与之来往的人士主要有：

方逢时。方逢时为宣大总督，此职辖三抚三镇，即统辖宣府、大同及山西军事及粮饷事宜。徐渭有《赠方逢时》文。

袁户部。袁姓户部官员，负责供应宣大地区军需供给，曾与徐渭等会于朝天观。徐渭有《送袁户部守巩昌序》。

麻锦。大同人，其父麻禄、其弟麻贵皆为明廷武将。麻锦多战功，是拱卫京师的大将。麻锦曾约徐渭观猎。

雷龙。雷龙是总兵官，在宣大区域驻军。徐渭有《赠雷总兵序》。

许口北。许口北是宣大巡抚衙中人员，通诗文，常侍吴兑左右，与徐渭往来密切。口北是地域概念，用作人的代称。两人诗酒唱和，留有书信诗作多篇。

王口北。徐渭在宣府结识的又一位诗友。王亦属"兵宪"，亦属军旅要员，对徐渭赠送亦甚多。

与徐渭来往的还有许多不知名的或者说不上名字的人士，他们带着银子或名贵土特产或求诗、或求画、或求字，门庭若市，徐渭忙得不亦乐乎。但徐渭的性格不贪，有钱了就懒得动笔，还是多看看塞北的壮丽山水吧。

徐渭在吴兑幕中最快意的当然是游历。早在前往宣府途中的时候，观看沿途的边防形势和军事情况，心情十分舒畅，写下了《上谷歌九首》：

一

少年曾负请缨雄，转眼青袍万事空。

今日独余霜鬓在，一肩舆坐度居庸。

二

居庸卵石一何多？大者如象小如鹅。

千堆万叠无他事，东掷西抛只蹴骡。

三

支金削壁抱重关，并入江南洞壑看。

既去高天过飞鸟，更供诗料到吟鞍。

四

遥忆前朝己巳年，六龙此去未南旋。

黑云敢作军中孽，莫怪区区一也先。

五

八达高坡百尺强，径连大漠去荒荒。

舆幢尽日山油碧，戍堡终年雾噗黄。

六

个个健儿习战车，重重壁垒铁围赊。

尽教上谷长千里，只用中丞两臂遮。

七

塞外河流入塞驰，一般曲曲作山溪。

不知何事无鱼鳖，一石惟容五斗泥。

八

昨向居庸剑戟过，今朝流水是洋河。

无数黄旗呵过客，有时青草站鸣驼。

九

橐驼本是胡家物，拽入人看似拽牛。

见说辽东去年捷，夺得千头与百头。

蒙古族瓦剌部首领，正统十四年（1449）在土木堡大败明军，俘获明英宗。景泰元年（1450）与明朝达成和议，送还英宗，与明恢复贡市。徐渭在诗中提及土木堡事件，意在表明眼前的和平来之不易，这些诗都是明朝北部边疆和平的颂歌。

徐渭对边境的一切感到好奇，兴趣极浓地走访边民，甚至深入到蒙古族中去。他根据切身经历，写了《上谷边词》八首和《边词廿六首》。这些诗篇不仅反映出徐渭的真实感受，而且具有珍贵的史料价值。徐渭到龙门湾牧场访问蒙古族人家。他在诗中写道：

胡儿住牧龙门湾，胡妇烹羊劝客餐。

一醉胡家何不可？只愁落日过河难。

（《上谷边词》之一）

这首诗写蒙古族妇女热情招待来访客人，烹调羊肉，端上美酒，让客人一醉方休。徐渭在另一首诗中描写了蒙汉经贸往来的事实：

胡儿处处路旁逢，别有姿颜似慕容。

乞得杏仁诸妹食，射穿杨叶一翎风。

（《上谷边词》之七）

三娘子是蒙汉和平关键性的人物，是一位美丽而英武的蒙古贵族。吴兑邀请三娘子到营中，赠送她贵重的礼物，并认三娘子为干女儿。徐渭《边词》十三至十八直接描写了三娘子的英姿：

汉军争看绣裲裆，十万弯弧一女郎。

唤起木兰亲与较，看他用箭是谁长？

长缨办取锁娇娆，马上纤腰恐不牢。

好把鸳鸯骅上脑，倩谁双缚马鞍鞒。

女郎那取复枭英，此是胡王女外甥。
帐底琵琶推第一，更谁红颊倚芦笙。

老胡宠向一人多，窄袖银貂茜叵罗。
递与辽东黄鹕子，侧将云鬓打天鹅。

汗血生驹撒手驰，况能妆态学南闺。
怅将皂帕穿风去，爱缀银花绰雪飞。

姑姑花帽细银披，两靥腮梨洒练椎。
个个菱花不离手，时时站马上胭脂。

徐渭还直接到蒙汉交易市场去考察，亲眼目睹了宛城的贸易情况：

千金赤兔匿宛城，一只黄羊奉老营。
自古学棋嫌尽杀，大家和局免输赢。
（《胡市》）

徐渭还专程到保安城内访问沈炼的故居和祠堂。沈炼祠堂是由吴兑出面倡议而建立的，徐渭《边词廿六首》之二十一是写沈炼的：

曾见思归数寄书，忠魂毕竟滞边隅。
可怜一斗苌弘血，博得墙围柳数株。

徐渭为沈炼祠堂撰写了一副对联："公道自然明日月，忠臣何意祀春秋。"（《沈青霞先生祠》）

徐渭在宣府，实际上是入幕，但徐渭有自己的分寸，他坚持不住总督衙门，而是住在寺院里，表示与吴兑亦幕亦友，依然表现出自己孤傲的个性。另外，住在外边既自由又可以多用书画换一些银了。

徐渭是书画大家，宣府的很多文武官员都想与他交往。交往的内容大都是送一些土特产，而徐渭按要求为他们作些书画。在宣府的这段时间里，创作了大量的书画。现存徐渭的作品中，留下了大量的题画诗。从诗题及内容来说，其中的作品主要是赠送给他人的。这一时期，徐渭的生活比较稳定，心情也较为畅快，因而才会有时间从事创作。尽管其中不少作品为应景之作，但这一时期确实是徐渭书画创作的多产期。

宣府冬季寒冷，徐渭对此很不太适应。他的身体状况本来就不好，熬到春天，徐渭便辞去幕僚之职，来到北京。

徐渭到北京不久，便写了《答谢上谷诸公》一诗：

> 一客宣城镇，真多地主良。
> 停车松树下，投辖井中央。
> 红烛筹枚满，苍毛麈话长。
> 别来知几日，柳色满红墙。

夏天，方逢时被调回北京任兵部尚书，吴兑继任宣大总督。徐渭得知这个消息，写了《吴宣府新膺总督》一诗寄给吴兑：

> 邸报初翻数叶藤，栋梁今喜樲楩胜。
> 市场春后皆青草，司马秋来在白登。
> 天下安危真足仗，眼前修短却难凭。
> 最怜投辖相知客，不得随车负此情。

徐渭上面的诗祝贺吴兑当了大任，担了国家安危的重任，可惜我这个幕客，没有机会跟随你的车马。徐渭此诗意犹未尽，接着又写了一首《寄吴宣镇》："髯公本儒者，而有燕颔姿。一朝秉元戎，虏马不敢嘶。赫赫百年内，举筹不数枚。大易称神武，岂在多伤夷。明主见万里，何况数驿驰。白璧本不瑕，青蝇亦何为。昨闻敕尚方，作貂缀冠缇，插羽高尺五，庸以华勋题。愿君秉忠谅，以答鼓鼙思。"对吴兑歌颂了一番。后来吴兑给徐渭写信，想邀请他再度入幕。徐渭给吴兑写了一封回信：

> 儿以所惠，权什一于京师，自不得便去。而居食二事，迫之使来，复就荫于楩柟之一叶。便当进谢旧恩，仆以形迹止之，谅不以为简也。寿作未免过诸公之眼，谓须为吾儒立赤帜，入道语以张之，故聊复效颦。然不敢自以为是，故欲进而复止。惟高明裁酌。（《答吴宣镇》）

徐渭在这封信中想推荐徐枚到吴兑幕府去，而他自己就不便再去宣府了。徐渭由宣府至京，住在寺庙里，在京城留住大约半年时间。在这半年时间里，徐渭继续为吴兑代笔，如祝贺张居正七十一岁生日，吴兑送了《王母图》，并由徐渭代为作长序。吴兑升任总督时，山西、大同等地有官员留京，知道徐渭与吴兑的关系，请他代作《请吴总督启》。

徐渭留京做的另一件大事是建义冢。会稽人白受采鉴于绍兴人客死京城者甚多，提出建义冢，并为此募款，徐渭应请作《义冢募文》：

> 慨夫黄土似海，岂皆寸金，白骨如山，曾无片板。坐观蚁穿鸟啄之惨，竟何民胞物与之仁？白君受采者旧尝舍棺以埋，是为点痛而炙，辟彼乘舆之济，不若徒杠之成。兹者城南有地，几及二顷，而白君括诸其室，可得卅金，用以倡率乡人，矢将共成义冢。然必周以墙壁，翼以室庐，使住守者可栖，舐涎者无隙，庶几掩藏无主之魄，免彼狐狸，斯为施恩不报之人，何心衔结。兼亦为王政之首务，又何妨义起于吾侪。但以概及则泛而不能，广募则嫌而招议，故夫今日劝施举事，止可与一乡二邑之群公，迨他时掘圹穿泉，亦难曰四海九州皆兄弟。嗟乎！英雄豪侠之观，慨然轻楂蒲百万之输，刍米仆赁之资，不过费阁下一朝之享。此义事而不举，彼浪费而乐为，孰重孰轻，必有能辨之者。

结果筹银二千一百四十余两，丁齐化门外六里之崇南坊买地兴建。徐渭积极为客死他乡的同里人建墓尽力，和他早年的见闻有关。有绍兴同乡王生，与徐渭有旧，客死燕京，草草埋葬，徐渭曾有《骤闻王生客死于燕裸葬》，说王生之死只有"片芦作席"，埋于城下，"不及豪家一匹马"。于是"近闻君死如此埋，不觉伤心泪如雨"。昔日伤心泪雨，也是他今日为义举效力之动力吧。

　　徐渭留京时还与他的外甥沈襄经常有来往。沈襄原来任安乡县令，万历五年（1577）调京为刑部主事。沈襄到京，公余常以画梅自遣，徐渭日后有《京邸赠沈刑部》云：

> 人多骢马客，君惬白云司。
> 棘署了公事，梅花作雪枝。
> 带宽知懒在，马重觉尘随。
> 颇忆洞庭否，烟波十二时。

　　甥舅二人均经历了生死劫难，尽管境遇不同，但人生感慨近似，彼此暇时寄情艺术，抒发感慨，情趣相同。

　　过了夏天以后，徐渭患了痢疾，推迟了回绍的时间。等病痊愈后，徐渭坐船离京回绍，沈襄闻讯来送行，没有什么特别的纪念品，沈襄认为路上安全最要紧，于是，解下佩刀相送。徐渭写了《沈叔子解番刀为赠二首》，诗中写出了沈襄的英雄豪气。

　　徐渭父子坐船沿运河南归，有时间，也有机会，游览运河沿岸重要码头的一些名胜古迹。他在邹县拜谒孟庙，徐渭有《谒孟庙》七律三首，其中一首云：

> 妙手传神少对真，道家炙圣岂须亲，
> 期功五世开千叶，江汉双流濯两人。
> 乡笋饭余将野荐，客驴日暮逐行尘，
> 明朝转入千山去，何地翻能寄采芹。

在山东，徐渭于济宁太白楼上饮过酒。济宁为南北运河沿线大埠，唐时为任城，明为州治。太白楼在城墙上，为李白游任城时饮酒故址。徐渭《饮太白楼》诗云：

> 城上高楼接大河，城南池沼绕朱荷，
> 千年供奉飞杯地，一夜徐州上水歌。
> 露冷秋蛾争彩烛，川长凤获乱金波，
> 客中行乐无过此，前夕中秋何处过。

在徐州，他留下了《项羽戏马台、河浒留侯祠、云龙山张山人天骥放鹤处》七律一首，"千古徐州雄楚西，多援旧事叹当时"，他慨叹的重点是项羽既建伟业，又悲惨地被迫自杀，实在令人叹惜！徐渭还去过留侯祠与放鹤亭。

船到淮阴，徐渭拜访了韩信的祠墓及胯下桥、漂母祠等遗迹，并作《淮阴侯祠》诗：

> 荒祠几树垂枯枣，黄泥落尽朱旗蠹。
> 花桐漆粉缀须眉，犹是登坛人未老。

船至苏州，徐渭与王山人、孔将军相会。时值闰月中秋，阊门外不远处即虎丘，徐渭与朋友一起到虎丘观看当地人唱歌比赛，心情非常畅快，徐渭有两首记虎丘的诗。想必吴兑幕中所赠够用十年，此时并无损失，徐渭与徐枚父子亦甚相安，一路杏花村，诗酒流连，一直是高高兴兴的。

船近家乡，发生了一件极不愉快的事。徐枚劫取了徐渭的财物。徐渭对此事印象深刻，晚年写《畸谱》时还提及："枚劫客囊，至召外寇。"客囊是指吴兑及京中交往者赠予的钱财，虽然没有满足徐渭养老的期望，但数量极其可观。徐枚是个不肖之子，竟对老父动起如此歹念，由于这一变故，回到绍兴后徐渭的生活又陷入了困境。

京师翰林幕

宣府归来，徐渭身体一直不好，到了万历六年（1578）五十八岁时，精神渐佳，几位当日胡宗宪幕府的旧友相约去绩溪凭吊胡宗宪墓。发起者为徽人汪古矜，徐渭答诗中述及入狱几年所以不能前去的原因，这一次一定"会须一哭胡司马，共踏黄山顶上苔"。只是"风雨江涨"，在杭州住了多日，乘舟西去至严州时，可能是日夜忆及胡宗宪，触至痛处，精神上的毛病复发，说是见四臂黄蛇附舟以行（《记异》），于是不得不因病返里。一病多日，他在与友人书中说："一病几死，病中复多异境，不食者五旬，而不饥不渴，又值三秋酷炎中也。"（《与季子微》）

等徐渭身体略好转，他就大量地作画。徐渭此时不仅画葡萄、画竹，还作《花卉十六种卷》，题材逐渐扩大，并逐一作歌题记。他在万历六年（1578）画的牡丹，有"五十八年贫贱身，何曾妄念洛阳春"之句。万历五年（1577）重九，学生亦外甥史槃"携豆酒河蟹换余手绘"，画是有报偿的。同时写字亦有报酬，病中作书，家中人持书在市上出卖。所卖之字有不少又为柳姓学生用银钱购回，收集起来，再请徐渭作跋。徐渭在《柳君所藏书卷跋》中表示："持过览观，不觉感慨。"他感慨的内容可能是自己的贫穷，可能是长子的不肖，可能是学生的情谊，也可能是自己的书画为人所重。

当时师从徐渭的后辈，除史槃、柳澥以外，还有王道坚、马策之、吴系、王澹、陈汝元等若干人。徐渭的身份并非职业画家，而是诗、书、画、文都显得出类拔萃的文人，他在返绍后与学生盘桓时写的《醉后歌与道坚》，反映了受学生拥戴的情况和他超越庸常的艺术见解：

> 银钩虿尾凭人说，何曾见得前人法？
> 王子独把一寸铁，鱼虫翎鬣才能活。
> 有时掷刀向壁哦，鸬鹚引颈呼驾鹅。
> 门前同学三十辈，何人敢捉诗天魔。
> 从此公卿尽倾盖，日轮未高马先在。
> 老夫去边只二载，急走问之颜色改。

向来传诀解不解，透网金鳞穿大海。

徐渭有一段传奇式的经历，学书、学诗以至学画的门人日增，去边二载，又画路大开，于是艺名日盛。徐渭作书，不仅仅遵前人之法；徐渭作画，不斤斤计较画技，求的是栩栩生意；徐渭作诗，求的是捕捉诗魔。这些便是徐渭传授之诀。当时求书求画求诗者日众，且多公卿巨子，清早便已有人拜谒，门庭喧闹，经常来从学的三十人左右。"透网金鳞穿大海"，便是徐渭艺事之诀，种种前人成法都是"网"，世俗的艺术趣味也是"网"，徐渭之艺，研究前人，又要突破前人、超越前人，自成一家，自立一格。

万历七年（1579）二月，李子遂从福建建阳赶来绍兴，看望徐渭。徐渭与李子遂三十年前师从季本，彼此关系密切。李子遂的到来使徐渭的精神提了起来，他们一起游了禹陵，还在兰亭搞了修禊，并一起作画写诗。等李子遂回建阳的时候，徐渭的身体恢复正常了。于是，徐渭全身心地投入到迁葬父母的工作中去。

徐渭去宣府时，便已托韩姓和吴姓两位朋友帮忙筹备迁墓事宜，原因是墓地低洼，易为水所淹，要迁至城南十五里的木栅山。离绍兴时，已经买了百余条石，托吴君代办，等到徐渭返绍时尚未动工，"子冗办未遑，我归上冢哭"，对不起父母，关键还是因为缺少银钱。事情拖到万历七年（1579）徐渭五十九岁时，"昨者卖字钱，募工可五六"，终于在九月廿六日，把墓迁好了。葬入此墓群者有徐鏓、童宜人、苗宜人，还有徐渭的生母苗氏以及长兄徐淮、次兄徐潞、亡妻潘氏、张氏。两位兄嫂之墓距此不远，由于墓地范围有限，未能迁葬。徐渭以王畿的名义写了《题徐大夫迁墓》，还写了《治冢五首》，记述他夜间在此守墓的情形，以及对于种种墓葬情形的理解。他写诗离不开叙述他的苦况："买地苦无资，葬地苦无术，伏地苦无亨，改地苦无溺。"

万历八年（1580）新年刚过，在北京任翰林院编修的张元忭来信，请徐渭去帮忙，张元忭知道徐渭的心意，热情地伸出援手。于是，徐渭带着十九岁的小儿子徐枳整装北上。

徐渭在张元忭府第的近旁租住小屋，取名授经馆，帮助张元忭处理一些文字事务。如替张元忭代写了《贺张相公启》一文，称颂张居正："母后同心，蔼家人父子之义；平台前席，为苍生社稷之谋。旷古所无，普天胥庆。"张元忭是张居正排挤打压的对象，但在张居正的集权下，张元忭不得不迎合他。

此外，徐渭还替其他官员写作了一些文字，有些是经过朋友介绍而认识的。徐渭的这些写作活动，是典型的笔耕，其目的无非是博得几笔润笔之资，用以维持生计。

徐渭其实是流寓京城的一个文客，他的谋生手段无非是文、诗、书、画四途。徐渭在《送叶君序》中说："丈夫弃远家室，走京师数千里道，握寸管，抱名法，以给事部、台、省、寺之间，近者三五，远者至八九年，以冀一命之荣而不可必得者，何可胜道哉？"这描述的也是他自己的真实情形。

徐渭为别人代笔。有位姓朱的内监是浙人，当时在内廷武英殿负责文事，需要徐渭文字，派人送来银子。徐渭还写过《刑部题名记》《三省殿记》《万佛寺记》，刑部要他作文想必是沈襄的推荐，沈在刑部供职。

徐渭根据别人需要创作书法作品。徐渭曾有信致张元忭，表示送来写字的绢不合适。要求作小楷，但绢不吸墨，墨重又易"尽斗而烟"，希望换成高丽纸。显然，张元忭交代徐渭作书作画的事项甚多。张元忭、沈襄等多次要求徐渭作画那是朋友间的事。但别人请徐渭作的书画当有适当酬金。

徐渭卖诗，那要稍婉转点，不像画那样直接卖钱。富贵人家有喜庆大事，请人作颂，悬之于堂或者辗转传观，也是一种时髦。

徐渭在北京还为汤显祖的诗而激动。江西临川的汤显祖于万历六年（1578）刻印了自己的诗集《问棘堂邮草》。徐渭在北京读到此诗集，随即写成《读〈问棘堂集〉，拟寄汤君》一诗，打算寄给汤显祖。诗云：

> 兰苕翡翠逐时鸣，谁解钧天响洞庭。
> 鼓瑟定应遭客骂，执鞭今始慰平生。
> 即收吕览千金市，直换咸阳许座城。
> 无限龙门蚕室泪，难偕书札报任卿。

徐渭将此诗和自己的两个刻本及四支毛笔托人带给汤显祖，并附上一封信：

某于客所读《问棘堂集》，自谓平生所未尝见，便作诗一首以
道此怀，藏此久矣。顷值客有道出尊乡者，遂托以尘，兼呈鄙刻二
种，用替倾盖之谈。《问棘》之外，别构必多，遇便倘能寄教耶？湘
管四枝，将需洒藻。（《与汤义仍》）

徐渭生性孤傲，看得上眼的诗文不多，但汤显祖才情过人，徐渭对此十
分倾心。此后，两人多有书信来往，却未曾见面。

徐渭在北京还结识了梅国桢。梅国桢，字克生，又字客生，湖广麻城
人。梅国桢生性喜好交游，听说徐渭的文名，即主动前往拜访。后来梅国桢与
徐渭成为好朋友，一直帮助徐渭处理一些人际关系。徐渭与李如松能成为忘年
之交，也与梅国桢有关。梅国桢对徐渭评价很高，认为徐渭是："病奇于人，
人奇于诗，诗奇于字，字奇于文，文奇于画。"徐渭身后声名大噪，是与梅国
桢的评价、袁宏道的推荐直接相关的。

徐渭的授经馆生涯始于万历八年（1580）秋，终于万历十年（1582）二
月，其间有半年时间应李如松之邀，去了一趟马水口，实际上约一年时间。这
一年时间里，徐渭的心情是很不愉快的。这种不愉快，表现在对"马耕"式文
佣生活不适应。在《与马策之》的信中徐渭又把自己比作老牛，说是：

发白齿摇矣，犹把一寸毛锥，走数千里道，营营一冷坑上，此
与老牯踉跄以耕，拽犁不动，而泪渍肩疮者何异。噫，可悲也！

在京为文佣的生活不自在，是由于只具布衣身份为人所轻，且收入菲
薄，生计艰难。另外，京师气候颇不适应。京师夏日苦热，而且风沙很大，久
居江南的徐渭颇不习惯，在《与梅君》书信中说：

肉质蠢重，衰老承之，不数步而挥汗成浆，须臾拌却尘沙，便
作未开光明泥菩萨矣。

徐渭要离开北京，最主要的原因是与张元忭的矛盾激化。张元忭是援救

徐渭出狱的恩人。张氏父子均先后师事王畿，均可称徐渭同窗，只是张子荩年小于徐渭。子荩返任，协助徐渭父子在京谋生，也是助人为乐。只是，徐渭没有想到的是：翰林院修撰不是总督巡抚，没有什么支配人事财政的大权，不可能像在宣府那样半年之内让一友人获可供十年的生活费用，而子荩没有想到的是：徐渭可以为文友，不可为文仆，过分勉强他会闹出许多不愉快的事情。

张元忭在京有府第。但他只是一名翰林院修撰，任官时间不长，府第不可能如何宽大。徐渭在京于张第之旁设授经馆谋生，顾名思义，授经馆是教育生徒的处所，徐渭应有生徒若干。可授经馆只是个名目，由朋友介绍卖文卖画才是实质。授经馆与张府近在咫尺，但彼此书信往来，可见平日见面的机会并不很多。徐渭到京，张元忭没什么大的照应，徐渭为张元忭画画作书也没什么银子回报，徐渭父子的日常生活，由徐氏自己解决。

张元忭在京官为翰林，官位不低，但没有实权，京官难当，相互倾轧，防不胜防，再加上张元忭与当朝首辅张居正政见不一，张元忭经常受到排挤。张元忭平时小心翼翼，尚没有什么闪失，只是这位叔叔辈的徐渭，生性孤傲，不拘小节、不拘礼节、不服管束。徐渭交际广泛，三教九流无不杯酒释怀，有时闹出洋相，给张元忭的对手落下把柄，张元忭十分为难，只好出言以礼数管束，对此徐渭气急败坏，怒目相向。还有一位翰林是朱赓，也曾营救过徐渭，是朱公节的儿子，陈鹤的女婿，朱赓与张元忭不同，说话更直露一点，徐渭更是受不了。他曾愤怒地说："吾杀人当死，颈一茹刃耳，今乃碎磔吾肉。"矛盾越来越深，徐渭心中怨愤，从此在诗文中不再提张元忭之名，以"某者"代之，诗文收集时，涉及张元忭的，一律剔出集外。徐渭蔑视权贵，贫贱者的自尊自重有可贵之处，但在旦夕之间，视援救出狱的恩人为仇敌，也不适宜。直到张元忭去世时，徐渭往吊，心中自知有错，行为上才有所表露。

不久，徐渭的精神病复发。他在《畸谱》中说："复病易，不谷食。"徐渭的大儿子徐枚听到老父在北京病重，赶到北京接徐渭回家。

义结李如松

徐渭与李如松的交情是富有传奇色彩的。

万历八年至万历十年（1580—1582）的北京三年，徐渭的日子过得不怎么愉快，但是，其中约半年时间，即万历九年（1579）的夏日与秋日，徐渭在马水口李如松之军营作客，情绪却一直是很好的。

马水口在京城西南方向三百里处，地处滹沱河上游之万山丛中，是京畿防备草原外敌之西南孔道。徐渭认识李如松也很偶然，事情还得推前五年，即万历四年（1574）徐渭赴宣府暂留京城时，在客邸认识了这位辽东李门名将。从此，李如松成为徐渭的忘年交。李如松之父李成梁祖上本是朝鲜人，从高祖起迁居辽东，世袭武职。李成梁以战功屡次升迁，直至辽东总兵。李如松是李成梁的长子，在兄弟中最为勇猛，战功也最显著。李如松酷爱书画，也喜欢诗文，而徐渭又爱谈军旅之事和用兵方略，因而两人一见如故。那年在北京，李如松向徐渭讲述了对辽东平虏堡战役的战况，并应李如松之约，为李如松画了一幅作品，并根据李如松的叙述写成了《写竹赠李长公歌》一诗：

> 山人写竹略形似，只取叶底潇潇意，
> 譬如影里看丛梢，那得分明成个字？
> 公子远从辽东来，宝刀向人拔不开，
> 昨朝大战平虏堡，血冷辘轳连鞘埋。
> 平虏之战非常敌，御史几为胡马及，
> 有如大酋之首不落公子刀，
> 带胄诸君便是去秋阮游击。
> 不死虏手死汉法，败者合死胜合优，
> 公子何事常忧愁？
> 一言未了一叹息，双袖那禁双泪流。
> 却言阿翁经百战，箭镞刀锋密如霰，
> 幸余兄弟两三人，眼见家丁百无半。
> 往往弯弓上马鞍，但有生去无生还，

只今金玉光腰带，终是铜瓶坠井干。

兼之阿翁不敢说，曾经千里空胡穴，

武人谁是百足虫，世事全凭三寸笔。

山人听罢公子言，一虱攻腰手漫扪，

欲答一言无可答，只写寒梢卷赠君。

　　诗中的场面是平虏堡战役，李成梁率兵浴血奋战，最终取得胜利，但也损失了不少兵力。按明代的军法，不以胜败论战功，而以兵力损失论处罚。李成梁差点因此事遭论处，幸亏张居正力争，李成梁才得到宽免。诗里表达了明朝军事制度的不合理性，这也是晚明在军事上变弱的主要原因。

　　李如松曾请徐渭到家中喝酒，并请徐渭给家藏宋元画册题诗、写序。徐渭在《李伯子画册序》中说："李长君尝畜画两本，本数十幅，山水人物羽毛果卉靡不收，其为品则画家所称精神与逸靡不具。盖皆两宋与胜国时国手所为，而君自辽入京师，所交游益广，每幅必属一时能名诗者书之，而予亦滥其中，至是复以序属余。"

　　万历九年（1579），李如松改任参将，率军数千人驻马水口，邀徐渭父子去马水口作客，时在夏日。夏日的京师"石榴花发街欲焚"，到马水口避暑也是好的；再说在京无"只蹄寸鳞"，到了马水口也好改善一下生活，于是便有京师的西南山区之旅。

　　李如松新到防地，便集资兴建了一座关侯祠，即关帝庙。庙宇刚刚落成，需要有文化名人为之作记。在李如松看来，为关侯祠作记徐渭是最恰当不过的。李如松邀请徐渭，有函有物，徐渭答书中有"乍捧手教，继拜盛仪"之语。

　　马水口地处荒僻，但李如松热情高于山，他在莲花峰设宴款待徐渭，别有风范。徐渭有《李长公邀集莲花峰》云：

马水雄关天畔开，貂儲暇日更登台。

高山似为遮胡设，折磴偏能勒骑回。

杯杓催时严黑雨，琵琶隔座揽轻雷。

须史卷地寒风急，似送荆卿易水来。

地理形势险峻，宴会热烈，山地雷雨，惊魂夺魄，心里特别畅快。

关侯祠建在山中，新近竣工。徐渭明白，作记的关键不在于写关羽，而在于写马水口对于拱卫京师的重要，写李如松如何治军，如何以关羽为榜样，尽忠报国。祭祀关羽，实际上是团结全军，忠勇御敌的一种精神寄托。徐渭的《蜀汉关侯祠记》：

蜀汉前将军关侯之神，与吾孔子之道，并行于天下。然祠孔子者止郡县而已，而侯则居九州之广，上自都城，下至墟落，虽烟火数家，亦靡不醵金构祠，肖像以临，毬马弓刀，穷其力之所办。而其醵也，虽妇女儿童，犹欢忻踊跃，惟恐或后，以比于事孔子者，殆若过之。噫，亦盛矣。

愚以为侯之所以致此于人者有二。其君子见其大，则以为仲谋以大国之君，请婚于侯，而骂其使。羁旅于强曹，汰其礼遇，一夕去弗辞，最后见逼，至欲徙避此，宜若举将帅中无与伍者。众庶见其小，则多取裨官小说中语，群居而窃异，或播诸弦歌，往往自相呫嗫，如所谓操闭侯与嫂于一室，及手刃布妻，皆正史所无事，而人共信且诧之。

然而愚以为此皆不足以尽侯也。论人者贵举其全，而见许于人者，亦问其许者之人为何等。孔明，大贤也，翼德至亲且贵，且犹见短，自翼德以下，皆无当其意者，而独许侯为逸伦绝群。先主，英君也。为侯报吴，宁失其国而不悔。彼二者，皆亲见侯于平日而深得其全。宁若后人所云君子与众庶从区区一二事间，各据所见，数其美而称者比哉？若孟子之称孔子，不同也。要其极，则直举其高弟若宰予、子贡、有若之所称者以答公孙，而后孔子之圣，始不可以名言。故予之论侯，亦惟据孔明先主之所以致意于侯者，而后侯之美，殆不可以数而尽。不如是，而后之祠侯者顾独盛于孔子，不亦有遗议耶？

　　马水口在万山中，为备胡要地，比设参将领众三千人。辽东李君某为今宁远伯冢嗣，世称名将军，以才勇忠廉，奉朝命领其事。至则节缩已奉，营侯祠。为殿者三，为门者一，并三楹而两庑之，壮洁勿侈，役始欢趋，君戒勿亟，越若干月而成。适公书抵其，某至自燕。令记之，遂记。

写好祠记，又应李如松之请，写《赠宁远公序》。徐渭还为李如松写过《赠李长公序》：

　　周公之教伯禽也，令其辨木叶之俯仰，以知父子之所当然。夫木叶之于父子间，至不相谋也，而周公之所以教其子，与伯禽之所以成其为子者，卒不过此。盖天下之事，无一不成于道，败于不道，而道莫要于孝弟。议者不察乎此，而谓兵之家尚诡与毅，于是率卤莽于家庭，而侥幸于闻毂，一涉孝弟事，则见以为迂阔钝迟，徒老生耳，一切置不讲。而不知赵括长平之败，乃由不善用其父书，而伯禽卒成淮徐之功，则以其敦信义习礼让，推本所致，乃自木叶俯仰中积累而然，非专于《费誓》旦夕间威以挈傗之效也。

　　予从五年前识今参戎李长公于燕邸，盖挟其两弟新破胡而来也，弓刀血尚殷，投鞭一语辄竟日，气陵逸不可控制，视天下士无足当之者。当其发未燥时，从其尊人与匈奴战，大小不下数十，首虏功满上书中，今其齿三十有二矣，而始得拜参将于马水。

　　予适客京邸，驰骑致尺书，予从容为过之。予莫论也，而幕之中客，长公无不为结袜而篝袖以供食饮者，计诸榷赋得入私藏，可数十百金，悉蠲以膏黔首，令贾愿出其途，使卒不艰食，一蔬一粟，必取诸其家。至其视士卒犹其子，士卒之疾苦如疾苦其身，死无以葬，辄给槽钱，减膳直以充祝饭。予见而叹曰：孝弟之效，其殆效于此欤？

　　盖公家居时，侍其尊人宁远公与母夫人。望色而懔，闻声而长跪以须，至今纡金而袁貌矣，拥千人，从东方来，临别即舆，一语

不当，即脱艑而受挞，在西方每食必思，每语至感动必流涕。噫，
此岂兵家之所谓沾沾于诡与毅者可同日语耶？今夫兵犹博也，孝弟
者其资也，胜而成功其采也，资高则气安而必胜，资寡则气不安而
必不胜。兹予之为公贺也，为资高也，非直为必胜也，资高者何？
鲁伯禽之孝是也，贺而必举鲁者何？宁远公始封而有土也。

徐渭在马水口经过调查，记录李如松守马水口经过，突出了他"视士卒
犹其子"，厚待幕客，孝顺父母的优点。徐渭对李如松的歌颂算是说在了节骨
眼上，日后李氏屡建奇功，固然是由于他智勇兼备，但基础却在于他与士卒有
着极亲密的关系，善于治兵。

在马水口，徐渭幼子徐枳随父拜见了李如松，此年他已二十岁了。徐渭
有意托子，在李如松麾下谋一军职。数年后，徐枳婚后从李如松西征东援，在
保卫国家北部边境方面做出了贡献，乃徐渭马水口之行事先做出的安排。

深秋时节，天气转冷，徐渭告别李如松返回京师，临别时，李如松以红
拂一柄见赠，依依惜别。徐渭有《自马水还，道中竹枝词四首》云：

一

将军爱客侍儿知，送客山头也解悲。

莫认花低将蝶惹，要知草偃是风吹。

二

弯弯曲曲几山溪，眼眼腮腮泪落丝。

立到马遥人影没，更谁知尔下山时。

三

高高北斗鹊河悬，今日双星会隔年。

皂帽紫衣奔不得，空教红拂伴人眠。

四

遍地黄禾起马嬴，高山神道有灵威。

辽东少妇辰妆罢，去问征夫几日归？

李如松重义，结识徐渭，一诺千金，徐渭拜托他的事，他都十分认真地完成。徐枳随军效力，他与徐渭书信不断，曾寄银、寄人参以示救助。万历二十年（1592）宁夏哱拜叛乱，六月，李如松被朝廷任命为提督率军平叛，李军切断哱拜与河套的联系并灌水攻城，取得大捷。接着，日本丰臣秀吉入侵朝鲜，前锋已渡过大同江，朝鲜君臣已逃至辽东。李如松复被任命为提督蓟、辽、保定、山海关等处防海御倭总兵官，率大军七万进入朝鲜、收复平壤，直捣釜山，取得了援朝战争的胜利。西征东讨两大战役，徐枳均在军中，为此，徐渭感到非常自豪，他的爱国心终于在徐枳身上实践了。

◀▦ 大师爷的传说 ▦▶

讽喻贪渎

徐渭对官员贪渎特别敏感，写过很多诗进行讽刺，也做过许多有智慧的事，戏弄贪渎官员，对此，老百姓是最欢迎的，现摘录两则：

妙联刺贪官

有一年，富春江边某县发生了一场严重的水灾。由于地方官府长期忽视水利设施的维修，加上连日暴雨引发山洪，造成了堤岸坍塌，大水泛滥，田禾被淹。有些村庄还被泥石流淹没，以致不少村民丧命，尸骨难寻。面对这样惨重的灾情，县里的官员们不是积极地救灾赈民，妥善处理善后事宜，而是搞起了于救灾无补而于捞钱有利的什么"为民消灾祈福，超度亡灵"，以此作为宣传官府"行善积德保民生"的德政。为了大造声势，还特意延请社会各界名流参与法会，以广结善缘，写祭文，撰对联，共襄盛举。

徐渭因文名也在被邀之列。虽然他是一向反对搞这些迷信活动，但为了弄清当地的灾情和救灾情况，觉得还是应该应邀前往，以便见机而行。

"水陆法会"经过一番准备后，择吉开场了。当地官员们带领着一班富绅名流、善男信女、寺庙僧众进入了法会场地。一时间，钟鼓法器齐鸣，香烟袅绕，仪式开始，那县官大人恭读祭文，然后诸人敬献法礼，祈祷菩萨，超度亡灵……

就在这时，徐渭也赶到了法会的现场，人们正等待着他为法会当场挥毫，撰写对联。只见他运笔如飞，在专门备好的纸上，分别两联顶格写上一句，上联是："经忏可超生"；下联是："纸钱能赎命"。

两联应该还各有一句，却停笔不写。众人一看，觉得这书法确是上乘笔法，但对联的意思好像并不完整。正在疑惑时，徐渭接着又在两联下面各连续加写七个字一句：岂有阎罗怕和尚；分明菩萨是赃官。这样连起来一读，上联是："经忏可超生，岂有阎罗怕和尚"；下联是："纸钱能赎命，分明菩萨是赃官"。

在场众人这才明白，对联下句这样笔锋一转，完全是在抨击、讽刺这场"水陆法会"。弄得这班官员哭笑不得，面面相觑，十分狼狈。

徐渭为什么要写这样的对联呢？原来，他来到这里后，就先到老百姓中间暗自察访了一下，听到不少人在议论，官府不去积极救灾赈民，却热衷于"募捐筹款"大办法事，超度亡灵，这是在借死人的名头，欺骗活人，不过是玩捞油水、肥私囊的花招而已。因此，他就利用请他写对联的机会，胸有成竹地戏弄揭露了他们一下。

杖刑赏贪官

明嘉靖三十三年（1554）春上，浙江巡抚在绍兴府巡视了五天后回到省城，发觉日夜套挂在内衣里面脖子上的那颗夜明珠不见了。这颗夜明珠，是嘉靖皇帝御赐之物，是无价之宝。巡抚急得团团转，日不进食，夜不成眠。后来慢慢冷静下来，思之再三，断定掉落在绍兴府的地界上，于是决定贴赏榜招失，命幕僚写了数十张招失赏榜，命几名衙役奔赴绍兴府及山阴、会稽两县广为张贴。住在绍兴府城观巷的徐渭，在城门见过巡抚的招失赏榜，因与己无关，以后也就将它淡忘了。一天，家住府城大云桥的远房亲戚王小二来到徐渭家，说他捡到了一颗夜明珠，夜间光芒四射，灿烂夺目，准是巡抚所掉的那颗，巡抚失此宝珠，想必坐立不安，度日如年。他愿上省去将宝珠归还他。因自己从未去过钱塘，望徐渭陪他同去，见了大官也能胆子大些。徐渭答应了。

两人来到省城，直上巡抚衙门，向守门的衙役说明原委。衙役当即进去禀报，很快出来一位官员，自称是衙中督办，他要王小二将夜明珠交给他，由他呈交巡抚大人。徐渭觉得不妥，提出必须写个凭据。督办迟疑片刻，低声说："我看还是写个协议，既作凭据，又作协定。巡抚大人丢失夜明珠，招失赏榜在你们绍兴贴了，有赏是肯定的。我官为督办，在巡抚面前多说些好话，以多给你们银子。但是，你们必须分一半给我，大家沾点财气。"王小二听了一怔，心想巡抚衙中也有贪官，而面现恼怒。徐渭不动声色，觉得官场里这种事在所难免，使了个眼色，于是王小二同意督办所提。督办很快写了个协议，各执一份，王小二将夜明珠交与督办，督办嘱明天同一时辰前来面见巡抚，办好领赏、分赏事宜。

徐渭与王小二找了家客栈下榻。王小二对徐渭说："这督办是个贪官，人家来送还夜明珠，他也要捞上一大把，真可恶！"徐渭说："官场中贪官总是有的。"他忽然接着说，"我们可不能便宜了贪官，想个法儿惩罚他一下，如何？"王小二说："好哇！你看如何办？"徐渭思索一会儿，低声对王小二如此这般说了一阵，王小二听后眉开眼笑，连说："妙！妙！"

第二天，两人又去了巡抚衙门，衙役将他们请进公堂，巡抚下阶出迎，对他们拾珠不昧，赞赏有加，问他们要赏银还是要做官。王小二一脸正经地说："禀告巡抚大人，小人一不要白银，二不要做官，只求大人赏我一顿大板，鞭笞一百。"巡抚以为自己的耳朵出了毛病，连声问："你说什么？"王小二牙清口白重复说了三遍，在场的人都惊住了。巡抚诧异地问："这是为什么？"王小二从口袋里掏出那份昨日督办写的协议，呈交给巡抚。巡抚看了，先是茫然，随即明白过来，他怒目瞪了那个督办一眼，哼了一声，将协议传给其他官员看了。官员们看了领会原委，个个脸色变得凝重，有的相互耳语，衙役们也都明白了事情的本末。

巡抚脸色严峻，忽然大声说："王公子，本官答应你的要求，赏你一百大板！"王小二说："贵衙中那位督办大人，与我订有协议，受赏各半，这一半大板，大人先赏给他吧！"巡抚扔下一支令签，喊声："督办先受赏！"两名衙役立刻将督办拽过来，几下按倒在地，举鞭挥抽起来。两名衙役平时深受督办欺压，愤恨之下，手势越来越重，真鞭得督办喊叫不绝。

鞭完五十大板，王小二说："禀告巡抚大人，另五十大板的赏，我也自愿送给督办大人。"巡抚又扔下一支令签，喝道："再赏督办五十大板！"直鞭得督办皮开肉绽，涕流满面，然后衙役将他拖下堂去。

两名营官受巡抚委托，送徐渭和王小二回客栈。临回，留下一大袋银子，说："这一百两银子，是巡抚大人的一点心意。巡抚大人很感激你们，不仅来送还国宝夜明珠，还让他清除了隐藏在身边的贪官。"

事后听说，第二天，巡抚就把那个贪官督办撤了职，赶出了衙门。

第九章　畸零晚年

伴狂避客

徐渭在京脑病复发，这次是第四次大发作，确实病得不轻，原因或许是在授经馆太郁闷，与张元忭发生了不可调和的矛盾。大儿子徐枚得到消息，赶到北京去接老父。万历十年（1582），徐渭六十二岁，二月初，徐渭在徐枚、徐枳的陪同下，返回绍兴。徐渭在路上开始精神恍惚，二月天，天气十分寒冷，徐渭却见到了夏天才出来的大蛇。当时徐渭骑着骡子，看到一条绿色的蛇，但忽然间就看不到了。于是徐渭便问他的两个儿子是否看到蛇，两个儿子都说没有看到。这是徐渭在病中所产生的幻觉，徐渭每次病重时，常会看到异物，有时是蛇，有时是"鬼"。回到绍兴后，徐渭常常是卧床不起。

徐渭的病原来一两个月就好了，而且一般在夏天发作，到秋天慢慢会好，这次不一样，冬天发作，持续时间很长，可能是年纪大了的缘故。这次病了以后一个明显的情况是不吃饭，平时吃点零食，喝点酒，几乎是到离世，都是这种情况。生病，精神状态不好，不想见人，不愿与人来往，尤其是不主动与富贵人交结。在北京的经历一直影响着他的心态，他总觉得有地位的人在为人处世上有一种居高临下的姿态，难以求得人格上的平等，而这又是他一生中最不能接受的，而且，年纪越大脾气越倔。张汝霖在日后的《徐文长佚书序》里说他"捷户十年"，陶望龄在《徐文长传》中说他"晚绝谷食者十余岁"。徐渭在六十九岁时自己也说："鄙杜门者八年矣，"杜门或捷户不是不出门，也不是不离开绍兴，而是很少与外人交往。徐渭"捷户"或"杜门"，一方面因为病，更重要的一方面他对炎凉世态看得透彻了，他追求身心自由的境界，不太愿意与富贵人士交往周旋。

徐渭不想与富贵人交往，典型的例子是和山阴知县刘尚之的摩擦。当时的山阴县令姓刘，名尚之，字景孟，万历四年至十四年的十一年间，在山阴县主政。徐渭返绍，刘景孟前来拜望，因为乘的是轿子，又带了从人，徐渭闭门不见。徐渭事后写了一首诗请人转给刘景孟，以示谢意。题为《山阴景孟刘侯乘舆过访，闭门不见，乃题诗素纨致谢》：

> 传呼拥道使君来，寂寂柴门久不开。
>
> 不是疏狂甘慢客，恐因车马乱苍苔。

读诗，刘景孟才领悟到，徐渭不是拒绝朋友，而是拒绝"传呼拥道"的官员。私人聚会，不是公务，用不着"传呼拥道"表明身份，刘景孟很知趣，也算是礼贤下士，于是换了便服，一个人悄悄地再去拜访徐渭，于是主客甚为相得。徐渭在诗下有小注云："侯观诗悦甚，即便服徒步往。"你看，还是心态问题，徐渭在外大官见多了，一个小小知县摆什么谱，这就是徐渭的内心想法。

类似吃过闭门羹的，肯定不只知县刘景孟一个，于是后人的传记与回忆中有种种说法："渭遽手拒扉，口应曰某不在，人多以是怪恨之。"徐渭"深恶富贵人"，自求解脱，对有权者、富者没有要求，淡泊自甘，自然随情适性，言所欲言，行所欲行，有客上门，不见便坚决不见。当然也不能一概而论，徐渭只是受不了富贵人的架子，对平易近人的官员徐渭还是很愿意结交的，对于官员确实有益于民者，他还是出以公心，贡献才智的，并未"佯狂"。再说那个刘景孟，万历十四年（1586）去职，山阴名流公推徐渭作《山阴刘侯去思碑》，徐渭在碑文中写下刘县令三大政绩：重视教育，修建学宫；兴修水利，修筑江堤；为官廉洁，衙门中人"无有攫民一粟一钱者"。刘县令有政绩而不以此自诩，徐渭赞扬他"有才而不急于名，此更难"。对于为民办事的官员，徐渭并未因"富贵中人"而深恶。

徐渭闭门不出，最主要的是不想到张元忭家里去，他确与张闹翻了，以前徐渭是三天两头去张家的，现在对翰林张元忭看不惯。可是张元忭不像徐渭想的那样，张元忭对徐渭还是很尊敬的，特别是在绍兴，张元忭不需要用礼法约束徐渭了。

张元忭在楚中完成使命后，又回到绍兴。南京工部尚书吕光洵的儿子前来拜访张元忭，请求张元忭撰写吕光洵的行状。张元忭答应了其子的请求，把任务交给了徐渭。徐渭写好《吕尚书行状》时，恰值张元忭母亲的生日，又写了《生朝诗》。随后，张元忭母亲病死，张元忭返绍兴守制。

徐渭不会治家，一家四口租住在目连巷友人金氏的房子里，矛盾重重，闹得徐渭精神上很痛苦。徐渭在给族侄徐桓的信中叙及家庭矛盾时这样说：

> 屡犯责善，齿舌几烂，蒙詈被侮，又岂止贼恩。世尊有言，如此等辈，冥顽不灵，累万劫终不见性，名为可怜悯者，今吾亦然。一边患之欲其死，一边又爱之欲其生，譬恶疾蛊厉，人皆共弃，然亦未尝不共怜也。（《答兄子官人》之二）

徐渭对徐枚从小缺少管教。徐枚既无职业，又不懂规矩，好吃懒做，坐吃山空。徐渭是既恨又爱，无能为力。

到了冬天，天下大雪，徐渭租住的房子年久失修，冬天大雪时节，雪压断了栋梁，徐渭一家只好搬出去，徐渭和徐枳另租姓范的房子，徐枚夫妇就搬到岳父家住，刚好解决内部矛盾。

搬屋那天天下大雪，雪中搬家如逃难，徐渭倍感困苦，写了《雪中移居二首》：

一

十度移家四十年，今来移迫莫冬天。

破书一束苦湿雪，折足双铛愁断烟。

罗雀是门都解冷，啼莺换谷不成迁。

只堪醉咏梅花下，其奈杖头无酒钱。

二

高雪压瓦轰折椽，跋冻移家劳可怜。

长须赤脚泥一尺，呼佣买酒赊百钱。

饥鸟待我彼檐外，梅花送客此窗前。

百苦千愁不在念，肠断茫茫黯黯天。

徐渭的财产越搬越少，吃饭的钱也成问题，只靠祖上留下的一点薄田，有点年租收入，《上冢》诗可以看出徐渭当时的窘相：

吾叔邵武公，当年与我翁，

双陪闽蜀守，竹马走儿童。

归来知几日，相继归窀穸，

黄泥闭雪髭，欲会那可得。

叔家城北居，高栋亦彫题，

邀宾夕驻马，为母日烹鸡。

一朝桑海换，不能保子孙，

负薪冢上道，养鸭水边村。

我今六十五，仍高破角巾，

年年上爷冢，每每到孙家。

孙家留我坐，孙妇办汤茶，

以我上冢牲，啖孙且满引。

绕篱黄蝶飞，抽篱高碧笋，

起视檐西东，分簷住蜜蜂。

问蜂窠几许，四十还有余，

窠窠如不败，胜我十亩租。

徐渭自述有薄田少许，但租粟不能果腹，更不能供父子及长媳四人购买一处房屋。生活十分拮据，徐渭只盼身体稍好再谋生路。

此时，徐渭还有一些朋友来往，有不少诗文交流。人到老年，少年时的朋友逐渐走了。一个是"越中十子"之一的钱楩，自从弃官回绍兴后，一直修炼长生之术，后来索性在秦望山筑室居住。两年前（万历八年）冬天，独自死在秦望山的禅室里。徐渭回到绍兴后，才得知这一情况，便写了《哀词三首·钱刑部公楩》哀悼钱楩，其中有几句叙及两人的情谊：

> 曩者一见予，如鹏逐鹏翔。
>
> 穷海求大翼，自谓不再双。
>
> 而予感其说，亦若宫与商。
>
> 惠施不在世，庄生暗其吭。

将自己与钱楩的关系比作庄子与惠施的关系。在道教学术上，徐渭深受钱楩的影响，钱楩一直是徐渭的师友。

另一位是郁言，郁言是一年前（万历九年）在家乡过世的。郁言是徐渭的恩人，徐渭回乡后才知道此事，于是赶到郁家探望和慰问，并阅读郁言的遗作，还写了一首诗《郁颖上》悼念郁言：

> 五柳绿沄沄，归来种在门。
>
> 五年官不调，一黜道初存。
>
> 遽别今何往，相知在论文。
>
> 欲从遗匣内，一读哭麒麟。

徐渭和郁言在文学上是相知，现在已经离去，只有苦读其文了。

除了朋友交往以外，徐渭很关心绍兴的公益事业。从徐渭的优势出发，关心公益事业当然不是出钱出力，而是他的生花妙笔。

一是写《诸暨学记》。万历十二年（1584）一月，当地士绅请徐渭撰写《诸暨学记》：

> 暨之学，自国初于今二百余年，新者三而复圮。师灵罔妥，业
> 是者亦以居肆不专，告拟新焉，顾艰于征发。会有废馆钱，与学亩岁

入，为银凡若干两，计稍足办。于是悉取堂阁曰明伦，曰尊经，若殿庑诸宇一新之。礼乐之器坏，勿备者，补且易之。而射之圃旧，不垣，浸湮为闾舍者，复且垣之。始万历癸未之十月，阅三月乃落。今夫有司之作公宇，百姓之作其私家，工竟则有司告落于大吏，匠告于主人而已矣。县长吏之作于其学，事工也，而道则师也，亦可徒落之而已耶？则必有以诏之。苟诏之而泛且袭其故之说，犹勿诏也。今为故之说者二。曰学以明伦，吾安得不曰明伦。曰学以务尊经，而穷之备实用，毋剿旧括，吾安得不曰尊经省旧括。然明伦而必强追以古胶庠之迂习，尊经省旧括而令尽舍其制科，一意于绝韦，则法堂草且深数尺矣，又何庸于取屋肆而新之耶？

今夫忿戾与婉愉，均动于形色也，忿戾为劳，婉愉为逸。泛记而专精，均役于心思也。泛记为劳，专精为逸。人情莫不恶劳而喜逸，且逸之效博，而劳之效微也。而今之为子弟于家，为士于类者，顾舍婉愉，便忿戾，黜专精，崇泛记如此乎？其恶逸而好劳，舍效之博而群趋于效之微也，此何说耶？意者诏之者之迂，而人苦于从如吾前所云也，故不得不悉畔而去之耶？然而易忿戾，为婉愉，务专精，舍泛记，其劳逸之相去既如彼，而伦由之而日明，经由之而日穷，以尊效之相百也又如此，亦可委曰迂也，而苦与从耶？医之于病者也，布方同也，而引剂异也，则病有愈有不愈。他人之诏明伦与尊经也，布方医也，予之诏明伦与尊经也，引剂医也。虽然，之诏也，非通诏也。不病者不俟于布方，矧曰引剂？吾敢谓暨之士尽病耶？僚丞某君某，均与于作且诏董役者，某则劳为多。

二是作《西溪湖记》。西溪湖工程是退田还湖工程。这一工程是一个水利工程，为了保证周围更多的良田能够灌溉，必须把一千多亩的良田挖为湖塘，因此，要统一许多人的思想，而且要平衡田的亩数。要通过造田来得到总量平衡。上虞知县朱维藩确实是个有作为的官员，在他的努力下，西溪湖工程顺利完工。乡绅们觉得如此功德必须有文字记载，也是为了表示对朱知县的感谢。谢谠、葛韬仲等上虞文人觉得自己写不够格，非得请名士徐渭撰写不可，于是派人邀请徐渭执笔，徐渭也当仁不让，写了《西溪湖记》一文：

> 虞之为县，壤高，河水东下。旧有湖曰西溪者，当县西南，主畜水以备旱，三乡负郭之亩恒赖焉。宋末李显忠既请其高者以牧，福邸仍之，遂尽田以庄，湖始废，旱辄不登。元尹林希元欲复之，不果。入明，田既税，则湖益不可复矣。万历癸未夏旱，知是邑者为朱侯，既合众以祷，乃更求长策，得湖，以请于府某公某若省及分省诸公，并得可，遂复湖。湖东起湖山麓，北抵郑家堡，迤北以西至龙舌嘴前村之高阜，南尽长港埭。从而长，得弓可九百二十七，衡而广，损从者三之一，周而度之，为丈者千七百五十二。当湖为田时，计其亩可千六百二十六，兹复田以湖，宜仍抵湖以田也，而夏、盖、白马三湖，适得新括浮亩可五百有奇，第都之区曰十二者，括地复得隐亩九百，余二百，直买之以抵田，而税有隐羡于某所者若干，括得之，适相当，复用以抵税，盖二抵具而湖告复始果。他若水道宜塞者塞之，凡七所，宜引以佐湖者引之，凡三十有六所，闸之以潴以泄，坊一以表，筑室一以省，责其成于里之正长。畚锸所及，计高广近远而课之并有差。费取仓粟，庸取募丁，阅几月而迄事。是役也，不劳民，不耗公，取浮修坠，下相地纪，上佐天时，而中免夏畦之桔槔，使吾虞千百年之久魃虽苛，不能必饥与殍于吾民也，是孰使之然哉！众谋记于予。予谨记曰：侯名某，字某，某地人，以某支干进士来知虞。治廉平，而兴学奖士，尤谆谆云。

三是作《闸记》。嘉靖十六年（1537）三月，绍兴知府汤绍恩建的滨海大闸应宿闸成，建闸五十年后，闸体漏水，且泥沙淤塞严重。知府萧姓者，主持修闸，这确是造福后代的水利工程，徐渭对水利又有研究，修闸完工后，请徐渭代作《闸记》：

> 故知府汤公绍恩，以潴故闸三江，用巨石甃水门二十八，职

启闭，瀦泄不潦者五十年。水啮石漏无时，顾病旱。某地某继知是府，治之。沃锡以窒漏，又斫巨石规，凹凸其两颠，凸以枕上流，凹以衔旧甓首匜包之，高与等，水不得越新包啮，旧甓衔有际，沃铁以袪。旱则不虞。费库美银若干两，募工役若干人，几月而成。问病于父老，曰："闸启与闭并有费，吏靳或私迟其启，病潦。外渔者利内渔，赂掌闸迟其闭，病涸而旱。"某年月日记。

徐渭还关注气候，其实关注气候就是关注民生。他有一首《数年来，南雪甚于北，癸未复尔，人戏谓南北之气互相换，似贾人带之往来。理或然欤？边寒不易雨，而今每潦，十九韵》：

> 阴阳北去随南客，雨雪南来自北天。
> 雨烂胡弓知几岁，雪高越瓦已三年。
> 偶然尽海迷辽鹤，不是登桥听杜鹃。
> 吠犬从今无一处，喘牛必问有诸贤。
> 明明日向彤雾暗，杳杳玑笼紫雾悬。
> 羲氏轮膏埋壁屑，滕公河水泻银钱。
> 铦锋插戟包难见，深穿穿泉粉愈填。
> 万里萧条昏井邑，千家凌夺失园田。
> 疑花宿误群归羽，折竹真摧几个圆。
> 鼻醋酽寒先惯吸，羹盐调剂未堪煎。
> 倾危作兔当山顶，搏控成狮向日边。
> 借皎肥身灰象饱，吹柔害物素猫拳。
> 绵针絮刺俱丛棘，玉瓣银筒假淤莲。
> 阳德尽阏闾阖上，阴威直到祝融颠。
> 华亭羽翼漫天久，上蔡鹰卢猎野偏。
> 伍员江长潮正怒，三闾沙白骨新捐。
> 稀如尸盅穿云去，细似绳蝇点壁旋。
> 急舞鱼鳞明扈跋，繁遮蝗阵暗霄骞。

袁安卧苦僵犹得，解缙尸埋醉可怜。

万事岂俱埋得尽，有时终露髑髅冤。

　　万历十七年（1589）六月，浙江出现大旱。徐渭对旱情表示了关注，写了《旱甚，久不应祷，再追前韵》一诗。大旱三旬之后，才出现雨水天气，缓和了旱情。徐渭又写了《喜雨次陈伯子》一诗：

园壶浇不活，客至罢鹅蒸。

翻盆只一滴，起死折三肱。

稍喜蔬堪摘，惜无禾可登。

犹胜往年徐，半斗百钱冯。

　　徐渭为眼前的景象感到欣喜。这也是他一直关心家国大事的个性使然。不论雨雪旱涝，徐渭总是会联想到民生、国运。

梅花换米

　　万历十四年（1586），徐渭六十六岁，次子徐枳二十五岁。徐渭家贫，徐枳也只好入赘王道翁家为婿。看来岳家也不富，没什么隆重的喜宴，一切省钱从简。入赘前，徐渭宴请了亲家翁亲家母等，喜宴不铺张，但也热闹。为此徐渭写了《正元鸡酌枳儿妇之父辈》：

东邻盛杀牛，西邻禬以祭，

心诚与不诚，薄厚非所计。

雄鸡一高冠，子路之所戴，

缨以见师宗，我烹酌儿外。

劳果馓四笾，下羞间廉菜，

衣鹑不能新，履草蹋其坏。

> 用以邀串亲，如兰俯萧艾，
>
> 任彼去不留，我自醉而寐。

李如松是徐渭晚年最要好的朋友，一直与徐渭有书信联系，徐渭回绍身体不适，李如松多次来信讯问，并带来银子慰问。万历十五年（1587），徐渭六十七岁，李如松再次以总兵官镇宣府。宣府是徐渭熟悉的地方，他的好朋友沈炼就冤死在那里，几年前他也去吴兑幕府做过幕僚。得到信息徐渭十分兴奋，并写了一首《赠李宣镇，沈光禄炼祠在保安州》诗送给李如松：

> 辽东大将把吴钩，坐笑筹边第几楼。
>
> 记室虎头谁投笔，将军猿臂自封侯。
>
> 厩分首蓿膻中驷，酿取葡萄覆上流。
>
> 好事知君多料理，忠臣祠在保安州。

诗中称颂了李如松的雄才武略，还特地交代李如松料理好沈炼祠。可惜没多久，李如松以骄横罪名被弹劾，调往山西任总兵官。

李如松得知徐渭身体恢复了，便发信邀请徐渭去山西总兵府。徐渭收到邀请信，心里很激动。于是，万历十六年（1588）新年刚过，徐渭与次子徐枳便起程北上。船到徐州，徐渭就生起病来，只好让徐枳一人北上，徐渭一个人拖着病躯回绍。父子分别前，徐渭写了一封信让徐枳带给李如松，请李如松安排徐枳的生计：

> 小子枳，以旧尝蒙公误盼，近又屡饷老屏，既已心热，而枳之同辈及长者，亦颇撺掇之，故不揣远趋节下，希厕弟子将命之末，老屏止之而不能也。虽我公宽大，或恕其愚而怜其志，姑付鞭令执之乎？古人为兄者耻其弟糊口于四方，况父子耶，耻可知矣。上谷山川及一二交游，宛然在目，偶一思及，怅怅者移时，公勋名日盛，晋转当不待瓜。老屏景逼崦嵫，无由一握手矣，其为怅怅，尤可知也。书不尽言，临封神越。（《致李长公》之九）

徐渭这封信写得十分感人，也是他内心的真实写照，不仅是这次不能赴约，也是徐渭整个人生行将结束，所以，令人悲从中来。

第二年冬天，徐枳回到绍兴，准备为岳父王道翁及岳父弟王溪翁祝寿。王道翁六十岁，王溪翁五十岁，两人寿辰都在十一月。徐枳在李如松部下收入不多，岳丈王道翁怜惜女婿，表示不要置办什么礼物，请老亲家写几个字，那是最好的礼物。就说："得而翁言幸矣，奚必羔雁？"（《寿二王翁序》）意思是说，只要你父亲答应写一篇寿文，我就很高兴了，何必拘泥于贺礼呢？徐枳为两位长辈做过寿辰后，又前往山西去了，仍然到李如松的总兵官府谋求生计。

张元忭因母亡故，在绍兴守制，三年结束后张元忭回到北京，先是官复原职，接着又升任左春坊左谕德清理贴黄。官运不错，但不幸的是张元忭于万历十六年（1588）三月二十五日死于任上，年仅五十一岁。灵柩于四五月间运回绍兴。徐渭爱憎分明，对张元忭虽有意见，但面对救命恩人，徐渭的内心充满了感激，只是出于孤傲，他不敢把内心的想法在众人面前表明。所以，徐渭回绍兴后，等到张元忭的儿子等稍一离开，就穿着白衣悄悄去张家抚棺大哭，离开时也不留下姓名。

徐渭真诚的痛哭，或许是对张元忭的误解的一次补偿。他感激死者的救命之恩，但又不愿让旁人认为自己屈服于张家的权势，这是一种怪异的吊唁方式，这正是徐渭孤傲倔强的表现。

徐渭回绍兴以后主要的工作就是画画写字，这也是他晚年的生存方式，靠画画写字的收入来维持生计。

徐渭在自己创作的同时，乡人慕名来学，徐渭选择了几个有基础有天赋的学生，这些学生的性格以及生活习惯和他差不多，看起来像是酒肉朋友。"与狎者数人饮噱"，当然不尽是酒肉朋友，其实与他经常往来的除学习诗文书画的一批学生外，大抵均为钟情文艺的人士。对富贵中人冷淡而与情趣相近、意气相投的人士纵酒高谈，被认为是"与狎者饮噱"的"狂奴故态"，自然是一种高高在上的士大夫的观念，然而这正是山阴布衣晚年艺术登峰造极的创作形式。

徐渭晚年与"狎者"交，指的是：

吴系，徐渭的学生，其父打抱不平，冤死于狱，徐渭曾为之作《吴侠士墓志铭》，徐渭殁后，吴系为刻印《徐文长佚稿》多方奔走。

季子微，徐渭恩师季本之子，季子微曾得到徐渭推荐，在北方入幕。

王骥德，擅长作曲，是徐渭学生，居处距徐宅不远，时有来往，有剧作传世，并著《曲律》。

王澹，字澹翁，亦是徐渭学生，善撰杂剧，有著作多种。

柳瀔，老友柳文之子，擅长诗歌词曲。

钟天毓，名廷英，上虞人，其父曾任池州太守。

陈守经，陈门长子，徐渭的晚辈。

钱汝行，名士礼。

徐子云，徐渭的堂侄，爱好书画，书屋为子云斋。

史叔考，徐渭之甥，名槃，擅作曲，有作品多种，且能登台演出。等等文化人士，是他们一起创造了徐渭晚年艺术的辉煌。

徐渭经常同这些朋友诗酒流连，谱曲论剧，作书作画，放言高谈，狂歌代啸，摒弃一切俗人俗事，当然是人生大乐。只是家无恒产，生计日渐艰难，衣食如何维持？不得已徐渭便卖书卖画，《春兴》中回顾这些年的生活，他不得不成了换米翁，他写他的生计艰难，上门来的是"半缯榆荚求书客"，他自己则成了"数点梅花换米翁"。

书画换酒、书画换米，艺术家的生活，不富裕但别有诗意。明代文人卖画，尚无润格之说。书画是雅事，求书画者有所求，亦常有所赠。乡人记述，当徐渭困窘时，求书画者赠送食物，徐渭必俟书画完成，估计能满足主人要求时，才享用食品，其迂阔如此。就徐渭留存的诗文及题跋看，他的书画换来的物品大抵是一些鱼、蟹、茶、酒等日常消费品。

其实，徐渭住在徐枳岳丈王道翁家，基本饮食起居没有问题，只是徐渭爱酒，每天必饮，酒钱要自赚。徐渭喜蟹，秋风起，螃蟹肥，每到蟹黄季节，徐渭天天吃蟹。传说徐渭见酒眼开，见蟹笑，他是个美食家。徐渭有《某子旧以大蟹十个来索画，久之，答墨蟹一脐，松根醉眼道士一幅》诗，诗为古风，七言七句，不拘格律，可见心情之好。又另有七绝三首，俚俗易懂。十只大蟹换一只墨蟹，徐渭是十分高兴的。在《题史甥画卷后》中述及："万历辛卯重九日，史甥携豆酒河蟹换余手绘。"又有《陈伯子守经致巨蟹三十，继以浆鲈》诗，诗中称"喜有贤人敬长心，老饕长得饫烹饪"。陈守经不是至亲，送这样重的礼，徐渭的报答只能是诗、书、画了。徐渭嗜蟹，求书画的赠蟹者甚多，也是投其所好。同时，徐渭在诗中咏及蟹的篇幅也不少。

诗酒、画酒传佳话。好画要有好酒。酒好则画好，酒多则画多。徐渭有《又图卉应史甥之索》，写出了二者之间的关系。这首七言古诗写得明白如话，酒后作画之兴奋情状，写得尤为生动：

> 陈家豆酒名天下，朱家之酒亦其亚，
> 史甥亲挈八升来，如椽大卷令吾画。
> 小白连浮三十杯，指尖浩气响成雷，
> 惊花蛰草开愁晚，何用三郎羯鼓催？
> 羯鼓吹，笔兔瘦，
> 蟹螯百双，羊肉一肘，
> 陈家之酒更二斗，
> 吟伊吾，送厥口，为侬更作狮子吼。

徐渭以书画换物，以书画换银，以书画回报朋友的关照。徐渭曾为李如松多次作书画，有一封信中录有"小画一幅，扇一把，并诗以见意"。并表示要求写的"世忠堂记"，容后再寄。晚年贫病中辛勤笔墨，用以感谢远方的朋友李如松，以此来换取他对徐枳的关照。

《畸谱》别世

人生七十古来稀，到了万历十八年（1590）二月，徐渭迎来了七十岁寿诞，那个年代，与徐渭年近的同学、朋友几乎都不在了，只有远在宁波的老朋友沈明臣还活着，徐渭七十大寿，沈明臣准备赶来祝寿，可惜雨雪天行路难，沈明臣也已老迈，来绍的计划落空，只好写诗表明心曲。徐渭收到沈明臣捎来的诗，很有感触，写了两首诗回赠沈明臣。沈明臣与徐渭都曾在胡宗宪幕府为幕，胡幕解散以后，沈明臣到福建入戚继光幕继续抗倭。徐渭《答嘉则二首次韵》的其中一首写道：

> 十年才一问平安，只尺浑如对面看。
> 旧日诗评虽有价，近来公论孰登坛。
> 百年忽已崦嵫暮，一齿时崩首蓿盘。
> 腊雪秋潮同马日，何人不道是金兰。

幕年时节，回想当年戎幕生涯，壮怀激烈，结下金兰之义，友情永留心中。

老来无所盼，徐渭最挂心的是徐枳。说到徐枳，开始时李如松把他介绍到父亲李成梁在辽阳的都督府谋事。后来，徐渭收到徐枳从辽阳寄来的信函。徐枳在信中说，以贩卖人参获利。徐渭写了四首诗寄给徐枳。第一首《枳久于李宁远镇，又云贩人参》云：

> 落叶垛阶黄，枯株倚壁长。
> 孤雏何久客？独雁不成行。
> 冻色天将雪，愁颠镜满霜。
> 解之频痛饮，有客馁无肠。

诗中充满了对徐枳的牵挂和思念。那年端午过后，绍兴进入梅雨季节，连续下了将近一个月的雨。徐渭两腿浮肿，行走极不方便，只有依靠拐杖才能行动。而家境又贫穷，没有条件进行医治，便以烧酒当药，希望能消除水肿。

随着梅雨季节的结束，徐渭的水肿也逐渐消退。他便去青藤书屋走了一趟，看到青藤大如虬松，郁郁葱葱，无比感慨，于是绘了一幅画，并在画上题诗《题青藤道士七十小像》：

> 吾年十岁植青藤，吾今稀年花甲藤。
> 写图寿藤寿吾寿，他年吾古不朽藤。

又在画后题跋云：

> 正德辛卯吾年十岁，手植青藤一本于天池之傍，迄今万历庚
> 寅，吾年政七十矣，此藤亦六十年之物。流光荏苒，两鬓如霜；是
> 藤大若虬松，绿阴如盖。今治此图，寿藤亦寿吾也。田水月又题。

徐渭晚年喜欢收奇掠异，用诗文记一些奇闻逸事。方子侯的芳园种出
四只并蒂黄瓜，徐渭写了一首《方氏子园并蒂王瓜四，予顷亦稍圃》。第二
天，徐渭的寓圃也出现了双蒂黄瓜，刚生长出来就被人摘落了。为此写了一首
诗《予寓圃亦产双瓜，方榠，如琴轸，为人落之》。徐渭还专门写了《纪异》
一文，记载碰到的奇异事物：

> 鄙自塞上归，其后再他出，而归必有异拟。如绩，风雨江涨，
> 住杭，不得往者旬余，至严，觉变而返。一黄蛇粗可拱把，长四
> 臂，时江涨，阔数里，蛇自东涉西，附舟而行，棹桨亦不惊，又不
> 登西陆，忽没不见，张子先同见也。既客燕，又觉变，归，二月初
> 也，大风伐木，寒特甚，且远惊蛰候，北又少蛇，鄙坐两羸兜，行
> 大陆，无山林。一绿色蛇，鳞如鲤，娇倩可爱，当道蹲兜下，蟠旋
> 如篆香结。鄙恐他客羸蹄碎之，回顾屡屡，亦不见，问先后两儿，
> 儿亦云不见也。归卧范氏典屋者数年，一日早起，忽见一八脚物，
> 大如大蹦蛛而甚赤，引一丝坠帐檐。鄙戏祝曰：“倘引凶，引上。”
> 物果引上。又一日，地板下出一蛇，长尺五许，四足而绯唇，绕书
> 案脚数巡，而仍入地板。凡此数件，鄙不右之为吉，而亦不左之
> 为凶也。昨往方氏圃看并蒂王瓜甚适，间出一生诗，且口与方氏
> 曰：“并蒂瓜毒能杀人，《本草》果有此说？”鄙旧尝读《本草》，
> 莽应之曰：“然。”归偶视丈圃中，忽见并蒂稚王瓜如筋，颇喜，将
> 其壮，幸诸诗客倘一赏也，次日亡矣，此则凶兆也。

对并蒂瓜有毒，可以毒死人的说法，徐渭很有兴趣，专门写了一篇《论瓜》：

用瓜者但曰用瓜蒂，乃甜瓜冬瓜蒂耳，非王瓜蒂，可考也。即论甜冬两瓜，但曰瓜双鼻者杀人，沉水者亦杀，以此论甜瓜与冬瓜，亦无相干，可考也。绝不及王瓜者，缘王瓜绝不入药也。亦如诸菜绝无云某菜双头并根者杀人也。《礼记》有荐瓜于王之说，副之华之华有数，亦当是甜瓜。"瓜田不纳履"，"中田有瓜"，"瓜瓞萋萋"，"七月食瓜"，并当是甜瓜。盖西瓜至汉张骞时始有，冬瓜又当是秋七月以后始熟，青瓜味不甚佳，非荐王物也。瓜之不可以易定也如此。不知何一博物张华，稍见《本草》有"杀人"两字，如白兔御史便坏却鄙圖，易吉以为凶。语云："世间凶吉事，岂在鸟声中？"鄙滞之亦陋矣，然亦为王瓜雪冤，不得不辨。然张华亦无怪其为张华也。《荀子·劝学》篇云："蟹六跪而二螯。"蔡谟见彭蜞六跪，食之，吐下几死，以语谢尚。尚谑谟曰："尔读《尔雅》不熟，几死于《劝学》。"而注此者又往往以"劝学"为"勤学"，则是以"劝学"为"勤学"者，一张华也；荀子以六跪为蟹者，一张华也；蔡谟受语于荀子，一张华也；《尔雅》中不载，而谢尚以为读《尔雅》不熟，亦一张华也；今云王瓜并蒂杀人者，又一张华也；恶，是何张华之多也！

徐渭还写诗描写乡村发生虎吃人之事。《十月望，十二月朔，百舌群鸣连日；腊朔之夜，雷电彻晓；大雨两月；乡村人来说虎食人，经秋不去》："猛虎食人为食豕，百物价高宁倍蓰。"

徐渭写过一篇《书义鹰事》，是义鹰救人的故事，说来也很离奇，原文是：

盱南陆氏畜一牡猴，甚黠。稍长，渐逼妇人，欲杀之。猴觉，遂登屋，日夜扰其家。一日，有少年臂鹰猎郊外，无虚发。陆氏子见之，告猴故，少年许之。及纵鹰，猴屋瓦以蔽，鹰便去。越一月至，逼猴如前，猴遮瓦复如前。后一鹰继之，猴不及备，遂毙。后鹰者，少年之鹰呼与共事者也。噫，亦异矣。

万历二十年（1592）徐渭七十二岁，人已老迈，徐渭其他社交活动已经不多，清明节前徐渭最后一次去木栅扫墓，他写了组诗《春兴八首》：

第一首写去扫墓途中情景：

> 好景蹉跎知几回，今春商略紫洪隈。
> 固应带插挑深笋，兼好提尊饯落梅。
> 双寒百钱苦难办，片桨孤舟荡莫催。
> 见说山家兜子软，借穿峰顶晚霞堆。

诗题原注："紫洪笋绝佳。"徐渭是搭乘乌篷船抵达山脚下，乘便轿于晚霞中到达墓地。

第二首写晚年生活清苦，常画梅花换米，有余钱时因酒瘾难断便饮点小酒，聆听邻居竹林丛中小鸟的鸣叫声，也是一种乐趣：

> 乾坤瞬息雪边风，万事阴晴雨后虹。
> 已分屠门斋后断，只难酒盏座前空。
> 半缯榆荚求书客，数点梅花换米翁。
> 小饮墙西邻竹暗，绵蛮对对语春丛。

第三首想象自己初生之年的情景，只是人到古稀，万事皆休，除了能够每天饮酒外，也就懒得去操心别的事了：

> 二月四日吾已降，摄提尚复指苍龙。
> 当时小褓慈闱绣，连岁寒衣邻母缝。
> 一股虫尸忙万蚁，百须花粉乱千蜂。
> 自怜伯玉知非晚，除却樽罍事事慵。

第四首借自然风物的变迁阐述自己的人生感悟：

李白桃红照眼明，兰凤梨雪逼人清。
一枝带蕊凭吾折，双蝶随风各自争。
粉翅扑衣犹可耐，墨针穿帽此何黥。
因思花草犹难掇，却悔从前受一经。

第五首，诗的前四句述及晚年景况，诗的后四句又涉及身世。

七旬过二是今年，垂老无孙守墓田。
半亩稻秧空饿鹿，两株松树罢啼鹃。
悲来辛巳初生日，哭向清明细雨天。
忽捻柳枝翻一笑，笑侬元是老婆禅。

第六首写寒冬已去，春意渐浓之际，不禁忆起秋千架上的倩影：

昨冬不寐苦夜永，此月新弦喜昼长。
柳色未黄寒食过，槐芽初绿冷淘香。
西池蝌蚪愁将动，北地秋千影不忘。
描写姬姜三百句，白鱼尽饱小巾箱。

第七首写了国家形势不好，倭寇可能再次侵略东南沿海：

胡烽信报收秦塞，夷警妖传自赣州。
十万楼船指瓯越，结交邻国且琉球。
不臣赵尉终辞帝，自王田横怕拜侯。
几岛弹丸髡顶物，敢惊沙上一浮鸥。

第八首写墓地的景象，因墓地松树被砍，徐渭幻想买松苗，再次遍植松树：

孟光久矣掩泉台，海口新阡此再开。

暖色一天霞影入，寒潮万里雪山来。

迢迢支垄何方发，个个曾杨着处猜。

急买松秧三百本，高阴元仗拂云材。

这段时期，徐渭的兴趣是戏曲，他写戏、看戏、评戏、改戏，十分投入。而交往的对象主要是钟天毓。钟天毓是戏剧家，徐渭常和他讨论改编《昆仑奴》。

杂剧《昆仑奴》的作者梅鼎祚，字禹金，号汝南，安徽宣城人。徐渭并不熟悉，也没有机会与作者打招呼，只是出于兴趣，就潜心改编，像是解剖麻雀。目的是进行戏曲理论研究。完成《昆仑奴》改编后，还写了《题昆仑奴杂剧后》六段文字，表达自己的戏曲理想：

此本于词家可占立一脚矣，殊为难得。但散白太整，未免秀才家文字语，及引传中语，都觉未入家常自然。至于曲中引用成句，白中集古句，俱切当，可谓挈风抢雨手段。

又

阅南北本以百计，无处著老僧棒喝。得梅叔此本，欲折磨成一菩萨。倘梅叔闻之，不知许我作一渡彼岸梢公否。王方平有云："吾鞭不可妄得也。"一笑，一笑。

又

梅叔《昆仑剧》已到鹊竿尖头，直是弄把喜戏一好汉，尚可撺掇者，直撒手一著耳。语入要紧处，不可着一毫脂粉，越俗越家常，越警醒，此才是好水碓，不杂一毫糖衣，真本色。若于此一恶缩打扮，便涉分该婆婆，犹作新妇少年哄趋，所在正不入老眼也。至散白与整白不同，尤宜俗宜真，不可着一文字，与扭揑一典故事，及截多补少，促作整句。锦糊灯笼，玉镶刀口，非不好看，讨一毫明快，不知落在何处矣！此皆本色不足，仗此小做作以媚人，而不知误入野狐，作娇冶也。

又

凡语入紧要处，略着文采，自谓动人，不知减却多少悲欢，此是本色不足者，乃有此病。乃如梅叔造诣，不宜随众趋逐也。点铁成金者，越俗越雅，越淡薄越滋味，越不扭捏动人越自动人。务浓郁者，如脔杂牲而炙以蔗浆，非不甘旨，却头头不切当，不痛快，便须报一食单。

又

散文尤忌文字、文句及扭捏使句整齐，以为脱旧套，此因小失大也。令人不知痛痒，如麻痹然。且妨照应□韵险处语，尤要天然。

又

牛僧孺《幽怪录》有《张老传》，张老，仙人也，有仆曰"昆仑奴"。梅君述"昆仑奴"为仙矣，何不用此以证，云在张老时已为仆几时矣，今复谪此，则益为有据。虽皆是说谎，中都有来历，况张老说是梁天监中人。

其中涉及对此剧的评价，以及徐渭的戏剧本色观、戏剧雅俗观。

万历二十一年（1593），徐渭七十三岁，生命即将走到尽头，但他对国家大事保持了极大的关注。日本果真入侵朝鲜，李如松又奉命率兵东征。万历二十一年正月初六起，经略宋应昌与提督李如松率兵攻克平壤，大败倭寇，追击至釜山，取得了援朝战争的胜利。徐枳此时正在李如松幕府中，参加西征宁夏和东征抗倭援朝两次战役。

徐渭在七十岁时自称畸人："桃花大水滨，茅屋老畸人"（《答家则二首次韵》）。徐渭终年七十三岁。临终前夕，徐渭作《畸谱》，《畸谱》便是在"遇苦处休言极苦"的心态下完成的，异常客观，异常平静。《畸谱》在编年正文以外，附《记师》《师类》《记恩》《记知》四类，文字简约，脉络清晰。徐渭最后死的时候，家里存的数千本书籍已卖完了，衣被残破，藉稿而睡，穷困可知。徐渭死后葬在兰亭木栅山徐氏墓地。

━━━━━━┥ 大师爷的传说 ┝━━━━━━

诗酒奇趣

徐渭晚年以酒为生，十几年不食谷，写字画画主要是为换酒，换下酒菜，朋友一起不离酒，有很多诗酒故事流传。

猜谜吃美食

话说北京城内有家坤记饭店，因店址并非闹市，生意比较清淡。老板为了招揽顾客，便花钱托文人作了首诗谜高悬在店门前，并在诗谜前醒目地写着"以谜射谜，中者不付酒饭钱"的大字招引过路人。那首诗谜是：

> 祢衡击金鼓，苏秦说赵魏；
> 霸王举方鼎，关公赴宴会。

并用小些的字，另起一行写道："打一字"。

这诗谜的谜面，写的是四个历史人物。第一句写三国名士祢衡击鼓骂曹操之事；第二句讲战国策士苏秦游说诸侯，最终挂赵、魏、燕、韩、齐、楚六国相印的事；第三句说楚霸王项羽力能举鼎，力拔山兮气盖世之事；第四句话言蜀国虎将关羽前往东吴单刀赴会之事。要从这四位历史人物大事的谜面中，射中一个字的谜底来，确实很难。

诗谜一挂出，引起了轰动，想来白吃一顿酒饭的人来了一批又一批，一个月过去了，仍然没有人猜中。越是没人猜中，流传得就越广，来猜的人也就越多，坤记饭店顿时生意火爆起来。

一天中午，坤记饭店来了一个年过半百，衣着陈旧，两眼传神的文人，他先扫瞄了一下悬挂着的诗谜，又沉思片刻，便踱进店堂，来到墙角的空桌旁坐下，要了一桌好酒菜，便细品慢酌起来。吃喝了两个时辰，才叫店家来算账。老板手持算盘拨弄了一阵说：“客官，需付白银三两。”那文人食客便在身上摸索起来，摸了一会才歉疚地说：“哎呀！店家，在下今日忘了带银子，可否立个借据？”老板见他双目传神，气势不凡，不像是无赖之辈，便叫店小二拿来“文房四宝”，让食客写欠条。那食客挥笔写道：

> 曹子建才高八斗，诸葛亮舌战群儒；
> 鲁智深倒拔杨柳，姜太公斩将封侯。

他将这四句诗递给老板，并说道：“惭愧，这可当得酒钱？”老板接过一看，行书小楷，超凡脱俗，而且诗句与自己的诗谜暗合，便忙对文人食客说：“失敬，失敬，原来先生为射虎（猜谜）而来，敝店的虎已被先生射中了，岂敢收酒钱？”

原来那个白吃酒饭的文人就是徐渭。自从他杀继妻下狱七年，被里人张元忭力救得免后，曾暂居京城。听说坤记饭店射谜可吃白食之事，不觉来了兴致，便来到此地，想弄个明白，于是便发生了上述之事。

那么谜底究竟是什么呢？原来是个“捌”字。因为徐渭的四句诗，用曹植擅长写文章扣祢衡击鼓，同指“用手”；用诸葛亮舌战群儒扣苏秦游说六国，同指“用口”；用鲁智深倒拔杨柳扣项羽力能举鼎，同指“用力”；用姜太公的神剑扣关羽的单刀，同指“用刀”。“手（扌）、口、力、刀（刂）”合并起来，岂不是“捌”字！真是巧妙极了。

诗棋自娱

徐渭晚年，闲居在山阴县城家中，平时很少出门。他有一位知己，姓彭，原来是钱塘县衙的一个小吏，后因被同僚排挤，辞官还乡。回家后一贫如洗，平日常以作诗自娱，偶或与人弈棋以排遣日子。他有文才，棋艺也高，作诗和弈棋成为他生活中不可缺少的一部分，虽苦也乐，自得其乐。他住在徐渭家附近，徐渭与他结识后，因秉性相同，爱好相同，而常有往来。徐渭管叫他彭官爷，说他大小当过官，他也不反对，说以此名留个念。他呼徐渭为老秀才，说到老还是个秀才，徐渭也不嫌弃，两人经常一起作诗、弈棋，日子久了，成了莫逆之交。

这天，彭官爷又来到徐渭家里，两人闲聊一会儿后，来了诗兴，徐渭端出文房四宝，挥毫题诗，很快写成一首五言律诗，诗曰："一物不算大，走路头朝下。不吃人间粮，能说天下话。"随手将诗笺递给彭官爷，彭官爷看后，微微一笑，接过毛笔，也题起诗来，诗曰："一个毛员外，喝水不吃饭。送客千里远，不出大门外。"两人对视，哈哈大笑。彭官爷举起手中的毛笔，说："这毛笔居然也成了你我成诗之物。"徐渭说："它使我们的日子过得饶有情趣，理当吟咏它。"

作诗毕，两人照例对坐弈棋。棋至残局，彭官爷摊摊手，说："老朽又输在老秀才之手了。"徐渭一时兴起，吟起诗来："四四方方一个阵，里边兵马外边人。不用枪刀不用棍，阵中杀死阵中人。"彭官爷听了，稍加思索，也吟诗一首："兄弟分居各西东，争先恐后称英雄。分受产业都一样，一个富来一个穷。"吟罢，两人相互对视，又哈哈大笑起来。徐渭说："下棋成诗，也是你我的情趣，其乐妙不可言。"彭官爷正色道："上苍让我们两人凑在一起，诗伴棋友，终于成为莫逆之交。"

下篇 艺林侠客晋作圣

第十章　诗文巨匠

诗本乎情

　　徐渭的传世诗作有二千二百余首，此外还有许多散佚的作品。晚年徐渭自编诗集出版，徐渭过世后，其诗集为公安派领袖人物袁中郎所见，中郎对徐渭诗文的总体评价为"有明一人"，他在《徐文长传》中说：

　　　　文长既已不得志于有司，遂乃放浪曲蘖，恣情山水。走齐鲁燕赵之地，穷览朔漠，其所见山奔海立，沙起云行，风鸣树偃，幽谷大都，人物鱼鸟，一切可惊可愕之状，一一皆达之于诗。其胸中又有一段不可磨灭之气，英雄失路托足无门之悲，故其为诗，如嗔如笑，如水鸣峡，如种出土，如寡妇之夜哭，羁人之寒起。

　　徐渭之世，诗坛的时髦派是前后七子。他们的主张是文必秦汉、诗必盛唐。他们看不起宋人的诗歌，认为只有盛唐诗人的境界才真率自然，一时倡导模拟之风。徐渭是个有独立见解的人，他受影响于王阳明、唐顺之、沈炼诸人，他有自己的诗歌见解，他不赞成拟古，他的口号是"诗无一模"，不赞成只是以古人某某为师。他在《书田生诗文后》中这样说：

　　　　田生之文，稍融会六经，及先秦诸子诸史，尤契者蒙叟、贾长沙也。姑为近格，乃兼并昌黎、大苏，亦用其髓，弃其皮耳。师心横从，不傍门户，故了无痕凿可指。诗亦无不可模者，而亦无一模也。此语良不诳。以世无知者，故其语亢而自高，犯贤人之病。噫，无怪也。

徐渭的主张是诗从己出，古人的佳作均可学，但诗人不可专一地只学某人，终究古人是古人，我是我，学古人只能取其精髓，弃其皮相，这样才有自家面貌。

徐渭认为作诗关键是兴、观、群、怨四个字。可兴，即有所寄托；可观，即文字富有表现力，琅琅上口；可群，即可以使人产生联想；可怨，即诗歌的情绪足以打动人、感染人。他在《肖甫诗序》里说：

古人之诗本乎情，非设以为之者也，是以有诗而无诗人。迨于后世，则有诗人矣，乞诗之目多至不可胜应，而诗之格亦多至不可胜品，然其于诗，类皆本无是情，而设情以为之。夫设情以为之者，其趋在于干诗之名，干诗之名，其势必至于袭诗之格而剿其华词，审如是，则诗之实亡矣，是之谓有诗人而无诗。有穷理者起而抹之，以为词有限而理无穷，格之华词有限而理之生议无穷也，于是其所为诗悉出乎理而主乎议。而性畅者其词亮，性郁者其词沉，理深而议高者人难知，理通而议平者人易知。夫是两诗家者均之为俳，然谓彼之有限而此之无穷，则无穷者信乎在此而不在彼也。

"古人之诗本乎情，非设以为之者也，是以有诗而无诗人。"这是指《诗经》中收录的若干作品，情足以动人，而不知作者为谁，他指出当前的弊病是设情，即为诗造情，于是干诗之名、袭诗之格、剿其华词，于是实际上"有诗人而无诗"。他的旗帜是很鲜明的，他的批评也是很尖锐的，只是他在诗坛并未结派，他是一位独来独往的主张诗以情胜的诗人。

徐渭主张诗本乎情，所以诗人创作重在"自适其趣"，不必妄评谁高谁下。早期，徐渭在《奉师季先生书》中就竭力赞美民间"妇女儿童、耕夫舟子、塞曲征吟、市歌巷引"的竹枝词，认为这类诗"天机自动，触物发声"，堪称佳作，这就与一味求华丽、求古奥，强调"诗无俗语"的纯粹士大夫式的诗歌作品拉开了距离。

徐渭还主张诗出于己，他在《叶子肃诗序》中说：

人有学为鸟言者，其音则鸟也，而性则人也。鸟有学为人言者，其音则人也，而性则鸟也。此可以定人与鸟之衡哉？今之为诗者，何以异于是。不出于己之所自得，而徒窃于人之所尝言，曰某篇是某体，某篇则否；某句似某人，某句则否。此虽极工逼肖，而已不免于鸟之为人言矣。若吾友子肃之诗则不然，其情坦以直，故语无晦，其情散以博，故语无拘，其情多喜而少忧，故语虽苦而能遣其情，好高而耻下，故语虽俭而实丰，盖所谓出于己之所自得，而不窃于人之所尝言者也。就其所自得，以论其所自鸣，规其微疵而约于至纯，此则渭之所献于子肃者也。若曰某篇不似某体，某句不似某人，是乌知子肃者哉？

徐渭论述了诗与理的关系，其实是内容和形式的关系，徐渭主张内容优先，诗贵有"理"，即内涵丰富。徐渭在《草玄堂稿序》中论述了这一思想：

或问于予曰："诗可以尽儒乎？"予曰："古则然，今则否。"曰："然则儒可以尽诗乎？"予曰："今则否，古则然。"请益，予曰："古者儒与诗一，是故谈理则为儒，谐声则为诗。今者儒与诗二，是故谈理者未必谐声，谐声者未必得于理。盖自汉魏以来，至于唐之初晚，而其轨自别于古儒者之所谓诗矣。"曰："然则孰优乎？"曰："理优。"谓理可以兼诗，徒轨于诗者，未可以言理也。予为是说久矣，暨之玉仲郦君，始见予于蓟门邸中，则以理，卫道诸篇是也；既而见也，则以诗，此稿是矣。予两取而揆之，君非不足于诗者，而顾独有馀于理。苟世之评君之诗者，徒律之以汉魏，则似不能无遗论于君。有深于儒与诗者，别作一观，独溯君于无声之前，若所谓"天籁自鸣"之际，则汉、魏、唐季诸公，方将自失其轨，而视君之驰骤奔腾，盖瞠乎其若后矣。君诚儒者也，而非区区诗人之流也。予先为彼说以答或人，既为此说以质于君，君呀然曰："吾师某某也，而私淑于新建之教者，公其知我哉！"予亦呀然相视而笑。会有梓君之稿，令予序诸首，遂书之。

徐渭之诗，概而言之，主要有下面三个类型。

乡情之诗

徐渭身为布衣，但爱国爱乡。他的一生，大多数时间是在故乡绍兴度过的，他走遍了绍兴的山水，每到一处，情不自禁，喷薄而出，他的诗是赞美稽山鉴水的深情之作。

会稽山。会稽山是绍兴的一座文化名山，《吕氏春秋》《淮南子》等古籍列会稽为九山之首，会稽山以舜禹文化、越国文化为主要特色，可以说是绍兴的历史文化根脉所在。秦望山是会稽山的一个山峰，以秦始皇巡视东南登会稽而闻名。徐渭写有不少登会稽山、秦望山的诗歌，现摘列一首。

《登会稽山》：

> 与林、玉两上人登会稽最高山，山出秦望上，率可五六里，玉公早有来归之意，因赋以止之。

> 兹山一何为，仰首摩青云，
> 远去气色古，混沌倘未分。
> 引盼涉陕洛，毋乃隔夕曛，
> 中有旧社址，尚见数偶群。
> 短草覆井水，远松贮氛氲，
> 薄云在其下，犹幂高顶坟，
> 玄释谅能居，人世未可云。
> 念子觉无上，凤昔断羶荤，
> 焉能系不食？焉得不耕耘？
> 况兹值秋阳，寒气惨不昕。
> 未可来居斯，语子以殷勤。

诗中描述了会稽山的高大巍峨，曾有族群生活的遗迹，他认为这儿适合道家、佛家修炼，不宜百姓生活。徐渭早年跟兄长在会稽山深处炼丹，对此处适合佛、道颇有体会。

禹陵、禹庙、禹穴。这些都是大禹与绍兴有关的主要古迹，禹陵是大禹的陵寝，禹庙是历代君王纪念大禹陵的场所，禹穴是传说中大禹得到天书的地方，这些古迹都在会稽山麓。徐渭有几首诗都说到这些古迹。如《业师季长沙公隐舟初成侍泛禹庙》：

仲尼欲乘桴，吾师真理楫，
伊昔当衰周，明今是何叶？
以知适观游，匪为道穷跲，
观游亦不远，去郭眇雉堞。
夏后掩嘉陵，名山闭金牒，
寒空凄怆腾，白日鮏鯑蹀。
河洛远莫致，稽山迩可躡，
从我则愧由，浮海谅无怯。

禹庙离绍兴城不远，就在会稽山下，此次陪老师季长沙游禹庙，好像陪孔子出游一样，在江河里得到锻炼，以后到海上去也不怕了。

《禹陵》：

桓碑，窆石也。鱼，囊也。杨梅树下，予疑禹穴在此。玉字，谓金简玉书也。

年来只读景纯书，此日登临似启予，
葬罢桓碑犹竖卵，封完玉字不通鱼。
杨梅树下人谁解，菡萏须中气所居，
即遣子长重到此，不过探胜立须臾。

禹穴传说在会稽山中，但无定论，司马迁曾两次考察禹陵，也没有说禹穴的确切地点，徐渭认为杨梅树下便是禹穴，即使叫司马迁再来，也提不出反对意见。

《探禹穴》：

> 乙丑春正月廿有四日，与某等携筋俎，探禹穴，就十峰山人马
> 丈饮于小园。林卉云繁，索得海棠秋二本，穿篱过别畦，又掘竹母
> 数根，而去，时薄霭淡生，山翠欲滴，众客怖雨，辄尔拂衣。

> 春来携酒醉春萝，乞得春花一两窠。
> 不若取将松竹去，成阴留待主人过。

兰亭是中国的书法圣地，是王羲之兰亭修禊、曲水流觞的地方。徐渭多次去兰亭，其意不仅是兰亭风光秀丽，关键是兰亭与书法有关，徐渭少学钟王，兰亭是徐渭得到书法灵感的地方。徐渭的兰亭诗如《兰亭》：

> 师每游兰渚，春风服尚凉。
> 江流亦九曲，恐未可传觞。

《再游兰亭诗》：

> 补再游兰亭诗副王翁之索，戏效晋体。

> 使君疏九曲，吾党非一游。
> 新觞肇后汜，旧水迷前流。
> 游鳞聚忽逝，鸣吭响复收。
> 迁谢理在斯，胡为平他求。
> 崇德不择时，晚节志弥道。
> 燕笑非所置，沉湎戒前修。

东晋王羲之时的兰亭不是今天的兰亭，因鉴湖水位高，兰亭在地势较高

的兰渚山麓，徐渭写此诗的时候，新兰亭已经建好，新建兰亭当然是太守的德行。

云门是佛家宝地，绍兴有云门山，亦有云门寺，云门山是会稽山的一部分，云门寺建在云门山上，云门寺是王献之的古宅，后王献之舍宅为寺，就是云门寺。智永和尚是王羲之的七世孙，他就住在云门寺，当时叫永欣寺，后又叫云门寺，相传王羲之的兰亭帖就藏在寺里。徐渭多次独自或陪人去云门寺。去云门寺走水路，这条路就是若耶溪，若耶溪是山水风光之溪，同时也是文人墨客诗文之溪。徐渭的诗有《云门四首》：

盘古社树
大枝入汉拔龙蛇，小叶凉人雨雪遮。
三代以来无此物，欲从青帝问年华。

任公子钓台
公子椎牛此地留，珊瑚树底拂鱼钩。
今来沧海移何处？笑指青山坐石头。

辨才塔
辨老浮屠在水涯，当时从此挂袈裟。
年深岁久留锥楔，好付怀师作画沙。

石桥
怒雨狂雷入夜催，朝来溪涨雪成堆。
即今不是银河堕，难道匡庐不割来？

《夜雨偕友人进舟云门》：

夜影叠中流，进舟篁竹浦。
鸣雨来断雷，山云湿可谱。
及岸沿黑堤，攫猪复愁虎。
燎火得缁徒，怖余涩言语。
芋炉聊炙衣，一笑赖尊俎。

　　诗中描写的是云门寺的景观，其中辨才塔是纪念辨才和尚的塔，辨才是智永的弟子，智永把方丈的位置传给辨才，目的是要忠心保护王羲之《兰亭序》真迹，辨才确实是这样做了。唐太宗喜欢王羲之书法，想了许多办法要辨才交出宝帖，辨才就是不肯，唐太宗确也沉得住气，如此几年后，唐太宗只好派御史萧翼智取《兰亭序》，唐太宗不但不责备辨才，反而奖赏了辨才，辨才死后，后人把奖赏的一部分用作造辨才塔。

　　《若耶篇》：

十年老交若耶子，好摘荷花荡秋水。
相逢绿浦采迈娘，相揖金鞭马上郎。
回舟摇桨出浦漫，惊起鸳鸯紫蒲乱。
茶烟半袅鲤鱼风，笔采欲搅雁边虹。
此时邀我题诗去，寄与前舟小袖红。
每夏每秋每及春，贪赏风光亦可人，
谁知一向钱塘去，溪畔风光移别处。
题诗作赋人俱散，醉酒赏花客不聚。
近闻缚绦待长官，海上风烟日日餐，
旌旗百队鱼鳞甲，剑戟千层燕尾干。
去年海上寂无耗，长官亦向蓟州道。
乌靴却踏柏台霜，素牒亦高柏廨墙。
若耶西湖两无主，荷花莲女遥相望。
只应千载垂乌帽，归来白发学年少。
不放荷花一日闲，重理当年愁莫笑。

　　这是写徐渭抗倭归来再游若耶的情景，烽火岁月，徐渭已经添了白发，感叹岁月易逝。

　　宋六陵是南宋六朝皇帝和后宫的陵寝，南宋时期，绍兴是陪都，杭州更靠近抗金前线，因此，国之祖庭，留在绍兴。徐渭写宋六陵诗有《春日过宋诸陵三首》：

一

藁葬未须怜，生时已播迁，

威仪非旧典，世代是何年？

过客悲山鸟，王孙种墓田，

回看陇头树，似接汴京烟。

二

荒丘宛相望，累累总含辛，

遥忆昌陵土，于今几劫尘。

两河寒食雨，六代帝王身，

业尽魂无主，空余松桧春。

三

落日愁山鬼，寒泉锁殡宫，

魂犹惊铁骑，人自哭遗弓。

白骨夜半语，诸臣地下逢，

如闻穆陵道，当日悔和戎。

宋六陵已是松柏葱葱，六代帝王陵寝空留，徐渭爱国主战，他认为，要是南宋坚持抗战，后果会是两样，至少皇帝陵寝不会这样萧瑟了。

鉴湖是东汉时会稽太守马臻组织围筑的人工湖，堤长八十公里，是当时国内最大的人工湖，鉴湖以灌溉为主要功能，由于风光优美，三百多位唐宋诗人，游湖咏诗，成了诗歌之湖。明代许多文人墨客也都有鉴湖诗，徐渭更是酬唱不断。如《贺知章乞鉴湖一曲图》：

镜湖无处无非曲，乞罢何劳乞赐为？

幸有双眸如镜水，一逢李白解金龟。

《鉴湖曲》：

浅碧平铺万顷罗，越台南去水天多，幽人爱占白鸥莎。

　　十里荷花迷水镜，一行游女怯舟梭，看谁钗子落青波。

　　李白与绍兴名士贺知章的金龟换酒的故事在绍兴家喻户晓，贺知章对李白有知遇之恩，李白把贺知章当老师，贺知章殁后，李白两次来鉴湖悼念老师。贺知章晚年叫鉴湖道士，住在鉴湖边上，所以李白每次来绍兴都要到鉴湖上泛舟，吟了许多鉴湖诗。徐渭还写有《沈氏号篇序》：

　　吾越有耶溪者，带绕名山，号称佳丽。回洲度渚，涵镜体以长萦；散藻澄苔，转风光而轻泛。其在前代，尤为巨观。红渠映隔水之妆，紫骝嘶落花之陌。镜湖伊迩，兰渚非遥，嘉会不常，良辰难待。舟移景转。三春才子之游；日出烟消，几处渔郎之曲。古今所记，图牒攸存。迩来居士沈君栖真妙致，挽慕前修，始羁迹于市廛，终寄情于鱼鸟。眷言邪水，尤嗜曲涯，转入一天，还回几折。数声长笛，渺沧浪而自如；一棹扁舟，入荷花而不见。意将流传斯景，爰授图工，歌咏其由，遍征文士。乃于末简，要予微言，今晨把玩，俨游风景之真；他日追陪，或预几筵之末。

　　这俨然是一幅从若耶到兰亭，再到鉴湖的导游图。

战地之诗

　　徐渭的时代，正是南方倭患正烈，北方俺答侵边的时代。徐渭前期身居胡宗宪幕中，后期北上宣镇、京师，与吴兑、李如松等人过从甚密，亲历或亲闻了明代南倭北寇入侵的重大事件。

　　徐渭亲历了绍兴抗倭三战役，直接描写抗倭之战的诗，如《海上曲》：

一

雪隐城月高，使君梯楼坐，
县绠讯谍士，但自苦城破。
间贼一何多？数百余七个，

长矛三十六，虚弓七无笴，
腰刃八无馀，徒手相右左，
转战路千里，百涉一无舸。
发卒三千人，将吏密如果，
贼来如无人，卒至使君下。

二

大吏无约束，小吏何所咨，
徒领七百士，散走如惊麇。
贼去渡绝水，载干束以施，
两足不可容，何况百贼蚑。
掠舟以为载，舟窄不可移，
水陆两不及，后先两不随，
但令一伍在，立尽此其时。
辛苦闻小吏，独棹八桨追，
四顾无一人，矢石亦奚为？

三

暇日弃筹策，卒卒相束手，
四疆险何限，但阻孤城守。
旷野独匪民，弃之如弃草，
城市有一夫，谁不如木偶。
长立晡眽间，尽日不得溲，
朝餐雪没胫，夜卧风吹肘。
彼亦何人斯，炙肉方进酒。

四

昔人悲话言，与言举不解，
刘季本天授，草野适相邂。
以知听言难，所系成与败，
举世弃五谷，而独嗜稊稗，
我欲借箸筹，前车以为戒。

五

肉食者诚鄙，鄙夫亦何多？

百人守一辙，贼子嗟奈何。

积骸枯野草，徽发倾陵阿，

涓涓不可塞，谁为回其波？

朽株不量力，窃负宁顾他，

胡为彼工师，数顾商丘柯？

　　此诗描述的是明朝军队的腐败，士兵浴血奋战，困守危城；军官酒肉饭囊，腐败无能。徐渭痛惜下层人士，担心时局危急，对朝廷和高官的腐败无能十分痛恨。

　　徐渭的另一类军旅诗，写的是军队庆祝、晏饮的酬酢诗，如《赠吕正宾》等，诗中充满豪气，也多流露爱国将士为国征战的浩然之气，具有很大的激励作用。

　　徐渭的边塞诗主要写在宣府为幕的时候，许多故事都是一些将帅的回忆。徐渭与李成梁、李如松父子深交，他们的事迹成了徐渭边塞诗的重要材料。徐渭到宣府时，边塞已无战事，是一派民族和睦的场面，徐渭的诗作主要是描写边境少数民族风情。徐渭的边塞之作处处寄寓着诗人对靖边的深沉思考，他对于干戈化玉帛之变表示由衷地赞成。如《送郑职方》诗：

高皇宝鼎北平迁，羽卫犹屯万灶烟，

养虎最宜防猝饿，调鹰莫更使多眠。

江长水绿千矛闪，大树旗红一的县，

匹马不嘶穿垒过，知君此际气翩翩。

　　徐渭描写靖边战争题材的作品，最为精彩的当数与相知极深的李如松的赠答酬唱之作。如《赠辽东李长君都司》：

公子相过日正西，自言昨日破胡归，

宝刀雪暗桃花血，铁铠风轻柳叶衣。

百口近来余几个，一家长自出重围，

禅关夏色炎如此，听罢凄霜杂霰飞。

全诗雄浑沉郁，慷慨悲怆。李氏一门忠勇卫国的英雄气概跃然纸上。

感怀之诗

徐渭的一生是悲剧的一生。但也是不屈不挠奋斗的一生，他的诗不少是抒豪壮情怀的。徐渭有英雄情怀，但是他没有机会实践成为英雄，所以他写那些将士杀敌、以身报国的诗，其实都是他内心情感的宣泄。如《怀陈将军同甫》：

飞将远提戎，翩翩气自雄，

椎牛千嶂外，骑象百蛮中。

铜柱华封尽，昆池汉凿空，

雁飞真不到，何处寄秋风？

徐渭如身临其境，豪气冲天，夸张而形象。他的《出塞》诗："汉将去堂尝，边尘靖不扬。雪沈荒漠暗，沙揽塞风黄。"描写出塞情景，十分逼真，体现了边塞荒凉的美，写出了令人向往的军旅生活。徐渭爱写刀剑诗，如《正宾以日本刀见赠，歌以答之》等。又如《沈叔子解番刀为赠二首》之二：

知君本有吞胡气，太白正高秋不雨，

白蛇五尺自西来，出匣不多飞欲去。

佩此刀，向辽阳，土蛮畏死为君降，

阏氏纵有菱花镜，断却蟾蜍那得妆。

君如佩此向上谷，而翁之死人共哭，

黄茜亦重忠义人，一见郎君悔南牧。

河套云中尽虏庭，君如佩此去从军，

不须血染锋边雪，但见旗裹马上云。

看君眼大额广长，有如日月挂扶桑，

君有宝刀君自佩，解刀赠我不相当。

徐渭爱刀剑，是因为徐渭怀才不遇，壮心不已。当沈襄解番刀相赠，徐渭竟"一日十拔九摩挲"，跃跃欲试的内心暴露无遗。

徐渭也有叹"佗傺穷愁"的诗。由于徐渭一生潦倒，诗中流露失落和慨叹。这在《赋得片月秋帆送冯叔系北行》一诗中表现得最为充分：

秋帆一幅随高雁，长安片月相思见。

芰菰十里送君行，捩柂未开泪欲倾。

燕都我曾游几度，悲歌饮酒时无数。

易水荆轲不用求，击筑一声寒云流。

寒云流，秋色里，

望诸一去三千年，高台黄金今亦地。

羡君持管复能书，谅君弹铗食有鱼，

大道朱门天外起，长堤骏马柳中趋。

柳中天外鸣孤鹤，长笛短箫断复作，

此时为忆越山头，小肆高囱同夜酌。

天目高峰六千丈，陪余一拄青藜杖。

飞瀑能为匹练长，古藤复向回溪涨。

回溪匹练有时休，二十功名正黑头，

你今有术可干禄，我已无相堪封侯。

秦山人，号冰玉，飞雪哦诗清簌簌。

昨宵一为泛湖船，今日何当别远天，

种得梅花三百树，望尔早归抱瓮鹤底眠。

徐渭晚年，常回忆壮岁北游的时节高歌豪饮的情景，但是，现在只有无奈的嗟叹。另外，徐渭还有很多写风花雪月、四时花卉、旅途风光、朋友酬酢、婚丧喜庆、塔寺落成等的诗，都抒发了自己的人生感怀。

文章本色

徐渭擅长古文。古文即我们通常说的流行于秦汉以至唐宋的散文，重视内容，形式上相对比较自由。徐渭的文章当时以白鹿两表最为知名，他还写过大量的为人代作或者应请之作的表、疏、启、书、论、策、序、跋、赞、铭、记、碑、传、墓志铭、墓表、行状、祭文等等，为人所不能，他也常以此糊口。为后人传颂的则是他不为别人所驱使，也不是为了换取薪米的一批表达作者个性的短作，这就是小品文。徐渭的小品被当时的文学大家说成是开了一代新风，像清风一样吹向文坛，扫除了沉积的污秽。

袁中郎在《徐文长传》中说是："先生诗文倔起，一扫近代芜秽之习，百世而下，自有定论。"评价之高，十分惊人。

徐渭诗文，概括说来，前期偏于沉郁，后期，特别是出狱以后偏于幽默。坎坷渐多，人生体验逐渐丰富，才易于处变不惊，自求超越。他有一首《头陀趺坐》，说的是画中头陀，也是写的他自己，跋语这样说：

> 人世难逢开口笑，此不懂得笑中趣味耳。天下事那一件不可笑者。譬如到极没摆布处，只以一笑付之，就是天地也奈何我不得了。抑闻山中有草，四时常笑，世人学此，觉陆士龙之顾影大笑，犹是勉强做作，及不得这个和尚终日呵呵，才是天下第一笑品。

徐渭遇人生"极没摆布处"，从父兄亡故、发妻早死、八次乡试失败、胡宗宪入狱、李春芳留难、杀继妻下狱以至京师落拓而归，灾祸连连，处处掣肘。但是"一笑付之"，于是"就是天地也奈何我不得了"！这种人生态度反映在他的小品中，便常常有幽默意味。

徐渭反对写文章弄虚作假，故弄玄虚，他在《读绛州园池记戏为判》中说：

《绛记》何由，为人炙口？昌黎偶尔，梦鬼笼晴。壮夫不为，愧雕虫小技之逞，文公所诮，合书门大吉之谐。正好试官，轧茁刺刷，枉诬盘诘，诘屈聱牙。鞦鞘非真，空青是假，难逃贾胡眼，双鹳子精明；芒硝八两，大黄半斤，且泻夜叉泥，一马桶龌龊。辟如丹砂磊块，宜用画鬼，书符煮服，必且杀人。亦似假山巉岩，强要兴云出雨，细看总无活物。束之高阁，毋乃大苛。弄向孤琴，庶几别调。

徐渭对他十分推崇的韩愈也批其"偶尔"作"梦鬼笼晴"，分不清死者的是非，且乱作墓志铭。徐渭对故弄玄虚的风气大为不满。

典雅的骈散

徐渭早年立志，想干一番事业，他曾自谓："激昂丈夫，焉能婆娑蓬蒿，终受制于人"。徐渭懂军事，有谋略，无论是其入胡幕时期得以稍展抱负，还是入狱之后以及北上京师、宣镇，都曾对当时的军国之事提出过自己的见解。徐渭的《拟上府书》《拟上督府书》《代白卫使辨书》《治气治心》《军中但闻将军令论》，这些文章虽风格各异，体裁有别，但都显示了徐渭的军事才华。文章气势豪迈，富有说服力，具有操作性。

徐渭倡求本色，抒写真我。但现实极其残苛，徐渭为了生计，也是幕府工作的需要，有些代作之文便成了"白圭之玷"。纵观徐渭的代拟之作，多数写得比较客观，有些还十分典丽富赡，气度不凡，可谓传世之作，如深得胡宗宪激赏的《镇海楼记》，全文虽有标榜胡宗宪事功之嫌，但是着意点则在于渲染镇海楼之高蠹长骞，俯压百蛮之气，目的在于昭太平，悦远迩，以钟会万民所归。建楼题楼都为海防大计，寄意颇高。记文典庄宏肆，徐纡优容，节奏和美，错落有致。袁宏道谓其"隽伟宏畅，足称大篇"应当是较为公允的评介。《镇海楼记》：

镇海楼相传为吴越王钱氏所建，用以朝望汴京，表臣服之意。其基址楼台，门户栏楯，极高广壮丽，具载别志中。楼在钱氏时，名朝天门，元至正中，更名拱北楼，皇明洪武八年，更名来远。时有术者病其名之书画不祥，后果验，乃更今名。火于成化十年，再建。嘉靖三十五年九月又火。予奉命总督直浙闽军务，开府于杭，而方移师治寇，驻嘉兴。比归，始与某官某等谋复之。人有以不急病者，予曰："镇海楼建当府城之中，跨通衢，截吴山麓，其四面有名山大海江湖潮汐之胜，一望苍茫可数百里，民庐舍百万户，期间村市官私之景不可亿计，而可以指顾得者，惟此楼为杰特之观。至于岛屿浩眇，亦宛在吾掌股间，高矗长骞，有俯压百蛮气。而东夷之以贡献过此者，亦往往瞻拜低回而始去，故四方来者，无不趋仰以为观游的。如此者累数百年，而一旦废之，使民怅然若失所归，非所以昭太平，悦远迩。非特如此也，其所贮钟鼓刻漏之具，四时气候之榜，令民知昏晓，时作息，寒暑启闭，桑麻种植渔佃，诸如此类，是居者之指南也。而一旦废之，使民憷然迷所往，非所以示节序，全利用。且人传钱氏以臣服宋而建此，事昭著已久，至方国珍时，求缓死于我高皇，犹如借镠事以请。诚使今海上群丑而亦得知钱氏事，其祈款如珍之初词，则有补于臣道不细，顾可使其迹湮没而不章耶？予职清海徼，视今日务莫有急于此者，公等第营之，毋浚徵于民而务先以已。"于是予与某官某某等捐于公者计银凡若干，募于民者若干，遂集公材，始事于某年月日。计所构，甃石为门，上架楼，楼基叠石高若干丈尺，东西若干步，南北半之，左右级曲而达于楼，楼之高又若干丈，凡七楹，砪百，巨钟一，鼓大小九，时序榜各有差，贮其中，悉如成化时制，盖历几年月而成。始楼未成时，剧寇满海上，予移师往讨日不暇，至于今五年；寇剧者禽，来者遁，居者慑不敢来，海始晏然，而楼适成，故从其旧名曰镇海。

徐渭的代拟文，如《白鹿表》等较为重要，不但得到了嘉靖皇帝的器重，而且在文体上开创了骈文散文化的新风，发出了文坛变革的信号。

关于徐渭骈文中对军中豪杰的颂扬之作，虽有溢美之词，但主题突出，宣扬抗倭、戍边，如《寿中军某侯帐词》。徐渭的这类作品既是贺赞，也是抒怀，更是军中鼓舞将士抗战血气的鼓点号角。

徐渭为人代作是为生活，但作为一个文豪，确实无奈。但他有自己的观点，"故于代可以观人，可以考世。"即使是代文，也是有其独特的作用的。徐渭《抄代集小序》：

> 古人为文章，鲜有代人者，盖能文者非显则隐，显者贵，求之不得，况令其代，隐者高，得之无由，亦安能使之代。渭于文不幸若马耕耳，而处于不显不隐之间，故人得而代之。在渭亦不能避其代。又今制用时义，以故业举得官者，类不为古文词，即有为之者，而其所送赠贺启之礼，乃百倍于古。其势不得不取诸代，而代者必士之微而非隐者也。故于代可以观人，可以考世。

总之，徐渭所作的有别于小品的篇制较为宏大，文风较为雅训的文章，都从一个侧面反映了当时的社会现实，表现了作者对世事、人生的理解。就主体而言，虽然有功名未就的郁勃，但难掩作者的经世有为之志，虽然有时这样的心志是以代拟的形式扭曲地折射出来的。

清丽的小品

徐渭的小品文大部分创作于离开胡宗宪幕府之后。这一时期的散文有楼台小品，也有品鉴小品，尺牍小品等，这些作品了无拘束，开启了晚明小品文兴盛的先河。

品鉴类。徐渭才艺渊博，涉及甚广，其品鉴小品甚多，这些作品自然本色，短小精丽，清俊可喜。徐渭亦喜品茗豪饮，并著《煎茶七类》：

> 一人品
>
> 煎茶虽微清小雅，然要须其人与茶品相得，故其法每传于高流大隐、云霞泉石之辈，鱼虾麋鹿之俦。

二品泉

山水为上，江水次之，井水又次之。井贵汲多，又贵旋汲，汲多水活，味倍清新；汲久贮陈，味减鲜冽。

三烹点

用活火，候汤眼鳞鳞起，沫浡鼓泛，投茗器中。初入汤少许，俟汤茗相浃，却复满注。顷间，云脚渐开，乳花浮面，味奏，奏全功矣。盖古茶用碾屑团饼，味则易出；今叶茶是尚，骤则味亏，过熟则味昏底滞。

四尝茶

先涤漱，既乃徐啜，甘津潮舌，孤清自萦。设杂以他果，香味俱夺。

五茶宜

凉台静室，明窗曲几，僧寮道院，松风竹月，晏坐行吟，清谈把卷。

六茶侣

翰卿墨客，缁流羽士，逸老散人，或轩冕之徒超然世味者。

七茶勋

除烦雪滞，涤醒破睡，谈渴书倦，此际策勋，不减凌烟。

徐渭《煎茶七类》篇制虽不长，但煎茶诸要素具备，简洁明快，实开晚明文士品鉴酒茶之风。

楼台园林类。徐渭散文中楼台序记小品有二十多篇，这些作品有些纵笔随意，有些则寄意深远。如《豁然堂记》：

越中山之大者，若禹穴香炉蛾眉秦望之属，以十数，而小者至不可计。至于湖，则总之称鉴湖，而支流之别出者，益不可胜计矣。郡城隍祠，在卧龙山之臂，其西有堂，当湖山环会处。语其似，大约缭青萦白，鬐峙带澄。而近俯雉堞，远问村落。其间林莽田隰之布错，人禽宫室之亏蔽，稻黍菱蒲莲芡之产，畊渔犂辑之具，纷披于坻窪，烟云雪月之变，倏忽于昏旦。数十百里间，巨丽纤华，无不毕集人衿带上。或至游舫冶尊，歌笑互答，若当时龟龄所称"莲女""渔郎"者，时亦点缀其中。于是登斯堂，不问其人，即有外感中攻，抑郁无聊之事，每一流瞩，烦虑顿消。而官斯土者，每当宴集过客，亦往往寓庖于此。独规制无法，四蒙以辟，西面凿牖，仅容两躯。客主座必东，而既背湖山，起座一观，还则随失。是为坐斥旷明，而自取晦塞。予病其然，悉取西南牖之，直辟其东一面，令客座东而西向，倚几以临，即湖山，终席不去。而后向之所云诸景，若舍塞而就旷，却晦而即明。工既讫，拟其名，以为莫豁然。宜既名矣，复思其义曰："嗟乎，人之心一耳，当其为私所障时，仅仅知有我七尺躯，即同室之亲，痛养当前，而盲然若一无所见者，不犹向之湖山，虽近在目前，而蒙以辟者耶？及其所障既彻，即四海之疏，痛养未必当吾前也，而烂然若无一而不婴于吾之见者，不犹今之湖山虽远在百里，而通以牖者耶？由此观之，其豁与不豁一间耳，而私一己，公万物之几系焉。此名斯堂者与登斯堂者，不可不交相勉者也，而直为一湖山也哉？"既以名于是义，将以共于人也，次而为之记。

徐渭的楼台园林小品，一般自然天作，水到渠成，语言多以短句为主，其深厚的骈骊功底仍然隐约可见，如，《半禅庵记》：

人身具诸佛性，辟如海水，结诸业习，辟如海冰。当其水时，一水而已，安得有冰？及其冰时，虽则成冰，水性不灭。又如炼汞求朱，矫白为赤，齐铅作粉，熨白为玄，变染而成，各有界畔。如由吴达越必经钱塘，江心之际，吴越分矣。然东则投吴，还西则越，分无定形，际难剖趾，由斯以宣，半义举矣。徽之休宁居士程希正甫，家黄石潭上大谷中万松最深处，垣园百亩，名松逸园。裁胜构建，既成八区，景聚心娱，莫不毕备。乃就半山束茅以庵，用游檀肖大士及诸菩萨栖其中，而题曰半禅。书其乡王山人仲房园记以来，而摘庵记于予。予惟正甫为人风雅匀停，根尘融会。所云半禅，将谓居士未离家缘，是则半俗，稍脱尘网，是则半禅，斯义谅尔。辟如塑像工人，以一石香屑和一石土沙而为一佛，香秽杂处，终不成半。又如鹜鸡孪生，一头东行，一头西赴，不着一边。大修之人不若顿超诸缘，尽澄性海，则兹半俗，莫非半禅。举兹将化未化之冰，悉还一水，无禅可半，何况半俗。铅白汞赤，越东吴西，义复如是。天池居士方堕无限俗中，有全禅，契真谛，不妄为，作是记。偿书入石记，持向仲房古矜二长者参之。

此记受到了袁宏道与陆云龙的一致好评。袁宏道谓其"此等参微真与长公颉颃"；陆云龙谓其"喻处解处微彻幽渺，度世津梁"。

而徐渭的《借竹楼记》既是园林艺术的建构，也表明了文人对竹的推崇，以竹象征文章有节，人如其竹，"流风潇然而不冗"。《借竹楼记》：

龙山子既结楼于宅东北，稍并其邻之竹，以著书乐道，集交游燕笑于其中，而自题曰：借竹楼。方蝉子往问之，龙山子曰："始吾先大夫之卜居于此也，则买邻之地而宅之。今吾不能也，则借邻之竹而楼之。如是而已。"方蝉子起，而四顾指以问曰："如吾子之所为借者，特是邻之竹乎非欤？"曰："然。""然则是邻之竹之外何物乎？"曰："他邻之竹也。""他邻之竹之外又何物乎？"曰："莫非邻莫非竹也。""莫非邻莫非竹之外又何物乎？"曰："会稽之山，远出于南而迤于东也。""山之外又何物乎？"曰："云天之所覆也。"方蝉子默然良久，龙山子固启之。方蝉子曰："子见邻之竹而乐，欲有之而不得也，故以借乎非欤？"曰："然。""然则见他邻之竹而乐亦借也，见莫非邻之竹而乐亦借也，又远而见会稽之山与云天之所覆而乐，亦莫非借也，而胡独于是邻之竹？使吾子见云天而乐弗借也，山而乐弗借也，则近而见莫非邻之竹而乐，宜亦弗借也，而又胡独于是邻之竹？且诚如吾子之所云假，而进吾子之居于是邻之东，以次而极于云天焉，则吾子之所乐而借者，能不以次而东之，而其所不借者，不反在于是邻乎？又假而退吾子之居于云天之西，以次而极于是邻，则吾子之所乐而借者，能不以次而西之，而其所不借者，不反在于云天乎？而吾子所为借者，将何居乎？"龙山子矍然曰："吾知之矣，吾知之矣。吾能忘情于远，而不能忘情于近，非真忘情也，物远近也。凡逐逐然于其可致，而飘飘然于其不可致，以自谓能忘者，举天下之物皆若是矣。非子，则吾几不免于敝。请子易吾之题，以广吾之志，何如？"方蝉子曰："胡以易为？乃所谓借者，固亦有之也。其心虚以直，其行清以逸，其文章铿然而有节，则子之所借于竹也，而子固不知也。其本错以固，其势昂以耸，其流风潇然而不冗，则竹之所借于子也，而竹固不知也。而何不可之有？"龙山子仰而思，俯而释，使方蝉子书其题，而记是语焉。

序跋类。徐渭的文学观念、艺术见解、书画评说多见之于序跋，而序跋本身又是其文学艺术思想的体现，具有鲜明的特色。如，《书草玄堂稿后》云：

始女子之来嫁于婿家也，朱之粉之，倩之颦之，步不敢越裾，语不敢见齿，不如是，则以之为非女子之态也。迨数十年，长子孙而近妪姥，于是黜朱粉，罢倩颦，横步之所加，莫非问耕织于奴婢；横口之所语，莫非呼鸡豕于圈槽，甚至龋齿而笑，蓬首而搔，盖回视向之所谓态者，真赧然以为装缀取怜，矫真饰伪之物。而娣姒者犹望其宛宛婴婴也，不亦可叹也哉！渭之学为诗也，矜于昔而颓且放于今也，颇有类于是，其为娣姒哂也多矣。今校郦君之诗，而怳然契，肃然敛容焉，盖真得先我而老之娣姒矣！

序跋本是评价作品内容的文字，一般以评价议论为主，但徐渭此跋全篇语言形象生动，如同叙事，像是教材。

徐渭晚年以创作书画为生，他的序跋小品多有谈书论画的，处处体现了他的艺术主张。如《又跋于后》：

　　昨过人家圃榭中，见珍花异果，绣地参天，而野藤刺蔓，交戛其间，顾问主人曰："何得滥放此辈？"主人曰："然，然去此亦不成圃也。"予拙于书，朱使君令予首尾是帖，意或近是说耶？

　　祭传类。这类小品数量很多，也是徐渭社会关系的侧面写照，包括传记，如《彭应时小传》《严烈女传》《聚禅师传》《先师彭山先生小传》《昙大师传略》《王抚州传》《白母传》等十多篇传记，记的大多是徐渭的老师辈或者是一些英烈人物。

　　徐渭写的墓志有十多篇，都是些亲朋知己，如《亡妻潘墓志铭》《萧女臣墓志铭》《吴侠士墓志铭》《沈布衣墓志铭》《方山阴墓志铭》等。徐渭写的祭文也有十多篇，主要是祭祀老师、长辈时写的纪念文章。对老师、长辈的优点进行概括和颂扬。这类文章有《代祭阵亡吏士文》《祭少保公文》《与诸士友祭沈君文》《祭张太仆文》《感梦祭嫡母文》等。

　　随笔类。徐渭的小品中有不少是属于随笔。随笔是十分自由的一种小品。题材广阔，不拘一格，信手拈来。徐渭的随笔中比较有影响的是《评字》《书评》《论瓜》等，对一些事物发表独特的见解，短小精悍。另一类如《纪梦一》《纪梦二》《书义鹰事》都是记一些怪异之事，短小而故事性极强。

　　再一类是像《促潮文》《龛山之捷》等属于社会万象，五花八门，很有生活气息。徐渭还有尺牍类小品，都是他内心感受的体现。徐渭的《促潮文》，其实体现的是绍兴中秋观潮的民俗图卷：

　　　　八月之吉，与客泛舟，阅中秋之二朝，当潮信之前旦。摄衣内履，候于党山，向扶桑而举尊，酬海若以遥告。顾今辰之拚弄，比他日而争奇。惊雷斧天，毵雪高斗。疏松卷柏，助为琴瑟之音；怒象斗狮，不减龙天之会。一洗广陵之小巧，报汙枚生；聊为登州之蜃楼，来酬坡老。千年盛事，万古流传。

　　题下注：国图留卷索书者逾岁，适隆庆壬申，携向党山观潮。同行者浮白醉我，戏令作促潮文，因展卷临书，还而归之。

徐渭具有尚奇的审美取向，许多文章充满着奇峭的色彩，如他写与琴相狎，视琴犹人的友琴生时，记述的是非常奇幻的情节。《友琴生说》：

　　陆君以清才少年入国子，宜其一意于干禄之文也。顾嗜古，已即能为古诗文。又嗜琴，久之得其趣，益与之狎，视琴犹人也。行则囊以随，止则悬以对，忧喜所到，手出其声，若与之语，因自呼曰友琴生。人亦以友琴生呼之。余客金陵，友琴生则来访余，问以说。余尝见人道友琴生囊客杭，鼓琴于舍，忽有鼠自穴中，蹲几下久不去，座中客起喝之，愈留。此与伯牙氏之琴也，而使马仰秣者何异哉？夫声之感人，在异类且然，而况于人乎？又况得其趣者乎？宜生之友之也。生请益，予默然，生亦默然。顷之曰："似得之矣，然愿子毕其说。"余曰："生诚思之，当木未有桐时，蚕不弦时，匠不斫时，人具耳而或无听也，是为声不成时。而使友琴生居其间，则琴且无实也，而安有名？名且无矣，又安得与之友？则何如？"君复默然，若有所遗也。已而曰："得之矣，乃今知于琴友而未尝友，不友而未尝不友也。"余曰："诺。"

文中有鼠得琴声的奇幻情节，文章意趣也是变幻不定，不可捉摸。

大师爷的传说

诗赋擂台

徐渭诗文俱佳，而且即席赋诗作对非常敏捷。文人相见，一比高下，徐渭总是赢家，徐渭文名在外，当然包含这种擂台式的比试。

七步成七绝

曹子建七步成诗的故事，成为千古美谈。徐渭也有七步成诗挫败同僚的故事，显示了他的才华与机智。

明嘉靖三十八年（1559），徐渭在闽浙总督胡宗宪麾下当幕僚。由于足智多谋，为总督献计出策，使胡宗宪生擒海盗首领徐海，进一步平定倭寇。胡宗宪对他敬重有加，遇事总和他商量，待之如上宾。徐渭总受总督重用，引起总督府同僚的嫉妒，特别是胡宗宪的大舅子，原先受姐夫宠幸，自从徐渭来后，大权旁落，由此心中愤愤不平。同僚们经过密谋，由这位舅爷出头，终于向徐渭发难了。

这天，同僚们聚在中堂，舅爷当着总督的面，说："昔年曹子建七步成诗，徐先生诗才敏捷，何不请他也来个七步成诗呢。要是也能像曹子建七步成诗，岂不是曹子建再世吗？"徐渭知道他的居心，正色道："此话差矣，曹子建七步成诗，是被曹丕逼出来的。我徐渭一无是非之想，二无权贵之争，怎么可与他们扯在一起呢？你要我像曹子建那样作诗，那把总督大人置于何地？"

舅爷被徐渭驳得无言以对，众幕僚面面相觑，相互大眼瞪小眼。胡宗宪摆摆手，打了圆场，说："逢场作戏，大家乐一乐也无妨。"舅爷见总督这么说，更来了劲，高声说："徐先生，由我出题，你作诗。我与你打赌，你如果能七步成诗，我赠黄金百两。要不，就请你今后不要老是出人头地，本分些为好。"徐渭说："总督面前无戏言？"舅爷说："一言为定。"众幕僚在旁帮腔说："舅爷快出题吧！"舅爷心中暗喜，你徐渭纵有天大的文才，也强不过曹子建七步成诗的神思，一定要让你当众出丑，以泄我心中之恨！他一步闯到徐渭跟前，高声说："就以'总督面前无戏言'这句话起句，请徐先生作诗一首。"接着举手一挥，喊道，"起步，吟诗！"徐渭从容起步，口中吟道："总督面前无戏言，百两黄金重如山。舅爷不会点金术，何来家私万万千？"一首诗吟罢，徐渭刚迈出七步。此诗不仅作得快，而且揭了舅爷的老底。舅爷的脸涨得像一挂猪肝，气急败坏地嚷道，"你……你……"稳坐在上位的总督又打了圆场，说："徐先生果真才思敏捷，可比当年曹子建。只是，打赌的事是闹着玩的，舅爷哪里有这么多的黄金。"他回头对舅爷和众幕僚说："徐先生才能过人，今天你们该服了吧，往后，你们必须敬重他！"接着说："你们都出去吧，我和徐先生有事要商讨。"舅爷和幕僚们垂头丧气地退了下去。

巡抚赠雅号

徐渭自幼聪慧，二十岁考取秀才，但在以后的乡试中名落孙山，徐渭也不在乎，没把科举功名和做官放在心上，他爱好出游、作诗、学兵法，兴趣广泛，自得其乐。

秋季的一天，徐渭正在郊外舞剑，忽见前面路上牌旌簇拥，前呼后拥，一位官员骑一匹高头大马，浩浩荡荡而来。骑在马上的是浙江巡抚，这些天他在绍兴府视察，今日处理完公事后，见天色晴好，秋高气爽，便带领僚从，到山阴道上来游览。这时，他忽然发了诗兴，高声吟道："谁挂青绿现两条？和云和雨系天腰。"吟罢，却想不出后面两句。巡抚低眉望望两侧僚从，说："你们哪位能续上后两句？"几个僚从大眼瞪小眼，无一人应声，巡抚十分失望，他为僚从中没有才子而不乐。谁知不远处却有人在续诗应吟："玉皇知有贵人出，万里长空架彩桥。"巡抚大人听了，循声望过来，见是一位后生，他不住点头，连声说："续得好！绝妙佳句！"

差役跑过来，见续诗人是个穷书生，穿戴破旧，便喝道："巡抚大人驾到，你不避让，还大胆续诗。"说着欲轰走他。那边巡抚大人喊过话来："别胡来，有请后生。"

差役将徐渭带到巡抚面前，经过询问，方知续诗后生名徐渭。虽文章出众，但试名常落孙山，考不上举人。

巡抚觉得这后生虽续出佳句，但其才华究竟如何，尚不得知，于是将他带回府衙，慢慢考他。当晚，巡抚把绍兴知府请来，与徐渭一起在府衙后院赏月。这天正是中秋，天空明净，皓月当空。巡抚望着明月，吟道："月月月明，八月月明明分外。"吟罢侧过头去望知府，示意他续下联，谁知知府张口结舌。巡抚又侧过头来望徐渭，徐渭正眺望着远处那朦胧的会稽山，从容吟道："山山山秀，稽山山秀秀非常。"

巡抚满意地点点头，又吟道："人过大佛寺，寺佛大过人。"这时徐渭不再拘谨，接吟道："仙游广寒宫，宫寒广游仙。"巡抚大喜，连夸："妙诗，续得好！"

三人品了一会儿香茗，巡抚说："时间已晚，明日我们再同去郊外赏秋色，如何？"命差役送客。

第二天，巡抚和知府、徐渭等又来到一座寺庙，庙前有一条小河，一个和尚在河中捞物，巡抚出口念道："河里荷花和尚采来何处戴？"这句上联有河、荷、和、何四个同音字。徐渭正在观赏一棵柿树，随口念道："寺中柿果士子摘去试口尝。"这句下联有寺、柿、士、试四个同音字。巡抚品着诗味，高声夸道："妙句，后生奇才！"

巡抚对徐渭说："徐秀才学问深厚，再去应试，必能考中进士、翰林，入仕途而为官。"徐渭听了，却淡淡地说："禀告巡抚大人，对功名和做官，我都不看重，我喜欢游山玩水、作诗对联、舞剑骑马，以此自得其乐。"

巡抚叹道："你是奇才加奇人，好吧，既然你不把功名和做官放在眼里，我也不勉强你。今天我赠你一个雅号，你是山阴人，就叫'山阴布衣'吧！"

徐渭欣然接受，他十分欣赏这个雅号。

第十一章　书称散圣

书自天成

徐渭学书首推王羲之，从他所作的《兰亭次韵》《再游兰亭诗》《兰亭》等诗可见，其对书圣及《兰亭集序》的神往之情，他认为王羲之是书坛圣人。徐渭书法学的是魏晋时代钟王的楷书，远宗晋人索靖的行草书，近学黄山谷、苏轼、米芾、祝允明等宋明诸家。在书学渊源上，受杨珂及陈鹤的影响最大。杨珂多作草书，陈鹤的草书效法怀素，真书则取晋人法。"渭素喜书小楷，颇学钟王。"

徐渭传世楷书不多，在行草书方面，徐渭很欣赏张弼，故而在体势上间接继承张旭、怀素二人之狂草。徐渭《草书春雨诗卷》，字形运笔尚可明显看出祝允明的影响。徐渭草书章法有一种密集的形式，如《草书杜甫诗轴》《应制咏剑词轴》等，亦是自祝允明草书蜕变而来。祝允明的草书写得较密，几乎没有行距，字密集铺排在一起，各行之字互相迎让穿插，即是发徐渭密集章法之先河。

对徐渭书法的评介，要数袁宏道最为精到："不论书法而论书神，诚八法之散圣，字林之侠客也。"徐渭书法效法古人而不为古人所缚，有章法而不为章法所制；书自天成，书中有我。徐渭在《书季子微所藏摹本兰亭》云："非特字也，世间事，凡临摹直寄兴耳，铢而较，才而合，忌真我面目哉？"他主张临摹古帖只是"取诸其意气而已"。

徐渭的书法被称为"野狐禅"，是因为他的书法无定法，随心所欲，行云流水，自成气候，他只追求气势、神韵，很难找到刻板的规律。

徐渭前期真正的书法作品很少，他的书法都体现在文章的原稿中。在《徐渭集》可以看到很多代别人写的表、启、疏等文章，因为这些文章是要呈给当时的圣上、京官等看的，都是写得极其规整的。可见，徐渭四十岁前书法创作主要是以楷书或行书为主。徐渭出狱后创作的作品主要是行草，但偶尔也作小楷。

徐渭的存世书法作品主要是行草，楷书极少。徐渭的行草都是信笔而书，随机应变，错落有制，浑然天成。其行草书成就最大。正是陶望龄评价说的："渭于行草书尤精奇伟杰。"

从《前后破械赋》以后，徐渭在狱中就创作了大量的书法作品。这时的书法作品具有一种癫狂状态，体现的是狱中的精神抑郁，但在狱中的作品很少有流传在世的。

《书评》中可以看到，徐渭大量为人写字是在出狱以后。为人写字是一种应酬，也是一种商业行为。他在《与钟天毓》中说："近来日作春蛇秋蚓，腕几脱，无暇作旱斜语。"春蛇秋蚓指草书。

徐渭当世，他的书法崇拜者甚多。关于书艺，徐渭有创见，也有创造。他的字，有人奉为楷模，也有人另有议论，但都否认不了他是一个极有创造性的人物，他写的字别具一格。

书艺立言

徐渭不仅是一个书法实践者，而且是一个书法理论家，他对历代书法家都有自己的评说。在《笔玄要旨》中，徐渭用了三分之一的篇幅品评历代将近一百位书法家的书风，另外他还在《书评》《字评》，以及书画题跋上多次谈到他特别推崇的二十多位书法家，对他们的风格特色进行了中肯的评价，有的还对其书风背景进行了阐述。

徐渭《书评》说：

李斯书骨气丰匀，方圆绝妙。曹操书金花细落，遍地玲珑，荆玉分辉，遥岩璀璨。卫夫人书如插花舞女，芙蓉低昂；又如美玉登台，仙娥弄影，红莲映水，碧沿浮霞。桓夫人书如快马入阵，屈曲随人。傅玉书如项羽拔戈，荆轲执戟。嵇康书如抱琴半醉，咏物缓行；又如独鸟归林，群乌乍散。王羲之书如壮士拔山，壅水绝流；头上安点如高峰堕石，作一横画如千里阵云，捺一偃波若风雷震骇，作竖画如万岁枯藤，立一榻竿若龙卧凤阁，自上揭竿如龙跳天门。宋文帝书如叶里红花，云间白日。陆柬之书仿佛堪观，依稀可拟。王绍宗书笔下流利，快健难方，细观熟视，转增美妙。程广书如鹄鸿弄翅，翱翔颉颃。萧子云书如上林春花，远近瞻望，无处不发。孔琳之书放纵快健，笔势流利，二王以后，难以比肩；但功亏少，故劣于羊欣。张越书如莲花出水，明月开天，雾散金峰，云低玉岭。虞世南书体段遒美，举止不凡，能中更能，妙中更妙。欧阳书若草里蛇惊，云间电发；又如金刚瞋目，力士挥拳。褚遂良书字里金生，行间玉润，法则温雅，美丽多方。薛稷书多攻褚体，亦有新寄。

这篇文章中对李斯、曹操、卫夫人、桓夫人、嵇康、王羲之、智永、欧阳询、虞世南、褚遂良、陆柬之等的书法作了简要评价。

李斯的书法是中国书法史有姓氏可考的作品。中国文字的统一，始于李斯，他是政治家，也是当之无愧的书法家，徐渭评他的字为"骨气丰匀，方圆绝妙"。绍兴有李斯碑，即秦始皇上会稽，祭大禹，望于南海，命李斯撰写碑文，立石刻颂秦德，徐渭此评主要是评李斯碑。

嵇康，字叔夜，为"竹林七贤"之一，曾任中散大夫，世称"嵇中散"，徐渭评嵇康书"如抱琴半醉，咏物缓行；又如独鸟归林，群乌乍散"。字如其人，一似洒脱的东晋名士相。

对于王羲之书法，徐渭说："书如壮士拔山，壅水绝流；头上安点如高峰堕石，作一横画如千里阵云，捺一偃波若风雷震骇，作竖画如万岁枯藤，立一榻竿若龙卧凤阁，自上揭竿如龙跳天门。"简直无一处不妙，无一笔不妙。

智永和尚乃王羲之七世孙，住云门永欣寺，据说他自闭于阁楼上三十年，完成《真草千字文》，写了八百余份，布施江东各寺。后代有许多摹本与石刻本。在陈、隋之间，智永属于朝野都非常推崇的书法大家。徐渭于某太史家见此本，认为这是真迹，题云："今从阳和太史家得见此本，圆熟精腴，起伏位置，非永师不能到。问其自，云得之文成公门客之手。颗颗缀珠，行行悬玉，吾何幸得题其端。"（《题智永师千文》）

欧阳询生于陈初，仕于隋唐，他的楷书至今尚被奉为初学者入门范本。他的字使复杂的笔法单纯化，他的书法精神内敛，有蓄而待发之势。徐渭评为"若草里惊蛇，云间电发；又如金刚嗔目，力士挥拳"，想象力非常丰富。

虞世南与欧阳询一样，被后代推为初唐三大家之一，但就为太宗李世民所信任来说，虞为第一。虞的楷书端肃静穆，雍容沉稳，他的行书流丽舒徐。徐渭评为"体段遒美，举止不凡，能中更能，妙中更妙"，体段一说，如指行书更容易理解，能中更能说，自然是指与同时代诸大家作比较言。

褚遂良在初唐三大家中，褚遂良较为晚出。他写的字力求自家面貌，重心较低，取欹正相反相成之势。徐渭评为"字里金生，行间玉润，法则温雅，美丽多方"。评语捕捉了褚字的主要特色。

陆柬之是虞世南的外甥，书钟二王，传世作品也少，徐渭评为"仿佛堪观，依稀可拟"。

怀素的狂草历来被认为是在书法中自由表达情绪的天才作品，字字连绵，狂放不羁，如风卷残云，如飞瀑泻谷。徐渭因别人的草书师《圣母帖》，而《圣母帖》乃怀素作品，评《圣母帖》云："有蜗牛及老科斗脚肥者，及缝衣匠剪子者，皆是法，未可以微疵而短其醇。"（《跋司马公草书》）评书应从整篇气势看，未可以一笔一画论短长，这是文长论书一法。

李邕因在北海做过官，亦称李北海。他的字中心紧密而四面开张，用笔有雄强之势。他曾自评为"似我者俗，学我者死"，正好说明他学王羲之但不拘于王法。徐渭评李字云："李北海此帖，遇难布处，字字侵让，互用位置之法，独高于人。世谓集贤师之，亦得其皮耳，盖详于肉而略于骨，辟如折枝海棠，不连铁干，添妆则可，生意却亏。"（《书李北海帖》）。他最欣赏的是李北海的字的摆布，也很欣赏李字的骨力。

徐渭《评字》主要是对宋时的几位名家进行了简单的评说：

> 黄山谷书如剑戟，构密是其所长，潇散是其所短。苏长公书
> 专以老朴胜，不似其人之潇洒，何耶？米南宫书一种出尘，人所难
> 及。但有生熟，差不及黄之匀耳。蔡书近二王，其短者略俗耳。劲
> 净而匀，乃其所长。孟頫虽媚，犹可言也。其似算子率俗书不可言
> 也。尝有评吾书者，以吾薄之，岂其然乎？倪瓒书从隶入，辄在钟
> 元常《荐季直表》中夺舍投胎。古而媚，密而散，未可以近而忽之
> 也。吾学索靖书，虽梗概亦不得。然人并以章草视之，不知章稍逸
> 而近分，索则超而仿篆。分间布白，指实掌虚，以为入门。迨布
> 匀而不必匀，笔态入净媚，天下无书矣。握入节乃大忌。雷大简
> 云："闻江声而笔法进。"噫，此岂可与俗人道哉？江声之中，笔法
> 何从来哉？隆庆庚午元日，醉后呼管至，无他书，漫评古人，何足
> 依据。

黄山谷，即黄庭坚。北宋诗人、书法家。其书法取法颜真卿，得力
于《瘗鹤铭》。以侧险取势，自成风格。徐渭评为"书如剑戟，构密是其所
长，潇散是其所短"。所谓构密，是指他的结字方法，四散的笔画总是朝着一
个中心辐辏的。

苏长公，即苏轼。苏东坡是文学巨匠，擅长行书、楷书，取法李邕、徐
浩等，用笔丰腴跌宕，有天真烂漫之趣。徐渭评云："苏长公书专以老朴胜，
不似其人之潇洒，何耶？"又在《大苏所书金刚经石刻》中说："苏文忠人逸
也，而书则庄。文忠书法颜，至比杜少陵之诗，昌黎之文，吴道子之画，盖颜
之书，即庄亦未尝不逸也。"显然，他认为苏轼之书法与他多方面的修养不尽
相称。

米南宫，即米芾。是宋代一位很有个性的书法家，其行草书得力于王献
之。徐渭对他的字有分析，说："米南宫书一种出尘，人所难及，但有生熟，
差不及黄之匀耳。"所谓不匀，即因为追古法，在整篇的气韵上，不如黄字之
融和。但是，他对米字还是极为崇拜的，他在《书米南宫墨迹》中说："阅南

宫书多矣，潇散爽逸，无过此帖，辟之朔漠万马，骅骝独先。"赞语指米芾此帖，也可以理解为赞米芾整个的书法造诣。

徐渭对蔡襄的字不太欣赏，但认为也有长处："蔡书近二王，其短者略俗耳。劲净而匀，乃其所长。"

赵孟頫，字子昂，宋末元初大书法家，他撷取前人用笔精彩之处形成自己的书体。他的大楷、小楷、行草都极好，许多人都认为是古今第一。只是由于他是宋代宗室，宋亡后入元为官，后人认为他气节有亏，特别是灭元的明代人议论很多，因人及书，批评他的字过于圆熟。圆熟便是媚，徐渭评云："孟頫虽媚，犹可言也。其似算子率俗书不可言也。尝有评吾书者，以吾薄之，岂其然乎？"他不承认他看不起赵孟頫。他在《书子昂所写道德经》中说："世好赵书，女取其媚也，责以古服劲装可乎？盖帝胄王孙，裘马轻纤，足称其人矣。他书率然，而《道德经》为尤媚。然可以为槁涩顽粗，如世所称枯柴蒸饼者之药。"他不赞成赵的书风，但是他认为不能因为自己不喜欢就轻易否定人家。他认为赵字的特点是媚，但字如其人，也是一派，对于书风僵硬枯涩的人来说，赵字也是应当值得学习的。这是平心静气的说法，也是他的一家之言。徐渭又在《赵文敏墨迹洛神赋》中说"古人沦真行与篆隶，辨圆方者，微有不同。真行始于动，中以静，终以媚。媚者盖锋稍溢出，其名曰姿态，锋太藏则媚隐，太正则媚藏而不悦，故大苏宽之以侧笔取妍之说，赵文敏师李北海，净均也，媚则赵胜李，动则李胜赵。夫子建见甄氏而深悦之，媚胜也，后人未见甄氏，读子建赋无不深悦之者，赋之媚亦胜也。"进一步对赵孟頫的书法进行了评说。

倪瓒为元代名画家，书法方面也狠下过功夫，追求晋人风度。徐渭云："倪瓒书从隶入……古而媚，密而散，未可以近而忽也。"

祝枝山生年略早于徐渭，都是明中叶人。他的书法特点是兼工众体，但杂而不纯。徐渭评云："祝京兆书，乃今时第一。"（《跋停云馆帖》）推崇之至。

钟元常，即汉代书法家钟繇，其小楷《荐季直表》传世，真迹于清代入内府，《三希堂法帖》以此冠首。

索靖，西汉书法家。擅章草。传张芝草法而变其行迹。

雷大简，即雷简夫，宋代书法家。《墨池编》云："简夫善真行，守雅州，闻江声以悟笔法，迹其峻快，蜀中诊之。"

徐渭还对苏州一些书法大家作过评论。他在《跋停云馆帖》中称：

> 待诏文先生，讳徵明。摹刻《停云馆帖》，装之，多至十二本。虽时代人品，各就其资之所近，自成一家，不同矣。然其入门，必自分间布白，未有不同者也。舍此则书者为痹，品者为盲。虽然，祝京兆书，乃今时第一，王雅宜次之。京兆十七首书固亦纵，然非甚合作，而雅宜不收一字。文老小楷，从《黄庭》《乐毅》来，无间然矣。乃独收其行书《早朝诗》十首，岂后人爱翻其刻者诗而不及计较其字耶？荆公书不必收，文山公书尤不必收，重其人耶？噫，文山公岂待书而重耶？

"祝京兆书，乃今时第一，王雅宜次之。"对当时书法界进行了判断和排名。

徐渭的书论与其创作的追求相契合，主张不失古人笔墨而又能有所变化创新，一方面继承了传统的执笔、运笔、结字等理论；另一方面在论风格、用墨等多有独到之见，特别是在书法取悦感官的形态美上开启了晚明张扬个性的表现主义书法理论。

书始执笔。徐渭在《笔玄要旨》的开卷就是论执笔，并云："书法最重执笔，此机键也。"首先是手执笔管的位置，徐渭认为：

> 凡执管须识浅深、长短。真书之管其长不过四寸，有其奇须以三寸居于指掌之上，只留一寸一二分着纸，盖去纸远则浮泛、虚薄；去纸近则揾锋，势重若中品书把笔略起，大书更起。草诀云：须执管去纸三寸一分。当明字之大小为浅深也。

指、掌在执笔时的状态，徐渭赞同用"双钩"的执笔法，云：

世俗多以单指苞之，单钩则肘臂着纸，力不足而无神气，便有拘局，而不放浪的意态，必以双指苞管，盖摄中指而敛，食指以助之者也。

徐渭认为执笔的正确是为了达到更好地运。因此执笔的原则应以怎样更好地运笔为准则：

执管之法，须置管于大指中节之前，不得当节以碍其运动，须要居于动静之际。书法所云，拓大指法，大约当以笔在指端，运动适意，则腾跃顿挫，生意出焉。若当节则掌握如枢，每每不得自由，转动必碍，凡回旋处多成棱角，笔死矣，安望字之生动乎？

书重运笔。陶望龄《徐文长传》云："其书论主运笔。"徐渭自己在《玄抄类摘序》说：

余玩古人书旨，云有自蛇斗、若舞剑器、若担夫争道而得者，初不甚解，及观雷大简云，听江声而笔法进，然后知向所云蛇斗等，非点画字形，乃是运笔，知此则孤蓬自振，惊沙坐飞，飞鸟出林，惊蛇入草，可一以贯之而无疑矣。惟壁拆路，屋漏痕，折钗股，印印泥，锥画沙，乃是点画形象，然非妙于手运，亦无从臻此。以此知书心手尽之矣。

徐渭所追求的书法境界，用他自己的话形容，说是当如"孤蓬自振，惊沙坐飞，飞鸟出林，惊蛇入草"之境，关键在于运笔。运笔是书法的根基，若不得要领，则再怎么写也没用。徐渭在《玄抄类摘序》中说：

大约书始执笔，执则运，故次运笔。运则书，书有法也，例则法之条也，法则例之概也，故次书法例，又次书法。

在《笔玄要旨》中徐渭对提按、疾迟、用锋、意在笔先等都有较详细的论述。徐渭在《笔玄要旨》中云："大凡捉笔在手，便须运意，不可妄下一笔，若此笔才落，便须想第二笔合如何下。心能转腕，手能转笔，字便如意。"这就是意在笔先的问题。

徐渭关于书法还有如下一些观点：

徐渭提出书以人重、书法无法。他认为应当从一个人的整体素养方面来评价一个人的书法。书必出于己意。徐渭认为既有"以书掩人"，也有"以人掩书"的现象。他在《书马君所藏王新建公墨迹》中说：

> 古人论右军以书掩其人，新建先生乃不然，以人掩其书。今睹兹墨迹，非不翩翩然凤鸷而龙蟠也，使其人少亚于书，则书且传矣，而今重其人，不翅于镒，称其书仅得于铢，书之遇不遇，固如此哉。然而犹得号于人曰，此新建王先生书也，亦幸矣。马君博古君子也，裒先生之书如此其多，将重先生之书耶？抑重先生之人耶？

书法家的可贵之处不在于仿效前人，而在于有自家的创造。即便是摹本《兰亭序》，他在《书季子微所藏摹本兰亭》说："临摹兰亭本者多矣，然时时露己笔意者，始称高手。"徐渭纵论前人书法，但又归结为书法无法。他在《醉后歌道坚》中说："银钩虿尾凭人说，何曾得见前人法？"他不仅论书，论画、论诗亦如此。

徐渭还有天成、忌俗之说。徐渭在《跋张东海草书千字文卷后》中云："夫不学而天成者尚矣，其次则始于学，终于天成，天成者非成于天也，出乎己而不由于人也。"书忌俗，徐渭在《题自书一枝堂帖》中有一段妙论，他说"高书不入俗眼，入俗眼者必非高书。如此言亦可与知者道，难与俗人言也"。作书不必字字珠玑。

亭台题联

亭台题联，都是文人雅事，书法名家，加上诗赋高手，往往在那些文化胜地留文留墨。徐渭是奇才，题联留墨也有很多传奇故事。现摘录一则：

一画百两银

明嘉靖三十六年（1557），徐渭在当时总督东南七省军务讨倭的最高指挥胡宗宪麾下为幕僚。在此期间，徐渭常到总督府衙附近的李师傅剃头店剃头。这李师傅手艺熟练，为人诚实，但生意却并不好，加上家里吃口重，生活显得十分困难。徐渭有心要帮助他，只待机会。

这年仲秋，温州府的豪绅为了讨好总督胡宗宪，在他上任一周年之际，大家出钱为总督衙门新造了个南大门，并定名为"南天门"。徐渭是出名的书画家，又是胡总督器重的人，豪绅们就请徐渭题写这个门匾，徐渭答应了。第二天，他把写好的字稿拿来，对豪绅们说："是'南天门'三个字，不会错吧！"众豪绅说："是'南天门'，没错，没错。"谁知展开一看，徐渭把"天"字写成了"大"字，上面少了一画，这时徐渭已经走了。豪绅们很为难，怎么办？再去请他加上一横，恐人家不高兴，弄不好会把字稿收了回去。让别人随便加上一横，则非徐渭原迹，徐渭或会来问罪，把事情闹大了，惹怒了总督可不得了。豪绅们相互大眼瞪小眼，谁也拿不出个办法。最后只好依照书稿先刻上门匾，以不误黄道吉日隆重启门。

第二天，徐渭来到李师傅剃头店，对李师傅说："我送你一根金扁担，你把它卖了换成银两，把日子过得宽裕些。"他要李师傅取来笔墨，挥笔在一张纸上写了一画。李师傅只当徐渭跟他闹着玩，也没在意，随手把那张纸放在茶几上。徐渭走后，李师傅觉得奇怪，今天徐大爷不是来剃头，好像专门是来写上一横给他，还说成是送给他的一根金扁担。李师傅又将那张纸拿起来看，可仍是百思不得其解。

徐渭回衙后，又慢悠悠地踱到南大门，这时工匠正在上匾，豪绅们却在议论纷纷。徐渭走过去，抬头望那匾额，惊讶地问：“不是定名‘南天门’吗，怎么成了‘南大门’呢？”豪绅们见了徐渭，像是见了救星，一个豪绅小心翼翼地说：“徐大爷写时少写了一横，我们也不敢说，就这样刻上了门匾。”徐渭似乎想起什么来，言语玄乎地说：“可也是，我把‘大’上面的那根扁担扔在给我剃头的李师傅那里了。”豪绅们听了虽不甚明白此话含意，但认定这必定与“天”字有关。为了弄个水落石出，更为了使门匾有个圆满的结局，都争相奔往李师傅剃头店。

豪绅们来到李师傅剃头店，大声喊道：“李师傅，徐大爷的扁呢？”“把扁担拿出来，有话好说！”李师傅见闯来一帮当地豪绅，起初有些惊慌，后来想起了徐大爷写那一横之事，渐渐悟过来，他取出那张纸幅，郑重地说：“这可是一根金扁担，值一百两银，你们若要，须银货两讫。”豪绅们都恍然了，原来徐大爷写的“天”字，上面这一横却深藏在这里。为了显示建造南天门的至诚心意，也为了显示他们的富有，大家自报出银数，很快凑足了一百两，让李师傅随他们去拿。次日，豪绅们将“南大门”刻铸为“南天门”，为讨好总督，也为了显示他们的能量，逢人便说：“这‘天’字上面的一横，是后来加上去的，可这是书画大家徐渭的完整手笔，这一横失而复得，使总督府衙南天门更具有传奇色彩。”

第十二章　画列宗师

水墨大写意

从徐渭的人生轨迹看，可以说绘画是他的美好的转折，山重水复疑无路，柳暗花明又一村。徐渭出狱后生计无着，又去北地做过几次幕僚，其实也只是一些游历，难以支撑生活的重担，于是，绘画、卖画凑巧成了吃饭工具，也成了徐渭真正不朽的艺术形式。徐渭绘画的缘起，他在《四书绘序》中说得很清楚：

嘉靖辛亥，余读书于钱塘之马瑙山寺，寺西近岳鄂王祠，两庑壁画王出处及征讨抚降事，人马弓旌驰鹜伏匿之势，行营按垒叩首呼欢相问讯之状，颜色丹青能显，其迹画不能显，辄复略书表叙，比之寻史册中语，似更明畅，且动人。其后读《内经》气穴等篇，藏俞府俞之类，及诸经络皆三百六十有五，扣其所在，虽百注解不了也。行市中买《明堂图》四，长茎为脉，圆孔为穴，脉穴名字就记其旁，关键贯穿，向所不了，一览而得焉。《四书》中语言，圣贤之精意也。全体似人身有脉络孔穴，隐藏引带，不出字句，而传注讲章，转相缠说，未免床上垒床。乃感前事，始用五色笔绘之，即其本文统极章段字句，凡轻重缓急，或相印之处，各有点抹圈钩，既以色为号，复造形相别，色以应色，形以应形，形色所不能加，乃始隐括数语，脉穴之理，自谓庶几灿然。夫绘之与解，均属筌蹄，但其异处，虽渭序中不能自表也。学士君子，观其绘书，幸有以相教，然渭所作绘之意，率感于《明堂图》。

　　徐渭也接触若干在绘画方面颇有造诣的师友，如陈鹤、沈嘉则、李子遂以及沈仕、谢明臣等人，但他们并非职业画家，而是文士。徐渭在绘画方面的试作是在八次应考失败以后，较早的一幅作品便是为胡宗宪鸣不平的那幅雪竹，徐渭当时无非是寄予一种情绪，不会想到日后会以此谋生。他的大量画作是在晚年，特别是宣府归来以后，"老来戏谑涂花卉"，往往都是些即兴之作。

　　对徐渭绘画影响较大的是陈淳、谢时臣、陈鹤三人。陈淳以水墨写意花卉著称于世，洗练的形象、放逸的笔法，已开启了水墨大写意的端倪，徐渭对其极为欣赏，在《跋陈白阳卷》中说：

　　　　陈道复花卉豪一世，草书飞动似之，独此帖既纯完，又多而不败。盖余尝见闽楚壮士裹马剑戟，则凛然若黑，及解而当绣刺之绷，亦颓然若女妇，可近也。此非道复之书与染耶？

　　他将陈氏写意笔法更为恣纵地运用，让水墨色更加淋漓，终成就大写意一派，后世以"青藤白阳"并称之。谢时臣善画山水，其画笔势纵横，设色浅淡，人物点缀其间，极其潇洒。徐渭十分欣赏他"用墨颇侈"，他在《书谢曳时臣渊明卷为葛公旦》中说：

　　　　吴中画多惜墨，谢老用墨颇侈，其乡讶之，观场而矮者相附和，十几八九，不知画病不病，不在墨重与轻，在生动与不生动耳。飞燕、玉环纤秾县绝，使两主易地，绝不相入，令妙于鉴者从旁睨之，皆不妨于倾国。古人论书已如此矣，矧画乎？谢老尝至越，最后至杭，遗予素可四五，并爽甚，一去而绝笔矣，今复见此，能无慨然。

　　陈鹤的书画对徐渭的影响很大。他的书法习怀素，善画水墨花草，亦独出己意，极为超绝。徐渭赞其"瀁然而云，莹然而雨，泫泫然而露，殆所谓陶之变耶"。

明代是水墨写意画的发展期。明中期，沈周、唐寅、文徵明等吴门画家，或水墨、或设色，笔墨虽在欲放未放之间，但已基本确定了水墨写意画的画格。而徐渭的绘画充分发挥了文人画中以笔墨抒情写意的传统，一改吴门画派花鸟自然秀润、恬静优雅的格调，代之以大胆泼辣、苍茫淋漓的画风，并结合题诗和苍劲奔放的书法，体现他倔强不驯的个性。

徐渭后来在《书沈徵君周画》中说：

> 世传沈徵君画多写意，而草草者倍佳，如此卷者乃其一也。然予少客吴中，见其所为渊明对客弹阮，两人躯高可二尺许，数古木乱云霭中，其高再倍之，作细描秀润，绝类赵文敏、杜惧男。比又见姑苏八景卷，精致入丝毫，而人渺小止一豆。惟工如此，此草者之所以益妙也。不然，将善趋而不善走，有是理乎？

徐渭将沈周比作赵孟頫、杜董，说明他极为推崇沈周的作品。沈周，字启南，号石田，晚号白石翁，吴县相城人。与其学生文徵明、唐寅、仇英并称为"明四家"。

徐渭又在题《唐伯虎古松水壁阁中人待客过画》说："南京解元唐伯虎，小涂大抹俱高古。"指出唐寅绘画的风格在于"高古"。徐渭还写有《书唐伯虎所画美人》词：

> 吴人惯是画吴娥，轻薄不胜罗。
> 偏临此种，粉肥雪重，赵燕秦娥。
> 可是华清春昼永，睡起海棠么。
> 只将秾质，欺梅压柳，雨罥云拖。

徐渭称他的画是"窭人之画"，"窭人"即为贫穷人。他把自己比作贫穷人，因而就不能将象征富贵的牡丹用上华丽的色彩，他画的牡丹就像穷人身上穿的长衫黑白两色。徐渭继承了文人画的传统，他的画在表情生境上可谓是有过之而无不及。对于花鸟、山水、木石、虫鱼，徐渭观后都会浮想联翩，联系人世诸情事，嘲弄戏谑，含讥带讽，所以徐渭的画不可以就画论画，他的画是由情生境创作出来的。

徐渭的画体现了横涂纵抹的笔墨运用，同时也讲究用笔的线条和造型的能力。他作画，着墨简洁，线条简单，寥寥几笔就能抓住特征，简括传神。这样物象皆是暗影，细节都统一于结构的整体之中。为了表现这种暗影物象，徐渭往往用简练的大笔触来涂抹成形。

徐渭喜欢用生纸画画，由于生纸有良好的吸水性，便于即兴发挥，敢于打破常规的徐渭第一个大量运用生纸作画。徐渭受当时画家陈鹤、谢时臣等人用墨的影响，总结出了数种用墨方法：

破墨法。即先着一层墨，在墨迹未干时再着一层墨，这种方法能使画作浑厚，具有韵味。泼墨法。把墨直接泼到画纸上。胶墨法。即把胶水倒入墨中，干了以后能产生雕塑的感觉。另外徐渭在表现前后层层叠叠的叶子，以及产生茂密苍浑的效果时常用积墨法；而要表现逸笔之中的浓淡变化，一笔笔横排扫出有起伏之变，却常用蘸墨法。在这里"涂抹"不仅是指作画的方法，而且通过横涂纵抹笔气连贯，一气呵成，画面更有了剧烈的运动感。

徐渭的画还引入了草书，他学习前人草书入画的传统，并且第一个揭示了草书与写意画的内在联系。徐渭在《书八渊明卷后》云：

> 览渊明貌，不能灼知为谁，然灼知其为妙品也。往在京邸，见顾恺之粉本曰斲琴者殆类是，盖晋时顾、陆辈笔精，匀圆劲净，本古篆书家象形意，其后为张僧繇、阎立本，最后乃有吴道子、李伯时，即稍变，犹知宗之。追草书盛行，乃始有写意画，又一变也。卷中貌凡八人，而八犹一，如取诸影，僮仆策杖，亦靡不历历可相印，其不苟如此，可以想见其人矣。

徐渭在《陶学士烹茶图》中的题诗很好地描述了作画如作书的情景：

　　　　醒吟醉草不曾闲，人人唤我作张颠。

　　　　安能买景如图画，碧树红花煮月团。

　　在徐渭看来草书是大写意画形成的基础，草书与大写意画的紧密结合是从徐渭开始的，可以说是大写意画的里程碑。

　　徐渭对于自己的画作成就并不重视，认为不过是诗书之余的精神寄托。对徐渭绘事作出崇高评价的，始于石涛。他在《题四时花果图卷》中题云："青藤笔墨人间宝，数十年来无此道。老涛不会论春冬，四时之气随余草。"他肯定徐渭为晚明艺坛之伟人，而且自认为传人。嗣后人们对徐渭绘画的评价尺度逐渐提高。郑板桥，对徐渭的画作可以说是佩服得五体投地，他从徐渭作品中学画兰竹。

　　徐渭传世画迹较多，花卉、草木、瓜果、鱼虫、走兽、山水、人物等无所不包，但主要题材是花卉。徐渭花卉画中以梅竹居多，而且常与其他花木合绘。《墨竹》卷（台北故宫博物院藏）以水墨画雨后竹，据自识："余学竹于春，不余月而至京，此抹扫乃京邸笔叶也，携来重观可发一笑。"知是较早时期的竹画。笔墨中加了胶，但笔意纵恣，水汽弥漫，总体气势仍很磅礴。另一幅《花竹图》轴（台北故宫博物院藏），将竹与梅、荷花、牡丹、芭蕉等十六种花画在一起，布局极为繁密，也使用了大量的胶，但用笔放逸，水墨淋漓，并且变化丰富。娴熟的写意笔墨和用胶技法，表明此图已属晚年成熟作品。徐渭画梅竹也常与芭蕉合一，其渊源来自王维，他在这幅轴中即题写："芭蕉伴梅花，此是王维画。"另一幅《牡丹蕉石图》轴（上海博物馆藏）自题诗曰："牡丹雪里开亲见，芭蕉雪里王维擅。"描绘雪中牡丹和芭蕉，是王维"雪里芭蕉"的直接移植，在水墨写意画法上堪称代表作。

　　台北故宫博物院藏《榴实图》轴，立意属缘物抒情，五绝题诗，披露出作者怀才不遇之慨；题款书法亦作连绵飞动的狂草，一气呵成，不可遏制，与诗意画风一致。故宫博物院藏《葡萄图》轴，与《榴实图》堪称姐妹作，唯画风更加纵逸。

　　在徐渭集四时花卉与一堂的杂花图作品中，水墨写意法得到更加淋漓尽致的发挥。《写生图》卷（台北故宫博物院藏）共绘十一段花，计有牡丹、荷花、菊花、兰竹石、绣花球、茶花、玉簪花、石榴、水仙、竹、梅花等，每段各题一诗，内容杂四时花卉，布局仿陈淳杂花卷。此卷显示徐渭从写生入写意的画法，当属中年时期作品。《杂花图》卷（南京博物院藏）亦绘四时花果，但不作一花一题，而是相互穿插、呼应，构图更见奇巧，达到了"似与不似之间"的妙境，此卷堪称徐渭晚年的精心巨构。

徐渭的禽鸟画比较少见，但也有精心之作，如《黄甲图》轴（故宫博物院藏），画一爬行的螃蟹，用笔峭拔劲硬，水墨酣畅淋漓，质感和动态都准确而生动。有的禽鸟见之于杂画卷、册中，如《杂画册》（东京菊池氏舱藏）共三十六页，其中柳燕、虾蛤、双鱼、双猴泉石、翎毛、猫蝶、松鼠、鸡、虎等页均属鸟兽，粗笔勾勒和水墨渲染相兼，各尽其态，简逸传神。

徐渭亦兼画人物，但数量甚少，前人记载，徐渭曾醉后用破笔头作拭桐美人，以墨笔染其双颊，观者以为其丰姿绝伦，转觉世间铅粉为垢。绘于万历三年（1575）的《谒陵图》轴（日本大阪市立美术馆藏）是较早作品，笔法比较平稳整饬，远处山头画法还带浙派影响，但水墨驴子已属写意之法；《山水人物花卉》册（故宫博物院藏）中的人物等用笔形象简略，但线条熟练，能准确地传达出人物神韵，显然融入了写意花卉之法，意趣盎然。

徐渭的山水画创作更少，多见于杂画册中，单幅山水唯传《青藤书屋图》轴（英国剑桥郑德坤藏），绘屋宇、藤萝、芭蕉、老竹，造型古拙，笔墨简率，还施以色彩，构图、立意、画法、趣味都极奇特，自题诗句"几间东倒西歪屋，一个南腔北调人"，可作为此图注脚。

戏谑抹花卉

情由境出，画从情来，文人画与画工之画的不同处，在于每幅画都是灵感的产物。从标准意义上的文人画来说，是境、情、画三者的合一，宛如诗人一首诗，文人一则小品，追求创造的意境，避免彼此的重复。徐渭之画，不可就画论画，他的画是与境及情联系在一起的。徐渭的大量画作是花卉，这些花卉作品代表着徐渭不同的情感图像，表达的是他独特的人生际遇，概括而言，他的花卉作品可以分成下列五类。

竹画系列

竹画系列包括风竹、雨竹、雪竹、倒悬竹、芦竹等。竹作为一种古老的艺术图像，在传统文人画中首先表达的是隐士之幽情，朋友间的留恋之情，君子的节操，以及表达圣人君子的理想人格。徐渭留下来自题画竹的诗有几十首，比其他题画诗要多得多，可见竹子是他很偏爱的艺术图像。但徐渭与传统文人的区别在于，他画竹的意义与君子的惜别之情、君子的节操不太相干，他是想借风雨之竹来表达自己的满腔悲愤之情，以及自己生活的艰难和无奈。如：

《雨竹》。一夜大雨，书斋中积水。徐渭午睡艰难，辗转难以成眠，于是起身作画，题云：

斋中一夜雨成河，午榻无缘遣睡魔。
急捣元霜扫寒叶，湿淋淋地墨龙拖。

元霜即霜毫，指毛笔；墨龙，用墨所绘竹之枝干。

徐渭不是描摹不同环境中物象的差异，而是写意而求神采，看另一幅《雨竹》：

天街夜雨翻盆注，江河涨满山头树。
谁家园内有奇事，蛟龙湿重飞难去。

画的主题是竹，但诗中无一字写竹，全是写雨。就视觉艺术的画而言，竹形易现，雨意难摹。因此，诗与画，一写雨，一写竹，互为补充，相得而益彰，使"雨竹"的主题更加完整、丰满。而以"蛟龙湿重飞难去"状写"翻盆注"的豪雨，诗情与画意已相融为一，无疑增加了诗画的艺术感染力。

《九日题自画竹》。徐渭原拟画菊，因无酒扫兴，便画了湖石与竹，题云：

> 适逢重九又逢公，却苦提壶挂碧空。
>
> 欲写黄花无意兴，乱题湖石数竿风。

萧瑟的风竹，自然是主人重阳无酒兴味索然之写照。

《梧竹》。画于苦热天气。题云：

> 消夏荒斋拮俸俏，蒸人暑气我能收。
>
> 请看墨晕和云起，冷雨凉风竹树秋。

夏天暑热逼人，徐渭画竹消暑。

《风竹》。徐渭曾画风竹于扇面赠名子甘者，题云：

> 送君不可俗，为君写风竹。
>
> 君听竹梢声，是风还是哭？

徐渭笔下的竹总处于狂风、恶雨、大雪等外力的压迫下，它会哭泣、会悲鸣，但更多时候是不改其节，不屈其志，竹已成为他个人命运和精神的写照。

牡丹画系列

徐渭画的牡丹以墨牡丹、浅绛牡丹为主。

《墨牡丹》。徐渭画牡丹多幅，均为黑色，有多幅题句，表明了徐渭独特的审美情趣，他在《墨牡丹》题句中有：

> 不藉东风力，传神是墨王。
>
> 雪威悲剑戟，鏖战几千场。

强调以花写神。

《水墨牡丹》：

腻粉轻黄不用匀，淡烟笼墨弄青春。

从来国色无妆点，空染胭脂媚俗人。

徐渭笔下的牡丹枝叶纷披，已然不是富贵的印迹，且水墨淋漓，墨分五色，光影斑驳，洗尽铅华，回归其高洁的本性。

《牡丹二首》：

五十八年贫贱身，何曾妄念洛阳春？

不然岂少胭脂在，富贵花将墨写神。

毫端紫兔百花开，万事惟凭酒一杯。

茅屋半间无得住，牡丹犹自起楼台。

徐渭以这怪异的图像来表达时运不济、富贵与己无缘的感伤，墨牡丹就是徐渭真实命运的写照。

葡萄、石榴画系列

徐渭之前，葡萄曾出现在各类壁画中，但以葡萄入画的文人并不常见。徐渭爱种葡萄，也爱画葡萄，他是在利用葡萄这一文人画不太常用的图像来抒写情怀。他用水墨来表现整个葡萄架处于逆光中的影像，葡叶重叠，浑然中层次分明，老干嫩枝穿插连横，气势磅礴，枝叶间串串葡萄晶莹明润，惹人喜爱。

为世人忘却之葡萄。徐渭葡萄画作题句，历来被看作是他一生之主题歌。《葡萄》诗云：

半生落魄已成翁，独立书斋啸晚风。

笔底明珠无处卖，闲抛闲掷野藤中。

这首题句是徐渭出狱不久之作，自然贴切，悲愤苍凉。

另外还有《墨葡萄图轴》：

> 明珠一夜无人管，逆向谁家壁上悬。
> 数串明珠挂水清，醉来将墨写能成。
>
> 当年何用相如璧，始换西秦十五城。
> 璞中美玉石般看，画里明珠煞欲穿。
>
> 世事模糊多少在，付之一笑向青天。
> 昨岁中秋月倍圆，海南母蚌太鼾眠。

他用葡萄喻其才，又将葡萄看成比和氏璧更加珍贵的明珠、美玉，显然有自怜自爱的意思。

一天，有一王生向徐渭求画，王生属贫士但多才，徐渭为其画葡萄并题云：

> 王生昔日好容颜，今日相逢范叔寒。
> 赠与明珠三百颗，谁知一颗不堪餐。

诗中写出主客二人之贫，悲凉而诙谐。就用语之平易看，当是七十岁左右的作品。

石榴图像的基本意义来自民间。成熟的石榴果实多籽，与多子谐音。但徐渭有自己独立的创造，他把石榴喻多子衍变成多才，他有石榴诗云：

> 略着胭脂染一堆，蛟潭锦蚌挂人眉。
> 山深秋老无人摘，自逆明珠打雀儿。

他在《画石榴》中写道：

> 五寸珊瑚珠一囊，秋风吹老海榴黄。

宵来酒渴真无奈，唤取金刀劈玉浆。

作者笔下的石榴已泯合于现实之中。

梅、菊、兰画系列

梅花名列"四君子"之首，徐渭画梅注入了洁身自好的个人价值观。他笔下的梅花有个人的形式特色：梅影清疏，老干雨润，新枝劲直，如剑如戟，圈花点蕊十分简率，绝无柔媚之气。

他在《画梅时雪正下》诗云：

谁写孤山伴鹤枝，早春窗下索题诗。
今朝风景片相似，是我寻他雪下时。

人生失意，有归隐的冲动。

有时，徐渭还借画并借题画诗以表达人生的意蕴，如，《王元章倒枝梅画》：

皓态孤芳压俗姿，不堪复写拂云枝。
从来万事嫌高格，莫怪梅花着地垂。

这是一首赞画诗，他借王冕的倒枝梅画而表达自己的审美取向。

再如《题画梅二首》中的第二首：

从来不见梅花谱，信手拈来自有神。
不信试看千万树，东风吹着便成春。

不受画谱的羁束，信手而作，这是徐渭所尚，然而又是"意"由"象"生，由画中之梅而引出并强化了他的文艺观。

水梅、地梅。徐渭住梅花馆，住地有梅，写梅当是实写。但他笔卜的艺术之梅却是受到压抑的水梅与地梅。《花卉杂画卷》中有一幅写梅枝浸入水中，题句为：

> 梅花浸水处，无影但涵痕。
> 虽能避雪偃，恐未免鱼吞。

主人受到压抑，梅花也不能避免，即使藏入水中，也有被鱼吞食之险，世道真是可怕。

徐渭晚年以画换米，绘画成为他生活的主要来源。他不仅不讳言，反而在画上借前人卖画故事直书自己以画求生的情况。《梅花》：

> 曾闻饿倒王元章，米换梅花照绢量。
> 花手虽低贫过尔，绢量今到老文长。

花手，即"老文长"，即徐渭自己。

徐渭画菊，偶尔也画红菊，笔法简约粗犷，带有鲜明的山野之气。他以"野菊"自喻，平静中隐伏着对时光荏苒的焦虑，独立中还藏着几分桀骜不驯。《翎菊》：

> 砚底毫端秋气清，攒花簇蕊笔通灵。
> 看来不似篱边色，拔取何天白鹤翎。

暗示自己并非凡俗辈。

《画菊二首》。在乡生病，病余作此图。其一云：

> 身世浑如拍海舟，关门累月不梳头。
> 东篱蝴蝶闲来往，看写黄花过一秋。

画作太惟妙惟肖，蝴蝶信以为真，飞来作伴。其二云：

经旬不食似蚕眠，更有何心问岁年。

忽报街头糕五色，西风重九菊花天。

时在某年重九，徐渭在饥寒中作画。

墨菊。徐渭在《花卉图卷》中绘墨菊，题云：

西风昨夜太颠狂，吹损东篱浅淡妆。

那得似余溪渚上，一生偏耐九秋霜。

徐渭自比野菊，耐风霜、不怕死、坚强独立。

兰花素来是高贵之花，享有"王者香"的美誉。徐渭笔下的兰花，相当率意，双钩叶，如剑麻，花形既不清秀，也不妖娆，离兰花的真形相去甚远。徐渭画的是苦兰，主要抒发自己内心的苦意。

《写兰有某子》：

仙华学杜诗，其词拙而古。

如我写兰竹，无媚有清苦。

《兰》：

莫讶春光不属侬，一香已是压千红。

总令摘向韩娘袖，不作人间脑麝风。

此处韩娘指韩凭的夫人何氏。相传韩娘因貌美被康王所夺，韩凭被遣送到边关筑城，后来夫妻双双自杀。乡人将他们葬于一土岗上。一夜之间，有梓木生于两坟之端，旬日在云间相抱，又有一对鸳鸯晨夕不离，交颈悲鸣。徐渭援引这一典故，用苦涩之兰来喻贞洁、苦恋。

蟹画系列

螃蟹是俗物，以前几乎没有出现在文人画中，但徐渭却赋予螃蟹特别的象征意义。《蟹》：

> 谁将画蟹托题诗，正是秋深稻熟时。
> 饱却黄云归穴去，付君甲胄欲何为？

这里徐渭以蟹的图像指斥那些身居高位的朝中权贵，只知饱食终日，无心报效国家。他在《题蟹画一首》中说：

> 稻熟江村蟹正肥，双螯如戟挺青泥。
> 若教纸上翻身看，应见团团董卓脐。

徐渭这是借董卓来影射当朝奸相严嵩、徐阶等人。

他的题画诗有些还写得谐趣横生，如《蟹》：

> 虽云似蟹不甚似，若云非蟹却亦非。
> 无意教君费装裹，君自装裹又付题。
> 世间美好人夺冒，略涉小丑推向谁？
> 此幅难云都不丑，知者赏之不容口。
> 涂时有神蹲在手，墨色腾烟逸从酒。
> 无肠公子浑欲走，沙外渔翁挧杨柳。

蟹乃徐渭之所钟，他喜画蟹，亦喜食蟹："有客饷无肠。"又在《鱼蟹》云：

> 夜窗宾主话，秋浦蟹鱼肥。
> 配饮无钱买，思将画换归。

有人索画，便拿螃蟹来换。因此，作者是饱蘸着情感来写作的，"墨色腾烟逸从酒"，赏诗品画，已使诗人食欲大动；"无肠公子浑欲走"，诙谐生动，诗人对于螃蟹的钟爱溢于言表。这首题画诗，将画外之音、画外之意，略示一二，加深了观者对于画的理解。

蟹画还可以有声音。小婢解开捆蟹之蒲草，纳蟹于篚中。篚破，蟹爬行满地，于是遂作此图。《仕女》题为：

> 乍解寒蒲束缚，忽闻落落琴声。
> 向乃无肠公子，今为甲士横行。
> 尔何拥剑相持，婢学螳螂拱手。
> 图成笑擘双螯，且压黄花美酒。

以"落落"琴声形容蟹声。

奇葩画系列

徐渭有不少画作是异常现象，可说是画中奇葩，主要有雪里荷花、十二月兰、雪里芭蕉等，徐渭有意借这种错乱时序的方法，来昭示自己心中的冤屈，表达对前途未来的绝望。

雪中芭蕉。芭蕉是夏日作物，颜色青翠，但在徐渭笔下，芭蕉与梅花同时茂盛，《芭蕉》题句有：

> 芭蕉雪中尽，那得配梅花？
> 吾取青和白，霜毫染素麻。

青和白即清白，只取其意，不去计较是否符合物性。

《雪里荷花》。夏日之荷与冬日之雪融于一幅。题句为：

> 六月初三大雪飞，碧翁却为窦娥奇。
> 近来天道也私曲，莫怪笔底有差池。

徐渭说，不是他写错了，六月飞雪只是天意。

丑观音。在《大慈赞五首之三》中，"丑观音"题句云：

> 至相无相。既有相矣，美丑冯延寿状，真体何得而状？金多者
> 幸于上。悔亦晚矣，上上上。

美丑随人，譬如王嫱之像，美丑由毛延寿决定。世上之事哪有标准，都是依照那些权势者的喜好厌恶而定。

难跳龙门之鲤。传说鲤鱼跳过龙门，便化为龙，成为神物。徐渭画《跃鲤》，却写不跳龙门之凡鱼。题句云：

> 鳞鬣不殊点额归，丰神却觉有凤威。
> 不添一片龙门石，方便凡鱼作队飞。

徐渭画的鲤鱼是凡鱼，既不用点睛，就连龙门石也不必画了。此画可能自喻多次应试不中之意。

绘画是徐渭生活的重要依凭之一，他或作画酬人，《写竹答许口北年礼》："只裁残拜帖，写竹当春盘。"或以画易物《鱼蟹》："夜窗宾主话，秋浦蟹鱼肥。配饮无钱买，思将画换归。"但是，作画更是他的精神寄托，画可以明志，可以渲愤，可以以画中之物来寄寓自己的人生。总之，画融进了徐渭的人生与生活，画境与现实之间在徐渭那里已浑然一体。这也是徐渭艺术人生的真实写照。

画中逸趣

徐渭画奇，创造画更有传奇故事，这些故事都与他的机智聪明和仗义任侠联系在一起的，颇为幽默奇趣，挑选两则如下：

巧改牡丹画

明嘉靖年间，一天，绍兴府巨绅鲍瑞卿邀请来府城和山会两县多位书画名家，一则是让他们观赏一幅重金购得的牡丹名画，显示自己的清雅高尚和富有；二是盼有名家中高手当堂为画题诗，使名画更添光彩。

众书画家欣赏后都啧啧赞叹，说此名画难能可贵，他们都想显示自己，跃跃欲试。但想到此画不比一般，鲍老爷以重金购来，因此不敢贸然下笔，免得被人嗤之为佛头着粪。这时，年轻的徐渭却不知高低，取过狼毫，准备即兴在画上题诗。鲍老爷见了，慌了手脚，虽知这徐渭也有名气，但年纪轻轻，根基不会厚实，且又家道贫寒，乡绅中缺乏名望，由他配诗，不是自己所望，要是题坏了，这重金购来的牡丹画岂不完了！他立刻一步上前，伸手拦阻，连说："且慢！"徐渭的笔被一挡，一滴墨水落在画面上。鲍老爷惊呼起来，跌足不已。

徐渭也愣住了，墨水滴在画面上，抹是抹不去的了，心里却怪怨鲍老爷，谁叫你用手来阻挡？四周的人见了，个个神色惊惶，都为徐渭捏上一把汗，这贵重的名画，他徐渭怎么赔得起？徐渭倒是镇定下来，心想既然你鲍老爷瞧不起我，倒要让你瞧瞧我的手艺。于是，他索性将笔头的墨汁又洒了几滴在画上。鲍老爷见状，额上的青筋突突弹跳起来，干瞪着双眼，站在一旁憋得说不出话来。

只见徐渭稳提狼毫，在画面上勾了几笔，奇迹很快出现：一株梅花已经跃然纸上。又见他稍一思索，从容地在画面上题起诗来，诗曰："牡丹花侧一枝梅，富贵寒酸共一堆。莫道牡丹天国色，须知梅占百花魁。"

众人见了，无不喝彩，连赞好画好诗，说此画比原先的内涵更丰富了，四句诗隽永而贴切，字迹遒劲又不失秀丽。名画更显奇光异彩，堪称绝世之作。

主人鲍老爷看了，又惊又喜，脱口呼道："画得妙！题得好！徐秀才果然名不虚传，老朽我服了。"于是请徐渭到内堂，重谢了他。

奇画戏巨商

徐渭晚年穷困潦倒，以卖字画度日。他的画吸取前人之精华，而又脱胎换骨，喜用泼墨勾染，水墨淋漓，气韵生动。花卉、人物、虫鱼、瓜果无一不能，尤工花鸟竹石，天趣盎然，被誉为写意派的创始人。

徐渭以卖画为生，为避免与买户徒费口舌，他写了一张"润格"，贴在门上，规定各种画的售价：大幅四两，小幅二两，条幅对联一两，扇子斗方五钱。

会稽县有一位经营茶叶的巨商，名董财富，家资万贯，十几年前因仰慕徐渭之名，曾以千金之价求徐渭给他画一幅"采茶图"，岂料徐渭厌恶其为富不仁，拒绝为他绘画，这茶商为此还耿耿于怀。听说徐渭现在落魄到以卖画为生的境地，幸灾乐祸，决意报复，心想你徐渭现在既然明码标价卖画，只要我出高价，你就得乖乖给我绘画。这天，这位巨商带了两名仆从，一个肩背一袋纹银，一个手抬一匹白绢，大摇大摆来到徐渭的家。

董财富对徐渭说："你贴的卖画润格，上面可没有长卷价格，不知徐秀才是否会长卷？"

徐渭说："长卷无非场面大点罢了，怎么不会，其价可按长度和幅宽计算。"

董财富命仆从捧上白绢，说："这白绢一匹，我要你绘一匹的长卷画。"

徐渭听了一愕，从来没有买户来绘如此长的画卷，一匹长度相当于好几幅《清明上河图》。但他没有拒绝，只是问道："未知大爷要画些什么？"

董财富心里思忖：大凡长卷最适合画大场景，而我偏要你画一件小事物，便说："整幅长卷只画一件日常生活琐事即可。"

徐渭觉得这位买主有些怪异，低眉望他一眼，又问道："大爷还有什么要求？"

董财富想，听人说画分山水画、人物画、花鸟画等，而我偏要你画一幅大杂烩。便说："画中既要有人物，又要有山水，还要有花鸟，缺一不可。"

徐渭再问："还有什么要求，一并道来。"

董财富想，可得提防他熟手取巧，要是他隔一段画一点，岂不便宜了他，便正色道："笔墨要一气贯通，不可间断。"接着豪爽地说，"达到以上三个要求，我出纹银五十两作为润笔之酬。"

徐渭听了这位巨商所提三个要求，觉得来者不善，其意不在求画，而是存心刁难。忽然，徐渭觉得此人似有点面善，一回忆，才想起十几年前就是这位茶商携千金前来求画，而被自己拒绝。看来这次他是专来刁难于我，以泄当年拒画之恨。

徐渭不动声色，说："大爷所提条件虽然苛刻，但也并不很难，我照办就是。"

董财富问："几天可来取画？"

徐渭说："大爷在此稍待片刻，我即去给你作画，等会儿你就带走。"

董财富吃惊地问："什么？长长的一匹白绢，立等可取？"

徐渭微微一笑，点点头。

董财富突然变了脸，口气重重地说："徐秀才，我可把话说在前头，要是你敷衍搪塞，把白绢画废了，我可要你赔！"

徐渭郑重地回答："那当然。"接着说，"我卖画有个规矩，得先付酬银，请大爷付上五十两纹银，我即去给你作画。"

董财富让仆从交上五十两纹银，徐渭收下银子，准备去内室作画，董财富欲跟进去看，被徐渭拦住了，徐渭说："请大爷在此稍坐，我作画是不许人观看的。"

董财富无奈，只得在外堂坐等。

徐渭来到里面画室，拼起了长条桌，铺开白绢，以目测量了画卷，胸有成竹地画将起来，心里说：你董大爷不怀好意刁难我，我倒要你瞧瞧我徐渭的功夫。约一杯热茶工夫，徐渭搁笔出来，对董财富说："长卷已经画好，请大爷前去过目。"

　　董财富疑虑地跟徐渭进入内室，见白绢铺得一溜长，上面题有五个醒目的狂草大字："童子风筝画"。画面上，一个童子站在河边，他头上插一朵红艳艳的山茶花，一手举着放风筝的线轴，另一只手牵着一根细细的线绳，仰面在向远空眺望。董财富于是搜寻风筝，见那细细的线绳，延绵不断地延伸，一直延伸到白绢的尽头，才搜寻到一只纸鹞在空中飞翔。地面上，画的是淡淡的远山。画的末尾，印有一方"青藤道士"的鲜红印章。

　　董财富终于看完了长卷，额上的青筋在突突弹跳，发狂似的吼道："只一个小童放风筝就凑了五十尺的一幅长卷，简直胡闹，骗取钱财，你得还我画银，赔我白绢！"

　　徐渭正色道："大爷休得无理取闹！我问你，这长卷只画一个童子放风筝，可符合你所提画一件生活琐事的要求？"

　　董财富说："这符合。"

　　徐渭再问："画中人物、山水、花鸟样样俱全，可符合你第二个要求？"

　　董财富说："这也符合。"

　　徐渭又问："画中的风筝线从头到尾不间断，可符合你第三个要求？"

　　董财富无可奈何，声音喑哑地说："符合。"

　　徐渭脸色一沉，说："既然都符合要求，怎么能说滥竽充数、骗你钱财？我没工夫陪你纠缠，请回吧！"董财富脸上没有一点表情，今天白白丢了五十两纹银，只好自认晦气，他冲身后两个仆从说："还呆着做什么？"耷拉着脑袋，垂头丧气地走了！

第十三章　南剧作祖

作《南词叙录》

　　《南词叙录》首先追溯南曲形成的历史，认为其渊源与北曲不相上下，早在宋代"宣和间已滥觞"。认为南曲的广泛流传是在南宋期间，起源于温州一带，故称"永嘉杂剧"，然后向江南各地流播，形成种种不同的地方戏。到了元代，北曲杂剧兴起，但南戏仍然在民间流传。明代，出于南戏系统的传奇勃兴，逐渐取代了北杂剧的统治地位。徐渭写作《南词叙录》，记载了宋元南戏六十种、明初戏文四十七种，保存了有关南戏渊源、声腔、角色、常用俚语等方面的重要史料。徐渭是系统论述南曲形成过程的第一人，他堪称南剧之祖。

　　徐渭在《选古今南北剧序》中说：

　　人生堕地，便为情使。聚沙作戏，拈叶止啼，情昉此已。迨终身涉境触事，夷拂悲愉，发为诗文骚赋，璀璨伟丽，令人读之喜而颐解，愤而眦裂，哀而鼻酸，恍若与其人即席挥麈，嬉笑悼唁于数千百载之上者，无他，摹情弥真则动人弥易，传世亦弥远，而南北剧为甚。渔猎之暇，曾评订崔张传奇，予差快心，亦差挂好事者齿频。已而旁及诸家，随手札录，都无标目，亦无诠次，间忘所自出。总之此技唯元人擅场，故予所取十七八，而近代十二三。非昭阳纨扇，即滴博征衣，非愁玉怨香，即驿梅河柳，余并桂风萝月，岫晃云关，邯郸枕畔，婺州角上语，实炎燠中一服清凉散也。日久渐次成帙，酒酣耳热，辄取如意打唾壶，呜呜而歌，少抒胸中忧生失路之感。聊便抽阅，犹贤博弈，匪欲传之词林，乃余岑寂时良友云尔。嗟嗟！《回文锦》《白头吟》《断肠诗》《胡笳十八拍》，未易更仆数。情之所钟，宁独在我辈！且孟才人歌《何满子》罢，脉者谓肠已断不可复药。情之于人甚矣哉！颠毛种种，尚作有情痴，大方之家能无揶揄？爰缀数语，以志予过。秦田水月谩题。

徐渭认为南曲和北曲发源地不同，各有特色，不应该厚此薄彼，而应当公平对待。他在《南词叙录》中指出：

听北曲使人神气鹰扬，毛发洒淅，足以作人勇往之志，信胡人之善于鼓怒也，所谓"其声嘽杀以立怨"，是已。南曲则纡徐绵眇，流丽婉转，使人飘飘然丧其所守而不自觉，信南方之柔媚也，所谓"亡国之音哀以思"，是已。

《南词叙录》批判了有些人否定南曲的错误观点，说："有人酷信北曲，至以妓女南歌为犯禁，愚哉是子！"他认为北曲有北曲的特点，南曲有南曲的特点。在徐渭看来，北曲也不都是出于唐宋名家之手，许多也是艺人仿效胡人之音的编造，崇北贬南，那么"夷狄之音可唱，中国村坊之音独不可唱"？他认为北曲南曲本应并驾齐驱。

《南词叙录》还研究了南曲的语言，这种语言的特色便是"本色"。这和他在散文方面的见解是一致的。徐渭进一步主张戏剧的语言僮仆能解，这就要求文人写戏应当把戏剧还给百姓，不要孤芳自赏。他的话是针对元明之际一部分文人追求雅趣，使得剧本成为阳春白雪的倾向说的，颇有针对性。他主张戏剧的民众化、通俗化，把民间戏剧与为宫廷所欣赏的戏剧区别开来。

徐渭在《南词叙录》中说，南曲用俚俗语保持着它的本色："南曲固是末技，然作者未易臻其妙。《琵琶》尚矣，其次则《玩江楼》《江流儿》《莺燕争春》《荆钗》《拜月》数种，稍有可观。其余皆俚俗语也。然有一高处，句句是本色语，无今人时文气。"他评论高则诚《琵琶记》说：

> 或言《琵琶记》高处在《庆寿》《成婚》《弹琴》《赏月》诸
> 大套，此犹有规模可寻。惟《食糠》《尝药》《筑坟》《写真》诸
> 作，从人心流出，严沧浪言"水中之月，空中之影"，最不可到。
> 如《十八答》，句句是常言俗语，扭作曲子，点铁成金，信是妙
> 手。（《南词叙录》）

徐渭赞许昆曲，他说道："今昆山以笛管笙琵按节而唱南曲者，字号不
应，颇相谐和，殊为可听，亦吴俗敏妙之事。"果然，不出所料，到万历年
间，昆曲成为风靡全国的剧种，这是应了徐渭的期待。

徐渭反对用人为的格律束缚南戏创作。他指出："今南九宫不知出于何
人，意亦国初教坊人所为，最为无稽可笑。"主张应当在南戏发展过程中形成
较为宽松自由的格律，即"曲之次第，须用声相邻以为一套"。徐渭所作《南
词叙录》，主要是在浙闽和安徽南部采风的基础上，慢慢写成的。

胡幕前后，徐渭潜心于戏剧的研究与创作。一方面，他大量地从事为
人代作，从总体看，这是平倭的需要，但也有不少违心之作；他只可为别人所
左右，无法左右别人。另一方面，从事自己的研究与创作，这方面是完全自由
的，吐露的是发自胸臆的声音。

徐渭尽管出身官宦之家，但童年时家道已中落，所以他对市井黎民的生
活状况比较熟悉。当时民间重要的娱乐内容是观剧，民间演出的戏剧又多是用
地方方言演出的小戏。鉴于政治中心在北方，在剧坛流行的是北曲，民间的南
曲则不为人所重。胡幕前后，徐渭有机会广泛欣赏浙江、福建、安徽一带的民
间戏曲，对南方的戏剧进行了一次系统的研究，从理论上加以阐发。

徐渭在《南词叙录》序言中说，这是在客闽时写的，又说是时在"嘉靖
己未夏六月"。己未即嘉靖三十八年（1553），徐渭入幕的第三年。事实上徐
渭多次入闽，早在入幕前的丙辰年，即嘉靖三十五年（1556），就曾去福建，
登武夷。因为在闽，便能见到若干闽地杂剧，得浙闽二地若干剧本为基础，又
耳濡目染，于是遂在《南词叙录》中发出许多议论。作序的时间也不能认定为

最后完稿的时间，辗转于浙闽以至南直隶安徽一带，随见随录，随录随议，不断补充不断修改。

抒怨《四声猿》

徐渭创作的《四声猿》，在明代戏曲史上具有突出的地位。《四声猿》的创作都有本事可寻，而徐渭对本事进行了不同程度的加工，从而寄托了徐渭的艺术魅力，寄托了徐渭对奸臣的仇恨和对明朝社会制度的怨愤。

《狂鼓史渔阳三弄》：徐渭多次以三国时代的祢衡比喻沈炼，把沈炼所指斥者比作曹操，这和嘉靖中叶《三国演义》的流传颇有关系。民间流传的历史传说中，已经有了贬抑曹操的倾向，小孩子听三国故事，说到曹操失败时，一个个拍手称快。曹操是一个奸诈、残暴、狠毒而伪善的家伙。《三国演义》中"祢正平裸衣骂贼"的故事，可谓家喻户晓。徐渭以沈炼劾严嵩比之祢衡骂曹，暗喻奸人都是擅权的丞相。

《狂鼓史渔阳三弄》（以下简称《狂鼓史》）。写当日曹操轻祢衡，命为鼓史；祢衡骂曹时，以鼓声应乐曲，曲名《渔阳三挝》，渔阳三弄，意思仿佛。《狂鼓史》取材于沈炼，其实，也不止一个沈炼。同时还有一位在兵部任职的杨继盛，遭遇与沈炼惊人地相似。

《狂鼓史》是短剧，仅为一幕戏，他写祢衡到了阴府第二次骂曹，但是环境与人间截然相反：人间是曹操一手遮天，而在阴间，上上下下都支持祢衡，让他痛痛快快地把变成落水狗的曹操再骂一次。在人间骂曹终遭杀身之祸，但在阴间骂曹，骂过之后，成了鬼犯的曹操继续收监，而骂曹的祢衡则被两位仙女迎接到天堂去当玉皇大帝的修文郎，主持天庭的文件起草。

剧中先出场的是次要人物判官，他姓察名幽，字能平。他管辖祢衡、曹操二鬼，但让祢升天，让曹永远收监。判官上台时就有一段交代：

咱这里算子忒明白，善恶到头来撒不得赖，就如那少债的会躲
也躲不得几多时，却从来没有不还的债。咱家姓察名幽，字能平，

别号火珠道人，平生以善断持公，在第五殿阎罗天子殿下，做一个明白洒落的好判官。当日祢正平先生，与曹操老瞒对讦那一宗案卷，是咱家所掌。俺殿主向来以祢先生气概超群，才华出众，凡一应文字，皆属他起草，待以上宾。昨日晚衙，殿主对咱家说，上帝旧用一伙修文郎，并皆迁次别用。今拟召劫满应补之人，祢生亦在数中。汝可预备装送之资，万一来召，不得有误时刻。我想起来，当时曹瞒召客，今祢生奏鼓为欢，却被他横瞋裸体，掉扳掀挡，翻古调作渔阳三弄，借狂发愤，推哑装聋，数落得他一个有地皮没躲闪，此乃岂不是踢弄乾坤、提大傀儡的一场奇观。他如今不久要上天去了，俺待要请将他来，一并放出曹瞒，把旧日骂座的情状，两下里演述一番，留在阴司中做个千古的话靶。又见得善恶到头，就是少债还债一般，有何不可。手下与我请过祢先生，就一面放出曹操并他旧使唤的一两个人，在左壁厢伺候指挥。

当然，书生祢衡是主角。只是，阴司里的祢衡已经时来运转。他表示当日骂曹，是在曹的早年，现在再骂，要骂曹的一生"须直捣到铜雀台分香卖履，方痛快人心"。他骂得淋漓尽致：

你狠求贤为自家，让三州直甚么。大缸中去几粒芝麻罢，馋猫哭一会慈悲诈，饥鹰饶半截肝肠挂，凶屠放片刻猪羊假。你如今还要哄谁人？就还魂改不过精油滑。

你害生灵呵，有百万来的还添上七八，杀公卿呵，那里查？借厫仓的大斗来斟芝麻。恶心肝生就在刀枪上挂；狠规模描不出丹青的画；狡机关我也拈不尽仓猝里骂。曹操，你怎生不再来牵犬上东门，闲听唳鹤华亭坝，却出乖弄丑、带锁披枷？

你造铜雀要锁二乔，谁想道梦巫峡羞杀。靠赤壁那火烧一把，你临死时和些歪剌们活离别，又卖履分香待怎么？亏你不害羞，初一十五教望着西陵月月的哭他，不想这些歪剌们呵，带衣麻就搂别家。曹操你自说么，且休提你一世的贤达，只临了这一椿呵，也该几管笔题跋。

这阵阵叫骂，即是借祢衡之口而为沈炼鸣冤，同时也是作者自己发出的一股怨气。

《三国演义》所骂的是曹操欺君罔上，不识贤愚，不读诗书，不纳忠言，不通古今，不容诸侯，常怀篡逆等劣行。

而《狂鼓史》中则是："今日要骂呵，须直捣到铜雀台分香卖履，方痛快人心。"叫骂的内容有：一是"逼献帝迁都，又将伏后来杀"。二是征伐兼并。三是"仗威风只自假，进官爵不由他。"四是残害忠良。《狂鼓史》中超越于《三国演义》之外，亦即徐渭增加的内容。将《狂鼓史》与《三国演义》两相比较，不难看出，残害忠良的内容在《三国演义》中并没有涉及，而在《狂鼓史》中，徐渭借祢衡之口，历数了曹操残杀杨修、孔融的事实，可见徐渭为沈炼鸣冤的写作意旨。

但是，何人是祢衡的化身，我们认为似乎既有沈炼之骂，也有作者之骂。更重要的是在徐渭的诗文中也屡屡提及祢衡以及弄鼓骂曹之事，其中有作者以祢衡自喻。

在情节方面，加上了曹操的女乐表演场面。表演的内容不是为曹辩解，而是"这妮子朝外叫"。借《诗经·曹风·候人》中鹈鹕在梁比喻小人在朝的寓意，讥讽了曹操的劣行终为一场空，更增添了"戏耍"曹操的喜剧效果。在结束的部分又加上了玉帝遣使请祢衡的情节，判官殷殷相送。最后，以大包容的结局，祢衡宽恕了曹操。

借阴司祢衡之口，徐渭对奸人之骂可谓字字血泪，淋漓尽致。徐渭通过这个典故，表达了文人怀才不遇而自我安慰的情怀，这与徐渭自己的科场经历十分吻合。

《玉禅师翠乡一梦》（以下简称《玉禅师》）：《玉禅师》的基本情节虽然来自于宋元的杂剧、话本、平话小说等，但徐渭旧题新演，无疑寄寓了作者的思想。或者说，原作的素材与作者的思想十分贴近。在《玉禅师》中徐渭平添了玉通与月明的大段说白，加之充满喜剧效果的哑语，使全剧充满了佛理禅意。而这一切都笼罩在《首楞严经》的理论光环之下。

在超脱于冤冤相报循环恶趣的背后，作者还想告诉我们：柳宣教与玉通，柳翠与玉通的两世业报，造成的后果既有玉通的迷途不知返，柳宣教让良女变娼，殃及了许多无辜。这一幕充满着悲怆色彩的活剧，其实也是作者对于"设计较如海洋斗量"的阴险官宦的无形鞭挞。

《玉禅师》剧，主旨不是很鲜明，但嬉笑怒骂，又是一种格调。一方面讽刺和尚，一方面讽刺官府。

剧分两折，第一折，杭州竹林峰水月寺玉通和尚本是西天古佛，因未成正果，便住寺修持。因为二十年闭门不出，新任知府柳宣教到任，和尚未去参拜。柳知府心中不悦，便派营妓红莲前去挑逗。古寺空堂，夜深人静，一双男女相对，结果闹得老和尚犯了色戒，于是怨恨二十年苦功全被这女人坏了，女人却讥笑他说："师父，你若不乘船要什么帆收，你既自加鞭却又怪马难拴。"问题还在老和尚自己。

这一折开篇宾白的语言写得生动活泼，体现了徐渭《南词叙录》中提出的"言其明白易晓"的观点。一开篇，玉通和尚有这样一段整白：

> 南天狮子倒也好提防，倒有个没影的猢狲不好降。看取西湖能有几多水，老僧可曾一口吸西江……俺想起俺家法门中这个修持，像什么？好像如今宰官们的阶级，从八九品巴到一二，不知有几多样的贤否升沉；又像俺们宝塔上的阶梯，从一二层扒将八九，不知有几多般的跌磕蹭蹬。假饶想多情少，止不过忽刺刺两脚立追上能飞能举的紫霄宫十八位绝顶天仙；若是想少情多呵，不好了，少不得扑蓦蓦一交跌在那无岸无边的黑黯都十八重阿鼻地狱。那个绝顶天仙，也不是极头地位，还要一交一跌，不知跌在甚恶暂深坑；若到阿鼻地狱，却就是没眼针尖，由你会打会捞，管取捞不出长江大海。有一辈使拳头喝神骂鬼，和那等盘踝膝闭眼低眉，说顿的，说渐的，似狂蜂争二蜜，各逞两下酸甜；带儒的带道的，如跛象扯双车，总没一边安稳。谤达摩单传没字，又面壁九年，却不是死林侵盲修瞎炼，不到落叶归根；笑惠可一味求心，又谈经万众，却不是生胡突斗嘴撩牙，惹得天花乱坠。真消息香喷喷止听梅花，假慈悲

哭啼啼瞒过老鼠。言下大悟，才显得千寻海底泼剌剌透网金鳞；话里略粘，便不是百尺竿头滴溜溜腾空铁汉。

以上玉通和尚的念白与第二出开始时月明和尚的整白交相呼应，使全剧共同笼罩于禅光佛影之中。

第二折，便是老和尚坐化，投胎柳知府家，成为柳知府的女儿柳翠。这时候知府已逝，宦囊萧索，柳翠便："一自朱门落教坊，几年苏小住钱塘。画船不记陪游数，但见桃花断妾肠。" 老和尚化为柳翠，纵情声色，"你家门风被我坏"，作为一种报复。

结局是玉通和尚的师兄月明和尚金针度人，点破柳翠前身原是和尚，劝他返回本相，同去西天。

月明和尚点悟玉通的方法是：

俺法门象什么？象荷叶上露水珠儿，又要沾着，又要不沾着；又象荷叶下淤泥藕节；又不要龌龊，又要些龌龊。修为略带，就落羚羊角挂向宝树沙罗，虽不相粘，若到年深日久，未免有竹节几痕；点检初加，又象孔雀胆挽在香醪琥珀，既然厮浑，却又拣苦成甜，不如连金杯一泼。一丝不挂，终成绕无边的萝葛荒藤；万虑徒空，管堆起几座好山河大地。

月明和尚的法门是可以渐修，可以顿悟，他点化玉通的办法正是顿悟。这正体现了徐渭的禅学思想。

就语言而言，最为时人和后人推崇的是结尾时的[收江南]一曲，可以说是，充分展现了徐渭的戏剧语言风格：

[收江南]（旦）师兄，和你四十年好离别。

（外）师弟，你一霎时做这场。

（合）把夺舍投胎不当烧一寸香。

（旦）师兄，俺如今要将。

（外）师弟，俺如今不将。

（合）把要将不将都一齐一放。

（外）小临安显出俺黑风波浪。

（旦）泼红莲露出俺粉糊粘糕。

（合）柳家胎漏出俺血团气象。（此下外起旦接，一人一句。）

（外）俺如今改腔换妆，俺如今变娼做娘。弟所为替虎伥穿羊，兄所为把马缰捆麈。这滋味蔗浆拌糖，那滋味蒜秧捣姜。避炎途趁太阳早凉，设计较如海洋斗量。再簸春白粱米糠，莫笑他郭郎袖长。精哈哈帝皇霸强，好胡涂平良马臧。

英杰们受降纳疆，吉凶事吊丧弄璋。任乖剌嗜菖吃疮，干功德掘塘救荒。佐朝堂三纲一匡，显家声金章玉珰。假神仙云庄月窗，真配合鸳鸯凤凰。颓行者敲铛打梆，苦头陀柴扛碓房。这一切万桩百忙，都只替无常褙装。捷机锋刀枪斗锃，钝根苗螳螂跳墙。肚疼的假孀海棠，报怨的几霜鹁鸽。填几座鹊潢宝扛，几乎做鸦桑乃堂。费尽了哑佯妙方，才成就滚汤雪炀。两弟兄一双雁行，老达摩裹粮渡江。脚根踹芦蒋叶黄，霎时到西方故乡。依旧嚼果筐雁王，遥望见宝幢法航。撇下了一囊贼赃，交还他放光洗肠。

（合唱）呀！才好合着掌回话祖师方丈。

徐渭之剧，善于把一切庄严的外衣撕破，把人世间骨子里的东西用嘻嘻哈哈的态度赤裸裸地亮给世人看。徐渭通过对佛理的阐述，还表达了他对人性复杂的理解与体悟。也借此批判了官场的阴险和腐败。

《雌木兰替父从军》（以下简称《雌木兰》）：缘起于人们所熟知的北朝乐府民歌《木兰辞》的故事。徐渭将叙事诗《木兰辞》改编为短剧，剧情与叙事诗基本相同，只是将剧中人物具体化并加上团圆的结尾。徐渭写该剧当有几个原因，徐渭在塞北期间，作《边词》七绝二十六首，其中六首为俺答甥女三娘子所作。

在《西北三首》中，描写北地女子征战沙场的英姿，也以木兰为喻：

西北谁家妇？雄才似木兰。

一朝驰大道，几日临长安。

红失裙藏镫，尘生袜打鞍。

当垆无不可，转战谅非难。

徐渭一直十分赞叹和欣赏蛾眉走马看剑的场景，如，他曾和沈青霞诗《桃花堤上看美人走马》云：

一镜围湖水，千峰绕梵宫。

大娘回剑器，小伎落惊鸿。

影深穿柳日，蹄响带花风。

望断梨腮粉，红尘一道中。

对于巾帼英姿的欣悦，是徐渭创作《雌木兰》的重要感情基础和阅历背景，而妇女奋起抗倭，可能是直接原因。当时奉命支持东南抗倭的有广西兵，其中有一支系田州瓦氏兵，由女土司率领，在杭州湾北线作战，以骁勇著称。女人英雄气概，颇为徐渭敬佩。同时曾与徐渭议婚之严氏女，不屈于倭投水而死，也使徐渭不能忘怀。这些因素都可能是徐氏改编《木兰辞》的直接原因。

剧分两折，上折写木兰代父从军。

妾身姓花名木兰，祖上在西汉时以六郡良家子，世住河北魏郡。俺父亲名弧字桑之，平生好武能文，旧时也做一个有名的千夫长。娶过俺母亲贾氏，生下妾身，今年才一十七岁。虽有一个妹子木难和小兄弟咬儿，可都不曾成人长大。昨日闻得黑山贼首豹子皮，领着十来万人马，造反称王。俺大魏拓跋克汗下郡征兵，军书络绎，有十二卷，来的卷卷有俺家爷的名字。俺想起来，俺爷又老了，以下又再没一人，况且俺小时节一了有些小气力；又有些小聪明，就随着俺的爷也读过书，学过些武艺。这就是俺今日该替爷的报头了。你且看那书上说，秦休和那缇萦两个；一个拼着死，一个拼着入官为奴，都只为着父亲。终不然这两个都是包网儿戴帽儿，不穿两截裙袄的么？只是一件，若要替呵，这弓马枪刀衣鞋等项，却须索从新另做一番，也要略略的演习一二才好。把这要替的情由，告诉他们得知，他岂不知事出无奈，一定也不苦苦留俺。

下折写木兰战斗胜利并归家。剧中花宅人物具体化了，有花父花弧，有老母及年幼弟妹。军中人物有主帅辛平，有皇帝内使，还有伴随之二军。敌人方面有贼首豹子皮及贼众。

就曲词而言，《雌木兰》中的一些曲文宾白十分有艺术感染力。如：

[点绛唇]休女身拼，缇萦命判，这都是裙钗伴，立地撑天，说什么男儿汉？

[寄生草]指决儿薄，弰弝儿圆，一拳头揸住黄蛇擀，一胶翎拔尽了乌雕扇，一肐膊挺做白猿健。长歌壮士入关来，那时方显天山箭。

[幺]离家来没一箭远，听黄河流水溅。马头低遥指落芦花雁，铁衣单忽点上霜花片，别情浓就瘦损桃花面。一时价想起密缝衣；两行儿泪脱真珠线。

《女状元辞凰得凤》（以下简称《女状元》）：描写的是女子黄崇嘏十二岁时父母双亡，因生活所迫，改装赴试，名魁金榜，被授成都府司户参军，惠民束吏，平冤狱的故事。黄崇嘏能书会画，赋诗弹琴，才华卓荦。

对于《雌木兰》与《女状元》的寓意，论者常将两剧联系起来考察。有一种较为普遍的看法是徐渭意在为妇女鸣不平。徐渭以浓墨重彩，尽情地描绘了文能经邦、武能定国的双娇，得出了"世间好事属何人？不在男儿在女子"的结论。

木兰女扮男装，成为女将军；黄崇嘏则女扮男装，成为女状元。女将军生活中可能偶见，女状元则完全出于想象。徐渭乡试多次不中，笔下突然冒出一个女状元来，更是神来之笔。

《女状元》五折，篇幅长一点。第一折写孤女黄春桃与乳母黄姑在西蜀临邛化城山乡居，读了八年诗书，二十岁时忽发奇想，与乳母一齐乔作男子，女名黄崇嘏，扮作书生赶考，乳母扮作仆人，则名黄科。第二折写周丞相考诸生诗词，应考者黄崇嘏、贾胪、胡颜三人。考题与四川景物及掌故有关，用韵极考究。结果黄崇嘏高中第一。第三折写黄崇嘏金榜题名，成为女状元，被任命为成都府司户参军，判了三件陈案。三件案子案情曲折，但女状元明察秋毫，一一化解。第四折写周丞相欲招女状元为婿，饮宴中要女状元为蜀中名士祠堂书匾、作榜联、作诗、写上梁文，着实让女状元表现了一番才情。然后又让女状元为小姐作画、弹琴、作《凤求凰》曲，待至正式提亲时，女状元只好以诗说明实情。第五折写周丞相之子高中状元，丞相便求女状元为媳，于是男女两个状元结为夫妇，辞凤得凤，成就人间好事。

《四声猿》嘉靖年间有刻本，以天池生署名。刻本流传后，有位倪君不满，写了三首绝句指责徐渭，徐渭写了三首绝句作答，题为《倪某别有三绝见遗》，其中关于《四声猿》这样解释说：

> 桃李成蹊不待言，鸟言人昧枉啾喧。
>
> 要知猿叫肠堪断，除是侬身自做猿。

徐渭作剧，以情感人。当然也有人不认同，更有甚者，认为《四声猿》是狂叫。但时间是最好的评判者，徐渭作品的艺术成就为后人一致公认。

徐渭在创作《四声猿》的同时，对《西厢记》进行了评点，徐渭在评点的过程中写过《西厢序》等评论性文字。他在《题评阅北西厢》中说：

> 余于是怢诸解并从碧筠斋本，非杜撰也。斋本所未备，余则补释之，不过十之一二耳。斋本乃从董解元之原稿，无一字差讹。余购得两册，都被好事者窃去，今此本绝少，惜哉！世谓董张剧是王实甫撰，而《辍耕录》乃曰董解元。陶宗仪，元人也，宜信之。然董又有别本《西厢》，乃弹唱词也，非打本，岂陶亦误以弹唱为打本也耶？不然，董何有二本也？附记以俟知者。

又

余所改抹悉依碧筠斋真正古本，亦微有记忆不的处，然真者十之九矣。白亦差讹甚，不通甚，却都忘碧筠斋本之白矣，无由改正也。斋本于典故不大注释，所注者正在方言、调侃语、伶坊中语、折白道字与俚雅相杂讪笑、冷语入奥而难解者。

徐渭早年就对《西厢记》进行过点评，后来，徐渭又对碧筠斋本进行了点评。徐渭对《西厢记》颇为推重，认为《西厢记》所描写的是人间真情。

愤世《歌代啸》

《歌代啸》前面有范例和楔子，范例中明确提出"此曲以描写谐谑为主，一切鄙谈猥事俱可入调，故无取乎雅言"。

楔子中有《临江仙》：

谩说矫时励俗，休牵往圣前贤。屈伸何必问青天，未须磨慧剑，且去饮狂泉。

世界原称缺陷，人情自古刁钻。探来俗语演新编，凭他颠倒事，直付等闲看。

杂剧《歌代啸》计为四出，写四件事，着重刻画四个人物。这四件事：

没处泄愤的是冬瓜走去拿瓠子出气，
有心嫁祸的是丈母牙疼灸女婿脚根，
眼迷曲直的是张秃帽子教李秃去戴，
胸横人我的是州官放火禁百姓点灯。

《歌代啸》尽管力求诙谐通俗，但运用儒家经典之处甚多，显然还是文人案头作品，供人们传阅欣赏，尚无演出之实际效果可考。

《歌代啸》四出，一出一人主唱，属于主角。所谓"每出既归一喉，则余角只供问答"。

第一出主唱者为张和尚。张和尚是三清观僧人，是个假正经的和尚。此人重财，他的师弟李和尚重色。他想骗李和尚的银子种蔬菜求利，想不到反为李和尚所骗，贴了老本。一开始是张和尚的表白：

> （扮张和尚僧帽僧衣上）谁说僧家不用钱，却将何物买偏衫？我佛生在西方国，也要黄金布祇园。小僧本州三清观张和尚是也。紧自人说，我等出家人，父亲多在寺里，母亲多在庵里。今我等儿孙又送在观里，何等苦恼！师弟唤做李和尚，颇颇机巧，只是色念太浓。这是他从幼出家，未得饱尝此味，所以如此。但此事若犯，未免体面有伤；不如小僧利心略重，还不十分大犯清规。一向口那肚减，积下些私房，已将师父先年典去的菜园，暗自赎回，未曾说与李和尚知道。昨见他衣衫上带些脂粉气，不知这猫儿又在何处吃腥。想来世上无钱不行，或者他亦有所积，未可知也。不如将他唤出，用些言语诱出他的钱来，增使在我这园上。只说收后除本分利，待临期开些花帐，打些偏手，也是好事。像我这一片公道心，将来愁无个佛做？

张和尚的表里不一，体现在与师弟论道上：

> 岂不闻四书上说得好：瞻之在前，其交也以道；忽焉在后，深造之以道。苟为不得，求之以道；欲有谋焉，得其心有道。非吾徒也，循循善诱人；取诸宫中，绰绰有余裕。如不容，请尝试之；将入门，援之以手。其进锐者，不能以寸已，频蹙曰，有怍乎？徐徐云尔，无所不至，喜色相告，无伤也。及其壮也，故进之，故退之，尽心力而为之，未见其止；力不足者，苟完矣，苟美矣，以其

时则可矣，将以复进。或问之，乐在其中。有以异乎？曰：亦人而
已矣。（笑介）得其门，欲罢不能，虽有善者，恶吾不与易也。此道
之谓也。

儒学之道和道家之道到了张和尚这儿就成了男女之事。

张和尚是死了妻子才做和尚，只是一门心思图财。刚赎回了庙产菜园，
便自称"小圃"，想占为私有。但是满园的冬瓜，却被师弟藏到情妇家里去
了。师弟还说冬瓜是被匏子精把冬瓜精放跑了，于是上演了打匏子精的闹剧：

[青哥儿]都是你这匏精匏精惫懒，把我那瓜儿送在九霄九霄云
外。我与你是那一世里冤仇解不开？你不与我将瓜挽留下也罢，还
唆调他去，又催促他去。我如今何等心疼，你倒乐意呀！贼匏精。
（唱）你怎的不说个明白，急的我抓耳挠腮。
（拔介）拔起你的根荄，
（李）伤了你的手了。
（张打介，唱）打碎你的形骸，
（李）可惜了，种断了。
（张唱）直至狼藉纷纷点绿苔，也解不得我愁无奈。

一场闹剧闹得瓜菜零落、田园荒芜，闹得张和尚寻死觅活、卧病在床。
这就挖苦了佛门，挖苦了儒生与道家，也挖苦了商家。

第二出戏的主人公是李和尚的情妇，王辑迪之妻吴氏，吴氏是一个十分
风骚而又伶牙俐齿的女人。吴氏是一个见人说人话，见鬼说鬼话的人，能说会
道，胡编乱造。吴氏藏了李和尚的僧帽，又代藏了冬瓜，李和尚来取时，二人
打情骂俏。恰巧，吴氏之母因为牙疼来至婿家，吴氏便推说李和尚是贩卖冬瓜
的和尚，而且善于治牙。

[满庭芳]这师父学多识广，略施手段，立起膏盲。（丢眼色向李
介）

（李）不敢欺，小僧非惟长于口齿，兼精女科。凡是深闺旷女，多年孀妇，一切踡躄病症，手到皆可除根。

（妻向李唱）但得根除，一笑全无恙。我输心儿多赠斋粮。

（李）药医不死病，佛化有缘人，那有索谢的理？

（妻唱）不死病，现疼了不是一时半晌，有缘人今幸遇敢不倒箧倾囊？

（李谢）是小可，小僧只要传名。

（妻唱）细端详，真乃如来模样，我就到处去把名扬。

吴母急于治病，要李和尚开药方，李便信口说是灸女婿的脚跟可治丈母娘的牙病。恰巧王辑迪返家，母女俩便闹着要灸女婿的脚跟。王辑迪怕疼，仓猝中夺妻衣逃走，终于在妻衣中发现了一顶僧帽。

第三出主角是李和尚。李和尚自认为是"自古人情刁钻"，要学得刁钻，要想出法子来见利就捞，要下得狠心推人下水。李和尚一上台表白了他的内心：

> [紫花儿序]俺享的是丰衣足食，住的是梵宇琳宫，守的是那冷帐孤帏，待不干那事呵，又恐怕火腾祆庙，才一干就春满菩提。寻思，这都是前世缘，那管的来生罪。我安排个较计，背地里且磨枪擦剑，生人面权苫眼铺眉。

王辑迪凭张和尚之帽去州衙告状，李和尚与吴氏便将计就计，把通奸之罪推向张和尚。王辑迪陪差人拿了张和尚，据记忆，又拿了李和尚。糊涂州官断案，断不清糊涂案，由于张冠李戴，便判张和尚枷逐；允许吴氏离异；王辑迪不救丈母娘之病，冬瓜没收；吴母释放归家，牙疼自己料理；至于李和尚，在三清观独做住持；差人错抓了李和尚，罚谷三石。这样一来，尚守清规的张和尚披枷下狱，偷人的吴氏女法外逍遥，入衙告状的王辑迪反被申斥，罪魁祸首李和尚反而独占寺院，而且谋划着与吴氏成婚。曲变为直，直变为曲，黑白混淆，是非颠倒。这正如徐渭开篇所说"凭他颠倒事，直付等闲看"，他不再仰天长啸了，只是编几首歌词，唱唱而已。

第四出的主要人物当然是州官，便是第三出中糊涂判案的那一位。此公惧内特甚，因为有把柄抓在老婆手里，于是夫人在他眼中的形象便是"你喜时就是活菩萨，但怒来可也不减真罗刹"。而他自己，在夫人眼里则是"歪材料"。因惧内，便设歪材料栅栏阻拦老婆听堂，夫人便大发虎威，在后院烧草屋，迫使"歪材料"至后堂领罪。

州衙起火，百姓应命救火，由于是夜晚，人人携灯。"歪材料"本来准备招呼百姓归去，明日领赏，但是百姓领赏上司必追究起火缘由，缘由是夫人放火，而夫人放火的缘由又是"歪材料"奸宿丫环。夫人提醒，州官恍然大悟，便问诸人明火执仗之罪，于是作出了荒唐判词，州官无理，争辩之中，强词夺理，竟规定百姓今后不许晚上点灯。

> [锦上花]俺五马儿轩昂，三刀恶　，怎比那寻常百姓人家？杀人的县令，还应让咱；灭门的太守，我也谅不大争差。此犹似本州势要言也。若论起理来，不但你们不该点灯前来，就是在家，也不宜点灯也。
>
> （卫）为甚？
>
> （州）不点灯有三利，点有三害。
>
> （卫）愿闻利害。
>
> （州）眠晏则起迟，有旷时日，一害也；灯张则油费，财用不节，二害也；防疏则变起，多生事端，三害也。一不点，则适寐兴之宜；省油烛之费，无疏失之虞，岂非三利乎？莫说别者，只此一节阿，
>
> （唱）也见我无利也不曾兴，有害也皆除罢。
>
> （卫）真乃兴利除害，容生员等建祠立碑去也。

对于剧情，徐渭最后幽默地归纳：

> 传来久儿句市井谈，

莫须有如许跷蹊事。

啸不尽聊且付歌词，

扮出来大家打杂剧。

戏场余韵

徐渭晚年喜欢写戏观戏，还与众弟子一起演戏，十分活泼有趣，老百姓也很喜欢他写的作品。与此同时，徐渭还喜欢给戏台题联，在那时，凡新建戏台没有徐渭题联是很少有的，幽默的戏台联成为戏台一景。从现在看，戏台题联也是戏曲研究的一部分，是从另一个角度来阐明戏曲的意义。

戏台趣联

就在徐渭研究南戏的时候，绍兴府会稽县陶家堰重修百家庙，同时，还要在庙正对面的一块场地上新造一座戏台，以便重新开光时演戏庆贺。

说到这百家庙，到底供奉的是何方尊神，哪位菩萨，许多人是不知道的。其实这位尊神确是大有来头，他是有真名实姓的一位古人，名叫严助。据历史记载，严助，西汉会稽郡吴县人，汉武帝时当过朝中的中大夫，常与诸大臣辩论政事，和当时的名流东方朔、司马相如等同为汉武帝所亲幸、赏识。他曾出使南越，后任会稽太守。不幸的是他因与淮南王刘安交好，受王室谋逆案株连遭杀。后人为纪念他的政绩和文赋才华立庙祭祀，陶家堰百家庙实际上就是严助庙的民间俗称。当然也可能是建庙时因避政治忌讳刻意而为。

严助庙新建戏台完工后，戏台应该有副好对联才相配，而庙殿开光、演戏庆贺即在眼前，时间紧迫，于是就想到唯有请才思敏捷的书法高手江南才子山阴徐渭撰题才能按时完成。遂当即派人偕同徐渭有交情的一位盛姓秀才找到徐渭，央求他能当场挥毫成稿，立等带回，以便马上交工匠赶工做好。

　　徐渭听了来意和事情的原委，看到陪来的又是好友，不便推却，但考虑到写对联不是写个便条，总得考虑一下，正在构思中，没有马上答话。可是，这位朋友发急了："徐兄，你行行好，帮帮急，这副对联，非你老兄的大手笔不可，今天即便你随意写两个字，我也要立等拿走，决不空手回去的。三天后，陶家堰的新戏台就要演戏了，我一定陪你去看戏喝酒。"徐渭听罢顿时灵机一动，哈哈大笑："盛兄，那行，我本来打算细细想想，写一副长联的，既然你说写两个字，那就依你。"说着，立刻动手，一挥而就。上联是："盛盛盛盛盛盛盛"；下联是："行行行行行行行"。

　　这对联行中带草，宛如苍龙出海，猛虎下山，使人惊叹叫绝。然而，疑问也来了，这"盛""行"两字，上下联每句七字相同，文理不通，哪像是对联呢。正想问个明白，徐渭又讲了："我知道，你们现在看不懂对联是什么意思，放心吧，赶快回去做好挂到戏台柱子上去，等看戏那一天，我会当场讲给你们听的。不是时间很紧，急着要立等对联吗？"来人怀着半信半疑的心情拿着对联纸稿回陶家堰去了。当然他们还是相信由这位大名鼎鼎的徐渭亲笔题写并盖有印章的对联，绝不会是无用的废品。

　　几天后，陶家堰严助庙终于完工开光了。庙前场地上新建造的戏台，精工彩绘，云罗拱顶，显得十分壮观。那副由徐渭撰写的对联也挂上了戏台楹柱。开光典礼后，庆祝的大戏开锣，高亢入云的锣鼓声吸引着远近四乡八村的人流纷纷而来，戏台前人山人海喧闹不绝，赶场做买卖的商贩也起劲地吆喝着叫卖声。大家都高高兴兴地等待三天大戏的首日开场。这时候，徐渭也应邀在列，由盛姓朋友陪同，坐着乌篷船从城里出发，专程赶到陶家堰严助庙戏台前来看戏了。

　　台上锣鼓喧天，台下人声鼎沸，这热闹的场面已是多年不见，人人都显得分外高兴。看戏的人群中也有些认识徐渭的，有的知道他爱打抱不平，有的知道他是一个有学问的读书人。听说今天他也来看戏，就闻讯聚拢过来。其中也有好几个颇通文墨的人，更是因为对戏台柱子上的对联看不懂而想问个明白。徐渭果然是个聪明人，他微笑着对大家说："众位乡亲，大家一定觉得很奇怪，戏台上的这两句对联为什么都各用相同的七个字？啥意思呢？现在我就要揭开这个谜底了。诸位可知道，'盛'可读'成'也可读'场'；'行'可读'盈'也可读'杭'。只要把上联一三五六这四个字读'成'，把二四七这三个字读'场'；把下联一三五六这四个字读'盈'，把二四七这三个字读'杭'，就能从中听出意思来。"大家听罢，照他的读音方法，读出来的是：成场成场成成场，盈杭盈杭盈盈杭。

徐渭又说了："大家不妨再读得快一些、响一些，试试看，听出什么声音来。"经过再一番的读，大家终于恍然大悟，原来上联正是戏台演戏的锣鼓声，而下联又分明是台下看戏人群的熙熙攘攘和欢声笑语汇合起来的喧闹声。这时候，大家才完全明白徐渭这副戏台联，是在生动逼真地把演戏与看戏的热烈兴奋场面化成声音感染人们。它的奇妙之处就在于虽然看起来文理不通，令人费解，但只要读读听听，人人都懂，趣味无穷。

徐渭一生写对联无数，严助庙写戏台对联这一趣事至今流传，听说现在绍兴有的戏台仍在沿用。

观戏趣题

徐渭热爱戏剧，常与专业演员和业余演员（票友）聚会，看他们演戏，还将自己编写剧本的设想与他们商讨，自己编好的剧本《四声猿》请他们演出，边演边改边探讨，跟他们成了好朋友。

有一年年底，演员、票友与徐渭聚会后，一起聚餐，并提议大家联对助兴。徐渭提议由唱小生的陈某开头。陈某想了一会儿，念道："文成武就，金榜题名富贵。"

大家认为合乎他的小生角色，表示赞同。一个唱花旦的女演员应对道："男婚女嫁，洞房花烛风流。"

大家也认为对得好。徐渭却说："对得还欠妥帖。"众人不解地问："为啥？"徐渭说："须在上联的'富贵'前加'虚'字；下联的'风流'前加'假'字方好。"众人听罢，沉思片刻，异口同声地说："加得好，改得妙！"

接下去两位演武生的合说上联道："你一枪，我一刀，虽杀未恼。"

接下来得有一位老生接对下联，只见老生不慌不忙站起来，迈着台步，走到门口。大家以为他要行走了，马上把他拉回来，对他说："别走，你对对子啊！"他却说："我这不对出了吗！"

众人一时弄不明白，正在催促他念时，徐渭却用老生的韵白念道："轿上来，马上去，非走不可。"

逗引得大家哈哈大笑。对呀，在戏台上，不管你是皇帝，还是宰相，是骑马，还是坐轿，都得自己迈开双脚一步一步地走啊！

几位票友一商量，共推一个唱青衣的为代表，说了副对联：

> 或为君子小人，或为才子佳人，登台便见；
> 有时欢天喜地，有时惊天动地，转眼皆空。

最后大家让徐渭接联，徐渭略加思索后便念道：

> 四美具，二难并，人政好逢场作戏；
> 千金多，一刻少，天何不转夜为年？

这是一副戏台联，上联的"四美具，二难并"引用唐王勃《滕王阁序》的句子，意思是"天下良辰、美景、赏心、乐事，四者难并（同时存在）"，"政"通"正"，戏台正好逢场作戏，让四者同时并存。下联意为"良宵一刻值千金"，这珍贵的"一刻太少了，天若让夜像年那么长，可以多看一些演出有多好啊！"此联既写出了戏剧的特点，又道出了人们渴望看戏的心情，因而博得了一片欢呼和叫好声。

联对聚餐结束了，大家还沉浸在欢乐之中。

附：徐渭年谱

正德十六年（1521）1岁

农历二月初四（3月12日），生于浙江省绍兴府山阴县城观桥大乘庵东观巷。

三月十四日，明第八代皇帝武宗朱厚照病死于豹房，终年31岁，无子嗣。

四月二十二日，朱厚熜16岁，即皇帝位，是为明世宗，次年改年号为嘉靖。

十一月，以平叛功，封王守仁新建伯。

五月十五日，徐渭父亲徐鏓病逝。

嘉靖元年（1522）2岁

皇帝听从内阁大臣杨廷和等人意见，支持言官，抑制并惩办不法宦官，改变正德年间宦官专政弊政。

东南沿海倭祸事端不断。

嘉靖二年（1523）3岁

皇帝于宫中建斋醮，尊崇道士。

东南沿海日本贡使宗设、瑞佐先后到宁波，争夺对明朝通商特权，发生械斗，在宁波、绍兴一带沿途杀掠，地方无法制止。史称"争贡之役"。

嘉靖三年（1524）4岁

长嫂杨氏亡故，徐渭能迎送吊唁客人。

定"大礼仪"，皇帝以亲生父为"皇考"。群臣力争，下狱者一百数十人，廷杖致死者十七人。

嘉靖四年（1525）5岁
嫡母苗宜人开始教徐渭识字。

嘉靖五年（1526）6岁
开始读书，家塾塾师为管士颜先生。
江西龙虎山上清宫道士邵元节被封为真人，赐银印。

嘉靖六年（1527）7岁
曾为徐渭师者，尚有陈礼和、赵邦肃、谢晚庵。
姚镆等攻杀岑猛，田州改设流官。王守仁总督军务。

嘉靖七年（1528）8岁
徐渭稍解经义。塾师为陆如冈，开始教时文。由次兄徐潞带领徐渭去见绍兴府学官陶曾蔚。
王守仁招降田州叛军，以降人攻破断藤峡八寨瑶族和壮族起义军；冬日，王守仁病逝。

嘉靖八年（1529）9岁
初见萧鸣凤，得到萧氏赏识。
皇上命广东采珠，人多溺死病死，天下人谓"以人易珠"。

嘉靖九年（1530）10岁
童奴夫妇四人逃走。二兄徐潞带徐渭至山阴县衙门告状。山阴县知县刘昺欣赏徐渭的文才。
生母苗氏被嫡母苗宜人赶出家门。

嘉靖十年（1531）11岁

在家中榴花书屋前、天池之畔手植青藤一株。

萧鸣凤介绍汪应轸（青湖）为徐渭经师，汪命题作文，徐渭数次持文前去请教。

嘉靖十一年（1532）12岁

向陈良器学习古琴。

长兄徐淮娶继室奚氏。

嘉靖十二年（1533）13岁

二兄徐潞前往贵州以军籍应乡试。

嘉靖十三年（1534）14岁

嫡母苗宜人亡故，年59岁

从王政学琴，制成《前赤壁赋》一曲。

嘉靖十四年（1535）15岁

从彭应时学剑。

明廷开壕境（澳门）为葡萄牙通商地，年租银二万两。

嘉靖十五年（1536）16岁

仿杨雄《解嘲》作《释毁》一文。

皇帝崇道教，五月，拆宫中元代所建佛殿。又以佛牙、佛骨为污秽物，命与金银佛像一百六十九座，及函物一万三千余斤，一并焚毁。

嘉靖十六年（1537）17岁

始应童子试，未中。

御史游居敬劾王守仁、湛若水"伪学私创"，朝廷遂命罢各地私创书院。

嘉靖十七年（1538）18岁

堂姐夫沈炼中进士，为溧阳知县。

嘉靖十八年（1539）19岁

继续在塾读书。

二月，立皇子朱载壑为皇太子。

嘉靖十九年（1540）20岁

第二次童试，未中。作《上提学副使张公书》要求予以复试。复试后成为秀才，获得参加乡试资格。首次乡试落第。

为潘克敬赏识，入赘潘家。

秋八月，二兄徐潞死于贵州。

嘉靖二十年（1541）21岁

夏六月，与潘似在阳江潘克敬官邸成婚。

秋日，长兄徐淮至阳江，始知二兄徐潞死讯。随兄北归，岁末抵江西玉山县。

明世宗不理朝政，日事斋醮，严嵩等奉承阿谀。

嘉靖二十一年（1542）22岁

夏日，从山阴去阳江。

冬日，从阳江归山阴。

十月二十日晚，发生"壬寅宫变"，妃子刺帝未遂。此后皇帝不在大内居住，移御西苑。

嘉靖二十二年（1543）23岁

第二次乡试落第。同学张天复中举。

冬日，潘克敬举家迁往塔子桥。

在绍兴结文学社，成为"越中十子"之一。

刑部郎中钱楩弃官学道，徐渭师事之。

嘉靖二十三年（1544）24岁

潘克敬买东双桥姚百户宅定居，徐渭随往。

沈炼丁忧返乡，欣赏徐渭才情。

严嵩成为首辅，主持朝政。

日本来贡，因表不全，朝廷拒绝。来人留海滨不去，与海盗勾结，东南倭患渐起。

嘉靖二十四年（1545）25岁

三月八日，长子枚出生。

长兄徐淮卒，年54岁。徐家老屋及资财均为他人所夺。

嘉靖二十五年（1546）26岁

秋日，第三次在杭州参加乡试，落第。

十月八日，妻潘似患肺疾病死，年十九岁。

赴太仓州，失遇而返。

总督宣大、侍郎翁万达筑大同东路阳和口（今山西阳高）至宣府西阳河（今洋河）长城。

嘉靖二十六年（1547）27岁

离开岳父家，在东城郡学附近赁屋开学馆谋生，堂名“一枝堂”。

徐渭《代白濬书》一文受到何鳌赏识。

同学张天复登进士。

嘉靖二十七年（1548）28岁

与绍兴府同知俞宪结识，并成为朋友。

开始师事季本。季本为王守仁弟子。

海盗李光头、许栋等久据宁波之双屿，勾结倭寇，劫掠沿海。

嘉靖二十八年（1549）29岁

迎养生母苗氏于一枝堂。

在杭州买妾胡氏，携归绍兴。

第四次去杭州应乡试，依然落第。

海盗王直勾结倭寇，沿海大掠，东南沿海倭患大炽。

嘉靖二十九年（1550）30岁

因胡氏待母甚劣，卖胡氏。胡氏讼于官，为官司所困扰。

俺答突破古北口防线，向北京进攻。徐渭感朝政之腐败，作《今日歌》。

嘉靖三十年（1551）31岁

住杭州玛瑙寺，为潘钺伴读。

沈炼上疏弹劾严嵩十大罪状，被发配保安州。徐渭写《保安州》诗表示劝慰。

嘉靖三十一年（1552）32岁

五月，应潘钺之招，去归安，拒绝严氏许婚。

王直率倭寇进犯台州、黄岩、象山、定海等地。明政府开始抗倭战争。

唐顺之到绍兴，约见徐渭。徐渭以唐顺之为文学之师。

获得廪生资格。第五次应乡试，依然落第。

迁居目连巷。

朝廷命都御史王忬巡视浙、闽，王忬重用参将俞大猷、汤克宽等，加强防御。

嘉靖三十二年（1553）33岁

倭寇侵绍兴，徐渭参与抗倭守城。

作《海上曲五首》，对抗倭得失发感慨。

明将俞大猷至绍兴，徐渭献文献诗，表示拥戴。

倭寇留内地三个月，破昌国卫、上海、乍浦所等地；冬，又流劫兴化、崇明、常熟、上海、嘉定等地。

嘉靖三十三年（1554）34岁
春日，彭应时在乍浦战死，徐渭作《彭应时小传》。

四月，胡宗宪出任浙江巡按监察御史。

徐渭参加柯亭之战，藏身军中，了解敌方情形。

遵朝廷命张经总督军务讨倭。

嘉靖三十四年（1555）35岁
参加皋埠之战、龛山之战。

六月，胡宗宪升任浙江巡抚。

参与例行岁试，置为第二，乡试仍名落孙山。

皇上命赵文华赴江南祭海神，监视抗倭军事。

戚继光由山东调浙江，任参将。

嘉靖三十五年（1556）36岁
二月，胡宗宪升任兵部左侍郎兼都察院左佥都御史，总督南直隶、浙、福等处军务，成为东南沿海抗倭战争的总指挥。

春日，寓内兄潘涛福建顺昌驿丞署中，游武夷诸名胜。作《南词叙录》。

秋日，随同季本看抗倭战场，并观潮。作《阴风吹火篇呈钱刑部君附书》，悼念阵亡将士。

胡宗宪招降徐海，徐海投水死，赵文华以寇平还朝。

嘉靖三十六年（1557）37岁
应胡宗宪之请，代作文若干。胡宗宪的浙直总督府在杭州、绍兴、宁波等地流动驻扎，指挥抗倭事宜。

九月，沈炼被害于宣府。

十一月，胡宗宪诱擒王直。

嘉靖三十七年（1558）38岁

正月初三，徐渭入胡宗宪幕。先后代撰《初进白牝鹿表》《再进白鹿表》。表呈皇上，皇帝大悦，赐胡宗宪一品爵俸。

秋日，第七次在杭州应乡试，依然落第。

作《拟上督府书》分析攻打岑港策略。

兵部郎中唐顺之至浙视察军情，在军中与徐渭再次相遇。

创作《四声猿》。

冬日，迁居塔子桥。

嘉靖三十八年（1559）39岁

夏日，入赘杭州王家。秋，绝之。

作《上督府公生日诗》，为胡宗宪贺寿。

倭寇被逐出浙江，聚于福建浯屿（金门）。

奉命代胡宗宪作《贺严阁老生日启》。

嘉靖三十九年（1560）40岁

二月，胡宗宪以抗倭功，加太子太保；五月，加兵部尚书兼右都御史，仍总督沿海军务。

八月，胡宗宪进献白龟灵芝，徐渭代作《进白龟灵芝表》。

胡宗宪重建镇海楼成，徐渭代作《镇海楼记》。得胡宗宪丰厚稿酬，在绍兴建酬字堂。

嘉靖四十年（1561）41岁

迎娶杭州张氏女为继室。

秋日，第八次在杭州参加乡试，但依然落第。

九月，胡宗宪晋加少保之衔。

倭寇再犯浙江，戚继光等打败之。

闽、广一带流民起义，进攻江西，胡宗宪奉命南剿，总督府南移。

十二月，奉命去江西胡宗宪幕，中途取道安徽休宁，脑病复发。

嘉靖四十一年（1562）42岁

五月，严嵩退休，徐阶成为首辅。

随胡宗宪去崇安，再入武夷。

十一月，胡宗宪被逮捕，幕府解散。

十一月四日，张氏生徐枳。

戚继光率军水陆七战七捷，浙江倭患基本肃清。

嘉靖四十二年（1563）43岁

全家迁入酬字堂新居。

胡宗宪被解至京，明世宗念其抗倭有功，未定罪，令其解职闲居。

冬日，由礼部尚书李春芳邀请，入李春芳幕。

巡抚谭纶率戚继光、俞大猷、刘显大破倭寇，收复兴化，福建一带倭患渐平。

嘉靖四十三年（1564）44岁

二月，辞李春芳幕，南归绍兴。秋天，再去京师，经多方请托，交还李春芳聘金，解除聘约。

因京师李幕纠纷而误乡试考期，嗣后以布衣终身。

嘉靖四十四年（1565）45岁

作《自为墓志铭》，述生平及自杀缘由。

前后多次自杀。经华姓医生治疗，冬日病稍愈。

朝廷杀严世蕃、罗文龙。

胡宗宪再次被逮至京，十一月三日在狱中自杀身亡。

嘉靖四十五年（1566）46岁

二月初，绍兴官民公祭沈炼，徐渭作《与诸士友祭沈君文》。

脑病复发。与妻争，误杀张氏。

十二月，明世宗病死。裕王朱载垕即位，是为穆宗，次年改元隆庆。

隆庆元年（1567）47岁

狱中担忧会判死刑。

张居正入阁，高拱罢相。

戚继光被召进京，用于北部边事。

隆庆二年（1568）48岁

生母苗氏卒。由丁肖甫作保，出狱料理丧事。

开始注释《周易参同契》。

隆庆三年（1569）49岁

在狱第四年，允许徐渭在监除械。

十一月，俞宪刻《盛明百家诗》，收徐渭诗赋若干为《徐文学集》。

狱中注《周易参同契》完成。

隆庆四年（1570）50岁

二月四日为五十寿，好友吴景长携众子弟至狱祝贺。

诸大绶在京病逝，朝廷赠尚书衔。

俺答求封，请开互市，并送还叛人赵全等，明廷亦送还把汉那吉。北疆战事基本停止。

隆庆五年（1571）51岁

三月，张元忭中状元，作诗词表示祝贺。

吴兑任宣府巡抚。

朝廷封俺答为顺义王，居所封为归化（今呼和浩特市），从此宣大以西无战事。

隆庆六年（1572）52岁

五月，明穆宗病死。太子朱翊钧即位，是为神宗，次年改元万历。

张居正为首辅。

岁末，得张氏父子解救，保释出狱。

万历元年（1573）53岁

正月初一，至张天复府贺岁道谢。

出狱后，偕二子住梅花馆。

诸大绶在京病逝，朝廷赠尚书衔。

朝廷谥胡宗宪襄懋。

万历二年（1574）54岁

二月，绍兴士绅建季本祠堂，代张元忭写《季先生祠堂碑》。

八月三十日，张天复病卒，作《祭张太仆文》。

编纂《会稽县志》。

十一月，由学生陪同游诸暨五泄，作《游五泄记》及诗约二十多首。

万历三年（1575）55岁

正式获得无罪释放。

八月，游天目山。

去南京，寻求生计。

万历四年（1576）56岁

四月，应宣府巡抚吴兑之邀由南京北上。在北京，与李如松成为忘年交。

夏末，至宣府，作《上谷歌九首》《上谷边词》《边词廿六首》。

去宝安州，拜沈炼祠。

请求吴兑刊刻《王阳明集》。

万历五年（1577）57岁

春天，从宣府到北京。

秋日，因病南返，沈襄赠以番刀，作古风两首记事。

徐枚劫客囊，至召外寇。

万历六年（1578）58岁

夏日，与沈明臣去绩溪凭吊胡宗宪墓。至严州，脑病复发，折返绍兴。

张元忭服父丧满，返京复职。徐渭作《送张子荩北上》，有依附张氏门下之意。

万历七年（1579）59岁

与李子遂同游绍兴诸名胜，临别时画竹相赠。

秋日，迁葬其父母徐鏓、苗宜人（苗氏）和兄徐淮、徐潞之墓。

万历八年（1580）60岁

北上途中，作诗歌颂黄淮治理工程。

偕徐枳至京师，在张元忭宅旁开馆，为官绅代笔。

读《问棘堂邮草》，对汤显祖的才情表示倾心。

夏天，与梅国桢结交。

万历九年（1581）61岁

春日，应李如松邀请，前往马水口，撰《蜀汉关侯祠记》。

与翰林张元忭、翰林朱赓产生矛盾。

脑病复发。

万历十年（1582）62岁

二月初，父子三人从北京南返。途中依然精神恍惚。

六月，首辅张居正病死。十二月，弹劾者纷起。

张元忭赴楚中诏告，途经绍兴，徐渭代笔作文。

冬天，父子分居。徐渭携徐枳住范氏舍，徐枚偕妻居岳父叶云渠家。

万历十一年（1583）63岁

一月，绍兴下了几场大雪，作排律雪诗，讽喻时政。

三月，时任兵部尚书的吴兑致仕归里。

万历十二年（1584）64岁

年初，诸暨县学重修完毕，作《诸暨学记》。

作《闸记》《西溪湖记》《上虞令复西溪湖》《复西溪湖为朱令赋》等诗文。

完成《歌代啸》剧本。

万历十三年（1585）65岁

清明，去扫墓，作《上冢》，叙述家世。

拜见葡萄牙籍传教士，误以为是天竺僧。

诏毁全国私设庵院、书院。

万历十四年（1586）66岁

三月，徐枳入赘王道翁家。徐渭独居范氏舍。

冬天，迁入王家居住。

万历十五年（1587）67岁

靠变卖貂皮、古董、书籍度日。

李如松任宣府总兵官。作诗《赠李宣镇，沈光禄祠在保安州》寄给李如松。

万历十六年（1588）68岁

初春，与徐枳北上山西，行至徐州而折返。徐枳到李如松幕中效力。

二月，长子徐枚移徐渭居处于后衙池王家。四月，回住徐枳岳父家，直至终年。

三月，张元忭在京病卒。四五月间，灵柩运回绍兴，徐渭着白衣抚棺大恸，大呼"惟公知我"，不与他人作一语而去。

万历十七年（1589）69岁

六月，对旱情表示关注。

冬日，徐枳归来，为丈人王道翁祝寿。徐渭作《寿二王翁序》，记王氏弟兄孝悌情状。

徐枳带回李如松所赠，作刊刻之资。

十二月，作诗贺张子锡七十大寿。

万历十八年（1590）70岁

二月四日，七十寿辰，写诗答沈明臣。

二月中旬，收到徐枳来信。诗中言及跌伤右臂。

路过青藤书屋，作画并题诗。

秋天，寄诗给徐枳，表示思念。

汤显祖读徐渭诗，有诗寄来，徐渭作《与汤义仍》。

万历十九年（1591）71岁

代作《试录前序》《齿录序》。

发表对大写意画的看法。

《卖貂》《卖磬》《卖画》《卖书》似作于本年。

万历二十年（1592）72岁

清明前去扫墓，作《春兴》组诗，回顾一生，回忆亲人，感慨万千。

改编梅鼎祚的杂剧《昆仑奴》。

日本丰臣秀吉侵略朝鲜，朝鲜王弃王京奔义州，向明廷求援。十月，李如松提督蓟、辽、保定、山东军务，任防海御倭总兵官，弟如柏、如梅为副总兵官，发兵援助朝鲜。

万历二十一年（1593）73岁

作诗记平定宁夏叛乱和援朝抗倭史实。

作《畸谱》，自传至本年止。

亡故，葬绍兴城南木栅山徐氏墓地。

十二月，李如松大军班师。